Prof. Dr. med. habil. Horst Geyer

ÜBER DIE DUMMHEIT

Ursachen und Wirkungen

der intellektuellen Minderleistungen des Menschen

Ein Essay

HOMINIBUS INSIPIENTIBUS

VMA-VERLAG WIESBADEN

Titelbild auf dem Einband:
Albrecht Dürer (1471–1528): Das Narrenschiff.
Titelblatt zur gleichnamigen Buchausgabe
des Textes von Sebastian Brant

VMA-Verlag Wiesbaden
Lizenzausgabe der 11. unveränderten Auflage 1984
mit freundlicher Genehmigung des Verlages
© Muster-Schmidt, Göttingen
Druck und Bindung: Graphischer Großbetrieb Pößneck GmbH
Ein Mohndruck-Betrieb

Ich habe mir oft folgende Frage gestellt: wie ist es möglich, da doch die Berührung, der Zusammenstoß mit der Dummheit von jeher für viele Menschen zu den qualvollsten Leiden ihres Lebens gehört haben muß, wie ist es möglich, daß dennoch — soviel ich weiß — niemals eine Studie über sie, ein „Essay über die Dummheit" geschrieben wurde? Denn die Seiten des Erasmus tun dem Gegenstand nicht genug.

JOSÉ ORTEGA Y GASSETT

Inhaltsverzeichnis

Aus dem Vorwort zur ersten Auflage

Wer kann was Dummes, wer was Kluges denken,
das nicht die Vorwelt schon gedacht?

GOETHE (Faust II)

Über geniale Menschen zu schreiben, ist zweifellos eindrucksvoller als über ihr Gegenteil, die Dummen.

Autoren, die das Genie darstellen, genießen den Sondervorteil, sich, wie die Biographen überhaupt, ein wenig im Ruhmesglanz der von ihnen Dargestellten sonnen zu können. Solch indirekter Lorbeer ist mit dem Thema dieses Buches nicht zu erwerben.

Ein einfacher Zahlenvergleich zwischen Genialen und Törichten ergibt jedoch leicht, daß es offenbar sehr viel dringender nötig ist, sich derer auch wissenschaftlich anzunehmen, die da arm im Geiste sind (ich brauche das Wort nicht in der theologischen Auslegung, sondern in der des Volksmundes; wie sie auch N i e t z - s c h e übernahm, wenn er von den Armen im Geiste sprach). Denn ihrer ist, wenn nicht das Himmelreich, so doch offenbar die kompakte Majorität auf dieser Erde.

Wie aber ist es mit der Dummheit des Menschen, wie er nun einmal ist, in Wahrheit bestellt?

Was man darüber allenfalls sagen kann, ohne sich hoffnungslos ins Uferlose zu verlieren, das soll in den folgenden Seiten aufgezeichnet werden — eingedenk des Wortes: Ultra posse nemo obligatur, auf deutsch und im Rahmen unseres Themas: Ein Schelm gibt mehr, als er hat.

Es wird sich zeigen, daß sich sehr vieles zum Thema der Dummheit des Menschengeschlechtes sagen läßt; es handelt sich bei ihr im Grunde um das spezifisch Menschliche überhaupt.

Manches mußte auch ungesagt bleiben — es steht zwischen den Zeilen, wo es der intelligente Leser, wie ich nicht zweifle, mit Leichtigkeit finden wird.

Sollte aber manches Wissenswerte vermißt werden, so gedenke ich meinerseits, mich hinter die Volksweisheit zurückzuziehen, die da verkündet, daß ein Narr mehr fragen kann, als sieben Weise beantworten.

Oldenburg i. O., 14. Dezember 1954   HORST GEYER

Vorwort zur sechsten Auflage

José Ortega y Gasset hatte mir anläßlich der ersten Auflage meines Buches am 5. Januar 1955 in elegantem Deutsch einen Brief geschrieben und darin gemeint: „Ich hoffe, es mit großem Genuß zu lesen."

Am 18. Oktober 1955 starb Spaniens großer Sohn.

Als ehrfurchtsvoller Gruß, der nun den Manen des Toten gilt, wie er früher dem Lebenden gegolten, soll sein Motto stehen bleiben.

Was sachlich dazu zu bemerken ist, habe ich auf Seite 384 dieses Buches gesagt.

Oldenburg i. O., 1. Juni 1956   Horst Geyer

Vorwort zur siebenten Auflage

Die „Welt" hat meinen Stil mit dem von Schopenhauer verglichen, die „Zeit" von meinem hingeschluderten Stil gesprochen — unter uns gesagt, ich halte beides für ein wenig übertrieben.

Immerhin, ich benutze die Gelegenheit des Neusatzes dieser (zweieinhalb Jahre nach Erscheinen) notwendig gewordenen 7. Auflage, um unnötige Fremdworte durch treffendere deutsche Ausdrücke zu ersetzen. Ich habe mich dabei der tätigen Mithilfe meines Freundes Dr. W. Dickertmann zu erfreuen gehabt, dem ich zu Dank verpflichtet bin. Ich habe ferner Überflüssiges (weil doppelt Gesagtes) weggelassen und dafür einen Vierten Teil: Kluges Verhalten bei geringer Intelligenz (Der Stein der Narren) neu geschrieben; und so soll das Buch nun bleiben.

Für Hinweise auf besonders schöne Blüten am Stamme der alles beherrschenden Dummheit bin ich, wie bisher, stets dankbar.

Oldenburg i. O., 1. Juli 1957   Horst Geyer
Dobbenstraße 12

O sancta simplicitas!

(H u ß 1415 auf dem Scheiterhaufen) 1)

Dummheit als Weltmacht und allgemein menschliches Phänomen.

Nur zögernd beginne ich das Diktat. Unterfängt sich doch diese Schrift, eine Erscheinung zu beleuchten, die, in ihren Ursachen mannigfaltig und in ihrer Verbreitung unabsehbar, ihrer Auswirkungen wegen das Gewicht einer Weltmacht hat. Aller Voraussicht nach wird sie diesen Rang auch nicht verlieren, solange Weltmacht von *Menschen* gemacht wird — von den Trägern eben jenes bemerkenswerten Phänomens, dem wir uns nun zuwenden —: ich spreche von der D u m m h e i t .

In einem Werke, welches zu Beginn des zwanzigsten Jahrhunderts mit dem ausgesprochenen Zweck zusammengestellt wurde, die stillschweigend vorausgesetzte relative Dummheit der sogenannten höheren Bevölkerungsklassen zu vermindern — in *Meyers* Großem Konversationslexikon nämlich [6. Auflage, Leipzig und Wien, Fünfter Band (— Differenzgeschäfte bis Erde —)] stehen nacheinander folgende Stichworte abgehandelt (auf Seite 266-267):

„*Dummheit*, die mangelhafte Fähigkeit, aus Wahrnehmungen richtige Schlüsse zu ziehen. Dieser Mangel beruht teils auf Unkenntnis von Tatsachen, die zur Bildung eines Urteils erforderlich sind, teils auf mangelhafter Schulung des Geistes oder auch auf einer gewissen Trägheit und Schwerfälligkeit des Auffassungs-

---

1) Um die Authentizität dieses Ausrufes steht es übrigens schlecht. Augen -und Ohrenzeugen des Sterbens des böhmischen Reformators, wie z. B. Ulrich von Richental sowie Petrus de Mladenowic wissen nichts von einem derartigen Ausspruch. Erst 240 Jahre nach Huß' Flammentod taucht dieser Ausruf erstmalig bei Zincgref-Weidner (1653) auf. v. Loeper weiß von einem Bauern, K. v. Gebler von einem alten Weiblein zu berichten, die Holz zum Scheiterhaufen schleppten, woraufhin die zitierten Worte gefallen sein sollen.

Andererseits ist verbürgt, daß die sancta simplicitas schon gelegentliche des 1. Konzils zu Nicaea im Jahre 325 zitiert wurde.

vermögens. Jedenfalls ist die Dummheit ein Fehler, der noch innerhalb der Grenzen der normalen Seelentätigkeit liegt und deshalb von der krankhaften Geistesschwäche oder dem ausgesprochenen Mangel an richtiger Gedankenverknüpfung unterschieden werden muß, wie er der Idiotie oder dem Blödsinn zukommt.

Dummkoller (Morosis, veraltet: Schlaf-, Still-, Lauschkoller, Sterngucker), ein Hauptmangel der Pferde, der mit 14tägiger Gewährsfrist belegt ist. Nach der kaiserlichen Verordnung[2], betreffend die Hauptmängel etc., ist als Dummkoller anzusehen die allmählich oder infolge der akuten Gehirnwassersucht entstandene unheilbare Krankheit des Gehirns, bei der das Bewußtsein des Pferdes herabgesetzt ist. Der Dummkoller kann als Nachkrankheit einer akuten Gehirnentzündung zurückbleiben oder sich selbständig ausbilden. Im ersten und auch im zweiten Fall kommt es zu Wasseransammlung in den Gehirnkammern. Selten sind Geschwülste die Ursache des Dummkollers. Dumme Pferde achten wenig auf ihre Umgebung und stehen oft wie im Schlaf, nicht selten mit unregelmäßig gestellten Füßen, oder sie nehmen eine lauschende Stellung an, zeigen dabei jedoch ein sehr unregelmäßiges Ohrenspiel; sie hören wenig oder gar nicht auf den Zuruf zum Herumtreten etc., lassen sich auch an der Halfter oder dem Zügel nur schwer hin und her führen und noch schwerer oder gar nicht zurückschieben. Gegen Berührungen, Kitzeln in den Ohren, leichte Fußtritte auf die Krone etc., wogegen gesunde Pferde besonders empfindlich sind, zeigen dumme Pferde sich unempfindlich; auch lassen sie sich oft gefallen, daß man ihnen die Vorderbeine kreuzweise übereinander stellt, und verharren in dieser Stellung. Sie fressen langsam, vergessen oft das Weiterkauen und stehen mit vollem Maul; beim Trinken fahren sie oft mit der ganzen Nase ins Wasser; manchmal ist der Appetit stark vermindert. Der Gang ist träge, of tappend, schwer lenksam (Unempfindlichkeit im Maul); manche Pferde lassen sich schwer

[2]) Diese Verordnung, so wurde ich juristischerseits belehrt, ist heute noch gültig — sie überlebte die Monarchie, die Weimarer Republik und das Tausendjährige Reich — und sie wird, geb's Gott, auch noch die Teilung Deutschlands überleben: „Verordnung betr. die Hauptmängel und Gewährsfristen beim Viehhandel vom 27. März 1899 (Reichsgesetzblatt 1899 Seite 219: § 1 . . . I . . . bei Pferden, Eseln, Mauleseln und Maultieren.)" Diese Verordnung ist, wie im RGB vorgesehen, zu § 482 BGB Abs. 2 ergangen. Die Erwägungen bei Erlaß der Verordnung finden sich im Reichsanzeiger vom 5. 6. 1899 Nr. 130.

seitwärts lenken, andere drängen stets nach e i n e r Seite. Die Untersuchung auf Dummkoller muß von einem Sachverständigen ausgeführt werden. Dabei muß (Unterscheidung von akuten Gehirnleiden) das Pferd fieberfrei sein und höchstens die normale Pulszahl (40) haben, weil durch Dummkoller der Puls eher verlangsamt wird. Nach Bewegung (bis zum Schweißausbruch) prägen die Symptome sich deutlicher aus. Im heißen Sommer und bei anstrengender Arbeit tritt daher in den Zufällen des Dummkollers oft eine Steigerung ein. Die Krankheit ist unheilbar; durch Ruhe, kühle Luft und leichtverdauliches weiches Futter kann jedoch eine Besserung erzielt werden, und im Winter zeigt sich oft bedeutende Verminderung der Erscheinungen. Bei Stuten erfolgt gewöhnlich Besserung, wenn sie belegt werden. Tödlich ist der Dummkoller an sich nicht, aber die Pferde verlieren durch denselben erheblich an Wert, indem sie schwer lenksam und schlaff, zu anstrengender Arbeit, besonders bei heißem Wetter, oft gänzlich unbrauchbar werden."

Das gelehrte Werk läßt keinen Zweifel: die menschliche Dummheit ist „ein Fehler, der noch innerhalb der Grenzen normaler Seelentätigkeit liegt", „dumme Pferde" aber repräsentieren eben ihrer Dummheit wegen einen kaiserlich festgesetzten Hauptmangel. Auch menschliche Individuen mit unterentwickelter Intelligenz vergessen das Weiterkauen und stellen sich ungeschickt beim Trinken an — genau wie ihre tierischen Kollegen. Ruhe, kühle Luft und leichtverdauliches weiches Futter sind beim Menschen gegen die Dummheit leider wirkungslos; auch mehrfache Schwangerschaften helfen nicht, wie die alltägliche Erfahrung zeigt. Träger, tappender Gang und Unlenksamkeit sind dagegen weitere pferdmenschliche Parallelen im Zeichen der Dummheit.

Der Unterschied liegt in der Bewertung: beim Pferd ist die Dummheit ein Hauptmangel, der seine Einstellung ins Heer als Remonte laut kaiserlichen Erlasses unmöglich machte. Von einer Wertminderung des Menschen durch eine ihm etwa innewohnende Dummheit ist dagegen nicht die Rede; und schon gar nicht davon, daß etwa menschliche Dummheit bei der Musterung der Rekruten für die Einstellung ins Heer als irgendein Mangel, geschweige denn als ein Hauptmangel empfunden worden wäre.

Man ist versucht, das Gegenteil für richtig zu halten. Es gibt zweifellos eine militante Form des Schwachsinns, für die das festgefügte Befehlsgebäude der militärischen Hierarchie einen willkommenen Ersatz des fehlenden eigenen Denkvermögens darstellt. Kurz nach dem Zusammenburch 1945 traf ich einen jungen Fachkollegen, der ein Buch plante über den Kommiß (notabene aller Länder Europas und Übersee) unter dem Titel: „Der organisierte Schwachsinn". und er hatte eine Reihe — je nachdem erheiternder oder erschütternder — Beispiele bei der Hand. Das Buch ist nicht geschrieben worden. Daß ähnliche Gedankengänge jedoch internationalen Kurswert haben, beweist zum Beispiel ein neuer amerikanischer Bestseller. H. W o u k schrieb (in „Die Caine war ihr Schicksal", W. Krüger Verlag, Hamburg 1952, S. 150):

„. . . Ob es sich um den Nachrichtensektor, den Maschinensektor, den Artilleriesektor handelt, überall werden Sie die Arbeit bis zu einem solchen Ausmaß vorgekaut und in feste Geleise gefügt vorfinden, daß man schon die Irrenhäuser durchkämmen müßte, um ein paar Leute aufzutreiben, die es fertig brächten, trotzdem noch etwas zu versauen. Achten sie mal auf diesen einen Punkt besonders. Er erklärt Ihnen alles und versöhnt Sie mit allem: den vielen Dienstvorschriften, den ewigen Meldungen, dem übertriebenen Wert, der auf Ihre peinlichste Aufmerksamkeit und auf Ihren Kadavergehorsam gelegt wird, und mit den schablonenhaften Methoden, nach denen hier alles vor sich geht. Die Marine ist ein grandioses System, das Genies zur Handhabung durch Schwachköpfe erdacht haben. Sind Sie selber kein Idiot, aber irgendwie in die Marine hineingeraten, dann können Sie nur dadurch richtig funktionieren, daß Sie sich wenigstens wie ein Idiot anstellen. Alle Vereinfachungen oder Einsparungen oder gesunden Änderungen, die Ihre angeborene Intelligenz Ihnen nahegelegt, sind Fehler. Lernen Sie, diese Ideen zu unterdrücken. Fragen Sie immer: wie würde ich das und das jetzt machen, wenn ich ein Idiot wäre? Drosseln Sie Ihren Verstand bis zum völligen Erliegen ab, dann werden Sie nie einen Fehler machen . . . Ich billige das ganze System. Wir müssen nun mal eine Marine haben und eine andere Methode, sie in Gang zu halten, gibt es nicht. . ."

Daß nicht nur im besiegten Deutschland (K i r s t : „Nullachtfünfzehn"), sondern gerade in den Siegerländern die frühere teilweise verlogene Heroisierung alles und jedes Soldatischen durch eine maßlos übertriebene moralische Abwertung (J o n e s : „Verdammt in alle Ewigkeit") ersetzt wird, erscheint als keineswegs genügend durchdiskutiertes sozial- und kulturwissenschaftliches Problem unserer Zeit — ganz abgesehen vom Intelligenzgrad des Durchschnittssoldaten.

R o d e n w a l d t indessen (108) hat bereits 1905 eine Untersuchung an den Rekruten, die den Ersatz seines Kavallerieregimentes bildeten, hinsichtlich ihres geistigen Inventars angestellt. Er betont, daß es sich um eine durchschnittliche Arbeiter- und Landbevölkerung handelte, meist um Freiwillige, also um k e i n e Minimalleistungen, da die unterste Schicht der Bevölkerung in seinem Untersuchungsgut nicht vertreten sei. Gefragt wurden insgesamt 174 Soldaten. Von diesen konnten nur 82 das ABC aufsagen, bei 71 war seine Kenntnis lückenhaft, davon verstummten 20 (!) schon nach wenigen Buchstaben. 25% des „Volks" der Dichter und Denker hatten den Namen Goethes nie gehört! (Weitere Einzelheiten dieser Untersuchung werden im 2. Kapitel mitgeteilt.) R o d e n w a l d t faßt seine Ergebnisse folgendermaßen zusammen: „Das Resultat der Untersuchung allgemein betrachtet ergibt einen derartigen Tiefstand des geistigen Inventars, eine solche Fülle nicht erwarteter Defekte in großem Prozentsatz, wie sie in der psychiatrischen Literatur niemals angenommen wurde ... Jetzt begegne ich allgemein erstaunten Gesichtern, wenn ich berichte, daß das ABC nur im Besitz der Minderheit sei; und, daß es Leute gebe, die den Namen des Kaisers nicht kennen, wird einem gar nicht geglaubt. Schon nach 5 Jahren der Entfernung von der Schule sind deren Wirkungen wie fortgewischt aus dem Gedächtnis, und ganz verwunderlich berühren einen die großen Lücken auf dem Gebiet der Religionslehre, eines Gebietes, das doch durch die Feier der christlichen Feste immer im Gesichtskreis bleibt, und das bei Leuten, die aus der anerkanntermaßen religiösen Bevölkerung Schlesiens stammen.

Völliger Mangel an sozialer Orientierung, Unkenntnis der politischen Rechte selbst in der sozialen Gesetzgebung, die ihnen doch an Haut und Haar geht, läßt eigentlich jeden Gedanken an eine höhere Ethik, Vaterlandsgefühl etc. als müßig erscheinen bei Leuten, deren historischer Horizont kaum bis zu den nächsten Großtaten unseres Volkes reicht, deren geographischer Horizont schon wenige Meilen vom Heimatdorf aufhört ... Daß auch die Begriffe des alltäglichen Lebens so schlimme Versager zeigen, ist noch viel unerwarteter. Und das ist bei weitem nicht die tiefste

Schicht der Bevölkerung; welche Defekte hat man noch weiter abwärts zu vermuten, wie muß es erst in anderen Ländern aussehen, die über weniger günstige Schuleinrichtungen verfügen als wir . . . Gibt es denn überhaupt noch einen Maßstab des notwendig vorauszusetzenden Inventars von Gesunden?"

B o n h o e f f e r (14) berichtet in einem Beitrag zur Kenntnis des großstädtischen Bettel- und Vagabundentums von durchweg gleicher oder noch tiefer stehender Beantwortung ähnlicher Fragen aus Berlin.

Diese erschütternden Ergebnisse stammen aus der Zeit um die Jahrhundertwende und können mit heutigen Verhältnissen nicht ohne weiteres verglichen werden. Interessanterweise hat die moderne Zivilisationserscheinung des Rundfunks die wenn auch nicht gewollte, so doch tatsächliche Wirkung einer allgemeinen Volksaufklärung gehabt; durch das Ohr wird von primitiven Menschen zweifellos mehr aufgenommen als durch das Auge. Wenn jemand lesen will, muß er sich eigens um eine Zeitung oder ein Buch bemühen. Das Rundfunkgerät aber überfällt, wenn es einmal eingestellt ist, den Hörer mit der Suggestivkraft des Wortes, so daß doch manches hängen bleibt, und wenn es nur die richtige Aussprache fremder Namen in der Politik, fremder Länderbezeichnungen und ähnliches ist. Auch die Motorisierung in Krieg und Frieden hat einiges für die Hebung des geistigen Inventars getan. Der geographische Horizont hört infolge der Motoren nicht beim nächsten Kirchturm auf. Daß aber im Grundsätzlichen die Struktur des Denkvermögens sich nicht gewandelt hat, und daß hier nur die Oberfläche akustisch berieselt wurde mit entsprechend geringer Tiefenwirkung, das kann einem Zweifel nicht unterliegen. Darüber wird noch Näheres zu sagen sein.

R o d e n w a l d t berichtete von *schlesischen* Rekruten; ich selbst hatte während des Krieges als Psychiater und Neurologe der Fliegerhauptuntersuchungsstelle Königsberg *masurische* Freiwillige zu überprüfen, die sich zur Bordfunkerei gemeldet hatten. Auch hier war ein erstaunlicher Tiefstand des geistigen Inventars festzustellen (selbst wenn man berücksichtigt, daß die „freiwilligen" Meldungen zur Sonderausbildung meist so zustande kamen, daß der Herr Hauptfeldwebel die Krümmsten und Dümmsten aufschrieb und abschob). Von einer anderen Gegend des deutschen Vaterlandes hieß es:

Im Winter ist der Pommer
noch dommer als im Sommer —[3]),

was offenbar als schier unglaublich angenommen werden sollte,
da es schon sommers maximale Grade mit der „Dommheit" auf
sich zu haben schien. Vielleicht aber erklärt sich der Sinn dieses
Spruches aus der Vermutung der regeren Stadtbevölkerung, daß
die Bauern nach getaner Feldarbeit ohnehin in eine Art Winter-
schlaf zu verfallen pflegen, gefördert durch die trostlose Abgeschiedenheit auf dem platten Lande infolge von Schnee und anderen Witterungsunbilden, die Weg und Steg unpassierbar machen.
K o l l e (72) hat die Unterschiede zwischen Stadt und Land vom
Gesichtspunkt des Psychiaters aus in einer eigens diesem Thema
gewidmeten Arbeit beleuchtet.

Kein geringerer als E r a s m u s von Rotterdam zitiert bereits
vor 400 Jahren in seiner Moria (vgl. Kapitel 7) den auf die Bewohner der Niederlande gemünzten Spottvers:

„Hoe ouder, hoe sotter Brabander,
hoe ouder, hoe botter Hollander",

daß nämlich die Brabanter je älter je dümmer, die Holländer
aber je älter je blöder seien.

Heinrich H e i n e sagt schließlich im Kapitel XI des dritten
Teils seiner Reisebilder:

„Die Tiroler sind schön, heiter, ehrlich, brav und von uner-
gründlicher Geistesbeschränktheit".

Die Berliner — nach G o e t h e ein „verwegener Menschen-
schlag" — sind bekannt wegen ihrer Schlagfertigkeit. Die Berliner
Sarkasmen waren und sind unnachahmlich. Selbst bei diesen Ber-
linern findet man eine Unterschicht geistig hochgradig Minder-
bemittelter, wie B o n h o e f f e r (1. c) gezeigt hat. In den deutschen Schullesebüchern und Anthologien vermisse ich immer die
ausdrückliche Bemerkung S c h o p e n h a u e r s (im § 76 der Neu-
en Paralipomena): „ . . . ich lege hier für den Fall meines Todes
das Bekenntnis ab, daß ich die deutsche Nation wegen ihrer
überschwinglichen Dummheit verachte und mich schäme, ihr an-
zugehören." N i e t z s c h e spricht symbolisch von Deutschland
als dem Flachland Europas; es kann uns überhaupt nichts scha-

---

[3]) Alle diese Beispiele schließen natürlich keine Diffamierungen ein!
„Ich kannte einen Fischer in Leba", schreibt mir Prof. Knittermeyer,
„der mich leibhaftig an Gogarten erinnerte und mit dem ich wie mit
seinem Urbild reden konnte."

den, wenn wir uns hin und wieder einmal das Kapitel „Was den Deutschen abgeht" aus seiner „Götzendämmerung" zu Gemüte führen würden.

Wir werden also gut tun, nicht den einen Volksteil für dümmer zu halten als den andern, oder eine Nation für klüger als den Nachbarn, sondern uns damit begnügen zu wissen, daß unter den Stämmen deutscher Zunge wie auch sonst überall auf der Welt sich bei darauf gerichteter Aufmerksamkeit eine quantitative und qualitative Überfülle der Dummheit offenbart, die es ratsam erscheinen läßt, aus dem jeweiligen intellektuellen Glashaus nicht mit Steinen zu werfen.

Aber auch den gegenteiligen Versicherungen einzelner Volksstämme („Mir Sachsen sinn helle") werden wir daher nur cum grano salis Vertrauen schenken dürfen — oder der unbefangenen Ansicht der Schwaben:

> „Der Schelling und der Hegel, der Schiller und der Hauff,
> das ist bei uns die Regel, das fällt uns gar nicht auf."

Gerade hier können die berühmten „Schwabenstreiche" ausgleichend wirken.

S w i f t , der im England seiner Zeit sehr scharfe Satiren gegen die Unvernunft seiner Landsleute und der Menschen überhaupt geschrieben hat, hat einmal im letzten Teil von „Gullivers Reisen" eine Betrachtung dem Intelligenzunterschied zwischen Pferden und Menschen gewidmet, wobei er den Pferden einen weiten Vorsprung zugebilligt hat. Es hat sich also hier ein kritischer Geist in ironischer Absicht desselben Vergleichs bedient, den wir eingangs aus dem Konversationslexikon von 1907 in ebensolcher Absicht herausgelesen haben. Immerhin bleibt auch ohne alle polemischen Ziele soviel übrig, daß die intellektuelle Ausstattung des Menschen eine sehr viel größere Spielbreite auch zum Negativen aufweist, als das beim Tier möglich wäre[4]). Dieser Unterschied erklärt sich zwanglos aus der Tatsache, daß die Häufigkeit der Dummheit bei den Pferden und bei den höheren Tieren überhaupt erheblich geringer ist als bei den Menschen, und zwar als Ergebnis der natürlichen Zuchtwahl bei den Tieren der Wildnis

---

[4]) S h a k e s p e a r e bringt eine ähnliche vergleichend-zoologische Betrachtung: „Dein Hengst hält eher eine Rede aus dem Kopf, als du ein Gebet auswendig sprichst".   Troilus und Cressida II, 1.

und der geplanten Züchtung bei den Haustieren. Dem steht beim Menschen die im wesentlichen ungehemmte Fortpflanzung gerade der intellektuell gering ausgestatteten Menschheitsanteile gegenüber. Darüber wird im späteren Zusammenhang (Kapitel 3) ausführlicher zu sprechen sein. Schließlich kann ja eine so allgemein unter dem Menschengeschlecht verbreitete Verfassung wie die Dummheit nicht erhaltungswidrig und damit ein Hauptmangel sein. Das beweist gerade ihre allgemeine Verbreitung. Auch in den heutigen zivilisierten und sogenannten hochkultivierten Völkern dürfte ein gewisses Maß von Dummheit für das Bestehen des Individuums eher förderlich als hinderlich sein. Und in der Tat ist es die Ansicht vieler hervorragender Kirchenväter, Philosophen und Denker gewesen, daß der Durchschnitt der Menschheit mit einer nur gering zugemessenen Intelligenz zum mindesten sein Leben fristen kann, ohne daß dies zu besonderen Schwiekeiten zu führen braucht. Schopenhauer meint beispielsweise in den Parerga und Paralipomena („Den Intellekt überhaupt und in jeder Beziehung betreffende Gedanken"): „... die meisten Menschen haben, wenn auch nicht mit deutlichem Bewußtsein, doch im Grunde ihres Herzens, als oberste Maxime und Richtschnur ihres Wandels den Vorsatz, mit dem kleinstmöglichen Aufwand von Gedanken auszukommen, weil ihnen das Denken eine Last und Beschwerde ist. Demgemäß denken sie nur knapp soviel, wie ihr Berufsgeschäft schlechterdings nötig macht, und dann wieder soviel, wie ihre verschiedenen Zeitvertreibe, sowohl Gespräche als Spiele, erfordern, die dann aber beide darauf eingerichtet sein müssen, mit einem Minimo von Gedanken bestritten werden zu können. Fehlt es jedoch, in arbeitsfreien Stunden, an dergleichen, so werden sie stundenlang am Fenster liegen, die unbedeutendsten Vorgänge angaffend ..., eher als daß sie ein Buch zur Hand nehmen sollten, weil dies die Denkkraft in Anspruch nimmt.

Der Alltagsmensch scheut die körperliche, aber noch mehr die geistige Anstrengung; daher ist er so unwissend, so gedankenlos und so urteilslos ... Die große Mehrzahl der Menschen ist so beschaffen, daß ihrer ganzen Natur nach es ihnen mit nichts ernst sein kann, als mit Essen, Trinken und Sichbegatten. Diese werden alles, was die selteneren erhabenen Naturen, sei es als Religion oder als Wissenschaft oder Kunst in die Welt gebracht haben, sogleich als Werkzeug für ihre niedrigen Zwecke benutzen."

Wenn es auch allbekannt ist und in allen geschichtlichen Jahrhunderten wiederholt ausgesprochen wurde, daß der größte Teil der Menschheit intellektuell gesehen schlecht daran ist, so nimmt es doch wunder, daß diese Tatsache nicht mehr Erstaunen erregt hat. Die Medizin hat der völligen körperlichen Gesundheit des Menschen zweifelsohne sehr viel mehr Aufmerksamkeit zugewandt als seiner geistigen, seelischen und verstandesmäßigen Verfassung. Schon der römische Satiriker klagt darüber, daß man häufig gesunde Körper, aber weniger häufig einen gesunden Geist findet. Wenn auch dieses Sprichwort von den ewigen Turnlehrern immer falsch zitiert wird, nämlich in dem Sinne, daß nur in einem gesunden Körper auch ein gesunder Geist wohnen könne, so ändert das doch nichts daran, daß J u v e n a l etwas so Dummes nicht gesagt hat, sondern: „Wir wollen beten, daß in einem gesunden Körper auch endlich einmal ein gesunder Geist wohnen möge". Aus dieser echten Fassung des geflügelten Wortes geht m. E. einwandfrei hervor, daß schon im alten Rom zwar prachtvolle Athleten in größerer Menge vorhanden waren, daß aber ein dieser Körperlichkeit entsprechender tüchtiger Geist damals ebenso selten anzutreffen war wie heute; wie es denn ja von jeher die Fanatiker des Sportes und der Körperpflege gestört hat, daß die klügsten Leute häufig nur über kümmerliche körperliche Voraussetzungen verfügt haben, und daß I m m a n u e l K a n t ebensowenig wie F r i e d r i c h S c h i l l e r körperliche Leistungen nennenswerten Ausmaßes hätten vollbringen können. Der Box-Weltmeister im Schwergewicht und die Schönheitskönigin der Welt sind auch heute Berühmtheiten, die mit geistigen Voraussetzungen keine Berührungspunkte haben.

Wie in der „Neuen Literarischen Welt" 1953 Nr. 5 mitgeteilt wird, haben die Filmschauspieler unserer Zeit außerordentlich hohe Vergütungen erhalten, die für die Mitwirkung an einem dieser Massenerzeugnisse bis zu 85 000 DM betragen haben. Ein anderer Filmschauspieler bekam für drei kurz nacheinander gedrehte Filme sogar 175 000 DM. I m m a n u e l K a n t erhielt für seine „Kritik der Urteilskraft" 700 Taler, 16 Göttinger Würste und 2 Pfund Schnupftabak. Diese Gegenüberstellung wirkt auch dann verblüffend, wenn man den Wert des Geldes in den verschiedenen Jahrhunderten entsprechend einsetzt. Andererseits aber besteht natürlich kein Zweifel daran, daß die Werke K a n t s im wahrsten Sinne des Wortes unbezahlbar sind; daß sie der Welt des Geistes angehören und damit, gemessen an der Unzahl törichter Menschen aller Jahrhunderte, nur eine verschwindend geringe Leserzahl haben, die sie verstehen können. Die enorme Bezahlung moderner Komödianten des Films ist nur ein Ausdruck für den gewaltigen Massenkonsum der Dummen, die in die Kinos laufen, weil dort den ihrer geistigen Verfassung genau angepaßten, mit minimaler Intelligenz zu bewältigenden Stoff vorgesetzt bekommen. Ebenso zeigen die enormen Quoten des Fußballtotos an, daß die Wahrscheinlichkeitsrechnung für den Durchschnittseuropäer ein Buch mit sieben Siegeln ist; so daß gerade die sozial Schwachen diese jährliche Mindeststeuer von 52 Mark, ohne zu murren, zahlen in der nur durch törichte Illusionen einer praktisch nicht vorhandenen Gewinnchance genährten Hoffnung, ohne Arbeit reich zu werden. Besieht man sich nachher, was die paar glücklichen Gewinner mit ihrem Geld angefangen haben, so bestätigt das im allgemeinen ihren von vornherein vermuteten geringen Intelligenzgrad. Dies hatte ich 1954 geschrieben; am 20. 5. 1956 berichtet „Bild am Sonntag" über die Entmündigung des „Totokönigs Mecki G." — offenbar erfolgte sie zu seinem Schutz wegen Geistesschwäche, die von seiner geschäftstüchtigen Umwelt rücksichtslos ausgebeutet worden war. „Mecki" hatte 738 115 DM und 75 Pfennige „gewonnen" — und davon gleich die Hälfte seinem Bruder geschenkt (dies war offenbar das Vernünftigste, was er bisher getan hat).

Dieser kurze Streifzug soll zeigen, daß die Macht der Dummheit zu allen Zeiten und auch heute erheblich größer war und ist, als man das für gewöhnlich ohne eigens darauf gerichtete Aufmerksamkeit annimmt oder wahrhaben will. Man meint immer wieder, daß in den grauen Vorzeiten, im finsteren Mittelalter und überhaupt Anno dazumal die Leute dümmer gewesen seien als heute. Das ist ein grober Irrtum. P l a t o ist bis auf K a n t sicher nicht erreicht worden, was die intellektuelle Leistung betrifft, und auch die kulturellen Höchstleistungen, die sich nicht direkt vergleichen lassen, sind in späteren Jahrhunderten wohl andersartig, aber nicht gewaltiger gewesen als im Altertum. Um nur zwei Beispiele zu bringen: man denke an die griechische Plastik und Architektur, die in ihrer in sich ruhenden und abgeschlossenen kulturellen Höchstleistung nur auf anderen Kunstgebieten Gegenstücke in späteren Zeiten aufweisen, etwa die Hochblüte der Musik, die über B a c h , H ä n d e l , B e e t h o v e n und M o z a r t im mitteleuropäischen Raum heraufgeführt wurde — oder an die griechische dramatische Dichtung (A i s c h y l o s , S o p h o k l e s , E u r i p i d e s) und die deutsche Klassik G o e t h e und S c h i l l e r mit Vorläufern und Nachfolgern). Die römische Sentenz des H o r a z — die dieser den Griechen entlehnt hat (sie findet sich schon bei A i s c h i n e s und B i a s) —: Coelum, non animum mutant, qui trans mare currunt, zu deutsch: wer über See geht, wechselt den Horizont und nicht den Charakter, gilt auch für die zeitlichen Himmel und Horizonte. Gewiß ist es ein Unterschied, ob der fromme Mensch des Mittelalters den Himmel über sich überwölbt weiß vom Herrn der Heerscharen mit dem Heiland neben ihm, der am jüngsten Tage, die Christenheit erlösend und richtend, vom Himmel hoch hernieder kommt, oder ob der zivilisierte moderne Mitteleuropäer den Horizont des Himmels mit Radargeräten nach Düsenbombern und ferngesteuerten Raketen absucht, die ein irdisches jüngstes Gericht im Atomfeuer moderner Vernichtungswaffen bedeuten können; wir leben ja nicht mehr unter dem Schwerte des Damokles, das relativ gemütlich war, sondern nach F. L e n z unterm Schwerte des Leukippos (der bekanntlich das Atom „erfunden" hat). Die menschliche Grundstruktur primitiver Bedürfnisse und Ängste ist aber durch die Wandlung des mittelalterlichen Himmel- und Höllen-Bildes zur modernen Höllen- und Himmelsangst nicht verändert worden.

Als besonders bezeichnend sei ein Musterbeispiel für den erstaunlichen Grad der Kritiklosigkeit angeführt, wie ihn die Mehrzahl der heutigen Presse bei ihren Durchschnittslesern stillschweigend voraussetzt; ich meine die astrologischen Ecken, ohne die fast keine periodisch erscheinende Zeitung auskommen kann. Auf meine Rückfrage bei einem Redakteur mit dem Hinweis, die Zeitungen und Zeitschriften seien doch eigentlich nicht nur dazu da, das Volk zu verdummen, wurde mir achselzuckend geantwortet, bei dem Versuch, das „Sternengeflüster" nicht mehr zu bringen, seien so viele Protestschreiben mit Kündigungsdrohungen eingelaufen, daß nicht darauf verzichtet werden könne. Es wurde mir auch zugegeben, daß die einzelnen Zeitungen für dieselben Horoskope ganz verschiedene Deutungen und Ratschläge brächten. Das stört aber das Durchschnittspublikum nicht, im Gegenteil, mir sind Leute bekannt, die aus einer Reihe von Zeitungen nur *die* Prophezeiungen als gültig heraussuchen und ansehen, die für ihren Geburtstag Günstiges melden, während Gegenteiliges in den Papierkorb geworfen wird. R e i n e r s (107) hat in einem Büchlein mit historisch-wissenschaftlicher Methodik den groben Unfug aufgezeigt, den die heutige, sich als ernst zu nehmende Wissenschaft gebärdende Astrologie zur Grundlage hat. Natürlich wird das nichts helfen. Auch die Astrologie entspringt dem metaphysischen Bedürfnis des Menschen, der, wenn er nicht mehr in einem religiösen Glauben ruht, sich in den Aberglauben stürzt, wobei ihm seine durchschnittliche intellektuelle Verfassung gute Hilfsdienste leistet.

Dabei läßt sich die primitive Voraussetzung der Astrologen, daß nämlich Tag und Stunde der Geburt jedes Menschen entsprechend den Aspekten der Gestirne für Charakter (einschließlich Intelligenzgrad!) und Lebensschicksal des Neugeborenen entscheidend sei, sogar naturwissenschaftlich einwandfrei und elegant widerlegen — nämlich mit Hilfe der Ergebnisse der Zwillingsforschung. Ein Berliner Mitassistent hat das einmal getan, zwischen den beiden ersten Weltkriegen — die bei der durchschnittlichen Intelligenz der hohen Politik selbstverständlich nicht die letzten bleiben werden (S p e n g l e r hatte ganz recht, als er das zwanzigste Jahrhundert das *der* Weltkriege genannt hat); — er führte diesen Nachweis gelegentlich einer Abendeinladung in ein Berliner Haus. Dort hielt eine ältere Dame, die sich mit dem Air umgab, das Horoskop für „den Führer" gestellt zu haben (die Sterne prophezeiten natürlich einen glücklichen Lebenslauf mit friedlich-ruhmvollem Ende), einen Vortrag über die astrologische „Wissenschaft" vor im Frack und Abendkleid lauschenden Zuhörern. Es wurde hinterher um Diskussionen gebeten. Schließlich nahm er, von allen Seiten gedrängt, das Wort, stellte zunächst einige grobe Irrtümer richtig und lockte dann die Rednerin aufs Glatteis mit folgender Frage: eine einzige wissenschaftlich erhärtete (79; 74) Tatsache könne u. U. für die Wirksamkeit der Sternbilder beim menschlichen Lebensanfang sprechen, die Zwillingsforschung. Zwillinge werden zwar nicht im selben Moment geboren, wohl aber im Abstand einiger Minuten. Schicksal und Charakter von Zwillingen, das haben große Untersuchungsreihen vor allem von N e w m a n (97; 121) an getrennt aufgewachsen Zwillingen in Amerika gezeigt, haben weit überdurchschnittliche Ähnlichkeit miteinander. Vielleicht seien also auch ihre Horoskope recht ähnlich und damit für die Entwicklung und Artung der

Zwillinge entscheidend. — Die Astrologin ging sofort auf den Leim. So sei es in der Tat, irgendein Zweifel sei „natürlich" unmöglich, die Zusammenhänge seien, wenn nicht sonnen-, so doch planetenklar. Er sagte daraufhin sehr deutlich: wenn das so sei, so müßte das Horoskop, das bei allen Zwillingspaaren etwa das gleiche sei, auch bei *allen* Zwillingen ähnliche Schicksale und Artung bedingen. Das sei aber keineswegs der Fall. Nur die Minderzahl der Zwillinge, nämlich die erbgleichen (eineiigen) Zwillinge, haben im großen und ganzen ähnliche, die erbungleichen (zweieiigen) Zwillinge dagegen denkbar unähnliche Charaktere und Lebensläufe aufzuweisen — obwohl beide Zwillingsarten sich hinsichtlich ihrer Horoskope untereinander völlig gleichen. Nicht die Tierkreiszeichen, die in der Geburtsstunde eines Menschen erhaben am Himmel stehen, entscheiden irgend etwas im irdischen Lebenslauf. Es ist das Erbteil, das jeder von uns mitbringt, das Konturen und Inhalt eines Lebens im großen bestimmt — „in deiner Brust sind deines Schicksals Sterne" sagt S c h i l l e r .

Das wirkte als eine vernichtende Abfuhr; die Rednerin des Abends verstummte erblassend. Aber der junge Fant hatte einiges übersehen. Die Dame des Hauses, deren Gast seine astrologische Vorrednerin schließlich genau so war wie er, bekam (zu Recht) einen hysterischen Anfall, fing an zu schreien, sie verbitte sich, daß junge Leute in ihrem Hause ihre erfahrene Freundin beleidigten; die Astrologie sei eine jahrtausendealte ehrwürdige Wissenschaft (ein typisch törichtes Argument übrigens; denn was ist konstanter über die Jahrtausende als menschlicher Irrtum und Aberglaube?) usw. — Der Gast wurde vom Hausherrn trotz oder vielmehr wegen seiner erfolgreichen Diskussionsrede taktvoll in die Küche dirigiert und diskret über die Hintertreppe entfernt — zwar um die Aussicht auf einen Gansbraten und diverse edle Alkoholika ärmer, aber um die Erfahrung reicher, daß er sich reichlich töricht verhalten hatte. Er hatte eine harmlose Wichtigtuerei, die von der sogenannten Gesellschaft kritiklos aufgenommen oder doch geduldet wurde, mit Wissenschaft verwechselt und sich am untauglichen Objekt in geistige Unkosten gestürzt.

Heute habe ich für meine Person längst gelernt, innerhalb und außerhalb meiner Berufstätigkeit viel größeren Unsinn gelassen anzuhören und keine Diskussion zu beginnen, wenn mir eine einfache Überlegung sagt, daß Dummheit und Gefühl, nicht Logik und Verstand bei den vorgetragenen Ansichten Taufpate gestanden haben. Denn: Widerspruch hält nur auf. Und ich bin mit dieser Maxime bisher gut gefahren, die schon G o e t h e bekannt war:

> „Laß dich nur zu keiner Zeit
> zum Widerspruch verleiten!
> Weise verfallen in Unwissenheit,
> wenn sie mit Unwissenheit streiten."

(Natürlich zeigt sich die vorwiegende Übereinstimmung erbgleicher Zwillinge hinsichtlich ihres Charakters und ihres aus diesem abgeleiteten Lebenslaufes nicht in jedem Einzelfall; auch hier gibt erst die massenstatistische Untersuchung unausgelesener Serien die gesetzmäßigen Tatsachen an. Gerade die seelischen Verschiedenheiten trotz gleicher Erbmasse (46) bei eineiigen Zwillingen habe ich zu einer Zeit zum Gegenstand einer Studie gemacht, als es von offizieller Seite nicht gern gesehen wurde, wenn an der Allmacht der Erbmasse gezweifelt wurde.)

Daß wir im übrigen der Dummheit auf Schritt und Tritt im täglichen Leben begegnen, braucht nicht näher ausgeführt zu werden; es versteht sich von selbst. B o n h o e f f e r , der langjährige Berliner Psychiater, hat einmal gemeint, daß es auch in der wissenschaftlichen Kärrnerarbeit sogenannte Gelehrte gäbe, deren Produkte keineswegs den Stempel der Genialität an der Stirn trügen. In diesem Zusammenhang sagte er, daß eine der unerträglichsten Kombinationen seelischer Eigenschaften beim Menschen diejenige von Dummheit und Fleiß sei. Schon T a l - l e y r a n d soll das wie folgt formuliert haben:

> klug und fleißig — gibt's nicht;
> klug und faul — bin ich selbst;
> dumm und faul — für Repräsentationszwecke noch ganz gut zu gebrauchen;
> dumm und fleißig —davor behüte uns der Himmel!

(Auch wir haben gelegentlich Außenminister gehabt, denen man Bienenfleiß nachrühmte; Talleyrands Beurteilung galt der Eignung zum diplomatischen Dienst!)

Und es ist in der Tat ja auch nicht so, daß eine fehlende Intelligenzleistung durch fleißiges Lernen ersetzt werden könnte. Andererseits sagt F. A. W o l f : Genie ist Fleiß. Klugheit, so wäre zu schließen, ist jedenfalls kein Freibrief für die Faulheit.

Als nach dem Kriege in Lindau am Bodensee die Nobel-Preisträger der Welt und damit ein Gremium höchster Intelligenzen, insbesondere mathematisch-naturwissenschaftlicher Richtung, versammelt gewesen waren, konnte man in der Presse lesen, daß die Stadtväter nach dem Kongreß gemeint hätten, es sei doch unzweckmäßig gewesen, den Wissenschaftlern die Stadttore zu öffnen; denn von den Vorträgen habe niemand von den Bürgern etwas verstanden; so daß es zweckmäßiger sei, in Zukunft Boxkämpfe oder Fußballspiele statt dessen abhalten zu lassen. Wie immer sind selbst solche Urteile, je nach dem Standpunkt, den man einnimmt, vertretbar. Warum soll auch schließlich Schilda, das ja längst mehr als ein geographischer Begriff geworden ist, nicht einmal am Bodensee liegen — oder auch an der Ostsee, beispielsweise in Dänemark?[5]).

Nehmen wir alles in allem, was wir in unserem bisherigen Streifzug kaleidoskopartig uns vergegenwärtigt haben, so drängt sich uns ein Verdacht auf. Sollte es sich bei der Dummheit — oder (und das ist eine Sache der Definition —) beim dummen Verhalten im allgemeinen etwa nicht nur um eine *Weltmacht* handeln, sondern sogar um ein *allgemein menschliches Phänomen*, wert, näher betrachtet zu werden? Wir wollen sehen.

[5]) „Die Welt" läßt sich unter dem 17. 1. 1955 folgendes melden: Feuerwehrleute mußten in Nibøl (Dänemark) einen Mann aus dem Wipfel eines 15 Meter hohen Baumes herunterholen. Er war vom Gartenbauamt geschickt worden, um die Äste zu kappen und hatte seine Arbeit von — unten her angefangen!

Anmerkung zur Anmerkung:
Landessozialgerichtspräsident Dr. Buresch schreibt mir aus Schleswig: „Zugegeben, daß es sich hier um ein prächtiges Anwendungsbeispiel menschlicher Dummheit handelt. Indessen dürfte dieses bemerkenswerte Vorkommnis sich nicht in Dänemark abgespielt haben, sondern in Schleswig-Holstein. Der Ort dürfte wahrscheinlich Niebüll sein, Kreisstadt des Kreises Südtondern. Sie liegt zweifelsfrei auf deutschem Boden. Das Mißverständnis wird daher rühren, daß die Meldung aus einer dänischen Zeitung stammt, die nach der Gewohnheit unseres dänischen Nachbarvolkes auch die deutschen Ortsnamen dänisiert. So wird also das deutsche Niebüll in „Nibøl" umgewandelt worden sein. — Zu dem Text selbst wäre zu berichten, daß Niebüll keineswegs an der Ostsee liegt, eher schon an der Nordsee . . . ich muß aber bemerken, daß auch sonst Zweifel an der Richtigkeit der Meldung bestehen, nämlich insofern, als Niebüll kaum ein städtisches Gartenbauamt haben dürfte — usw."
Man sieht, es handelt sich um Dummheiten, die teils von der „Welt", teils von mir zu verantworten sind! Ich habe dem liebenswürdigen Briefschreiber geantwortet, daß mir von jeher klar gewesen sei, ein Buch über die Dummheit zu schreiben schütze nicht vor eignen Dummheiten.

ERSTER TEIL

Dummes Verhalten infolge zu niedriger Intelligenz

Der Menschheit ganzer Jammer faßt mich an

GOETHE (Faust I)

1

Vom Wesen des Intelligenzmangels

Definitionen

οἶδα οὐδὲν εἰδώς
Sokrates

Dummheit und Klugheit sind Grenzbegriffe des übergeordneten Zustandes, der als Intelligenz bezeichnet wird. Innerhalb des intelligenten Verhaltens bestehen fließende Übergänge, die von der untersten Stufe des tierischen Idioten bis zum Genialen reichen. Diese Spanne wirkt auf den ersten Blick gewaltig, sie ist aber in Wirklichkeit wesentlich geringer, als gemeinhin angenommen wird. Wenn man mit Hilfe der im 2. Kapitel dargestellten Untersuchungsmethoden Intelligenzgrade feststellt, so ist es möglich, Bereiche festzulegen, innerhalb derer ein Mensch hinsichtlich seiner Intelligenz sich mit einem andern weitgehend überschneidet. Jeder Mensch hat demnach in seiner Klugheitsskala, oder, was dasselbe ist, in seinem Dummheitsgrad gewissermaßen einen Nachbarn zur Rechten und einen Nachbarn zur Linken, von denen der eine etwas dümmer und der andere etwas klüger ist; mit dem er aber im Wesentlichen seiner intellektuellen Ausstattung übereinstimmt. Wenn man alles in allem nimmt und eine solche Reihe von Intelligenznachbarn nebeneinander stellen will, die vom idiotischen, praktisch intelligenzlosen Individuum bis zum Hochbegabten führt, wobei die Intelligenzbereiche sich überschneiden, so braucht man wahrscheinlich nur 10, höchstens aber 20 verschiedene Personen, um eine kontinuierliche Reihe menschlicher Intelligenzmöglichkeiten herzustellen. Es gibt also gewissermaßen eine gleitende Intelligenzskala. Wo die Dummheit aufhört und die Klugheit beginnt, läßt sich exakt nicht feststellen, eben wegen der breiten Randzonen, die auch das intelligente Verhalten eines Menschen verfließen lassen, so wie es im Biologischen überhaupt der Fall ist. Selbstverständlich geht die sogenannte landläufige (*nicht* landesübliche!) Dummheit auch in die klinisch herkömmlicherweise als Krankheit bezeichnete Schwachsinnsform ohne merkbare Stufe über. Es ist im geistigen Bereich genau so wie im Bereich alles Lebens überhaupt, daß es nämlich nur ein allgemein verbreitetes Vorurteil ist, man könne krank und gesund in jedem Falle voneinander unterscheiden. Krank und gesund, dumm und klug, übrigens auch andere Gegensatzpaare, wie viel und wenig, groß und klein, sind relative Begriffe, die weitgehend vom Standpunkt des Untersuchers und von den Ansprüchen abhängen, die jeweils gestellt werden. Ein treffender Vergleich, der diese Zusammenhänge erhellen kann, ist im Bereich der Physik die Temperatur. Warm und kalt sind Grenzbegriffe, wie sie aus praktischen Bedürfnissen gebraucht werden, denen aber eine reale Unterscheidungsgrundlage fehlt. Niemand wird im Zweifel sein, kalt und warm als verschieden anzusehen, wenn 30 oder 40 Grad dazwischen liegen. Daß ein Eiswürfel kalt und der Inhalt einer Mokkatasse als heiß bezeichnet wird, entspricht einem praktischen Bedürfnis. Anders wird es in den Grenzbereichen. Der Nullpunkt ist willkürlich auf den Gefrierpunkt des Wassers festgelegt worden. 1 Grad minus und 1 Grad plus sind mit unseren Sinneswerkzeugen qualitativ nicht zu unterscheiden. Es ist reine Übereinkunft, von 1 Grad Kälte auf der einen Seite und 1 Grad Wärme auf der anderen Seite zu sprechen. In Wirklichkeit besteht auch hier eine *gleitende Skala* des physikalischen Verhaltens, die nur aus Zweckmäßigkeitsgründen und entsprechend einer Übereinkunft in warm und kalt geschieden wird. So ist es überall, nicht nur im Physikalischen, sondern auch im Biologischen. Gesund und Krank kann selbst der pathologische Anatom nur dann mit Sicherheit diagnostizieren, wenn er gesundes Zellgewebe unter seinem Mikroskop mit beispielsweise krebsig entarteten Zellen vergleicht. Kommen wir an die Grenzgebiete, so kann auch das Mikroskop dem Anatomen nicht sagen, ob es sich noch um normales oder schon um krankhaftes Gewebe handelt. Es ist dann oft reine Sache der Willkür, der Erfahrung, der wissenschaftlichen Exaktheit und des Anspruchs, die entscheidet, und die bei einem Untersucher zu einem anderen Resultat führen kann als bei einem anderen. Wenn das schon bei den körperlichen Substraten unter dem Mikroskop so ist, dann wird die Angelegenheit viel ungewisser, wenn es sich um hormonale oder rein funktionelle Störungen handelt. Noch viel subjektivere Maßstäbe sind der Natur der

Sache nach bei der Beurteilung von Intelligenzgraden nötig. In Wirklichkeit gibt es weder absolute Gesundheit noch absolute Krankheit, es gibt keine absolute Dummheit und keine absolute Klugheit, es gibt nur Lebens-Erscheinungen, deren Unterscheidung von relativen und damit wechselnden Standpunkten aus erfolgen muß. Es kann kein Zweifel darüber bestehen, daß S c h o - p e n h a u e r einen Menschen als töricht ansehen und in seiner deutlichen Ausdrucksweise als schwachsinnig bezeichnen würde, den der klinische Psychiater etwa vor Gericht noch als hinreichend (normal) intellektuell ausgestattet bezeichnen müßte. Man hat gemeint, mit dem Begriff der Norm oder des Durchschnitts weiterzukommen, aber auch damit war nichts Entscheidendes gewonnen, weder im Körperlichen noch im Geistigen. M ö b i u s hat das einmal bewußt übertreibend so ausgedrückt, daß normal leichter Schwachsinn sei — denn bei Anlegen eines scharfen Maßstabes kann man den Durchschnitt der Menschheit in der Tat als intellektuell minderwertig bezeichnen. Es kommt eben auch hier auf die Ansprüche an, die man an das intellektuelle Verhalten stellt.

Man kann, um einen wertfreien Maßstab zu gewinnen, auch davon ausgehen, ob eine Eigenschaft als erhaltungsmäßig anzusehen ist oder nicht, und man kann alles, was nicht mit der Existenz eines Individuums vereinbar ist, als krankhaft bezeichnen. — L e n z (1) hat das bereits vor langen Jahren, ohne damit viel Anerkennung zu finden, klargestellt. Er schreibt: „Wir nennen ein Lebewesen angepaßt an seine Umwelt, wenn seine Bauart und die davon abhängenden Lebensäußerungen in dieser Umwelt die Erhaltung des Lebens gewährleisten . . . Unter Krankheit verstehen wir demgemäß den Zustand eines Organismus an den Grenzen seiner Anpassungsfähigkeit. Einen biologischen Wesensunterschied zwischen Gesundheit und Krankheit gibt es nicht."

Der Ausdruck Degeneration bedeutet nichts anderes als „von der Art abgewichen". Nun haben wir aber bereits in der Einleitung gesehen, daß beim Menschen eine bereits als klinischer Schwachsinn zu bezeichnende intellektuelle Ausstattung durchaus mit der Arterhaltung vereinbar ist, — so daß wir bei unserer Fragestellung, ob es einen absoluten Maßstab für die Dummheit gibt, gerade mit dem Begriff der Abartung jedenfalls nicht weiterkommen. Wir werden also im Ernst die Tatsache ins Auge zu fassen haben, daß es ebenso, wie es keine absolut kranken oder absolut gesunden Menschen gibt, sondern nur ein biologisches Verhalten verschiedener Ausprägung, auch im Geistigen und insbesondere im Hinblick auf die Intelligenz nur das *Phänomen verschieden ausgeprägter Intelligenzgrade* gibt, während Begriffe wie hohe und niedrige Intelligenz, Schwachsinn und Genie, Dummheit und Klugheit *Hilfsbegriffe* oder *Fiktionen* sind. Diese Hilfsbegriffe oder Fiktionen wenden wir aus praktischen Gründen an; sie sind Mittel, um uns untereinander rasch und ungefähr über gewisse Tatbestände zu verständigen und nicht weniger, aber auch nicht mehr.

Es könnte der Einwand gemacht werden, daß hier von Intelligenz gesprochen wird, ohne daß eine genaue Definition dies Oberbegriffes gegeben wird, wenn schon die Unterbegriffe dumm und klug nicht eindeutig definiert werden können.[6]) Da es nun so viele Intelligenzdefinitionen gibt wie Menschen, die sich mit Fragen der Intelligenz aus beruflichen oder sonstigen Gründen näher zu beschäftigen haben, wird auf eine weitere eigene Begriffsbestimmung verzichtet. Um aber wenigstens zwei der vielen Definitionsbemühungen zu bringen, sei zunächst die von J a s p e r s angeführt, weil sie einem rein wissenschaftlichen Werk entnommen ist:

J a s p e r s (63) definiert: *„Das Ganze aller Begabungen, aller Werkzeuge, die zu irgendwelchen Leistungen in Anpassung an die Lebensaufgaben brauchbar sind und zweckmäßig verwendet werden, nennen wir die Intelligenz.* Von der Einschränkung der Produktivität bei lebhafter reproduktiver Intelligenz führen Reihen abnehmender Begabung über Dummheit und Beschränktheit zu tiefen Graden des Schwachsinns. Man nennt die leichten Grade Debilität, die mittleren Imbezillität, die schweren Idiotie. Es handelt sich um eine ärmliche Entwicklung des Seelenlebens in allen Richtungen, um eine Differenziertheit, die als Variation menschlicher Veranlagung nach der unterdurchschnittlichen Seite hin begriffen werden kann. Auf den tieferen Stufen ähnelt das Seelenleben immer mehr dem tierischen. Bei guter Entwicklung der zum Leben nötigen Instinkte bleibt alle Erfahrung doch im sinnlichen Einzelerlebnis stecken, es wird nichts hinzugelernt, es

---

[6]) D e s c a r t e s hat in der Recherche de la vérité den Definitions-Unsinn grandios verspottet, weil statt des einen definierten Wortes sich ein ganzer Strauß von undefinierten einzustellen pflegt. — Definieren kann man nur in der Mathematik, weil diese Wissenschaft selbst ihren Gegenstand macht.

werden keine Begriffe erfaßt, daher kein bewußt planmäßiges Handeln ermöglicht. Bei dem Fehlen allgemeiner Gesichtspunkte sind diese Menschen erst recht unfähig zum Aufschwung von Ideen und verbringen ihr Dasein im engsten Horizont ihrer zufälligen sinnlichen Tageseindrücke. Doch zeigt sich auf der tiefsten wie auf der höchsten Stufe menschlicher Differenziertheit, daß die Begabung kein einheitliches Vermögen, sondern eine Mannigfaltigkeit vieler ungleich entwickelter Fähigkeiten ist. So fallen Imbezille oft durch Anstelligkeit in bestimmten Richtungen oder sogar durch geistige Fähigkeiten, wie Rechentalent, oder durch einseitiges Verständnis und Gedächtnis für Musik auf. Die Formen angeborener Intelligenzschwäche als abnormer Artung sind zur Zeit nicht zu unterscheiden von den angeborenen organischen Schwachsinnsformen."

Die zweite Begriffsbestimmung stammt von K l o o s (71) und ist ganz bewußt auf praktische Bedürfnisse, nämlich die der Intelligenzprüfung durch den Psychiater, abgestellt. Sie lautet:

„Als Intelligenz (geistige Begabung) bezeichnet man die Fähigkeit zur zweckmäßigen Lösung der Lebens- und Berufsaufgaben. An der Art der Aufgaben, die ein Mensch geistig zu bewältigen vermag, ermißt man seinen Intelligenz*grad* (die geistige Entwicklungshöhe) und seine Intelligenz*richtung* (die Sonderbegabungen oder Talente, z. B. für Mathematik, Sprachen usw.). Das Mittel, dessen man sich zur Lösung von Aufgaben bedient, ist in erster Linie das Denken. Intelligenz ist also im wesentlichen Denkfähigkeit. Man meint damit vor allem die *allgemeine* geistige Leistungsfähigkeit, ungeachtet einzelner Teilbegabungen oder Begabungslücken für bestimmte Gebiete. Unter dem Denken versteht man die gesamte Verstandestätigkeit: die Erkennung des Wesentlichen (Begriffsbildung, Abstraktion), die Erfassung von Beziehungen, die Trennung (Analyse) und Verknüpfung (Synthese, Kombination) von Vorstellungen und Begriffen, das Schlußfolgern und Urteilen (Stellungnehmen).

Den Stoff, mit dem das Denken arbeitet, liefert das Gedächtnis (die Erinnerungs- und Merkfähigkeit). Ohne das bereitliegende Gedächtnisgut an Kenntnissen und Erfahrungen wäre das Denken leer, Form ohne Inhalt. Auch der Zusammenhalt mehrgliedriger Denkvorgänge ist vom Gedächtnis abhängig: schon das Kopfrechnen mit mehrstelligen Zahlen (z. B. 7×25) ist undurchführbar, wenn die Zwischenergebnisse (140 und 35) dabei vergessen werden. Es gibt Gedächtnisleistungen ohne Intelligenz, aber keine Intelligenzleistungen ohne Gedächtnis. Dieses ist also eine Vorbedingung der Intelligenz. 'Ein Kopf ohne Gedächtnis ist wie eine Festung ohne Soldaten' (Napoleon).

Die geistige Leistungsfähigkeit hängt aber nicht nur vom Denkvermögen und Gedächtnis ab, sondern auch von zahlreichen Gefühls- und Willenseigenschaften, also von charakterologischen Bedingungen, z. B. von der Aufmerksamkeit (Interessiertheit), Grundstimmung, Antriebslage, Ausdauer, Ermüdbarkeit, Anspruchshöhe, Ablaufgeschwindigkeit seelischer Vorgänge usw. Am Aufbau der Intelligenz sind somit, wie schon eingangs betont wurde, nicht nur Verstandesanlagen beteiligt.

Das wichtigste 'Werkzeug' der Intelligenz ist die Sprache. Begriff und Wort, Denken und Sprechen sind so eng miteinander verbunden, daß eine scharfe Trennung überhaupt nicht gelingt. Erst das sprachlich formulierte Denken ist klar, und jede höhere Geistesentwicklung ist an die Sprachentwicklung gebunden. Mit der sprachlichen Ausdrucksfähigkeit prüft man somit schon weitgehend die Intelligenz selbst. Die gelegentlich laut werdende Forderung, daß eine Intelligenzprüfung den Weg über die Sprache möglichst umgehen sollte, ist daher zum mindesten überspitzt und praktisch kaum durchführbar. Ein Prüfling, der sich nicht ausdrücken kann, hat gewöhnlich auch nichts auszudrücken, jedenfalls nichts klar Gedachtes."

Man sieht, daß eine Definition der Intelligenz einen sehr komplizierten Sachverhalt zu umschreiben hat, und daß eine kurze und prägnante Formulierung angesichts dieses Sachverhaltes unmöglich ist. Andererseits aber kann ohne weiteres aus dem Studium der mitgeteilten Definition die Befürchtung abgeleitet werden, daß die Störungsmöglichkeiten für intelligentes Verhalten äußerst zahlreich sein können, und daß das Zustandekommen einer intakten Intelligenz von sehr vielen und kaum übersehbaren Voraussetzungen, die übrigens in der kurzen, zu praktischen Zwecken gegebenen Definition von K l o o s keineswegs sämtlich angeführt werden konnten, abhängt.

Wenn K l o o s sich solche Mühe mit der Definition des Intelligenzbegriffes gemacht hat, so erscheint es mir lohnend, diese mehr ins Positive gerichtete Definition einmal mit negativem Vorzeichen zu versehen in der Hoffnung, dadurch eine noch präzisere Begriffsbestimmung der Dummheit, wie sie uns als

Abart der Intelligenz vor allem interessiert, herauszudestillieren. Dieser Versuch fällt etwa folgendermaßen aus:

„Als Dummheit (geistige Minderbegabung) bezeichnet man die Unfähigkeit zur zweckmäßigen Lösung der Lebens- und Berufsaufgaben. An der Art der Aufgaben, die ein Mensch geistig nicht zu bewältigen vermag, ermißt man seinen Dummheitsgrad (den geistigen Entwicklungstiefstand), oder die Richtung seiner Intelligenzdefekte. Das Mittel, dessen man sich zur Lösung von Aufgaben bedient, ist in erster Linie das Denken. Dummheit ist also im wesentlichen Denkschwäche. Man meint damit vor allem die allgemeine geistige Leistungsfähigkeit ungeachtet einzelner Begabungen für bestimmte Gebiete. Unter die Denkschwäche fällt die gesamte Verstandestätigkeit: die Unfähigkeit, das Wesentliche zu erkennen (Begriffe können nicht gebildet, es kann nicht abstrahiert werden), Beziehungen werden nicht erfaßt, die Trennung und Verknüpfung (Analyse und Synthese) von Vorstellungen und Begriffen ist unmöglich, das Schlußfolgern und Urteilen (Stellungnehmen) fehlt ganz. Das Gedächtnis, die Erinnerungs- und Merkfähigkeit, kann dabei mehr oder weniger erhalten sein. Es gibt Gedächtnisleistungen ohne Intelligenz, aber keine Intelligenzleistungen ohne Gedächtnis. Fehlende geistige Leistungsfähigkeit ist aber nicht nur eine Folge von Denkschwäche und Gedächtnisstörungen, sondern auch von zahlreichen Gefühls- und Willenseigenschaften, also von charakterologischen Bedingungen abhängig. Auch am Zustandekommen der Dummheit sind also nicht nur fehlende Verstandesanlagen beteiligt. Das wichtigste Werkzeug der Intelligenz, die Sprache, leidet bei dummen Menschen Not, denn Begriffe und Worte, Denken und Sprechen, können nicht scharf getrennt werden. Das sprachlich formulierte Denken des Dummen ist daher unklar. Mit der fehlenden Sprachentwicklung fehlt die höhere Geistesentwicklung. In der primitiven sprachlichen Ausdrucksfähigkeit prüft man schon weitgehend die Dummheit. Die Forderung, daß eine Untersuchung auf Intelligenzmängel den Weg über die Sprache umgehen solle, ist daher kaum durchführbar. Wer sich nicht ausdrücken kann, hat gewöhnlich nichts auszudrücken, jedenfalls nichts klar Gedachtes, und ist daher unter die dummen Menschen zu rechnen."

Mit dieser Umkehrung der Definition von K l o o s , durch die Licht und Schatten etwas anders verteilt werden, und in welcher das Problem des Wesens der Dummheit in eine neue, scharfe Beleuchtung rückt, soll das Kapitel psychiatrischer Definitionen geschlossen werden, ohne daß deshalb Vollständigkeit auch nur angestrebt werden konnte.

Und was sagt das Konversationslexikon? Der Große Meyer von 1907, der, ein Erbteil von meinem Vater her, meine nach 1945 neu erstandene Bibliothek ziert, sagt neben dem, was wir eingangs zur Frage der Dummheit bei Mensch und Tier besprochen und auszugsweise zitiert haben, in puncto Klugheit: *„Klugheit* unterscheidet sich von Weisheit (s. d.) dadurch, daß sie nicht wie diese auf die Beschaffenheit der Zwecke, sondern, auf die der Mittel gerichtet und daher als Wahl verständiger, d. h. zum Ziel führender, der Torheit als der Anwendung verkehrter Mittel entgegengesetzt ist." Damit haben wir, wieder mit Hilfe der Umkehrung, neben der Begriffsbestimmung der Dummheit auch noch eine solche der Torheit gewonnen, wenn auch eine, die sich sowohl auf dummes als auf törichtes Verhalten anwenden läßt.

Genug der Zitate! Wenn ich mich auch an meine oben getane Äußerung halte, keine eigene Definition des Oberbegriffes der Intelligenz geben zu wollen, so möchte ich doch abschließend versuchen, zwar nicht zu sagen, was klug ist, aber doch zu sagen, was offenbar nicht dumm sein kann — was nicht ganz dasselbe ist, wie ich sehr wohl weiß. Ich definiere daher nicht, „intelligent ist, wer . . .", sondern gehe lieber umgekehrt an das Problem heran:

Wer auf dem Wege des Nachdenkens sich selbst zum Problem werden kann, kann nicht dumm sein im eigentlichen Sinne. Und wenn man diese abstrakte Begriffsbestimmung mit praktischem Leben erfüllt sehen will, so möchte ich erklärend, d. h. als sich aus dem Sinn des angeführten Satzes unter anderem ergebend, ergänzen: Wer Humor zeigt (der echt nur ist, wenn er taktvoll bleibt), wer insbesondere der Ironie und gar der Selbstironie fähig ist, der ist zum wenigsten kein Dummkopf. Denn das Hängenbleiben im Dinglichen, das Kleben an der Erde, das Fehlen irgendeiner Beschwingtheit, das Unproblematische aus Unvermögen — kurz der tierische Ernst wohnt der Dummheit inne.[7]

---

[7] Daraus ergibt sich das Wichtigtun, das Wichtignehmen der eigenen werten Person, ein besonders typisches Kennzeichen dummer Menschen, das sie übrigens auch mit sonst einigermaßen intelligenten

So gesehen, gibt es zweifellos kluge Epochen — leider nur kurze — und kluge Eliten — leider nur sehr kleine — selbst auf dieser Welt, die meist ohne Zweifel auch ein intellektuelles Jammertal zu sein pflegt.

Das γνῶθι σεαυτόν — das berühmte Erkenne dich selbst! des C h i l o n am Apollotempel auf Delphi ist als Appell an die Selbstbesinnung des Menschen in Wahrheit ein solcher an seine Intelligenz; aber schon im Altertum hat man das zweite chilonische Wort, ebenfalls seit alters her am delphischen Appollotempel angeschrieben — das μηδὲν ἄγαν, das Nichts zuviel! ironisch als Einschränkung des ersten verstanden wissen wollen.

Cogito, ergo sum — ich denke, also bin ich — ist die Ausgangsformel des C a r t e s i u s für den philosophierenden Menschen; erkennt man diesen berühmt gewordenen Eckpfeiler seines Systems an, so ergibt sich daraus, daß die Dummköpfe, d. h. diejenigen, die nicht folgerichtig denken können, gar nicht den Menschen, den hominibus sapientibus, zuzurechnen seien; diese unsere Spezies beginnt nach C a r t e s i u s erst mit ihren logischen Operierens fähigen intelligenten Vertretern — ein sehr stolzer geistesaristrokatischer Anspruch, der einem Philosophen allenfalls gestattet sein mag — dem Arzt, dem Pädagogen und dem Theologen zweifellos jedoch nicht wohl anstehen würde.

Die Gottesgelahrtheit hat einen nicht weniger paradoxen Lehrsatz aufgestellt, der auf das Gegenteil der Weisheit des C a r t e s i u s hinausläuft, ich meine das Credo quia absurdum des T e r t u l l i a n (er lebte etwa 145—220 n. Chr.): Ich glaube es, weil es widersinnig ist. Der Kirchenvater stellt damit die emotionalen Gründen der Menschenseele entspringende elementare Glaubensbereitschaft — das metaphysische Bedürfnis des Menschen, nach S c h o p e n h a u e r — über allen tiftelnden Verstand; und es kann hierbei allerdings nicht zweifelhaft sein, daß diese Eigenschaft eine spezifisch menschliche ist, die weitgehend unabhängig von Klugheit oder Dummheit existiert. Das Wissen hat eben andere Voraussetzungen als das Glauben; ich pflege den tertullianischen Satz mit den Worten zu ergänzen: Scio quia demonstratum — ich weiß es, weil es bewiesen werden kann. Beide Sätze wenden sich ganz anderen Seinsbereichen des Menschen zu,

Persönlichkeiten teilen können. Thomas M a n n spricht recht treffend von der „strengen Würde der Beschränktheit", um eine törichte Dienstmagd zu charakterisieren.

sie liegen gewissermaßen auf verschiedenen Ebenen; und trotzdem hat es hervorragende Menschen gegeben, die beide Maximen nebeneinander als echt und für sich verbindlich empfunden und angesehen haben. Welcher Ausspruch der bescheidenere oder der anspruchsvollere ist — das zu entscheiden ist Sache des Temperaments und der Intelligenz jedes einzelnen von uns, desgleichen, ob er mit der einen beider Einsichten resignieren will oder beiden einen für sich verbindlichen Wirklichkeitsgehalt zuerkennen kann.

Philosophische Erkenntnis, die um die Klärung letzter Werte bemüht ist und bestrebt bleibt, ein umfassendes Wissen über die Zusammenhänge des Weltgeschehens zu erarbeiten und zu vermitteln, sollte, theoretisch gesehen, das strikte Gegenteil der ärmlichen Vorstellungs- und Denkwelt eines Dummkopfes sein, der nichts weiß. Nun sagt aber der platonische S o k r a t e s mehrfach und setzt es an den Beginn der von ihm gepflegten Maieutik: Ich weiß, daß ich nichts weiß.

Dieses große, die Erkenntnistheorie einleitende Paradox ist geradezu ein Musterbeispiel echter Einsicht, der die Aussage der Sinne, des Leibes und seiner Funktionen also, sich grundsätzlich als trügerisch erwiesen hat. Diese Vermutung liegt nicht nur dem Dummen, sondern auch dem Durchschnittsmenschen meilenfern. Das Nichtwissen des Tropfs und das sokratische Nichtwissen sind inkommensurable Begriffe. Wir werden also vorsichtig sein müssen mit der Hinnahme schlagwortartiger Behauptungen, wie etwa: Wissen ist Macht! Wir werden uns zu fragen haben, welches Wissen allenfalls gemeint sein könnte, bevor wir etwa in die Diskussion eintreten, ob Wissen wirklich Macht sei.

Die nähere Beschäftigung mit irgendwelchen Phänomenen ergibt überall das Problematische und Widersprüchliche gerade da, wo herkömmliche Klischees ein echtes Durchdenken als überflüssig erscheinen lassen möchten. Das Problem der Dummheit löst sich in mehrere und, bei Licht besehen, unendlich viele Einzelprobleme auf. Es ist das Problem der Intelligenz überhaupt, und zwar nicht nur der mehr oder weniger hochgradigen Intelligenz, sondern auch der Nichtanwendung vorhandener Einsicht im Einzelfalle. Und hier sind es die emotionalen Faktoren, das sit pro ratione voluntas!, die uns zu beschäftigen haben werden. Berücksichtigt man das Gesagte, so ergibt sich als Thema nicht

„die" Dummheit, sondern eine Vielfalt der Einfalt, um es einmal pointiert auszudrücken — mit anderen Worten: das dumme Verhalten beim Menschen hat mannigfache Ursachen, denen nachzuspüren wir uns zum Thema gesetzt haben.

Aus dieser Tatsache leitet sich die Einteilung unseres Essays ganz folgerichtig ab: im ersten Teil befassen wir uns mit dem dummen Verhalten infolge mangelnder intellektueller Ausstattung, im zweiten Teil mit dem dummen Verhalten trotz ausreichend vorhandener Intelligenz, und zum Schluß werden wir zeigen können, daß gerade die hohe Intelligenz nicht gegen geradezu vernichtend törichtes Verhalten feit — denn bekanntlich schützt selbst erfahrenes Alter vor Torheit nicht.

Ursachen   *Es gibt so viele Dummheiten — und die Gescheitheit ist nicht die beste unter ihnen.*   **Thomas Mann (Zauberberg)**

Um überhaupt etwas einigermaßen Zuverlässiges über die Dummheit als Folge intellektueller Minderausstattung aussagen zu können, geht man zweckmäßigerweise von den höheren Graden des Intelligenzmangels aus, nämlich von den sogenannten klinischen Schwachsinnsformen. Bei diesen lassen sich grundsätzliche Fragen deutlicher aufzeigen als bei den quantitativ weniger ausgeprägten Intelligenzmängeln, die man herkömmlicherweise als Dummheit bezeichnet.

Die übliche Einteilung der sogenannten klinischen Schwachsinnsformen nach dem Schweregrad ist die in Debilität, Imbezillität und Idiotie.

Der Debile hat seinen Namen wie der Imbezille aus dem Lateinischen. Die Herkunft beider Bezeichnungen ist philologisch umstritten, ich gebe die mir einleuchtendsten Ableitungen: Das Wort debilis, zu deutsch schwach, hinfällig (zu ergänzen: im Geiste) setzt sich zusammen aus de und habilis. Habilis heißt geschickt, beweglich, schnell, lenksam, de-habilis also ungeschickt, stur, langsam. Der Habilitierte wäre demnach — oder sollte es jedenfalls sein — das Gegenteil des Debilen.

Der Imbezille ist einer, der sich in geistiger Hinsicht in bacillum, auf einen Stab also, stützen muß.

Der Idiot schließlich verdankt seinen Namen der griechischen Sprache. Hier heißt das Wort ἰδιώτης genau genommen „der

Eigene"— und seine Einengung auf den wissenschaftlichen Idiotiebegriff ist wohl ähnlich zustande gekommen, wie auch wir im Deutschen von einem merkwürdig oder „eigen"tümlich anmutenden Menschen in höflicher Umschreibung sagen, er sei „eigen", ein Eigenbrötler. Bei den Griechen des klassischen Altertums entbehrte das Wort noch seiner jetzigen eingeengten Bedeutung; ein Idiot war lediglich ein Privatmann, der aus irgendwelchen Gründen zur Bekleidung öffentlicher Ämter als nicht geeignet angesehen wurde; es wäre jedoch die Behauptung zu billig, heutzutage lägen die Dinge, was die Eignung von Idioten zu Beamten betreffe, umgekehrt.[8])

Die ärztliche Unterteilung der Intelligenzmängel nach ihrem Schweregrad in Idiotie, Imbezillität und Debilität mit fließenden Übergängen zur Dummheit sagt hinsichtlich ihrer Ursachen nichts über diese S a m m e l g r u p p e der sogenannten angeborenen und früh erworbenen Schwachsinnszustände aus. Befriedigendere Unterteilungen können naturgemäß nur von der Ursachenlehre selbst her gefunden werden. Überall in der Wissenschaft und somit auch auf unserem Spezialgebiet bedeutet Fortschreiten nichts anderes als Aufgliedern und Differenzieren, und so wird auch in der Forschung, die sich wissenschaftlich mit den Intelligenzstörungen zu befassen hat, eine tieferdringende Kenntnis nur durch eine Beschäftigung mit ursächlichen Gesichtspunkten zu erwarten sein.

Alle sachverständigen Beurteiler sind sich darüber klar, daß die Mehrzahl der intellektuell Schlechtweggekommenen vorwiegend erblicher Übertragung ihre Entstehung verdankt. Die im wesentlichen *erblichen* Schwachsinnsformen machen nach den übereinstimmenden Ergebnissen neuerer Forschungen etwa 75 bis 80 Prozent aller angeboren Schwachsinnigen aus. Ich gebe als Vergleichsziffern die von B r u g g e r an erwachsenen Schwachsinnigen (18) und von mir an jugendlichen Schwachsinnigen (36) seinerzeit ermittelten Zahlen:

[8]) Diese Ableitungen sind nicht unbestritten. Debil wird auch etwas umständlich hergeleitet von de — belis aus de- belam (altindisch „Kraft"), also eigentlich „von Kräften". — Philologischerseits wird der Zusammenhang des Wortes imbezill mit bacillum als wahrscheinlich nicht anzunehmen vermutet, da der Vokalwandel von a zu e nicht erklärbar sei. Dann aber ist eine Deutung überhaupt nicht möglich. Die beste Übersetzung von ἰδιώτης wäre: eigen„sinnig"; doch hat der Terminus schon andere Bedeutung.

B r u g g e r : unter 254 erwachsenen Schwachsinnigen fand er
vorwiegend exogen bedingt: 49 = 19,3%
vorwiegend endogen bedingt: 205 = 80,7%

G e y e r : unter 172 schwachsinnigen Jugendlichen fand ich
vorwiegend exogen bedingt: 21 = 12,2%
vorwiegend endogen bedingt: 151 = 87,8%.

Die strenge Unterteilung in endogen (durch erbliche Faktoren
bestimmt) und exogen (durch äußere Schäden bestimmt) ist zwar
theoretisch begründet und läßt sich bei extremen Gruppen auch
annähernd durchführen. Die nähere Analyse der inzwischen erarbeiteten Forschungsergebnisse zeigt aber, daß endogen und
exogen sich in Wahrheit ineinander verflechten und man daher
gut tut, von „vorwiegend exogenen" und „vorwiegend endogenen" Schwachsinns- und Dummheitszuständen des Menschen
zu sprechen.

Es ist immer erfreulich, wenn man als junger Assistent etwas
gearbeitet hat und dann später, wenn man ein Buch schreibt, sich
auf seine damaligen Veröffentlichungen stützen kann. Dadurch
wird die Autoren-Eitelkeit, eine besonders liebenswürdige Form
der relativen Dummheit trotz (hoffentlich) vorhandener Intelligenz in zwanglos erscheinender Form recht gut zufriedengestellt.
(Es soll ja in der Wissenschaft überhaupt so sein, daß der Gelehrte, bekommt er ein neues Buch seines Fachgebietes in die
Hand, dies zunächst von hinten aufschlägt und im Namensver-
zeichnis nachsieht, ob er selbst ausgiebig zitiert wird. Findet er
seinen Namen genügend häufig, so ist das Buch gut; vermißt er
ihn, so ist es schlecht.)

In diesen Gefühlsbereich gehört es auch, daß jeder wissenschaftliche Urheber meint, das, was er selbst erforscht hat, sei besonders wichtig und habe alle Leute an erster Stelle zu interessieren. Ich war doch etwas betroffen, als mir ein witziger Kollege
einmal sagte: „Überall in der Welt, wo von mongoloider Idiotie
gesprochen wird, wird auch Ihr Name genannt; — es wird nur
nirgends von ihr gesprochen!"

Daß aber — habent sua fata libelli — die Dummheit der Mitmenschen ein Zerrspiegel ist, der unwahrscheinlich abenteuerlich
mit unverstandenen Büchern verfährt, erfuhr ich zu meiner
grimmigen Genugtuung in meinem Entnazifizierungsverfahren,
während dessen mir der Vorsitzende mit unheilsschwangerer

Stimme vorwarf, ich habe ein Buch geschrieben, um das politische Dreieck Berlin-Rom-Tokio durch Verherrlichung unseres mongolischen Bundesgenossen zu stützen, und dadurch den Krieg verlängert. Nun, solche weltweiten Wellen hat meine bescheidene Monographie über die „m o n g o l o i d e Idiotie" ganz bestimmt nicht geschlagen, was selbst das politische Gremium einsah, als ich ihm das Buch vor Augen hielt. Und das Umgekehrte war mir im Internierungslager passiert: der CIC-Beamte des amerikanischen politischen Abwehrdienstes war der Meinung, ich hätte die *Sterilisierung* aller M o n g o l e n gefordert; eine besonders abenteuerliche Behauptung, weil ich mich gerade *gegen* die Sterilisierung der Mongoloiden (nicht der mongolischen Rasse) eingesetzt hatte. Aber auch diese Detailkenntnis war dem Amerikaner natürlich durch einen Kollegen zugeflossen, der glaubte, sich durch Denunziation eines Mitinternierten einen weißen Fuß machen zu können. Er hatte jedoch damit kein Glück. Das einzige Buch, das ich außer dem Evangelium nach Markus (das mir am Tage meiner unerwarteten Verhaftung der Pastor, der meinen Sohn zwei Jahre zuvor getauft hatte, mit den Worten, die sich leider gerade an jenem Tage nicht bewahrheiten sollten: „Alles Liebe und Gute, Herr Professor!", in die Hand gedrückt hatte) zufällig in der Aktentasche hatte, war eben diese meine Monographie, die ich daher auch im Lager prompt den politischen Gewalten zu meiner Entlastung unter die Nase halten konnte.

Ich habe, glaube ich, nie vorher und nie nachher in meinem Leben ein so dummes Gesicht gemacht, wie damals, als sich die Zellentür eines Zuchthauses hinter mir schloß und mir eröffnet worden war, ich sei nunmehr „politischer Häftling". Daß ich auf diese Weise zu intensiver Lektüre des Markus-Evangeliums kam, wird niemand weiter verwundern. Auch mein eigenes Buch habe ich Wort für Wort immer wieder gelesen. Ich glaube, das war allerdings eher eine Strafverschärfung. In der stillen Zelle, unter mißlichen Aussichten eingesperrt, treten einem die eigenen Unzulänglichkeiten besonders peinlich ins Bewußtsein. Und das ist es ja wohl, was man durch das Einsperren erreichen will: innere Einkehr, Reue und Buße.

Was es denn nun mit dieser hier schon fast zu häufig zitierten mongoloiden Sonderform des Schwachsinns auf sich hat, das habe ich im wissenschaftlichen Anhang dieses Büchleins („Zur Ursachenlehre der Schwachsinnszustände") seiner grundsätzlichen

Wichtigkeit halber näher dargestellt. Der angesprochene Leser kann es dort nachsehen. Die beiden Aufsätze des Anhangs sind die wissenschaftliche Grundlage und daher das Wichtigste dieses ganzen Buches. Es bezieht aus ihnen überhaupt erst seine Legitimation, zu unserem Problem Stellung zu nehmen; sie sind das eigentliche Anliegen grundsätzlicher Art. Gerade deswegen wird es zu empfehlen sein, diese beiden Abschnitte nicht zu lesen; weil ich wohl weiß, daß die Interessen der Leser eines Buches über die Dummheit nicht die gleichen sind wie diejenigen des Schreibenden und ihre Voraussetzungen.

Andererseits aber wollte ich dieses Buch, ein Narrenschiff gewissermaßen, welches ich den stürmischen Wogen des Ozeans der Öffentlichkeit preiszugeben dumm genug bin, im Kielraum mit einigen schwergewichtigen Wackersteinen versehen, um ihm einen gewissen Tiefgang zu verleihen. Außerdem glaubt man in Deutschland bekanntlich nur dann, daß jemand ein Hochschullehrer ist, wenn er auch die langweilige Sonderform des Handbuchstils zu produzieren in der Lage ist. Es wird meine Leser vielleicht beruhigen, im Anfang festzustellen, daß ich auch diese ganz gut beherrsche.[9])

Meine Beschäftigung mit den schweren Formen der Dummheit geht auf meine erste Assistentenzeit an der Kieler Nervenklinik zurück (die Arbeiten sind im Literaturverzeichnis angeführt); und sie hat mich nie wieder losgelassen. Die Dummheit (— die mir selbst zugemessene Portion muß hier zunächst außer Ansatz bleiben) zieht sich gewissermaßen wie ein roter Faden durch alle meine Publikationen hindurch. Und so kam es denn nicht ganz zufällig, daß ich später, als ich wissenschaftlicher Mitarbeiter am Kaiser-Wilhelm-Institut für Anthropologie und menschliche Erblehre in Berlin-Dahlem war, den Auftrag erhielt, einmal zu erforschen, was es denn mit jener Schwachsinnsform auf sich habe, die man Mongolismus nennt.

Es ist das eine interessante Sonderform menschlichen Zurückgebliebenseins, die sich auf geistigem und körperlichem Gebiet äußert, offenbar ständig an Häufigkeit zunimmt, und deren Ursachenlehre reichlich unklar war. Fritz L e n z , damals ordent-

---

[9]) Immerhin schrieb mir ein gelehrter Mentor, mein Buch sei sehr viel wissenschaftlicher ausgefallen, als er erwartet habe; manche Autorität könne etwas daraus lernen, vorausgesetzt, daß Autoritäten überhaupt etwas lernen könnten.

licher Professor der Humangenetik (wie diese Wissenschaft heute heißt) an der Berliner Universität, empfahl mir das Thema; das Kaiser-Wilhelm-Institut, das damals in der Großzügigkeit seiner Förderung wissenschaftlicher Arbeit fast amerikanisch anmutete, gab das Geld – und wie folgt sieht das dann aus, wenn ein Problem forscherisch angegangen wird:

Zunächst fuhr ich in die Heil- und Pflegeanstalten und die Idiotenheime Preußens, nachdem ich die ministerielle Genehmigung, dort Untersuchungen anzustellen, erhalten hatte. Alle die in Frage kommenden Kinder habe ich dann photographiert, genau körperlich und geistig untersucht und protokolliert. Das war die Vorarbeit, die Gewinnung des Ausgangsmaterials (wobei als „Material" die Arbeitsunterlagen, Photographien und Protokolle, nicht etwa die Kinder, bezeichnet werden).

Gleichzeitig wurden Namen und Anschriften der Erzeuger festgestellt. Im Institut habe ich dann auf einer großen Karte Preußens alle jene Ortschaften und Dörfer, in denen Mongoloiden-Eltern wohnten, rot unterstrichen. Sie lagen alle etwa innerhalb einer Kreislinie, die Berlin zum Mittelpunkt und 300 km im Radius hatte. Die so vorbereitete Karte sah aus, als ob sie im Generalstab zu einem geheimnisvollen Feldzug vorbereitet sei; dieser Feldzug aber sollte für die gesunde Existenz künftiger Generationen geführt werden.

Im schönen brandenburgischen Frühsommer des Jahres 1937 startete mein winziger Opel, mit Photogeschirr, Schreibmaschine, stenographiekundiger Institutssekretärin und mir, der ich keine Ahnung hatte, ob etwas dabei herauskommen sollte und was, eines herrlichen Morgens in Richtung Potsdam. Es wurde eine Art Wanderung durch die Mark Brandenburg, die bis zum Oderbruch und Spreewald und für den, der aus der Millionenstadt Berlin kam, in geradezu unvorstellbare Verlorenheiten kleinster menschlicher Siedlungsgemeinschaften führte. Die ersten – negativen – Feststellungen schälten sich sehr schnell heraus: chemische Empfängnisverhütung waren den meisten Eltern der idiotischen Kinder nicht einmal dem Namen nach bekannt – sie fiel als krankmachend für die von uns untersuchten Kinder aus.

Niemals fanden wir unter den Geschwistern, die ich, wo ich ihrer habhaft werden konnte, genau durchuntersuchte, einen weiteren Krankheitsfall – was für erblichen Schwachsinn ganz ungewöhnlich und schlechthin als gegen das Vorliegen dieser Ursachen sprechend zur Kenntnis genommen werden konnte.

Wenn ich nach des Tages Last und Mühe in einem der Dorfgasthäuser in wackeliger Bettlage wirklich und wahrhaftig auf Stroh lag und beim Kerzenschein die Aufzeichnungen durchsah, schälten sich mir diese ersten Ergebnisse heraus. Es schien sich auch zu bestätigen, was bereits bekannt war, daß meine Lieblinge meist die letzten Kinder größerer Geschwisterschaften waren und daher Mütter in vorgerücktem Alter – um 45 Jahre herum – hatten. Aufregend wurde die Sache erst, als ich an zwei Tagen nacheinander erstmalig erste Kinder als mongoloid feststellte mit ganz jungen Müttern (zur Zeit der Geburt), deren weitere Kinder gesund und munter, wenn auch furchtbar schmutzig, im märkischen Sande spielten.

Allmählich dämmerte mir die Ahnung des Richtigen, aber ich will hier ein Geheimnis preisgeben: die erste Formulierung des richtigen Sachverhaltes fand meine Sekretärin, mit der ich die rätselvolle Angelegenheit besprach, in dem sie ausrief: „Aber das ist ja dasselbe – wenn die Mütter zu jung oder zu alt sind – beide Male funktionieren die Eierstöcke nicht richtig!"

Damit hatte sie die Arbeitshypothese ausgesprochen, die ich später als dysplasmatische Entstehung des Mongolismus bezeichnete (weil nicht die Erbmasse, sondern das Plasma der mütterlichen Eizelle fehlfunktioniert, wenn sie einem noch nicht ausgereiften, einem nicht mehr reifen oder einem sonstwie geschädigten Eierstock entstammt). Zur Gewißheit wurde mir dieser Sachverhalt, als ich mir daraufhin die Mütter genauer ansah und und sie ebenfalls einer körperlichen Untersuchung unterzog: ich fand die Zeichen innersekretorischer Schwäche, die auf eine Fehlfunktion der Eierstöcke schließen ließ. Und ich fand als abschließendes Glied der Beweiskette Mütter, die ihr einziges mongoloid mißbildetes Kind unter im übrigen gesunden Sprößlingen zu Zeiten ausgetragen hatten, als sie schweren auszehrenden Krankheiten unterworfen waren, durch welche die innersekretorischen weiblichen Funktionen erheblich angegriffen worden waren.

Hinsichtlich der Einzelheiten und weiterer Beweisführung verweise ich auf den Anhang. Die grundlegende Erkenntnis war gewonnen, eine neue Einsicht in die Verfahrensweisen der Natur getan worden – mehr zu erreichen ist keinem wissenschaftlichen

Arbeiter vergönnt. Meine dann in der Habilitationsschrift (41) vorgetragene Arbeitshypothese zur Ursachenlehre der mongoloiden Idiotie ist inzwischen anerkannte Theorie geworden. Sie hatte, was man damals allerdings noch nicht absehen konnte, auch grundsätzliche Bedeutung. Meine Ergebnisse zeigten nämlich, daß ein im Mutterleib heranwachsendes Kind nicht in dem Maße vor schädlichen, seine körperliche und geistige Entwicklung bedrohenden Einflüssen sicher sei, wie man das bis dahin angenommen hatte. Auch die körperliche Gesundheit der werdenden Mutter erwies sich als äußerst wichtig für die geistige Gesundheit ihrer Nachkommenschaft.

Diese Vermutung bekam eine unerwartete Stütze, als während des zweiten Weltkrieges in Australien eine Röteln-Epidemie auftrat, die eine Bevölkerung ergriff, der diese im allgemeinen als harmlos angesehene Kinderkrankheit noch unbekannt war. Später zeigte sich dann, daß eine Reihe körperlich mißbildeter und geistig defekter Kinder zu dieser Zeit ausgetragen worden waren; genauer, daß ihre Mütter in den ersten Schwangerschaftsmonaten rötelkrank gewesen waren. Das Krankheitsvirus hatte offenbar den heranwachsenden Keim schwer geschädigt.

Wir haben ferner noch hinzulernen müssen, daß eine andere, durch Tierkontakt übertragbare Mikrobe über die schwangeren Frauen deren Kinder infizieren kann — ähnlich wie wir das von der Syphilis schon lange wußten. Wenn es sich hierbei auch um keine sehr großen, ins Gewicht fallenden Zahlen handelt, so sind solche Zusammenhänge doch grundsätzlich wichtig.

Früher hatte man auch den Alkohol in dringenden Verdacht, die Nachkommenschaft zu schädigen. Nun hat zwar Agnes B l u h m (11) generationenlang insgesamt 32 000 weiße Mäuse der sogenannten „schweren Geburt" — die allerdings gelegentlich teils unter Alkohol gesetzt[10]), teils abstinent sich vermehren lassen, ohne daß es ihr gelungen wäre, schlüssige Beweise für eine abartungfördernde Rolle des Alkoholismus bei diesen Säugetieren beibringen zu können (was ein Trost ist für die Liebhaber eines guten Tropfens). Alfred P l o e t z hat seine sehr umfangreichen experimentellen Untersuchungen über die Alkoholisierung von Kaninchen nicht publiziert, weil es diesem Fanatiker des Alkoholismus und seinem Freunde K r a e p e l i n nicht lag,

[10]) Ob weiße Mäuse im Delirium ihres gleichen sehen, ist m. W. bisher noch nicht bekannt geworden.

daß das Ergebnis vollständig negativ war. Dabei waren diese Versuche viel naturwahrer als die Versuche von S t o c k a r d und Agnes B l u h m. Denn P l o e t z gab seinen Kaninchen den Alkohol in Mengen per os (zu trinken), die jeden Menschen in kürzester Frist zum Deliranten gemacht hätten. Wenn Säufer psychopathische oder schwachsinnige Kinder haben, so sind es häufig Schwachsinn oder Psychopathie des Erzeugers, die ihn saufen ließen, und die sich auf seine Sprößlinge vererbten — unabhängig von der Trinkerei.

Viel wesentlicher als die Trunksucht des Vaters ist die Krankheit der werdenden Mutter für das heranreifende Kind. Hier lauern Gefahren, die man bis vor kurzem nicht richtig gewürdigt hat, und die offenbar erheblich bedrohlicher sind als die Gefahren der sogenannten „schwere Geburt" — die allerdings gelegentlich auch zu Schädeldeformationen und Hirnblutungen beim Durchtritt des Kindes durch das knöcherne Becken führen können. Immerhin führt das auch zum Schwachsinn — ebenso Folgezustände nach anderen in zartester Jugend durchgemachten, teils noch im Mutterleib vom Kind selbst erlittenen Erkrankungen — Hirn- und Hirnhautentzündungen verschiedenster Ursache beispielsweise. Dieserhalb und hinsichtlich der erblichen Schwachsinnsformen, die, wie schon gesagt, die große Mehrzahl bilden, verweise ich nochmals abschließend auf das im Anhang Gesagte [und für den interessierten Arzt auf den Handbuchartikel von H a l l e r v o r d e n (53)].

Soweit wir uns also nicht gerade für schwachsinnig oder erheblich dumm halten, können wir demnach offenbar von Glück sagen, wenn wir vorsichtig in der Auswahl unserer Eltern gewesen sind und die Scylla der ererbten sowie die Charybdis der erworbenen Schwachsinnsformen glücklich umschifft haben.

Der später erworbene Schwachsinn oder die schicksalsmäßig sich erst im höheren Alter entwickelnde Verblödung sind eine ständige Drohung mit dem geistigen Tode, der wir alle ausgesetzt sind und deren Verwirklichung wir alle, werden wir alt genug, im Greisenschwachsinn erleben müssen — es sei denn, daß der körperliche Tod uns davor bewahrt.

Diese Alternative sei nicht besonders beglückend, meint ihr?
Ja, darauf kommt es nicht an.

2

Was ist Dummheit und was kann man dagegen tun?

Feststellung

Thersites: Patroclus ist ein Narr schlechthin.
Patroclus: Warum bin ich ein Narr?
Thersites: Diese Frage tue deinem Schöpfer,
mir ist's genug, daß du's bist.
Shakespeare (Troilus und Cressida II, 3)

Dumm geboren sind wir alle; es kommt darauf an, was wir dazugelernt haben und wieviel wir dazulernen konnten. Es werden keine Fertigkeiten, sondern nur Fähigkeiten vererbt, die zudem beim Säugling noch nicht erkennbar sind. Es ist immer wieder bedauert worden, daß jeder Mensch seinen Wissensstand von vorn anfangend aufs neue sich erarbeiten muß. Es wäre zweifellos bequemer, wenn die Arbeit der Väter, Großväter und Vorväter der sonstigen Aszendenz wenigstens in Gestalt der Kenntnis des ABC und des Einmaleins auf die Nachkommenschaft übergeben könnte. Aber das ist nicht möglich, eben weil sich erworbene Eigenschaften nicht im eigentlichen Sinne vererben.

Gegen den Protest aller glücklichen Mütter und jungen Väter muß festgestellt werden, daß jeder Säugling in seiner geistigen Leistungskraft als vollidiotisch bezeichnet werden muß. Die Kinder der ersten Lebenstage unterscheiden sich hinsichtlich ihrer nicht vorhandenen Intelligenz überhaupt nicht voneinander. Eine etwa vorhandene echte Idiotie ließe sich paradoxerweise nicht aus dem Psychischen, sondern in manchen Fällen aus dem Körperlichen ablesen, weil hier und da Stigmata der Körperbildung das Vorhandensein einer Idiotie signalisieren. Natürlich wird der nicht zum bleibenden Idioten vorbestimmte Säugling von Tag zu Tag seine Fähigkeiten ausbilden, die ihn, wenn auch sehr allmählich, zu einem intelligenten Wesen, zum homo mehr oder weniger sapiens, stempeln werden. Auch die Kinder durchlaufen

in ihrer geistigen Reifung die Stufen der leichten Schwachsinnsgrade über die Imbezillität und Debilität, wenn man die intellektuelle Fähigkeit allein betrachtet[11]). Diese Tatsache findet ihre Bestätigung darin, daß man die Messung der Intelligenz, oder, was
dasselbe ist, die Messung der Dummheit, durch Vergleich mit
dem Wissensstand und den Fertigkeiten bestimmter kindlicher
Lebensalter durchführt. Man hat durch große Vergleichsserien
und Untersuchungsreihen festgestellt, welche Intelligenzleistungen von Kindern eines bestimmten Lebensalters im Durchschnitt geleistet werden können, und überprüft die Kinder, aber
auch die Erwachsenen, an Hand dieser erfahrungsmäßig gefundenen seelischen Tatbestände. Aus Gründen der raschen Orientierung und ungefähren Vergleichsmöglichkeit hat man den sogenannten Intelligenzquotienten eingeführt, d. h. man stellt fest, ob
etwa ein zehnjähriges Kind soviel leistet, wie der Durchschnitt
der Zehnjährigen geistig fertigbringt. Tut es das, so entspricht
die Zahl der Jahre dem Intelligenzstand der gleichen Jahreszahl:
10 (Intelligenzalter) : 10 (Lebensalter) = 1; das Kind hat einen
Intelligenzquotienten von 1, d. h. es ist „normal" im Hinblick auf
seine Intelligenz. Weist ein zwanzigjähriger lediglich den Wissensstand eines Zehnjährigen auf, so ergibt sich der Intelligenzquotient aus 10 (Intelligenzalter) : 20 (Lebensalter) = 0,5. Es handelt
sich also um einen ziemlich hohen Schwachsinnsgrad mit dem
Intelligenzquotienten 0,5. Hat ein Wunderkind von 10 Jahren
das durchschnittliche Wissen eines Zwanzigjährigen (das übrigens
erstaunlich gering ist), so ergibt die gleiche Rechnung einen
Intelligenzqoutienten von 2 und damit die doppelte Intelligenzleistung wie der Durchschnitt.

[11]) Nichts hat mir so viel Entrüstung eingetragen, wie das schlichte
Mißverständnis, ich hielte den Säugling für einen Vollidioten. Ich lasse den Text unverändert stehen — man lese nach, statt sich zu ent-
rüsten! Mir liegt die Gleichsetzung beider Sachverhalte völlig fern —
lediglich das intellektuelle Verhalten des Säuglings und des Idioten
sind gleich (im Sinne des Fehlens), und das habe ich der Wahrheit
wegen gesagt — in der Form etwas provozierend, um Aufmerksamkeit
zu erzwingen und zum Denken anzuregen. Und aus genau diesen
Gründen bleibt's auch stehen. Ich vermute, daß niemand mich im Ernst
für so töricht hält, anzunehmen, der späterhin „normale" Mensch ver-
ringere seine geistige Nullität im Gegensatz zum Idioten nicht zuse-
hends. Er tut das zunächst allerdings nur zögernd, als wisse er, welch
zweifelhaftes Geschenk das Erwachen aus idiotischer Nacht zu intellektueller Klarheit bedeutet.

Als Beispiel bringe ich aus dem Intelligenzprüfungsheft von P r o b s t (103) die Aufgaben, die einem zehnjährigen Kinde zugemutet werden.

„1.   Text: Der Löwe und die Maus.

Ein Mäuschen lief über einen schlafenden Löwen hinweg. Der Löwe erwachte und ergriff das Tierchen mit seinen gewaltigen Tatzen. „Verzeihe mir", flehte das Mäuschen, „und schenke mir mein Leben, ich will dir ewig dafür dankbar sein. Ich habe dich ja nicht stören wollen." Großmütig schenkte er ihm die Freiheit und dachte bei sich selber: „Wie will ein Mäuschen einem Löwen dankbar sein?"
Kurze Zeit darauf hörte das Mäuschen in seinem Loche das Gebrüll eines Löwen. Es guckte hinaus und sah, daß dieser in einem Netz gefangen war. Sogleich zernagte es die Stricke, so daß er das Netz zerreißen konnte.
Aufgabe: Laut vorlesen, dann mindestens 6 Hauptpunkte wiedergeben (Mundart).

2.   Dreiwort-Test. (Zwei Sätze).
Einführung. Ich sage jetzt drei Wörter, paß auf: Straße, Kamin, Taube. Daraus mache ich zwei Sätze, z. B.: Nach der Schule ging ich über die Straße. Da sah ich auf einem Kamin eine Taube sitzen.
Aufgabe: Jetzt sage ich drei andere Wörter: Tramwagen, Pferd, Schaufenster. Daraus sollst du nun zwei Sätze bilden.
(Für Landkinder: Fuhrwerk, Auto, Bach).
Zweites Beispiel: Basel, Fluß, Geld.
Anmerkung: Hauptsätze zählen als ganze Sätze, auch wenn sie durch Konjunktionen verbunden sind.
Bewertung: Für beide Beispiele 1 Punkt, für eine richtige Lösung $1/2$ Punkt.

3.   Sechs Zahlen wiederholen.
2, 5, 0, 8, 4, 1;   5, 6, 3, 9, 1, 7;   0, 9, 5, 8, 4, 2.
Vorsprechen im Sekundentakt.
Bewertung: Drei richtige Wiedergaben = 1 Punkt, zwei richtige Wiedergaben = $1/2$ Punkt.

4.   Sätze von 26 Silben wiederholen.
Beispiele: a. Gestern abend traf ich auf der Straße einen Knaben, den ich schon lange nicht mehr gesehen habe.

b. Heute nachmittag werde ich den Brief beantworten, den ich von meinem Vater erhalten habe.

c. Die Maikäfer sind in manchen Jahren so zahlreich, daß sie das Laub der Bäume vollständig abfressen.

Bewertung: 2-3 richtige Wiedergaben = 1 Punkt, 1 richtige Wiedergabe = $1/2$ Punkt.

5. Kenntnis der Geldstücke und Noten.

Im Wert von 1 Pfennig bis zu 20 DM.

5 a. Ersatztest: Benennung von Gegensätzen.

Die Übereinstimmung zwischen der Kenntnis der Geldstücke und den Schulleistungen ist gering. Man verwendet daher mit Vorteil folgenden Ersatztest:

Eine Mauer ist entweder dick oder . . . . ?

Ein Weg ist entweder gerade oder . . . . ?

Ein Zaun ist entweder hoch oder . . . . ?

Die Luft ist entweder trocken oder . . . . ?

Bewertung: vier richtige Antworten = 1 Punkt, drei richtige = $1/2$ Punkt.

Bewertung der Leistungen.

Nach B i n e t und S i m o n setzt man für eine gute Leistung ein +, für eine ungenügende ein —. Diese Bewertung erweist sich aber bei gewissen Einzeltests als zu rigoros. Wo nur kleine Fehler gemacht werden, ist doch eine beträchtliche Leistungsfähigkeit da, so daß sich manchmal die Bewertung mit $1/2$ rechtfertigen läßt, woraus sich dann ein differenziertes Bild der Persönlichkeit ergibt. (Wo man oft zur Bewertung mit $1/2$ greifen muß, handelt es sich meist um innerlich Unsichere, Gehemmte. Diese ahnen wohl den richtigen Weg, sind aber zu unsicher in der Äußerung.)

Verrechnung der Resultate.

Das Staffelsystem nach B i n e t und S i m o n soll die Feststellung des Intelligenzalters der geprüften Kinder ermöglichen. Da für jedes Altersjahr 5 Einzeltests aufgestellt sind, zählt jede richtige Leistung für $1/5$ Jahr, jede halbrichtige für $1/10$ Jahr.

Für die Berechnung geht man von jener Jahresreihe aus, in der letztmals alle 5 Fragen richtig beantwortet wurden, womit das entsprechende Intelligenzalter zunächst als voll erreicht gilt. (Z. B. 5 Jahre). Dazu zählt man mit je $1/5$ Jahr die + und mit je $1/10$ Jahr die $1/2$, die sich in den späteren Reihen befinden. Je 5 ganze

Punkte, die sich ergeben, zählen für ein weiteres Jahr. (Z. B. 5 Jahre ganz erfüllt, dazu noch vier + und sechs 1/2 + 4/5 + 6/10 Jahre = 6,4 Jahre.)

Nun wird das errechnete Intelligenzalter mit dem wirklichen Alter verglichen, woraus sich der sogenannte Intelligenzquotient errechnen läßt. Dieser ergibt sich aus der Division des Intelligenzalters (I.-A.) durch das wirkliche Alter (W.-A.).

Beispiele: a. I.-A. = 6,4 Jahre, W.-A. = 7,2 Jahre
Quotient = 6,4 : 7,2 = 0,89.
b. I.-A. = 9,2 Jahre, W.-A. = 8,5 Jahre
Quotient = 9,2 : 8,5 = 1,08

Im ersten Fall zeigt also das Kind im Verhältnis zu seinem wirklichen Alter einen Rückstand von 0,8 Jahren und eine Leistung von 89% dessen, was vom Durchschnitt der Kinder seiner Altersstufe erreicht wird; im zweiten ist es seinem wirklichen Alter um 0,7 Jahre voraus, so daß seine Leistung 108% des Durchschnitts beträgt.

Im allgemeinen bestätigen sich folgende Prognosen:

a. Quotient unter 0,70: Geistesschwäche erheblichen Grades. (Debilität bis Imbezillität. Bei einem Quotienten von 0,60 bis 0,70 kommt noch ein Unterricht in Frage, wie er in den Anstalten für Geistesschwache üblich ist. Schulversuche bei einem I.-Qu. von weniger als 0,60 (manchmal schon weniger als 0,65) schlagen fehl. (Von zentraler Bedeutung ist der Grad der erhalten gebliebenen Konzentrationsfähigkeit).

b. Quotient 0,70 (0,72 bis 0,82 [0,84]): Geistesschwäche einfacheren bis mittleren Grades. (Leichtere bis mittlere Debilität). Für Kinder dieser Intelligenzstufe ist der Besuch einer Hilfsschule zu empfehlen; verbleiben sie in der Normalschule, so müssen sie in der Regel zwei oder mehr Klassen wiederholen. (In Grenzfällen ist wieder der Grad der Konzentrationsfähigkeit entscheidend.) Müssen solche Kinder aus sozialen Gründen in eine Anstalt versetzt werden, ist ein Heim für Geistesschwache vorzuziehen. Nur die „oberen Grenzfälle" eignen sich für den Besuch einer normalen Anstaltsschule.

c. Quotient 0,82 (0,84) bis 0,88 (0,90): Schwächere Normalschüler. (Schulschwäche bis leichtere Debilität). Solche Kinder sollten nicht eine Mittelschule (Sekundar-, Real-, Bezirksschule) besuchen. Das Mitkommen wird ihnen dort schwer. Sie gewinnen mehr, wenn sie das einfachere Pensum der allgemeinen Volksschule richtig bewältigen.

d. Quotient 0,90 bis 1,00 und mehr. Mittlere bis gute Normalschüler, die sich auch in Mittelschulen bewähren können. Eine gute Prognose für den Erfolg in einer Maturitätsschule kann man jenen stellen, die einen Quotienten von 1,00 und mehr erreichen. Es gehört aber auch ein gutes Stück Konzentrationsfähigkeit und Arbeitsdisziplin dazu.

Die Stichhaltigkeit einer solchen Intelligenzprüfung oder Feststellung des Dummheitsgrades hängt einmal von der Erfahrung des Untersuchers und dann von der Anzahl der durchgeführten Prüfungen ab, die sich nicht nur auf einen Tag beschränken sollen, weil Indisponiertheiten des zu Untersuchenden oder des Untersuchers sich störend auswirken können."

Was prüft man also etwa? Zunächst den *Wissensstand*, also das *Inventar* an Kenntnissen oder das Bildungsgut. (Ich folge hier der Anleitung von K l o o s [71]). Dazu gehören unter den Schulfertigkeiten das Lesen, Schreiben und Rechnen, wobei das Kopfrechnen, das schriftliche Rechnen und Rechnen mit eingekleideten Aufgaben zu prüfen ist. Hierbei handelt es sich nicht um eine reine Inventarprüfung, sondern es werden auch gleich Denkleistungen mitgeprüft. Weiter ist das Schulwissen überprüfbar in den Volksschulfächern Erdkunde, Naturkunde und Geschichte, die sich als die geeignetsten erwiesen haben. Das allgemeine Lebenswissen wird bei Erwachsenen durch Fragen nach den gebräuchlichen Maßen und Gewichten, aus Natur und Technik, Verkehrswesen, öffentlichen Einrichtungen und Politik überprüft. Ferner ist es oft unumgänglich, das Berufswissen in den Kreis der Untersuchungen einzubeziehen; bei weiblichen Prüflingen wird es sich um hauswirtschaftliches Wissen, bei der Landbevölkerung um bäuerliches Berufswissen handeln; die differenzierten Berufe werden der Natur der Sache nach kaum Schwachsinnige oder hochgradig Dumme aufweisen. Hier übernimmt das Scheitern im Beruf die Aufgabe des Intelligenzprüfers, und zwar in viel rigoroserer Weise, indem für einen mehrfach beruflich Gescheiterten nur kümmerliche Existenzbedingungen übrigbleiben.

Nach der Feststellung des Inventars an Wissen, das zu seiner Ansammlung Denkfähigkeit voraussetzt, wird zweckmäßigerweise das Denkvermögen selbst oder der Verstand im engeren Sinne überprüft. Nach praktischen Verstandesfragen aus dem Alltagsleben („warum soll man Zeitung lesen", „warum bleibt der Schnee auf den Bergen länger liegen als in der Ebene") wird man sich der Begriffsbildung zuwenden, Oberbegriffe („was sind Rosen, Tulpen und Nelken alle zusammen?"), Unterbegriffe („nennen Sie alle Südfrüchte, die Sie kennen"), Begriffsunterschiede („was ist der Unterschied zwischen einem Kind und einem Zwerg?"), Begriffsgegensätze („was ist das Gegenteil von Krieg?"), Definitionen (Begriffsbestimmungen) („was ist eine Urkunde?") und schließlich sittliche Begriffsbildung („ein Kind zerbricht eine Tasse; die Mutter stellt es zur Rede, es sagt aber, die Tasse sei schon zerbrochen gewesen; was tut das Kind?"). Höhere Denkleistungen schließen sich an, so das Schlüsseziehen („Ilse ist älter als Karl, aber jünger als Hans; wer ist am ältesten?"), weiter die Kombinationsfähigkeit und Phantasie, etwa der Drei-Wort-Versuch (Satzbildung aus beispielsweise: Knabe, Ball, Wiese). Man läßt den Prüfling einen zusammenhängenden Text vorlesen, der Lücken enthält, die selbständig ergänzt werden müssen; man kann auch unvollkommene Sätze zu Ende führen lassen, oder Sätze, deren Worte durcheinander gebracht sind, im Satzordnungsversuch in die Reihe bringen lassen. Das Ordnen von Sprichworten nach ihrer sinngemäßen Reihenfolge, das Rätselraten oder Deuten von Bildern, die einen Vorgang darstellen, dient ebenfalls der Überprüfung von Kombinationsgabe und Phantasie. Recht zweckmäßig zur Feststellung des Erfassens von Sinnzusammenhängen ist es, sich einfache Fabeln wiedererzählen zu lassen, wobei sich sehr schnell zeigt, ob die tiefere Bedeutung erfaßt wurde. Das Symbolverständnis zeigt sich, wenn man nach dem Sinn von Sprichworten oder Redewendungen fragt („der Apfel fällt nicht weit vom Stamm", „was meint man, wenn man sagt, das Gras wachsen hören?"). Die höchste Stufe des Denkens, das Kritikvermögen, wird erkennbar, wenn Sinnwidrigkeiten dargeboten und als solche aufgefaßt werden, wenn der Prüfling Fangfragen („wie lang hat der Dreißigjährige Krieg gedauert?") durchschaut, oder wenn schließlich das ethische Urteilsvermögen durch entsprechende Fragen geprüft wird.

Mit der Prüfung des Inventars und des Denkvermögens allein ist noch kein ausreichendes Bild gewonnen. Man wird auch die praktischen Leistungen heranziehen, indem man die Prüflinge von ihren Arbeitgebern, Lehrern oder sonstigen Menschen, die sich längere Zeit mit ihnen beschäftigt haben, beurteilen läßt. Zum Schluß kann man die Gedächtnisleistung als Voraussetzung aller Intelligenz nachsehen. Das Gedächtnis besteht aus dem Erinnerungsvermögen für länger zurückliegende Geschehnisse, und, was nicht dasselbe ist, aber meistens nicht genügend auseinandergehalten wird, aus der Merkfähigkeit, d. h. aus dem Vermögen, Neues zu behalten und richtig einzuordnen. Wenn alle diese Kriterien herangezogen sind, hat der Prüfer nach mehreren Wiederholungen und Variationen immerhin soviel von seinem Prüfling erfahren, daß er auf weitere klinische Differenzierung verzichten kann, oder, wenn sich hinreichende Verdachtsmomente ergeben haben auf Schwachsinn oder auf Geistesstörungen etwa schizophrener oder epileptischer Art, mit den psychiatrischen Fachmethoden weiteruntersuchen kann. Alle diese angeführten Methoden versuchen, gewissermaßen einen Querschnitt durch die Intelligenzleistung zu legen; man wird jedoch gut tun, in jedem Falle auch einen Lebenslängsschnitt hinzuzuziehen, aus dem die bisherigen Schul- und Lebensleistungen ersichtlich werden. Alles zusammengenommen zeigt, wes Geistes Kind der Untersuchte ist, ob er klug, durchschnittlich intellektuell ausgestattet, dumm, töricht, borniert oder ähnliches ist. Alle diese Ausdrücke geben besondere Schattierungen und Nuancen, wie sie dem Menschenkenner geläufig sind.

Sehr schnell findet man die wirklich Schwachsinnigen oder die hochgradig Dummen heraus. Es gibt typisch schwachsinnige oder Kurzschlußantworten, so, wenn auf die Frage „Wer war Luther?" geantwortet wird: „Ein Tintenklecks". Hier hat der Kandidat einmal etwas läuten hören von der Erscheinung des Teufels, die Luther angeblich auf der Wartburg hatte, und bei welcher Gelegenheit er das Tintenfaß nach dem Gottseibeiuns geworfen haben soll. Der sorgfältig immer wieder durch den Küster erneuerte Tintenklecks wurde auf der Wartburg den Besuchern bis vor kurzem wenigstens gezeigt. Wenn die Geschichte nicht wahr ist, so ist sie doch gut erfunden; wenn sie aber das einzige ist, wovon der Prüfling einen Teil reproduziert, ohne sich weiter zu korrigieren, so spricht das für Schwachsinn. Auf derselben humoristisch wirkenden Ebene liegt die Antwort auf die Frage nach Bismarck: „Ein Hering".

Solche unfreiwillig komisch wirkenden Antworten von Schwachsinnigen und Kindern erscheinen immerhin einigermaßen verständlich. Wie sieht es nun mit den Antworten sogenannter normaler, erwachsener, durchschnittlich begabter Menschen aus? Hierüber hat R o d e n w a l d t in seiner bereits einleitend erwähnten Arbeit[12]) seine Untersuchungsbefunde mitgeteilt, und zwar hat er seinen 174 Rekruten auch die Frage vorgelegt, wer Luther und wer Bismarck war. Für beide Fragen haben wir typisch schwachsinnige Antworten bereits kennengelernt. Von den 174 „normalen" Rekruten wußten nur 95 anzugeben, wer Luther gewesen sei, 79 gaben grundfalsche Antworten. Von den Durchschnittsprüflingen wurde über Luther, um einige Kostproben zu geben, folgendes gesagt: „Er glaubte nicht an Christum", „er hat Christum gekreuzigt", „er war ein falscher Prediger vor Christi Geburt", „er war ein Vorbereiter, ehe Christus kam", „er hat die katholische Kirche gegründet" (Antwort eines Evangelischen), „er war Pontius Pilatus", und schließlich „er hat das Schießpulver erfunden" (was man von dem, der diese Antwort gab, schwerlich behaupten kann). Auf die Frage: „Wer war Bismarck?" antworteten 72 richtig, 88 falsch, 14 wußten überhaupt nichts mit der Frage anzufangen (im Jahre 1905!). Es wurde etwa geantwortet: „Ein Markgraf", „ein Reichstags-Adjutant", „ein alter Kaiser", „ein Schlachtendenker", „Chef der 7. Kürassiere" usw. Als besondere Spitzenleistung, etwa der Antwort des erwähnten Evangelischen entsprechend, der Luther für den Begründer der katholischen Kirche hielt, sei die Antwort eines Katholiken auf die Frage „Wie heißt der Papst?" mitgeteilt. Dieser sagte prompt: „Martin Luther", und ein Glaubensgenosse meinte, der Sultan sei der höchste Vorgesetzte über den Papst.

Es sind dies keineswegs besonders ausgesuchte schlechte Antworten; es empfiehlt sich, die Arbeit einmal nachzulesen, wo Hunderte solcher Leistungen aufgeführt sind. Aber wir brauchen

[12]) R o d e n w a l d t schreibt mir dazu: „Jene Erstlingsarbeit hat damals ein wunderliches Glück gehabt. Sie wurde dem Kaiser vorgelegt und ich bekam 9 Monate Urlaub in der Garnison, um die zweite Arbeit („Der Einfluß der militärischen Ausbildung auf das geistige Inventar des Soldaten") durchzuführen. Beide Arbeiten haben dann die Sozialdemokratie zu einem massiven Angriff auf die „Schulverpfaffungspolitik" des damaligen Kultusministers geführt, der sich daraufhin beim Kriegsministerium bitter beschwerte, wer dem Assistenzarzt R. die Erlaubnis zur Veröffentlichung so unerhörter Dinge gegeben habe. Die Arbeit war aber von den zuständigen Stellen zur Veröffentlichung freigegeben worden. Mir passierte nichts."

gar nicht bei der Durchschnittsbevölkerung stehenzubleiben, wenn wir den Auswirkungen der Dummheit im Sinne von Unbildung nachspüren wollen. Die sächsische Unterrichtsverwaltung hat zwischen den beiden Weltkriegen eine Überprüfung der Intelligenzleistung der oberen beiden Gymnasialklassen angeordnet und darüber ein Buch mit der Überschrift „Geist und Torheit auf Primanerbänken" veröffentlicht. Auf die Frage, was eine Urkunde sei, meinte ein höherer Schüler, es sei die Kunde von der Urzeit (nicht Uhrzeit). Nach der geschichtlichen Bedeutung Franz v. Sikkingens gefragt, meinte einer, es sei ein Trompeter gewesen. Auf die Frage: „Was bezeichnet man als Circumscriptionsbulle?" (welche Frage etwas schwierig ist), erfolgte die verblüffende Antwort „Den Gemeindestier". Nach diesen Leistungsproben wird man nicht umhinkönnen, H o c h e , dem langjährigen Freiburger Psychiater, zuzustimmen, der sich darüber beschwerte, daß seine Studenten Schwierigkeiten haben, elliptisch von epileptisch zu unterscheiden.

Solche groben Schnitzer bei Erwachsenen wirken ungewollt komisch ohne es im Grunde zu sein; auch der Schwachsinnige läßt uns lächeln, der treuherzig auf die Frage, was Rindfleisch sei, antwortete: „Rinde vom Schwein". Ähnlich geht es uns bei den kindlichen Erwiderungen, die genau wie die von Schwachsinnigen oder dummen Erwachsenen häufig Verblüffungscharakter haben können,

„denn was kein Verstand der Verständigen sieht,
das übet in Einfalt ein kindlich Gemüt."

Doch ist ein Qualitätsunterschied zwischen naiven kindlichen Antworten und törichten Erwachsenenäußerungen vohanden, den man nicht eigentlich beschreiben, sondern nur erfühlen kann, so, wenn ein kleines Kind die Tatsache bezeichnen will, daß etwas passiert ist, als es noch nicht lebte, und sich äußert: „Als ich noch tot war". Immerhin hat kein Geringerer als S c h o p e n - h a u e r die Tatsache, daß die meisten Leute das Nicht-weiterleben nach dem Tode unerträglich finden, während sie ihr Nichtdagewesen-sein vor der Geburt gleichgültig läßt, zum Ausgangspunkt eines lesenswerten philosophischen Traktats genommen. Der Vollständigkeit halber möchte ich schließlich noch erwähnen, daß es eine sogenannte Pseudo-Demenz gibt, die sich dann einstellt, wenn erwachsene Menschen ein Interesse daran haben, geistige Minderbegabung vorzutäuschen. Das kommt in Strafprozessen vor, wenn der Angeklagte wegen verminderter Zurechnungsfähigkeit eine mildere Strafe zu erlangen hofft, oder im Zuge eines Rentenverfahrens, wenn der zu Untersuchende (etwa nach einem Hirnschuß) eine höhere Rente erschleichen will und sich deshalb dümmer anstellt, als er ist. Man kann hier mit Fangfragen die Zusammenhänge ziemlich schnell klären. Als Beispiel sei angeführt, daß wirklich Schwachsinnige auf ganz einfache Fragen entweder überhaupt nicht oder richtig antworten, nicht aber so grobe Schnitzer machen wie derjenige, der Schwachsinn vortäuschen will. Auf die Frage „wieviel Beine hat ein Pferd?", wird der Schwachsinnige, wenn er sie nicht erfaßt hat, gar nicht, erfaßt er sie, mit vier antworten; der Pseudodemente sagt fünf und beweist damit, daß er übertreibt. Einer glaubte es in der Vortäuschung der Dummheit besonders klug zu machen, indem er auf die Frage, wieviel Beine ein Pferd habe, zunächst längere Zeit scharf nachdachte und dann sagte: „Meinen Sie ein großes oder ein kleines Pferd?"

Russische Forscher haben neben der intellektuellen noch eine motorische Idiotie unterschieden, und es ist ja richtig, daß die Handfertigkeit und der Bewegungsrhythmus eines Menschen mehr oder weniger durchgeistigt erscheinen können. Der Volksmund sagt von einem ungeschickten Menschen, er sei zu dumm zum Brotschneiden, aus dem richtigen Gefühl für den Intelligenzanteil an jeder körperlichen Bewegung.

Ausgehend von den von B i n e t und B o b e r t a g entwickelten Testverfahren für Kinder sind dann vor allem von amerikanischer Seite eine ganze Reihe höchst komplizierter Testverfahren entwickelt worden, um immer aufschlußreichere Querschnitte auch durch das Innenleben der Erwachsenen legen zu können. Die überseeischen Forscher sprechen von ganzen Test-Batterien, die sie auf ihre Opfer loslassen. Hier ist die Freude am Experimentieren und am Einheimsen zahlenmäßig darstellbarer Persönlichkeitsdaten am Werke. Allzu weitgehende Schlußfolgerungen wird man ablehnen müssen, vor allem dann, wenn sie mit schließlich immer komplizierteren und unübersehbareren Verfahren in der immer künstlichen Versuchssituation erarbeitet werden. Das ärztliche oder psychologische Gespräch mit einem aufgeschlossenen Partner führt wahrscheinlich schneller und tiefer in das Seelenleben eines anderen ein und verführt nicht durch pseudowissenschaftliche und pseudoexakte Ergebnisse zu der irrigen Ansicht,

mehr erfahren zu haben, als von einem anderen Menschen erfahrbar ist. Amerikanische Psychiater und Psychologen haben die
Angeklagten des großen politischen Nürnberger Prozesses durch-
getestet. Der frühere Reichsbankpräsident Schacht wurde von
ihnen in die Genie-Klasse eingestuft. Auch das ist nichts Absolutes. Es kommt eben darauf an, welche Anforderungen man
stellt, um jemanden für genial zu halten. Dieses Urteil steht m. E.
überhaupt nicht der testenden Mitwelt, sondern nur der Nachwelt
zu, zumal der Begriff des Genies, wie L a n g e - E i c h b a u m
(80) gezeigt hat, ein schillernder ist.

Die Fragwürdigkeit der Überbewertung von Testergebnissen
zeigt sich übrigens schlagend auch darin, daß es selbst bei
Schwachsinnigen und dummen Menschen einseitige Hochbega-
bungen gibt, die in einer intellektuellen Einöde eine unvermutete
Oase darstellen. Mich wenigstens hat die Tatsache, daß es hochgradig schwachsinnige Rechenkünstler gibt, mit dem Vorhandensein der Rechenmaschinen versöhnt, denen eine außermenschliche
Intelligenz zuzusprechen offenbar keinerlei Anlaß vorliegt. Es
handelt sich im Gegenteil zweifelsohne bei den Elektronen-Ge-
hirnen um komplette Idioten mit Spezialbegabungen. Die mathematische Begabung ist zudem, wie S c h o p e n h a u e r meint,
keine echte insofern, als es sich bei der Mathematik im Grunde
um Evidenzen oder Tautologien handelt, wie er das im einzelnen
etwa am Beispiel des pythagoräischen Lehrsatzes hübsch gezeigt
hat. Aber auch hier schreitet die Technik fort. Ein englischer Elek-
tronen-Physiker hat etwas hergestellt, was er als „synthetische
Lebewesen" bezeichnet. Es handelt sich dabei um auf Räderwerke
gesetzte Maschinen, die durch verschiedene Elektronen-Relais
nicht eigentlich gesteuert, sondern mehr gereizt werden, und auf
diese Reize infolge ihrer komplizierten elektrischen Steuerung
reagieren. Der Engländer will festgestellt haben, daß seine syn-
thetischen Lebewesen folgende Merkmale aufweisen, die man
bisher nur Lebewesen zugeschrieben hat, und die als primitive psychische Leistungen angesehen werden können: Spontanietät, d. h.
man kann nicht voraussagen, wie sich bei gleichbleibendem Reiz
das synthetische Lebewesen benimmt, ob es also erst nach rechts
oder erst nach links sich in Bewegung setzt, Ermüdbarkeit, Lern-
fähigkeit, und schließlich, wenn es überfordert wird, etwa durch
gleichzeitigen optischen und akustischen Reiz, daß es in eine
Neurose gerät. So schreibt der Physiker. Das, was er beschreibt,

ist allerdings in keiner Weise mit einer Neurose zu vergleichen, es ähnelt vielmehr dem Bewegungssturm in schwierigen Situationen, wie ihn die Tiere, aber auch primitive Menschen aufweisen, wie das K r e t s c h m e r (76) beschrieben hat. Immerhin dringen solche Versuche in Grundfragen der Beurteilung psychischer Leistungen ein. Sie haben etwas Unheimliches und erscheinen mir als Ausdruck menschlicher Hybris, würdig des Zeitalters der Atombombe und der Weltraumfahrt.

So wenig im Einzelfall eine noch so genaue Testung und die Festlegung etwa des Intelligenzquotienten zu bedeuten braucht, weil von Fall zu Fall undurchschaubare Fehlerquellen eine verfälschende Rolle spielen können, so viel läßt sich wissenschaftlich bei großen Untersuchungsserien mit dem Intelligenzquotienten anfangen, weil hier die statistische Wahrscheinlichkeit dafür steht, daß unbeabsichtigte Fehler richtungslos wirken und sich daher gegenseitig aufheben. Voraussetzung ist allerdings ein genügend großes Untersuchungsgut, damit nach den Gesetzen der Wahrscheinlichkeitsrechnung der mittlere Fehler der Prozentzahl verschwindend klein wird. Zusammenfassend wird man sagen können, daß die differenzierte Feststellung menschlicher Dummheit nur mit dem Aufwand beträchtlicher Intelligenz, großer Erfahrung und zwischenmenschlichem Fingerspitzengefühl durchgeführt werden kann.

Prinzipiell ist eingewandt worden, daß die Prüfung mit dem Intelligenzquotienten grundsätzlich falsch sei, da man ein minderbegabtes Kind grundsätzlich nicht mit einem schwachsinnig Defekten vergleichen könne. Es hat den Anschein, als würde hier mit einem gewissen Überschwang behauptet, daß man der Ehre der heranwachsenden normalen Menschenkinder zu nahe tritt, indem man sie mit Schwachsinnigen überhaupt nur vergleicht. Nun sagt aber J a s p e r s , wie oben mitgeteilt, daß man intellektuelle Minderleistung als Artung des einzelnen Individuums oder als krankhaften Defekt *nicht* grundsätzlich voneinander unterscheiden könne; und andererseits könnte man, wenn man überhaupt nichtwissenschaftliche Gesichtspunkte, die als solche von Ehrenrettungen nichts wissen, ins Feld führen will, mit ebensolchem Recht daraufhinweisen, daß man *den Schwachsinnigen Unrecht* tut, wenn man sie gewissermaßen außerhalb des Menschentums stellt. Das möchte ich doch ausdrücklich an dieser Stelle bemerkt haben.

Die ganze Sachlage wird noch viel komplizierter dadurch, daß die menschliche Intelligenzhöhe keineswegs Ausdruck einer einheitlichen Hirnleistung ist, sondern daß zu ihrem Zustandekommen verschieden lokalisierte Zentren des Gehirns erforderlich sind, die noch dazu verschieden lange Zeit brauchen, auszureifen. Es ist ja nicht so, wie man eine Zeitlang gemeint hat, daß mit der Aufdeckung entsprechender Zentren geistige Funktionen im wesentlichen erfaßt und erklärt seien. Man kann nicht viel mehr sagen, als daß für gewisse Leistungen die Intaktheit genau umschriebener Hirnrindenstellen erforderlich ist. Die Lesefähigkeit, die Schreibfähigkeit, die verschiedenen Teilkomponenten des Sprechvermögens können isoliert bei entsprechender Hirnschädigung gestört werden, wobei die eine Fähigkeit die andere offenbar nur indirekt beeinflußt. Aus solchen Zusammenhängen erklären sich die Teilbegabungen bei Schwachsinnigen und das Teilversagen bei sonst vollsinnigen Menschen. Manche Kinder, die lange Zeit brauchen, um richtig lesen zu lernen, sind konstitutionell mit einer Dyslexie geschlagen. Die Kinder mit der schlechten Handschrift, die Schule und Haus zur Verzweiflung bringen und trotz Strafen und Schönschreibunterricht sich nicht bessern lassen, sind in ihrer Mehrzahl Dysgraphiker. Daß sich hinter manchen sogenannten Stotterern mit ihrer spastischen Dysarthrie eine konstitutionelle Störung der mannigfachen Teilvoraussetzungen zum Sprechen im Sinne einer Dysphasie verbirgt, ist mir nicht zweifelhaft.

Ein Hirnanatom hat einmal die geistreiche Bemerkung gemacht, es könne bei den schwachsinnigen und dummen Menschen, die trotz ihrer intellektuellen Minderausstattung teilweise hohe Begabungen wie Musikalität, Rechenfähigkeit o. ä. aufweisen, folgender Sachverhalt zugrunde liegen: Man könne sich die entsprechenden der Begabung zugeordneten Zentren als hypertrophierend, d. h. also als in ihrem Umfang überwuchernd vorstellen; diese Umfangsvermehrung gewisser Zentren wirke dann wie eine raumfordernde Hirngeschwulst und hindere das gesamte übrige Gehirn an seiner vollen Ausreifung. Mir scheint ein solcher Gedankengang doch zu geradlinig und neurochirurgisch zu sein, als daß er allein einen wahren psychologischen Sachverhalt treffen könnte.

Die reine beschreibende Anatomie, auch die feingewebliche, des Gehirns kann als solche und lediglich auf sich selbst gestellt keine wesentliche Erkenntnismehrung für das Verständnis intelligenten Verhaltens beisteuern. Die moderne *Neurophysiologie* baut denn auch auf dem morphologischen Untergrund der Hirn-, Rückenmarks- und Nerven-Zellenlehre nur auf und zieht andere Wissenschaften — die Entwicklungslehre, die Lehre von den Reflexen, die zoologischen Erkenntnisse hinsichtlich der Instinkthandlungen und des Triebverhaltens — mit heran, um zu tieferen Einsichten in solche naturwissenschaftlich faßbare Vorgänge zu gelangen, deren Auswirkungen wir dann als Plus- oder Minusvarianten intelligenten Verhaltens zu betrachten gewohnt sind.

Als *Lernen* bezeichnet man nach J u n g (66) die „Herstellung neuer Beziehungen des Verhaltens und Denkens", während die Bahnung komplexer Funktionen im sensomotorischen Bereich" als *Übung* aufgefaßt wird.

Der Begriff der *Bahnung* geht von der Vorstellung der als leitend gedachten Nervenfasern aus, die an ihren Verbindungsstellen, je öfter ein Impuls hindurchgeschickt wird, desto schneller „schalten".

Modern sind Vergleiche des nervlichen Geschehens mit physikalischen, vor allem elektro- und elektronenphysikalischen Vorgängen. Die Nervennetze der Hirnrinde werden als mit Resonanzfunktionen ausgestattet gedacht. Insbesondere die sogenannte *Kybernetik* „erklärt" die Gedächtnisfunktion (das Grundphänomen, auf dessen Vorhandensein Lernen und Üben angewiesen sind) als „Relaisschaltung und Erregungskreise durch verschiedene Kombinationsmöglichkeiten der Neuronenentladung" (J u n g [66]) — bei den etwa auf 15 Milliarden zu veranschlagenden Nervenzellen allein des Gehirns eine praktisch unendliche Variationsreihe. Solche Vorstellungen münden schnell ins Phantastische: billigt man jedem Neuron — das ist eine Nervenzelle mit ihrer Nervenfaser — nur vier Querverbindungen zu anderen Neuronen zu (tatsächlich werden es durchschnittlich sehr viel mehr sein), so könnten nach E c c l e s (23) von einem einzigen Neuron aus in 20 msec 100 000 andere Neuronen aktiviert werden — es würde sich dabei um eine fast schrankenlose Erregungsausbreitung mit offensichtlich niemals vorkommenden Folgeerscheinungen handeln. Man ist deshalb wieder reumütig zu dem ursprünglichen Gedanken einer Kanalisierung, mit anderen Worten der Vorstellung einer Bahnung der nervösen Erregungen, zurückgekehrt.

Interessanterweise muß man annehmen, daß sich die Lernvorgänge „oberhalb" der „niederen" nervösen Sinnes- und Be-
wegungsapparate „einschleifen": dazu zwingt die Möglichkeit
der sogenannten *Transposition;* wer schreiben kann, kann, ohne
neue Übung, nicht nur mit der Hand, sondern beispielsweise
auch mit dem Fuß schreiben — wenn auch noch viel Übung dazu
gehören würde, um fließend mit dem Fuß zu schreiben (der ohne
Arme geborene U n t a n nannte seine Lebenserinnerungen nicht
Manuskript, sondern Pediskript!). Die Schreibfähigkeit ist also
im wesentlichen unabhängig vom sensomotorischen Apparat für
Arm und Hand, obwohl sie im allgemeinen mit diesen Gliedern
oder besser an diesen Gliedern erarbeitet wurde.

Schließlich muß eine Art *Informations*-Ministerium des Gehirns
gefordert werden, in dem die Zusammenarbeit der verschiedenen
Sinne bei der Gedächtnisfunktion gewährleistet wird; nur so läßt
sich die allen bekannte Erfahrungstatsache verstehen, daß „ein
Hüsteln oder Schritt eines Menschen genügt, um uns diesen
selbst oder eine ganze Situation wieder in die Vorstellung zurückzurufen" (J u n g [66]). Manche Erfahrungen der Neuropathologie sprechen dafür, daß diese Vermittlungsstelle etwas mit
den Schläfenlappen des Gehirns zu tun hat.

Die praktische Verwendbarkeit des auf der einen Seite quasi
unendlich großen Vorstellungsschatzes eines differenzierten Lebewesens wird auf der anderen Seite, der des Handelns nämlich,
enorm eingeschränkt durch die erheblich kleinere, ziemlich eng
begrenzte Zahl der Verhaltensmöglichkeiten — also in der Be-
wegungsumsetzung. Das motorische Verhalten — und das bedeutet Handeln — wird gesteuert einmal durch erblich und konstitutionell fixierte Reflex-, Instinkt- und Triebmechanismen, die
durch Umweltreize über die Sinne nur ausgeklinkt werden und
dann starr und schematisch abrollen. Das geschieht, wie wir
gleich sehen werden, sehr viel häufiger, als den meisten von uns
bewußt wird, auch im Alltagsleben des Menschen (reflexartiges
Verhalten);

und zweitens durch erworbene, erfahrungsmäßig modifizierte
Reaktionen (bedingte Reflexe).

(Das bewußt motivierte, durch den sogenannten freien Willen
des Menschen bedingte Tun entzieht sich naturwissenschaftlicher
Betrachtungsweise.)

Instinkthandlungen und *Triebverhalten,* wie sie auch die mehr oder weniger intelligent anmutenden Verhaltensweisen des Menschen bestimmen können, lassen sich am einleuchtendsten an Tieren beobachten und klären. Es handelt sich dabei gewissermaßen um unterhalb der echten Intelligenz liegende Kräfte, die uns aber im Handeln des Menschen als der Ausdruck seines Intelligenzgrades erscheinen.

Man spricht mit L o r e n z (87) vom angeborenen Schema, das durch eine Triebgrundlage (die etwa durch Hunger oder Liebe — Sexualität — gefärbte „Stimmung") aktiviert wird und dann zur Auslösung noch eines ganz bestimmten Umweltreizes bedarf, der wie ein Schlüssel nur zu einem bestimmten Schloß paßt. Auf diese Weise kommt es zu teilweise kompliziert zusammengesetzten Instinkthandlungen, die unwillkürlich, untereinander immer wieder gleich, schematisch und starr ablaufen, wenn die entsprechenden Voraussetzungen und Auslöser zusammentreffen. Wird die Triebgrundlage überstark, ohne daß ein Auslöser in Kraft tritt, so bedarf es bisweilen keiner auslösenden Einflüsse mehr: die Instinkthandlung rollt dann spontan ab, — im „Leerlauf" (L o r e n z). J u n g vermutet im Daumenlutschen der Säuglinge und im Zigarettenrauchen der Erwachsenen „Leerlaufhandlungen oraler Triebmechanismen".

Bei niederen Tieren stellen sich Taxien und Tropismen als instinktive Mechanismen dar (Insekten) — ja, es finden sich schon bei einzelligen Lebewesen, die überhaupt noch nicht über ein Nervensystem verfügen, reizbedingte Steuerungsvorgänge.

L o r e n z hat ein von ihm bei Tieren gefundenes Phänomen als *Prägung* bezeichnet: Während einer kurzen sensiblen Jugendperiode eines Tieres werden die Lücken eines angeborenen Schemas durch ein erblicktes Bild ergänzt; wahrgenommenes Bild und angeborenes Schema verschmelzen unlöslich miteinander. Das berühmt gewordene Beispiel sind seine jungen Graugänse, die unter entsprechenden Bedingungen etwa einen Menschen als „Mutter" annehmen, ihm folgen, während die eigentliche Gänsemutter abgelehnt wird. Es ist so etwas wie eine Liebe auf den ersten Blick. Solche Erfahrungen der Zoologen lassen etwas Licht auch in das Dunkel der Entstehung menschlicher Triebvarianten (sexueller Perversionen) fallen. Weiterhin wurden (von K o r t l a n d und T i n b e r g e n [73; 123]) *Übersprungs*handlungen beschrieben, die dann zustande kamen, wenn ein stark aufgestauter Trieb sich nicht in seiner ihm adäquaten Sphäre realisieren kann und daher in eine andere Sphäre „überspringt". Es treten dann Affektableitungen in Form inadäquater Handlungen (J u n g l. c.) zutage. So kann man sich zum Beispiel beim Menschen das Auftreten der an sich sinnlosen sogenannten Verlegenheitsbewegungen entstanden denken. Passiert dergleichen häufiger, so bildet sich ein neuer Ausdruckswert heraus; dieser wird „ritualisiert"; vielleicht sind mimische Entäußerungen des Menschen — Lachen, Weinen, Gähnen — so zustande gekommen.

Das triebbedingte Suchen nach der adäquaten Reizsituation, die durch Auslösung der Instinkthandlung zu Triebbefriedigung führen soll, nennen die Zoologen das *Appetenzverhalten.* Hierbei wird die Grenze des rein reflektorischen Geschehens erreicht.

Je niedriger eine Tiergattung organisiert ist, desto starrer sind ihre Instinkthandlungen. Mit der Ausbildung der Hirnrinde können sie progredient moduliert werden und mit echt motivierten Handlungen verschmelzen. Wichtig ist daher die Erkenntnis, daß auch in rein bewußt motiviert, ausschließlich intellektuell gesteuert aussehenden menschlichen Handlungen getarnte instinktiv ablaufende Triebkomponenten eingebaut sein können. Erlernte Reaktionen, bedingte Reflexe, aus Überlegung stammende Motive führen bei den höheren und höchsten Wirbeltieren — den Menschen — zu derart verwickelten Modifikationen ihrer Verhaltensweisen, daß die in Wahrheit häufig entscheidenden Triebgrundlagen instinktiver Abläufe im Handlungsgesamt kaum noch zu erkennen sind.

Die erworbenen, erfahrungsmäßig modifizierten Reaktionen — von den Russen in der Nachfolge P a w l o w s als „bedingte Reflexe" bezeichnet — sind laboratoriumsmäßig studiert worden und haben zu einer Analyse der Gedächtnis- und Lernvorgänge geführt, wie sie durch B y k o w vertreten wird. Der klassische Ausgangsversuch — Fütterung eines Hundes bei gleichzeitigem Ertönen einer Glocke, bis der Hund schon ohne Darreichung des Futters, allein auf den akustischen Reiz hin, Appetitsaft absondert — hat in komplizierten Abwandlungen überraschende Einblicke in die neurophysiologischen Voraussetzungen und Mechanismen von Gedächtnis und Lernvermögen ermöglicht.

Das Wesentliche scheint mir auch hier die Erkenntnis zu sein, daß emotionale Triebregungen sich sowohl in auslösender als auch in hemmender Richtung einschalten können.

Es ist allgemein bekannt, und wir werden das später noch
näher ausführen, daß der Durchschnittsmensch es gelassener in
Kauf nimmt, moralische Defekte nachgesagt zu bekommen als
intellektuelle. Wird jemand öffentlich der Dummheit bezichtigt,
so pflegt er mit einer Beleidigungsklage zu antworten; nennt
man ihn aber egoistisch, skrupellos, brutal, so ist es nicht so
sicher, daß diese Charakterisierungen als Beleidigung empfunden
werden — wie Wilhelm Busch singt:

> Nenn den Burschen liederlich,
> leicht wird ers verdauen.
> Nenn ihn dumm, so wird er dich,
> wenn er kann, verhauen.

Das ist insofern merkwürdig, als der Mensch im Grunde weder
für den Grad seiner Dummheit oder Klugheit noch für seine Charakterzüge letzten Endes verantwortlich ist. Beides, das
Moralische und das Intellektuelle, wurde ihm im wesentlichen in
seiner Anlage mitgegeben. S c h o p e n h a u e r hat das einmal
sehr hübsch formuliert, indem er schreibt, „daß alles darauf ankommt, wie einer aus den Händen der Natur hervorgegangen sei,
welcher Vater ihn gezeugt und welche Mutter ihn empfangen
habe . . .; daher man keine Iliaden schreiben wird, wenn man zur
Mutter eine Gans und zum Vater eine Schlafmütze gehabt hat;
auch nicht, wenn man auf sechs Universitäten studiert. Es ist nun
aber doch nicht anders: aristrokratisch ist die Natur, aristrokra-
tischer als irgendein Feudal- und Kastenwesen. Demgemäß läuft
ihre Pyramide von einer sehr breiten Basis in einen gar spitzen
Gipfel aus. Und wenn es dem Pöbel und Gesindel, welches nichts
über sich dulden will, auch gelänge, alle anderen Aristrokatien
umzustoßen: so müßte es diese (die Aristrokatie der Natur nämlich) doch bestehen lassen, — und soll keinen Dank dafür haben.
Denn die ist so ganz eigentlich 'von Gottes Gnaden'." Während
man nun aber das ethische gemeinschaftsschädigende Verhalten
eines Menschen unter Strafe stellt und die Staatsanwälte und
und Richter sogar dazu neigen, einen schlechten Charakter als
strafverschärfend ins Gewicht fallen zu lassen, wird die Dummheit eines Angeschuldigten, je größer sie ist, desto mehr als mil-
dernder Umstand angesehen, die, wenn sie klinische Schwachsinnsgrade erreicht, sogar die völlige Exculpation mit sich bringt.

Auch dieses Verhalten der Justiz gründet sich auf praktische Erwägungen, nicht auf theoretische und wissenschaftliche Erkenntnis. Es läßt sich eine staatliche Gemeinschaft ohne die fiktive Annahme, ein sogenannter schlechter Charakter könne sich gegen seine Veranlagung entwickeln, gar nicht aufrechterhalten; während eine Gemeinschaft von Dummen, wie mannigfache Beispiele gezeigt haben, sich ganz gut in dieser Welt zurechtfinden kann.

Dementsprechend kommen die Eltern mit ihren intellektuell versagenden Kindern eigentlich immer mit beschönigenden Umschreibungen in die Sprechstunde des Nervenarztes; „Mein Sohn ist so schüchtern, vor allem in Mathematik", heißt es dann, oder „er ist so schwach und kommt deswegen nicht in der Schule mit", wobei vorgegeben wird, daß es sich um eine körperliche Schwäche handelt[13]).

Ein einziger Vater stellte mir seinen Sohn vor mit den Worten: „Mein Sohn ist schwachsinnig"; er verbesserte sich aber gleich und sagte: „Ich meine schwachsichtig". Der kleine Patient war aber nicht nur körperlich, sondern auch geistig schwachsichtig — insofern war die Äußerung des Vaters ein sogenanntes F r e u d sches Versprechen. F r e u d (29) hat in einer geistvollen Studie daraufhingewiesen, daß wes das Herz voll ist, des der Mund übergeht, und daß sich in Form von Fehlleistungen, insbesondere beim Versprechen Befürchtungen auf die Lippen drängen, die eigentlich gerade verschwiegen werden sollten. Eine ganze Reihe solcher Versprechen sind im Grund Selbstentlarvungen. So kam in meine Sprechstunde ein Patient mit der Bemerkung: „Ich befinde mich in großer Verlogenheit ... ich meine Verlegenheit." Er war aber in beiden. Ein anderer sagte, er sei Betriebsprüfer und meinte auf meine Frage, was er prüfe, „die Betrüge ... vielmehr die Betriebe"; und schließlich sagte ein Patient zu mir, dem ich bei Gericht geholfen hatte, so daß er seinen Prozeß gewann: „Vielen Dank, Herr Prozessor!" Als ich heute morgen, am Tage, als ich dies schreibe, der Beerdigung eines väterlich mir zugetanen älteren Fachkollegen beiwohnte, sagte der Geistliche: „Er war ein vornehmer Mann vom Scheitel bis zur Seele". Und er hatte recht.

[13]) „Mein Sohn ist so einseitig begabt!"
„Für was denn?"
„Fürs Fußballspielen."

Die Einsichtnahme in die Schulzeugnisse zeigt sehr schnell auch ohne umfangreiche Intelligenzprüfung, wes Geistes Kind der kleine Patient ist. Gibt es, das ist die dringende Frage aller Eltern oder Erziehungsberechtigten in solchen Fällen, wirksame Hilfe? Eine allgemeingültige Antwort läßt sich der Natur der Sache nach nicht geben. Man wird von Fall zu Fall genau untersuchen und dann die Chancen abwägen müssen. Der Berliner Volksmund zwar, der immer treffend, wenn auch grausam ist, hat den Satz geprägt: „Doof bleibt doof, da helfen keine Pillen".[14]) Ist das nun wirklich so? Oder hat der so oft berufene Fortschritt der Medizin nicht doch zu wirksamer medikamentöser Hilfe geführt? Die Verbreitung der Dummheit höherer Grade und die dadurch erzeugte Not hat sich schlagend gezeigt in der plötzlichen Popularität eines in seiner Wirkung so zweifelhaften Mittels wie der Glutaminsäure. Diese Substanz, eine körpereigene Aminosäure, die nach experimentellen Untersuchungen eine besondere Rolle im Hirnstoffwechselgeschehen spielt, wurde in der Fachpresse und dann, wie üblich, in der Tagespresse als wirksames Mittel bei intellektueller Unterentwicklung der Kinder empfohlen. Liest man die Arbeiten der Weltliteratur durch, insbesondere die an großen Patientenzahlen mit Kontrollversuchen durchgeführten amerikanischen Veröffentlichungen, so sind bleibende und also echte Erfolge bisher offenbar nicht erzielt worden. Eigene Erfahrungen mit dem Präparat zeigen, daß manche indolenten Kinder aufgeregter werden und damit lebhafter wirken; was von den Eltern, die wie alle Eltern zur Überschätzung ihrer Sprößlinge neigen, zunächst meist als Fortschritt begrüßt wird. Der Psychiater hat den Eindruck, als wenn mit Hilfe des Medikaments eine ruhige Dummheit in eine unruhige verwandelt wird, was gar nicht selten zu Schwierigkeiten der Einordnung in die Familie führt. Man ist deshalb auf den Gedanken gekommen, die anregende Glutaminsäure zusammen mit zentralnervös dämpfenden Substanzen zu geben, was im Grunde auf dasselbe hinausläuft, als wenn man nichts täte, aber wesentlich teurer ist. Führt man die Behandlung dann einige Jahre durch, was einen entsprechenden Geldbeutel voraussetzt, weil das Präparat teuer ist, so zeigen sich Besserungen, die der skeptische Beobachter zwanglos auf das sowieso mit den Jahren eintretende Reiferwerden beziehen kann. Ganz

[14]) Der Berliner weiß aber doch zu trösten, wenn auch auf seine Weise: „Doof ist besser als pucklig: man sieht's nicht so!"

unnütz ist die Behandlung insofern nicht, als sie den Eltern geistig schwacher Kinder das Gefühl gibt, etwas werde getan. Bei guter Intelligenz der Eltern schwachsinniger Kinder halte ich es für zweckmäßiger, diese Zusammenhänge offen darzulegen und zu raten, das Älterwerden und die fast in allen Fällen zu erwartende Zunahme nicht nur an Körpergewicht, sondern auch an Verstand unter liebevoller Führung, die einer recht verstandenen Strenge nicht entbehren darf, abzuwarten. Ich vermeide es überhaupt, aus langjähriger Erfahrung, ein Urteil über ein schwachsinniges Kind nach einmaliger Untersuchung zu fällen, sondern bestelle nach Fixierung des Befundes den Patienten nach einem Jahr wieder, um festzustellen, ob ein Stehenbleiben, ein Fortschreiten oder etwa ein Rückgang der geistigen Fähigkeiten eingetreten ist. Auch dann ist vorsichtige Beurteilung am Platz. Man behält meistens recht, wenn man den drängenden und fragenden Eltern versichert, die Kinder könnten sich wesentlich besser entwickeln, als zunächst zu befürchten sei. Es gibt in der Tat die viel zitierten Spätblüher, die erst während oder nach der Pubertät sehr viel intellektuellen Rückstand aufholen; und wenn auch das Wort Geduld aus dem Munde des Arztes niemand gern hören mag, so ist es doch richtig, immer wieder Geduld zu predigen und im übrigen durch sinnvollen Unterricht das Bestmögliche herauszuholen.

Es ist eine schwer zu entscheidende Frage, ob minderbegabte Kinder besser in der Stadt oder auf dem Lande aufwachsen sollten. Das ländliche Leben bietet dem heranwachsenden Dummen viele Möglichkeiten vorwiegend körperlicher Arbeit und Bewegung, die unter erfahrener Anleitung mit wenig Intelligenz geleistet werden können und dadurch das Selbstvertrauen auch der geistig Minderbemittelten in wünschenswertem Maße stärken. Andererseits bieten die Großstädte mit ihren Hilfsschulen und den speziell auf die Erschließung auch minimaler Begabungsspuren eingestellten Hilfsschullehrern optimale Erfolgschancen. Die hochqualifizierten Hilfsschullehrer sind durch die kurzsichtige Politik während der 12 Jahre des Nationalsozialismus, in denen keine Hilfsschüler ausgebildet werden durften, in ihrer Zahl um über 1000 auf etwa 3000 in der Bundesrepublik abgesunken. Es dürfte sich lohnen, hier wieder aufzubauen und wirklich qualifizierte Fachkräfte heranzubilden, denn die Zusammenfassung der intellektuell schwachen Schüler fördert nicht nur diese durch den auf sie abgestellten Unterricht, sondern entlastet die Volksschulen ganz wesentlich. Denn der Fortschritt im Unterricht in der Normalschule geht nach dem Geleitzug-Prinzip: Der Geleitzug fährt so schnell wie das langsamste Schiff, wenn dieses nicht rettungslos zurückbleiben soll. Genau so ist es in der Schulklasse, wenn der Lehrer nicht die Dümmsten links liegen lassen will und damit gerade die Kinder, die eingehender schulender Befassung am meisten bedürfen.

In einer Schule, deren schwächste Schüler mittlere Begabung aufweisen — deren Dummköpfe also an die Sonderbeschulung abgegeben wurden — kann ein hoher Anspruch, der auf die Begabtesten ausgerichtet ist, auch die Mittelmäßigen zu ansehnlichen Leistungen mitreißen. Das intellektuelle Leistungsniveau kann durch solche echt pädagogische Führung wesentlich gehoben werden. Und die zur Sonderbeschulung Ausgegliederten bekommen ebenfalls erhöhte Chancen, aus ihrer Dummheit das Menschenmögliche herausholen zu lassen. Leider sieht es in Wirklichkeit nicht so ideal aus, wie es sein könnte. Das Schlimmste sind die törichten Vorurteile gegen die Hilfsschule: „Mein Kind soll auf keinen Fall in die Idiotenschule!" rufen die selbst meist beklagenswert ungescheiten Eltern mit Emphase aus. Und auch die sogenannten vollsinnigen Kinder hänseln die schwachsinnigen Besucher der „Dummenschule". Wie die Dinge einmal liegen, ist die internatsmäßige Unterbringung der Schwachbegabten in den psychiatrischen Landeskrankenhäusern mit angegliederter Hilfsschulbetreuung auf dem Anstaltsgelände das Zweckmäßigste. Von einer derartigen modernen und vorurteilsfreien Lösung sind wir aber in Deutschland noch weit entfernt. Auch hier ist der entscheidende Hemmschuh das borniete mittelalterliche Vorurteil gegen die „Irrenanstalten"[15]), das man nicht dadurch allein ausgleichen kann, daß man Gelder hineinsteckt zu baulicher und sonstiger Verbesserung — das ist selbstverständlich auch dringend nötig. Den einzigen Weg, hier Abhilfe zu schaffen, habe ich weiter unten im einzelnen gezeigt.

Eine genaue Feststellung, wieviel Dummheit, das heißt also wieviel spezifisch Menschliches sich unter den Zeitgenossen findet, ist unmöglich. Diese Unmöglichkeit gründet sich nicht so sehr auf die Schwierigkeit, rein technisch große Untersuchungsreihen

[15]) Vgl. O v e r h o l s e r - R i c h m o n d : Psychiatrie für Jedermann, Musterschmidt-Verlag, Göttingen 1951, S. 40 ff.

durchzuführen, sondern sie wurzelt wiederum in der Relativität der Maßstäbe. Was dem gutmütigen Menschenfreund noch als ausreichend intelligent erscheint, das hält der Menschenverächter schon für ausgesprochen schwachsinnig. Soviel Köpfe, soviel Meinungen; so ist es besonders hier. Einen gewissen Maßstab gibt die Zahl der Hilfsschüler. Im Jahre 1953 gab es 83 000 Hilfsschüler in der Bundesrepublik; in Hamburg gab es 1953 rund 300 Hilfsschulklassen, in Essen 129, in Köln 80, in Stuttgart 50. 1927 wurden im ganzen Reichsgebiet nur 72 000 Hilfsschüler gezählt. Im Reichsgebiet von 1927 gab es etwa 0,1% Hilfsschüler, bezogen auf eine Gesamtbevölkerung von 70 Millionen. Nach übereinstimmenden Schätzungen der Fachleute gab es darüber hinaus an schwachsinnigen, das heißt an solchen Kindern, die entweder gar nicht hilfsschulfähig wurden, oder die in den Förder- und Volksschulen unterrichtet wurden, wesentlich mehr; es wurde mit 3-5% Schwachsinnigen insgesamt und bei vorsichtiger Schätzung mit 10% Dummen in der Gesamtbevölkerung gerechnet. Schon das ist eine erstaunlich hohe Zahl. Ich habe gelegentlich in Vorträgen über die Dummheit, wenn etwa 300 Zuhörer anwesend waren, darauf hingewiesen, daß nach der Statistik 30 der Zuhörer als dumm betrachtet werden müßten — wenn nicht eine hoffentlich als vorhanden anzusehende Auslese unter den Anwesenden diesen Satz erheblich verminderte. Aber auch die Annahme von 10% törichter Menschen in einer Durchschnittsbevölkerung wird von vielen als wesentlich zu gering angesehen werden[16], eben auf Grund des eingangs wiederholt erwähnten verschiedenen Maßstabes des einzelnen Beurteilers. Nehmen wir einmal an dieser Stelle bereits vorweg, was wir im 2. Teil auseinandersetzen werden, daß nämlich auch ausreichend intelligente Menschen gelegentlich ein dummes Verhalten zeigen, so kommen wir nicht um die Tatsache herum, daß die so definierte Dummheit ein allgemein menschliches Phänomen darstellt. Jeder von uns zeigt irgendwann, gewiß verschieden nach Häufung und Grad, ein törichtes Verhalten. Wir können demnach sagen,

[16]) In einem Land der Bundesrepublik hat ein hochwohlweises zuständiges Ministerium angeordnet,, es sei bei den Viehzählungen in Hinkunft von der Miterfassung der Esel abzusehen, zum Zwecke der Verringerung unnötigen Papierkrieges. — Würde man dies Verfahren bei den Volkszählungen auch auf die zweibeinigen Esel anwenden, so dürfte sich eine geradezu unerhörte Einsparung papierkriegerischer Maßnahmen erreichen lassen.

daß wir ein universales oder, wie man heutzutage sagt, ein globales Merkmal der Menschheit vor uns haben; und diese Tatsache rechtfertigt vielleicht das Unterfangen, der Dummheit eine monographische Darstellung zu widmen.[17])

Gewiß handelt es sich bei solchen Gedankengängen um einen sehr weitgefaßten Begriff der Dummheit, der eben auch das dumme Verhalten trotz normaler intellektueller Ausstattung mit einbezieht. Kehren wir zur Häufigkeit der Dummheit im engeren Sinne zurück, das heißt also zur Dummheit lediglich infolge intellektueller Minderausstattung, so bleibt immer noch, wie wir gesehen haben, ein respektabler Prozentsatz übrig. Wir werden getrost 1o% der Durchschnittsbevölkerung aller Weltteile veranschlagen können. Ich kenne sachverständige Beurteiler, die 8o% annehmen. Welche Schätzung meine eigene ist, gedenke ich nicht mitzuteilen, denn mein Thema verpflichtet mich nicht unbedingt dazu, selbst ein dummes Verhalten an den Tag zu legen.

Überschätzt wird meistens die Möglichkeit, die in der Erziehung der Kinder ruht. Guterzogene Kinder sind im Grunde gutgeartete Kinder. Das Wesentliche, was etwa die Familie einem Kinde auf den Lebensweg mitgibt, sind nicht die Ermahnungen und Verbote, die ihm aus dem Munde ihrer Erziehungsberechtigten zuteil werden, sondern es ist das Vorbild eines familiären Zusammenlebens, das Elternbild, wie es sich ihm nach der positiven oder negativen Seite zeigt, und die Gesamthaltung des Kreises, in dem ein Kind aufwächst. Wenn schwere Psychopathie oder kriminelle Haltlosigkeit einem unglücklichen Kinde innewohnt, so kommt es gerade dann, wenn es in einer sogenannten ordentlichen Familie aufwächst, zu schweren Konflikten, die das Lebensglück einer ganzen Familie trotz aller angewandten Erziehungsmethoden auf das schwerste gefährden. G o e t h e hat recht:

> „Denn wir können die Kinder nach unserem Sinne nicht formen; so wie Gott sie uns gab, so muß man sie haben und lieben, sie erziehen aufs beste und Jeglichen lassen gewähren."

[17]) Nach Abschluß der Niederschrift kommt mir ein kleines Heft in die Hände: K r a u s , A.: Über die Dummheit (75). Es ist eine Abhandlung, die gleich eingangs die Dummheit als Teil der Erbsünde definiert (und damit also auch als allgemein menschliches Phänomen!)

Daß die guterzogenen in Wirklichkeit gutgeartete Kinder sind[18]), ist mir besonders an einem Beispiel der zoologischen Verhaltensforschung demonstrabel erschienen. Sieht man etwa die besorgten Storcheltern, wie sie ihren Kleinen das Fliegen beizubringen scheinen, wie die Jungen auf dem Dachrand hüpfen, zunächst mit den Flügeln schlagen, schließlich kleine Sätze machen und eines Tages frei davonfliegen, so möchte man glauben, daß hier eine pädagogische Leistung der Eltern vorgelegen hat. Die Zoologen haben aber Nestgeschwister in zwei Gruppen getrennt, von denen die eine Flugunterricht durch die Eltern bekam, die andere jedoch in engen Käfigen eingesperrt gehalten wurde, so daß sie nicht einmal allein üben konnte. Und siehe da: ließ man die eingesperrten Jungen am gleichen Tage frei, an dem die gelehrigen Geschwister frei fliegen konnten, dann konnten die eingesperrten es ebenso. Die Hirnreifung hatte sich bei allen Geschwistern etwa gleichzeitig vollzogen. Das, was wie lernen aussah, war Entwicklung, die ersten Flugbewegungen waren Folge und nicht Ursache einer fortschreitenden zentralnervösen Differenzierung. Und so vollzieht sich auch manches pädagogischer Einwirkung zugeschriebene menschliche Fortschreiten nicht wegen, sondern neben, vielleicht auch hie und da trotz erzieherischen Bemühungen.

Gewiß man soll die kleinen Gehirne der ABC-Schützen nicht überfordern. Aber man soll sie gewiß auch nicht unterfordern, wie es zur Zeit teilweise in den Volksschulen der englisch besetzten Zone mit der sogenannten Ganzheitsmethode geschieht, die an meinen beiden Kindern exekutiert worden ist. Hierbei lernen die Kinder nicht zuerst die Elemente der Schrift, nämlich die Buchstaben, sondern in ihrer Fibel ist ein Pilz abgebildet und daneben steht PILZ. Die Idee ist, das Kind solle neben dem Bild vom Pilz sich spielend assoziativ die Buchstabengruppe Pilz einprägen und so ganzheitlich erfassen, statt stotternd um die Worte herumzustochern, ohne ihren Sinn zu erfassen. Die Theorie ist gut, die Praxis aber sieht anders aus. Die Kinder lernen, unterstützt durch suggestive Bilder, so wie vor der Schule den Struwwelpeter oder Max und Moritz, schnell die ganze Fibel auswendig. Nur können sie deshalb nicht lesen, was ja eben

[18]) Das „artige" Kind hat sein schmückendes Beiwort ja ebenfalls von seiner Art bzw. Artung her!

zusammen-„lesen" von Buchstaben bedeutet. Und während unsere Generation in der Fibel statt „sei leise" vielleicht „sie liese" las (was einen heutigen Ganzheitsfanatiker erschaudern läßt), so liest meine Tochter statt Erika Anneliese, weil da ein Mädchen abgebildet ist. Und sie hat damit ganz recht. Die Schwierigkeiten kommen dann, wenn es wirklich ans Lesen und Schreiben geht. Das Lesenlernen wird den Kindern nicht erspart und nicht erleichtert, sie werden einen Holzweg geführt, der zu verspätetem, flüchtigem „Lesen"lernen führt. Ich bin überhaupt ein Gegner der Spielschulen. Die Kinder wollen lernen, nicht spielen. Dazu bleibt zu Hause Zeit genug. Die „Ganzheitsmethode" entstammt offenbar zwei Quellen: einmal der englischen Pädagogik; und da Teile Deutschlands englisch besetzt waren, mußten natürlich englische Sitten nachgemacht werden. Dabei ist die schematische Übertragung gar nicht sinnvoll. Das Englische ist keine phonetische Sprache, es besteht, wie man scherzhaft sagen könnte, aus lauter Fremdwörtern, die falsch ausgesprochen werden[19]). Die Engländer schreiben, mit Verlaub gesagt „Ochs" und sprechen „Kuh". Für englische Klippschüler dürfte es von Vorteil sein, ihnen nicht einzelne Buchstaben beizubringen, sondern Buchstabenkombinationen, beispielsweise „ought", damit das Kind lernt, diese Buchstabengruppe spricht sich so und so aus, damit sie in „brought" wiedererkannt und „entsprechend" ausgesprochen wird. Zweitens aber kommt die Ganzheitsmethode aus der Hilfsschule, deren Kinder zu dumm sind, als daß sie gleich richtig lesen lernen können. Hier wird ein dumpfes Ahnen, was mit den Ganzheitsbildern von Buchstaben etwa gemeint sei, besser sein als nichts. Hier wird das Auswendiglernen das echte Verständnis zunächst ersetzen müssen. Warum aber unsere vollsinnigen Kinder mit der Hilfsschulmethode unterfordert werden müssen, ist nicht recht einzusehen. Die Scheinerfolge, mit denen die Kinder die Fibel statt zu lesen auswendig hersagen, scheinen mir denn doch zu billig. Aber allzuviel kommt schließlich nicht darauf an: die Kinder lernen nicht wegen, sondern trotz aller letzten Endes immer irgendwie unzulänglichen Lehrmethoden schließlich das Nötige. Die Strapazierfähigkeit des gesunden kindlichen Gehirns ist eben erstaunlich groß. Kinder brauchen nur wenige Hinweise, um ihre Lese-Rechen-usw.-Fähigkeit auszubilden, die zentral her-

[19]) Schon bei T u c h o l s k y („Na und —?", Rowohlt Hamburg 1950, S. 78).

anreift, ähnlich wie die Flugfähigkeit der Storchenkinder[20]). M ü n c h (95) hat einmal darauf hingewiesen, welche unvereinbaren Forderungen an die Pädagogik ganz allgemein gestellt werden:

„Die Erziehung soll den Willen beugen und doch den Willen stark werden lassen. Sie soll die Lebenstriebe mäßigen und dämpfen und doch dem Wesen Frische lassen. Sie soll die Natur schonen und doch in allseitige Zucht nehmen. Sie soll feste Gewöhnung erzielen und doch über bloße Gewöhnung erheben, vor der Herrschaft bloßer Gewöhnung bewahren. Sie soll der Autorität unterwerfen und doch zu innerer Unabhängigkeit heranbilden. Sie soll zum Glied der Gemeinschaft machen und doch gegen den Druck der Gemeinschaft (der Gesamtheit der Masse) stärken. Sie soll vor der Macht der Versuchung behüten und doch gegen die Versuchung des Lebens abhärten; vom gemeinen Leben der Wirklichkeit noch fern halten und doch dieses Leben verstehen lehren; für die Wirklichkeit des Lebens ausstatten und doch dieser Wirklichkeit gewissermaßen von vornherein entrücken, über sie emporheben . . .

Es gilt ferner vielerlei nebeneinander zu lehren, und doch zu verhindern, daß die Eindrücke sich gegenseitig neutralisieren; ein vielseitiges Interesse zu wecken und doch zu sorgen, daß überhaupt Interesse (wirkliches, lebendiges, persönliches Interesse) vorhanden bleibe. Es gilt, die Reflexion zu entwickeln und doch die wertvollen instinktiven Kräfte darüber nicht absterben zu lassen; den Intellekt eindringlich in Anspruch zu nehmen und doch die Stärke des Willens darüber nicht verkümmern zu lassen; das Gedächtnis nicht zu belasten und doch auf die Grundlagen des Gedächtnisses allen wertvollen Geistesbesitz zu bauen; immer Eins zu einer Zeit zu treiben und doch immer einer zusammenhängenden Geistesbildung nachzujagen; den Reiz des Wechsels zu gewähren und doch den Geist und Willen zur Stetigkeit zu führen; nur zu fordern, was die Kraft leisten kann,

[20]) Ein Studienrat schreibt mir (eine Stimme von vielen) zum Thema: „Unsinn der Ganzheitsmethode in der Volksschule; da scheinen einige Pauker, bzw. deren Einweiser in diesen Unfug doch übergeschnappt zu sein; dahinter steckt Wille zum Befördertwerden, und die unglückseligen Kinder und deren Eltern zahlen den Preis dafür. Auch Ihre Anmerkungen zur Aufnahmeprüfung an den höheren Schulen scheinen mir richtig; sie decken sich mit meinen langjährigen Erfahrungen. Desgleichen stimmt unbedingt, was Sie über die Diplompsychologen und die Tests sagen."

und doch die vorhandene Kraft über sich selbst zu erheben; die Arbeit dem Zögling leicht genug zu machen und doch auch zu sorgen, daß sie ihm schwer genug sei; die nötige Hilfe ihm nicht vorzuenthalten und doch ihn zu selbständigem Tun zu bringen; den Ernst zusammenhängender Arbeit und konstanter Pflicht ihm einzuflößen und ihm doch den freien, heiteren Jugendsinn zu bewahren."

Man sieht, daß theoretisch eine Erziehungsmethode, die zum Erfolg führen kann, gar nicht existieren dürfte. Und doch führen sie alle zum Ziel: die Ganzheitsmethode und die „veraltete" Lesemethode, das humanistische Gymnasium unserer Großväter, die Aufbauschule und die Hermann-Lietz-Schulen und was es alles gibt, mit Internat oder ohne Internat; Gemeinschaftserziehung der Geschlechter oder ihre Trennung, Waldschulen und Klosterschulen, evangelische, katholische und anthroposophische Institute — sie alle schwören mit Recht auf die Erfolge, weil sie da sind. Nur daß sie bei allen trotz allen da sind. Non vitae, sed scholae discimus, klagt der jüngere *Seneca* (4—65 n. Chr.). Aber unsere Gymnasiallehrer hatten im Grunde doch Recht, wenn sie etwas mogelten und den Spruch umdrehten: Non scholae, sed vitae discimus. Ich möchte allerdings sagen: Vita discimus, das Leben lehrt uns, und zwar ebensoviel von innen wie von außen her allein in seinem Fortschreiten.

Es kann sein, daß diese vorgetragenen allgemeinen Gesichtspunkte etwas resigniert klingen, weil sie aktiven Einwirkungsmöglichkeiten auf ein heranwachsendes Menschenwesen weder im Intellektuellen noch im Charakterlichen allzuviel Erfolg zumessen und dementsprechend Reifenlassen, erzieherische Geduld und Führung unter liebevoller Strenge empfehlen, wobei *die* Führung die beste ist, die vom Kinde wohl als solche geahnt, aber ihm nicht täglich aufs neue vorgepredigt wird. Die Aufgabe, junge Menschen nicht nur in den Wissenschaften heran- und weiterzubilden, sondern sie zu Persönlichkeiten zu „bilden" — das kann nur einem Pädagogen gelingen, der selbst eine Persönlichkeit ist. Daher kann man wohl Philologie studieren, Pädagogie lernt man nicht und lehrt man nicht, Pädagoge i s t man oder man ist es nicht. Pädagogik ist Psychagogik, lebt aus dem Vorbild, nicht aus dem die selbstverständliche Voraussetzung bildenden Wissen — und ist genau so wie begnadetes Arzttum eine erfahrene (nicht erarbeitete) Wissenschaft nicht nur, sondern eine Kunst; und die Künstler sind selten.

Um aus dieser Resignation herauszuführen, soll abschließend von einem rein körperlichen Behandlungsverfahren gesprochen werden, welches, soweit ich sehe, erstmalig ein sonst zum Schwachsinnigen bestimmtes Kind zu retten in der Lage ist. Etwas prinzipiell Ähnliches konnte schon seit längerer Zeit durch die Behandlung werdender Mütter erzielt werden, die syphilitisch waren. Es handelte sich dabei aber um die Gesunderhaltung des heranwachsenden Embryos, nicht um die Gesundmachung eines bereits geborenen Kindes. Die Möglichkeit, ein Neugeborenes, das unbehandelt schwere Intelligenzmängel aufweisen würde, zu normalisieren, ist das unerwartete Ergebnis der Blutgruppenforschung (69). Wegen der grundsätzlichen Wichtigkeit der Sache sollen die komplizierten Zusammenhänge hier kurz dargestellt werden.

Das Blut von Kaninchen, denen Rhesusaffenblut eingespritzt wurde, ballt die Blutkörperchen von 85% der Menschen zusammen. Diese Menschen werden als Rh- (Rhesusblut-) positiv bezeichnet. Menschen, deren Blutkörperchen bei gleicher Behandlung nicht verklumpen, sind rh-negativ. Es gibt acht Untergruppen (Rh-Faktoren), die erblich sind und deren genetische Analyse hinsichtlich ihrer Chromosomenlokalisation hier nicht näher erläutert zu werden braucht.

Beim Menschen kommt es nun zur Bildung von sogenannten Antikörpern im Blut, wenn z. B. bei einer Blutübertragung Rh-ungleiches Blut injiziert wird. Bei Frauen kann während einer Schwangerschaft dann, wenn das Kind vom Vater her Rh-fremdes Blut hat, eine Bildung von Anti-Körpern hervorgerufen werden.

Im Durchschnitt weisen nur 10% aller Ehen die unverträgliche Kombination: Mutter Rh-negativ und Vater Rh-positiv auf. Wenn die Mutter durch ihr eigenes Rh-positives Kind Antikörper gebildet hat, dann führen diese Antikörper wechselseitig zu einer Erkrankung beim heranreifenden Kinde. Da die Höhe der mütterlichen Antikörper von Schwangerschaft zu Schwangerschaft steigt, sind allerdings meist erst die dritten, vierten und folgenden Kinder ernstlich gefährdet. Infolge dieses gegenseitigen Aufeinanderwirkens von Blutsubstanzen kommt es zu blutauflösenden Kinderkrankheiten, und zwar in 0,1 bis 0,6% aller Geburten. Die leichteste Form dieser bei der Geburt festzustellenden

Kinderkrankheiten ist eine Blutarmut der Neugeborenen, die häufig unbeachtet bleibt. Sie heilt meist von selbst aus. Die schwerste, praktisch unheilbare Form ist eine allgemeine angeborene Wassersucht. Diese Kinder werden meist tot geboren. Die längste Lebenszeit eines solchen Kindes betrug bisher drei Tage.

Uns beschäftigt der mittlere Grad, die sogenannte schwere Rh-Gelbsucht der Kinder, die, wie wir im Kapitel 2 gesehen haben, zur Gelbfärbung gewisser Hirnkerne führt und besondere Schwachsinnsformen zur Folge haben kann. Diese sogenannten Rh-Erythroblastose kann nun leider nicht schon während der Schwangerschaft der Mutter behandelt werden, weil die von ihr gebildeten Antikörper zur Zeit noch nicht neutralisiert werden können. Das an schwerer blutauflösender Gelbsucht erkrankte Kind aber kann mit Hilfe der Austausch-Transfusion gerettet werden: das kindliche Blut, das die mütterlichen Antikörper enthält, wird durch die Nabelschnur entnommen und gleichzeitig Blut der Gruppe O oder besser gruppengleiches rh-negatives Blut solange übertragen, bis die Gesamtblutmenge ausgetauscht ist. Damit werden Antikörper-Reaktionen in den Organen des Kindes weitgehend unterbunden, es kommt nicht zum Kern-Ikterus, das heißt mit anderen Worten, das Kind wird nicht schwachsinnig, sondern bleibt entsprechend seiner Anlage normal intelligent.

Ich habe diese etwas ausführlichere Darstellung deshalb gebracht, um zu zeigen, daß es überraschend gelingen kann, auf Grund rein theoretischer Forschungsergebnisse plötzlich einen Weg zu finden, auf dem ärztliche Hilfe auch dort möglich wird, wo es nicht erwartet werden konnte. Und das beim echten Schwachsinn!

Nicht verschwiegen werden soll schließlich, daß auch intellektuell normal veranlagte Kinder durch körperliche Erkrankungen, die direkt nichts mit dem Gehirn zu tun haben, einmal in ihrer schulischen Leistungfähigkeit wesentlich beeinträchtigt werden können. Kein gewissenhafter Arzt wird daher versäumen, nach Wurmeiern im Stuhl „nervöser" und zurückbleibender Kinder zu fahnden. Wenn man weiß, daß ein einziges Kind mehrere Hundert Spulwürmer beherbergen kann, die jeder Bleistiftdicke und Länge haben können, und daß diese Schmarotzer nicht nur dem Kind Nahrung wegnehmen, sondern auch Giftstoffe absondern, dann wird man verstehen, wenn ein solches Kind nach der Wurmkur förmlich aufblüht — körperlich *und* geistig. Man wird nach solcher Kur, wie überhaupt bei blassen und schwächlichen Kindern durch kräftigende Maßnahmen, Ferienverschickung mit klimatischen Reizen (Frühjahrs- und Herbstkuren an der See!) weiter zu helfen suchen. Die Nasenärzte schließlich wissen, daß eine „polypen"verlegte Nasenatmung zu einem dumpfen (und dummen) Gefühl im Kopf führen kann, sie nennen diesen Zustand Aprosexia nasalis (von ἀπροςέχειν τὸν νοῦν den Sinn nicht auf etwas gerichtet halten können). Also fahnde man außer nach Würmern auch nach Rachenmandelwucherungen und lasse diese entfernen. Hier sind manchmal erstaunliche Erfolge, die auch die glücklichen Eltern erfreuen, billig zu haben. Aber nur bei dumm aussehenden, nicht bei schwachsinnigen Kindern.

3

Vorbeugung oder Volksverdummung?

Vorsorge   *Vorbeugen ist besser als heilen*

Wenn also, wie im vorigen Kapitel gezeigt, eine wirksame
Behandlung des echten Schwachsinns, gleichgültig, ob er ererbt
oder angeboren ist (was ein Unterschied ist), nicht möglich ist, so
fragt es sich doch, ob nicht eine wirksame Prophylaxe durchzuführen wäre gemäß dem alten ärztlichen Spruch „Vorbeugen ist
besser als heilen". Hier bietet sich die Sterilisierung zumindest
derjenigen Schwachsinnigen an, bei denen die Natur ihres
Leidens als ererbt und damit vererbbar feststeht. Es wäre dann
auch zu hoffen, daß bei der großen Spielbreite der Anlagen nicht
nur klinisch Schwachsinnige, sondern auch törichte Menschen
und ausgesprochen Dumme erfaßt würden. Nun ist der ganze
Fragenkomplex der Sterilisierung leider durch politische Belastung in Mißkredit geraten, nicht nur in Deutschland, sondern
in der ganzen Welt, weil man dort noch mehr als hier die
Sterilisierungs-Gesetzgebung der nationalsozialistischen Regierung als ihr typisches Geisteskind ansieht. Das ist nicht richtig.
Ganz abgesehen davon, daß lange vor 1933 in mehreren amerikanischen Staaten, Schweizer Kantonen und nordischen Ländern
Sterilisierungsgesetze bestanden und noch bestehen, abgesehen
davon also ist über die Frage der Sterilisierung der Schwachsinnigen und Geisteskranken aus eugenischer Anzeigestellung
schon ein Jahrzehnt lang vor 1933 durch Regierungsausschüsse
in Sachsen und Preußen weitgehende Vorbereitungsarbeit mit
dem Ziel einer entsprechenden Gesetzgebung geleistet worden,
die dann als eins der ersten nationalsozialistischen Gesetze über-
hastet und in der Form unglücklich eingeführt worden ist. Der
Begriff Eugenik wurde Ende des 19. Jahrhunderts durch G a l t o n
(32) in England eingeführt. P l o e t z nannte dieselbe Wissenschaft

1895 in Deutschland Rassenhygiene, wobei er beileibe nicht an irgendwelche höher oder niedriger bewertete Systemrassen dachte, sondern an die sogenannte Vitalrasse, das heißt die körperlich und geistig gesunde Gesamtmenschheit. Es wurde eine Hygiene nicht des Einzelindividuums, sondern der gesunden menschlichen Bevölkerung überhaupt geplant und als Forderung hingestellt. P l o e t z , der Sozialhygieniker G r o t j a h n , ferner einer der damals führenden Theoretiker (neben S c h a l l m a y e r) W o l t - m a n n sowie der spätere Sexualforscher Magnus H i r s c h f e l d — sie alle gehörten damals der Sozialdemokratischen Partei Deutschlands an. Gerhart H a u p t m a n n sympathisierte mit diesem Kreis, und sein in Berlin entstandenes Erstlingsdrama „Vor Sonnenaufgang" beleuchtet das Elend der psychopathischen Trunksucht mit deutlicher sozialistisch-rassenhygienischer Tendenz. Später haben G r o t j a h n und H i r s c h f e l d den Ausdruck Eugenik für glücklicher gehalten als die Bezeichnung Rassenhygiene, die sie durch den englischerseits ausgeprägten Ausdruck ersetzen wollten. Das erste, im Jahre 1926 gegründete wissenschaftliche Institut — das Kaiser-Wilhelm-Institut für Anthropologie, menschliche Erblehre und Eugenik — erhielt deshalb diese Bezeichnung, als Eugen F i s c h e r dorthin berufen wurde. Der erste Leiter der eugenischen Abteilung war der katholische Geistliche M u c k e r m a n n , der jahrelang publizistisch und rednerisch mit gutem Erfolg für eugenische (oder rassenhygienische) Forderungen eingetreten ist. Ein ähnliches Institut steht seit dem Jahre 1945 wiederum in Dahlem unter seiner (diesmal Gesamt-)Leitung.

Das schließlich anno 1934 erlassene „nationalsozialistische" Gesetz zur Verhütung erbkranken Nachwuchses wurde u. a. auch von dem Berliner Frauenarzt H i r s c h bereits im Jahre 1925 in einem vor der Berliner Medizinischen Gesellschaft gehaltenen Vortrag gefordert, wobei er über die Sterilisierung hinaus auch die Schwangerschaftsunterbrechung bei folgenden Störungen erlaubt wissen wollte: bei einer erblichen Augenhintergrundserkrankung (der Retinitis pigmentosa), bei der amaurotischen Idiotie (Form T a y - S a c h s), bei der Schizophrenie, dem manisch-depressiven Irresein, der H u n t i n g t o n schen Chorea und bei der erblichen Fallsucht. Alle diese Krankheiten sind denn auch 1933 im „NS-Gesetz" aufgetaucht. Die drei Hauptfehler dieses sogenannten Gesetzes zur Verhütung erbkranken Nachwuchses waren einmal der Zwangscharakter, der eine Anzeige durch den behandelnden Arzt vorsah und damit die Vertrauensstellung des Hausarztes erschütterte, der von den betreffenden Familien nicht mehr als Freund und Berater, sondern als Gehilfe einer staatlichen Gesundheitspolizei empfunden wurde. Weiter war es fehlerhaft, ein starres kasuistisches Gesetz zu machen, das heißt ein Gesetz, welches eine Reihe einzelner Erkrankungen und Geisteszustände anführte, deren Vorhandensein bindend zur gesetzlichen Erfassung und Sterilisierung führte[21]). Drittens erwies es sich in der Praxis als äußerst unglücklich, daß ein Verfahren dabei in die Wege geleitet wurde, welches an ein hochnotpeinliches Justizverfahren erinnerte mit Erbgesundheitsgerichten, die „Urteile" fällten, und Obergerichten, die diese überprüfen konnten. Da es außerdem noch weitere sogenannte rassenhygienische Gesetze gab, die sich mit der Kastrierung von Sittlichkeitsverbrechern und der Sicherheitsverwahrung Schwerkrimineller befaßten, bekam das Ganze den fatalen Anstrich eines Kriminalverfahrens, was natürlich diskriminierend auf ganze Familien wirken mußte. Da überhaupt von der sogenannten Erbgesundheit, die erstens nie exakt festgestellt und zweitens bei der allgemeinen Verbreitung krankmachender Gene, auch wenn sie festgestellt zu sein scheint, eine Illusion ist, durch berufene und vor allem unberufene Propagandisten viel Wesens gemacht wurde und sie auch bei zweifelhafter Erbgesundheit bürgerliche Existenzminderung bedeutete, so war die ganze, damals als Mittel der „Rassenhygiene" bezeichnete strenge Gesetzgebung in einen fehlerhaften Kreislauf von Opposition und Verheimlichen familiärer Krankheiten auf seiten der Patienten und ungewohnter polizeilicher Betätigung auf Seiten der Ärzte, die häufig durch Bemäntelungsdiagnosen gemildert wurde, hineingeraten. Das Ganze ist ein Musterbeispiel dafür gewesen, wie man es nicht machen soll. Dabei bleibt aber die Frage offen, ob überhaupt eine vernünftige Form vorsorgender Sterilisierung zweckmäßig ist oder nicht, und hier spielt wiederum der Schwachsinn in allen seinen Abstufungen von der Idiotie bis zur Dumm-

[21]) Hier möchte ich zur Erheiterung des geneigten Lesers eine Stilblüte aus einem im Dritten Reich geschriebenen Volksschulaufsatz einblenden, die da lautete: „Wenn Adolf Hitler das Gesetz zur Verhütung erbkranken Nachwuchses nicht gemacht hätte, dann wären wir alle Idioten geworden!" Mir scheint, daß selbst das erwähnte Gesetz nicht allzuviel Intelligenz beim Schreiber dieser goldenen Worte hat hervorrufen können.

heit aus zweierlei Gründen die Hauptrolle. Zunächst sind geistig minderbegabte Menschen relativ früh zu erkennen. Sie könnten daher rechtzeitig, das heißt vor Aufnahme des Fortpflanzungsgeschäftes, unfruchtbar gemacht werden. Zweitens stellen sie zahlenmäßig, wie wir ja wissen, die erdrückende Mehrzahl aller für eine Sterilisierung allenfalls in Frage kommenden Menschen dar. Nun ist eine weitere schwere Hypothek auf jedes Vorgehen „gegen" die Schwachsinnigen wiederum aller Grade dadurch während der nationalsozialistischen Regierungszeit entstanden, weil man in einem eigentümlich direkten Kurzschlußdenken während des zweiten Weltkrieges versucht hatte, die Insassen der Idioten- und Irrenanstalten und natürlich wiederum hauptsächlich die intellektuellen Versager durch eine zwar nicht gesetzliche, aber der Polizei anvertraute geheime Order der obersten Reichsführung zu ermorden. Es sind auch eine Zeitlang, wie wir alle in den Einzelheiten erst nach dem Kriege erfahren haben, geistig Defekte „verlegt" worden, worauf kurze Zeit später den Angehörigen der Tod des Patienten mitgeteilt wurde. Der tatsächliche Hintergrund dieser Aktion geht am klarsten aus der erstmals nach dem Kriege veröffentlichten Predigt des Bischofs von Münster, des Grafen G a l e n , hervor, die dieser in seiner St. Lambertikirche am 3. August 1941 unerschrockenen Mutes gehalten hat und die folgendermaßen lautet:

„Seit einigen Monaten hören wir Berichte, daß aus Heil- und Pflegeanstalten für Geisteskranke auf Anordnung von Berlin Pfleglinge, die schon länger krank sind und vielleicht unheilbar erscheinen, zwangsweise abgeführt werden. Regelmäßig erhalten dann die Angehörigen nach kurzer Zeit die Mitteilung, der Kranke sei verstorben, die Leiche sei verbrannt, die Asche könne abgeliefert werden. Allgemein herrscht der an Sicherheit grenzende Verdacht, daß die zahlreichen Todesfälle von Geisteskrankheiten nicht von selbst eintreten, sondern absichtlich herbeigeführt werden, daß man dabei jener Lehre folgt, die behauptet, man dürfe sogar „lebensunwertes Leben" vernichten, also unschuldige Menschen töten, wenn man meint, ihr Leben sei für Volk und Staat nichts mehr wert. Eine furchtbare Lehre, die die Ermordung Unschuldiger rechtfertigen will, die die gewaltsame Tötung der nicht mehr arbeitsfähigen Invaliden, Krüppel, unheilbaren Kranken, Altersschwachen grundsätzlich freigibt.

Wie ich zuverlässig erfahre, werden jetzt auch in den Pflege-

und Heilanstalten der Provinz Westfalen Listen aufgestellt von solchen Pfleglingen, die als sog. „unproduktive Volksgenossen" abtransportiert und in kurzer Zeit ums Leben gebracht werden sollen. Aus der Anstalt Mariental bei Münster ist im Laufe dieser Woche der erste Transport abgegangen!

Deutsche Männer und Frauen! Noch hat Gesetzeskraft der § 211 des RStG, der bestimmt: 'Wer vorsätzlich einen Menschen tötet, wird, wenn er die Tat mit Überlegung ausgeführt hat, wegen Mordes mit dem Tode bestraft.' Wohl um diejenigen, die jene armen Menschen, Angehörige unserer Familien, vorsätzlich töten, vor dieser gesetzlichen Strafe zu bewahren, werden die zur Tötung bestimmten Kranken aus der Heimat abtransportiert in eine entfernte Anstalt. Als Todesursache wird dann irgendeine Krankheit angegeben. Da die Leiche sofort verbrannt wird, können die Angehörigen und auch die Kriminalpolizei es hinterher nicht mehr feststellen, ob die Krankheit wirklich vorgelegen hat und welche Todesursache vorlag. Es ist mir aber versichert worden, daß man im Reichsministerium des Innern und auch auf der Dienststelle des Reichsärzteführers Dr. Conti gar keinen Hehl daraus mache, daß tatsächlich schon eine große Zahl von Geisteskranken in Deutschland vorsätzlich getötet worden ist und in Zukunft getötet werden soll.

Das RStGB bestimmt in § 139: 'Wer von dem Vorhaben eines Verbrechens wider das Leben glaubhaft Kenntnis erhält und es unterläßt, hiervon rechtzeitig Anzeige zu machen, wird bestraft.'

Als ich von dem Vorhaben erfuhr, Kranke aus Mariental abzutransportieren, um sie zu töten, habe ich am 28. Juli der Staatsanwaltschaft beim Landgericht zu Münster und dem Herrn Polizeipräsidenten in Münster Anzeige erstattet durch eingeschriebenen Brief mit folgendem Wortlaut: Nach mir zugegangenen Nachrichten soll im Laufe dieser Woche (man spricht vom 31. Juli) eine große Anzahl Pfleglinge der Provinzialheilanstalten in Mariental bei Münster als sog. „unproduktive Volksgenossen" nach Eichberg übergeführt werden, um dann alsbald, wie es nach Transporten aus anderen Heilanstalten geschehen ist, nach allgemeiner Überzeugung, vorsätzlich getötet zu werden. — Da ein solches Vergehen nicht nur dem göttlichen und natürlichen Sittengesetz widerspricht, sondern auch als Mord nach § 211 des RStGB mit dem Tode zu bestrafen ist, erstatte ich gemäß § 139 des RStGB pflichtgemäß Anzeige und bitte, die bedrohten Volks-

genossen unverzüglich durch Vorgehen gegen die den Abtransport und die Ermordung beabsichtigenden Stellen zu schützen und mir von dem Veranlaßten Nachricht zu geben.

. . . Es hat nichts genutzt! Der erste Transport der schuldlos zum Tode Verurteilten ist von Mariental abgegangen!! Und aus der Heil- und Pflegeanstalt Wahrstein sind, wie ich höre, bereits 800 Kranke abtransportiert."

Die Erregung, die, ausgehend von den Angehörigen der Opfer im Lande schwelte, und die mutige Stellungnahme des Geistlichen (die deutsche wissenschaftliche Psychiatrie war vorsichtshalber gar nicht gefragt und aus der ganzen Sache tunlichst herausgehalten worden) hatte den Erfolg, daß die ganze Aktion nicht, wie zweifellos zunächst geplant war, in großem Stil lawinenartig anschwellend alle geistig defekten Anstaltsverwahrten erfaßte, sondern das diese heimlich begonnene Nekrotisierung ebenso heimlich wieder abgeblasen und eingestellt werden mußte – ein Sieg gewaltloser Menschlichkeit über die Gewaltherrscher in unmenschlichen Kriegszeiten, gewonnen auch für die Ärmsten der Armen, die schwer Schwachsinnigen, und für ihre Vettern, die Dummen.

Die Ermordung der Defekten lief unter der Bezeichnung „Euthanasie". Dieser Begriff wurde durch einen glänzend gespielten Film (mit dem dafür denkbar ungeeigneten Musterbeispiel der multiplen Sklerose) gleichzeitig popularisiert. Nun ist aber die Euthanasie ganz etwas anderes; und es war ein bewußter Mißbrauch des Begriffs, unter ihm die Tötung der körperlich gesunden oder chronisch kranken, nicht lebensbedrohten Menschen mit einzubegreifen. Euthanasie heißt Sterbehilfe. Es muß also vor allen Dingen zunächst einmal jemand da sein, der stirbt oder durch eine Erkrankung lebensbedroht ist. Dann erst kann eine Sterbehilfe angewandt werden, die etwa darin bestehen könnte, nicht einzugreifen, wenn eine zusätzliche Infektion auftritt, die unter anderen Verhältnissen durch Behandlung auszuheilen wäre. Schließlich wäre eine Sterbehilfe durch den behandelnden Arzt dann zu diskutieren, wenn ein Mensch in schwerer aussichtsloser Krankheit unter unnötigen Qualen und womöglich noch halb bei Bewußtsein seinem sicheren qualvollen Tod entgegengeht. Bei solchen Fragen handelt es sich immer um die tiefsten zwischenmenschlichen Beziehungen, die Arzt und Patienten verbinden, Dinge, die nicht in Gesetzen festzulegen sind, sondern die der freien Verantwortung des einzelnen Arztes unterstehen, der jedesmal, wenn er sich zu Euthanasie-Maßnahmen entschließt, die Verantwortung und das Wagnis tragen muß, deswegen vor Gericht gestellt zu werden. Sind seine Gründe durchschlagend, die ihn zu seinem Handeln geführt haben, so wird er kaum verurteilt werden; sind sie es nicht, so muß er sich seinem Richter fügen. *Aus dem Gesagten geht hervor, daß zur Prophylaxe der Dummheit jedenfalls die Euthanasie überhaupt keine Beziehung hat.*

Neben dem falsch angewandten Begriff der Euthanasie wurde das Schlagwort von der Vernichtung des lebensunwerten Lebens geprägt, wobei unterstellt wurde, daß schwer Schwachsinnige und hilflose Idioten nichts vom Leben hätten, und daß es ein Akt der Gnade sei, ihnen in ein besseres Jenseits zu verhelfen, in welchem Zusammenhang der Ausdruck „Gnadentod" geprägt wurde. Hier ist der richtige Ort, mit aller Entschiedenheit darauf hinzuweisen, daß solche Schlüsse grundsätzlich falsch und wissenschaftlich zu verwerfen sind. Es ist ganz einfach nicht wahr, daß Idioten keine Freude am Leben haben. Solche Urteile stammen von Leuten, die keinen intimen Umgang aus täglicher klinischer Erfahrung mit schwer schwachsinnigen Menschen kennen. Schon der Hinweis auf die höheren Tiere zeigt ja doch deutlich, daß sie ihre Daseinsfreude haben und in uns verständlicher Weise äußern können, ohne daß sie zu sprachlich geformten Intelligenzleistungen fähig sind. Genau so ist es beispielsweise bei den Idioten, die keine artikulierte Sprache lernen. Beobachtet man sie, lebt man mit ihnen zusammen, so findet man doch die Äußerung lebhafter Befriedigung und auch eines Sich-freuen-könnens. Die äußeren Formen wirken häufig abstoßend; Freßgier und hemmungsloses Verschlingen unter unartikulierten Freudenkundgebungen seien als Beispiel eines primitiven Lebensgenusses genannt. Aber auch die Spaziergänge im Garten, das In-der-Sonne-liegen, das freundliche Angesprochenwerden, das Gefühl der Geborgenheit in der Gemeinschaft eines gut geleiteten Idiotenheims, alles das zeigt die tägliche Erfahrung des Umgangs mit diesen Ärmsten der Armen; alle diese Dinge können jederzeit bei längerer Beobachtung und Einfühlungsgabe erlebt werden. Abgesehen von allen humanitären Erwägungen sprechen solche Erfahrungen des wirklichen Kenners doch recht nachdrücklich für sich und lassen die kaltschnäuzige, von keiner Sachkenntnis getrübte Behauptung, es handle sich um ausgebrannte Hülsen, um leere Masken, um nichts Menschenähnliches, als sehr fraglich erscheinen. Schon L a v a t e r hat in seinen „Physiognomischen Fragmenten", die in Leipzig von 1775 bis 1778 erschienen, in Band 2 Seite 27 f. gesagt: „Der schlechteste, verzogenste, verdorbenste Mensch ist doch noch Mensch und unentbehrlich in Gottes Welt, und einer dunkleren oder deutlicheren Erkenntnis seiner Individualität und unersetzbaren Unentbehrlichkeit fähig. Die schlechteste lebende Mißgeburt sogar ist noch edler als das beste, schönste vollkommenste Tier. O Mensch, sieh auf das, was da ist, und nicht auf das, was mangelt. Menschheit in allen Verzerrungen ist immer noch bewunderungswürdige Menschheit."

In einer Zeit, in der es für einen Wissenschaftler töricht gewesen wäre, von Menschlichkeit zu sprechen, weil damit nicht das Mindeste hätte erreicht werden können, habe ich, der ich damals an nicht zu übersehender Stelle erbbiologisch gearbeitet habe, auf entsprechende Anfragen stets geantwortet: Schon aus Gründen der Forschung, um die Ursachenlehre der Idioten besser zu fundieren und um künftigen sogenannten erbkranken Nachwuchs zu verhüten, dürfe das Forschungsgut, nämlich alle lebenden schwer Schwachsinnigen, natürlich nicht vernichtet werden, weil sich jeder einzelne Fall als wissenschaftlich einmalig und besonders heraustellen könne und man nur auf diese Weise zu neuen Erkenntnissen gelange, die sich bevölkerungspolitisch als äußerst wichtig erweisen könnten. Mit solchen Gedankengängen, die im übrigen den Vorteil haben, außerdem noch richtig zu sein, ist es mir doch gelungen, hier und da zu einer Besinnung anzuregen.

Zu warnen ist selbstverständlich auch vor einer Miteinbeziehung der nicht erblich, das heißt nicht im wesentlichen durch die Wirkung krankmachender Gene hervorgerufenen Schwachsinnsformen in den Kreis der Unfruchtbarzumachenden. Im deutschen Sterilisierungsgesetz hieß es ausdrücklich „angeborener" Schwachsinn, während es sich bei den übrigen Krankheiten um „erbliche" Störungen handeln mußte. Man hatte den Gedanken, daß Schwachsinnige, auch wenn sie gesunde Kinder haben würden, diese nicht richtig aufziehen könnten. Das sind aber keine durchschlagenden Gründe — zumal, wie wir gezeigt haben, die Ursachenforschung immer weitere Gebiete des Schwachsinns als nicht erbbedingt im strengen Sinne ausweist und auf diese Weise elegantere Methoden der Verhütung schwachsinnigen Nachwuchses erarbeitet werden können.

Fragt man sich nun, was bei einer streng wissenschaftlich fundierten Unfruchtbarmachung für die Verminderung der Dummheit bestenfalls herauskommen kann, so wird man sich vor übertriebenen Hoffnungen hüten müssen. Überhaupt wird der wirkliche Segen der Unfruchtbarmachung sich mehr individuell auf einzelne Familien auswirken und weniger generell auf den gesamten Staat. Es wird also m. E. ein genau umgekehrtes Ergebnis herauskommen, als es seinerzeit propagandistisch immer behauptet wurde. Nicht die Verbesserung der „Rasse" steht im Vordergrund vernünftiger Erwägungen — es wird vielmehr persönliches Unglück gemildert werden können: Schwachsinnige Mädchen brauchen nicht Jahr für Jahr ein uneheliches und noch dazu schwachsinniges Kind zur Welt zu bringen aus Gründen, die hier nicht näher erklärt werden sollen. Es werden Eltern, die selbst nicht schwachsinnig, aber rezessive Erbträger sind und schon geistig defekte Kinder haben, vor weiterer schwerer seelischer und finanzieller Belastung geschützt werden können. Eine Sterilisierung jugendlicher Schwachsinniger, etwa der Hilfsschüler in Bausch und Bogen, kaum daß sie die Pubertät hinter sich gebracht haben, ist dagegen wissenschaftlich nicht begründbar. Es gibt, wie bereits ausgeführt wurde, Spätblüher und Spätreifer. Nicht alle Hilfsschüler sind wirklich schwachsinnig; es gibt aus äußeren Gründen retardierte Jugendliche; und andererseits sind nicht alle Menschen, die eine der üblichen Volksschulen absolviert haben, frei von Schwachsinn. Jegliches Schematisieren ist von Übel; jeder einzelne Mensch muß eben als Mensch betrachtet werden. Die Unfruchtbarmachung ist in erster Linie genau wie wie etwa die Entmündigung ein Akt der staatlichen Organe zum wohlverstandenen Besten des Unfruchtbar-zu-machenden oder zu Entmündigenden selbst, also *für* den Schwachsinnigen, in seinem wohlverstandenen Interesse auszuführen. Ergibt die objektive Beurteilung aller einschlägigen Akten und Fakten, daß nicht das überwiegende Interesse des Patienten selbst seine Sterilisierung fordert, so ist von ihr in jedem Falle Abstand zu nehmen.

Denken wir zurück an das, was wir über die Ursachen mannigfachster Art ausgeführt haben, die zu dummen Kindern aller Gradabstufungen führen können, so liegen auch die individuellen, auf jedes Elternpaar abzustimmenden Vorbeugungsmaßnahmen auf der Hand. Das Wesentliche ist die Erkenntnis, daß das heranwachsende Kind im Mutterleib längst nicht in dem Maße vor Schädigungsmöglichkeiten geschützt ist, wie wir Ärzte das bis vor wenigen Jahren im allgemeinen angenommen haben. Wir haben gehört, daß ein intaktes Hormonsystem der Mutter von wesentlicher Bedeutung für die Ausreifung ihrer Kinder sein kann; ein nicht voll funktionierender Eierstock, der noch gerade befruchtungsfähige dysplasmatische Eizellen liefert, was meist während der Wechseljahre der Fall ist, kann eine verhängnisvolle Rolle spielen. Also ist das Kinderkriegen im kanonischen Alter möglichst zu widerraten. Im Hinblick auf schwächende Krankheiten und mannigfache andere (auch psychische?) Störungen, die erfahrungsgemäß mit Ausbleiben der Regelblutung der Frauen einhergehen und damit eine innersekretorische Funktionsschwäche verraten, formuliere ich den gemeinten Sachverhalt eindrucksvoller positiv: Die verantwortungsvolle Aufgabe der Mutterschaft soll nur eine in voller körperlicher und seelischer Gesundheit stehende Frau in den besten Jahren auf sich nehmen.

Ob eine sich ankündigende Fehlgeburt auf jeden Fall und mit allen Mitteln der ärztlichen Kunst aufgehalten werden soll, wäre von Fall zu Fall zu entscheiden. Handelt es sich um eine innersekretorisch gestörte oder klimakterische Frau, so würde ich raten, der Natur ihren Lauf zu lassen. Dann ist nämlich die Wahrscheinlichkeit groß, daß ein hemmungsmißgebildetes Kind eben aus Gründen seiner Mißbildung infolge der Hormon-Situation seiner Mutter ausgestoßen wird.

Manifeste Krankheiten der Mutter — Tuberkolose und Syphilis — müssen möglichst vor einer Schwangerschaft erkannt und behandelt werden. So polizeistaatlich auch Gesundheitszeugnisse, obligat vor der Eheschließung, anmuten — ob sie nicht besser waren als ein allzu demokratisches Laufenlassen, infolgedessen Tuberkulöse und Geschlechtskranke ungehindert heiraten und Frauen und Kinder in jammervolles Elend stürzen dürfen, wie es heute in Deutschland der Fall ist, das wage und habe ich zum Glück nicht zu entscheiden.

Da wir wissen, daß das Toxoplasma Gondii, der Erreger der durch Mutter-Kind-Übertragung entstehenden Toxoplasmose mit den hirnentzündlichen Vorgängen einschließlich der konsekutiven geistigen Minderausstattung der Kinder hauptsächlich durch Tierkontakt übertragen wird, sollten mindestens alle Frauen aus entsprechenden Berufskreisen (Landwirtschaft, Pelztierfarmen, Zwinger) sich auf Freisein von dieser beim Erwachsenen keine fühlbaren Symptome machenden Krankheit untersuchen lassen, bevor sie Kinder in die Welt setzen.

Ein Blutgruppenbefund schließlich ist überhaupt bei allen Menschen angezeigt, schon für den Fall, daß nach Unfällen bekannt ist, welche Spender gegebenenfalls einzutreten haben. Wegen der Gefahr der Erythroblastose der Neugeborenen wäre diese Untersuchung bei beiden Eltern auch auf die Rh-Faktoren auszudehnen.

Zum Schluß und in diesem Zusammenhange möchte ich noch einen weiteren, vielleicht etwas kühnen Gedanken zur Diskussion stellen; das ist die Überlegung, ob das als Volksglaube überall auf der Welt anzutreffende sogenannte Versehen der Schwangeren, das zu mißbildeten Kindern führen soll, wirklich ein reines Ammenmärchen ist, wie das die offizielle Medizin heute noch behauptet.

Gewiß dürfte der Zusammenhang nicht so primitiv sein, daß ein von der Mutter, während sie in Hoffnung war, erblicktes Feuer ein Feuermal auf dem Körper ihres Sprößlings entstehen läßt. Andererseits wissen wir aber schon lange, daß seelische Aufregungszustände chronischer Art oder auch ein akuter seelischer Schockzustand Änderungen beispielsweise der menschlichen Hormonlage herbeiführen, die manchmal durchaus Krankheitswert haben können. Ich habe das in meiner Doktor-Dissertation für die Basedow'sche Krankheit (35) näher ausgeführt. Auch die Viren, denen wir, durch Erfahrung belehrt, wenigstens in den ersten Embryonalmonaten eine schädigende Wirkung auf die heranwachsende Menschenfrucht im Sinne schwerer Hemmungswirkung einräumen müssen, sollen in diesem Zusammenhang genannt sein. Vielleicht ist das der Kern des Ammenmärchens vom Versehen der Schwangeren. Denn die Ammen können nicht nur ausgezeichnete Märchen erzählen; sie verstehen nun einmal auch ein wenig von Neugeborenen und jungen Müttern.

Aber sei dem, wie ihm wolle, eins ist jedenfalls klar: Die Quellen der Dummheit sind unerschöpflich wie die des Lebens in allen seinen Spielarten selbst. Es wird daher trotz gewiß erforderlichen Vorbeugungsmaßnahmen immer einen genügend großen Vorrat an törichen Menschen, nicht nur aus erbbedingten, sondern auch aus anderen Erkrankungsursachen heraus, geben auf dieser Welt. Insofern können diejenigen unbesorgt sein, die meinen, man brauche eben auch primitive Naturen zur Erledigung primitiver Arbeiten, die nicht durch robotende Maschinen zu leisten sind, aber doch getan werden müssen, aber vollsinnigen Menschen nicht ohne weiteres zugemutet werden können.

Wie kommt es, daß die Dummheit zunimmt?

> *Was ist die Mehrheit? Mehrheit ist der Unsinn,*
> *Verstand ist stets bei wen'gen nur gewesen[22].*
>
> Schiller (Demetrius)

Es ist eine alte Erfahrung, daß die Einschränkung der Kinderzahl von den intellektuell höchststehenden Familien ausgegangen ist; daß auch heute noch der begabtere Teil des Volkes, der es zu Selbständigkeit und Geld gebracht hat, die Nachkommenschaft klein hält, um jedem einzelnen der Kinder möglichst viel hinterlassen zu können. Da bei drei Kindern bereits der Taler nur noch eine Mark wert ist, gesehen aus der Perspektive des Nachwuchses, hat das einen ökonomischen Sinn. Und ökonomische Rücksichten haben sich immer als außerordentlich wirkungsvoll erwiesen. Im Gegensatz dazu ist die im Schnitt weniger intelligente Bevölkerung, etwa auf dem Lande, auf die Unterstützung durch die sogenannten mithelfenden Familienmitglieder angewiesen, zumal in der heutigen Zeit, wo die Landflucht und das Angebot der Industrien mit ihren Akkordlöhnen die Landarbeiter, also das, was man früher Knechte und Mägde nannte, ihrer eigentlichen Aufgabe entziehen. Unter solchen Voraussetzungen ist jedes Kind ein ökonomischer Vorteil, nur daß eben aus solchen Ehen im Durchschnitt nicht so hoch begabte Kind geboren werden wie aus den Familien, wo Kinderreichtum ökonomisch nachteilig ist. Noch ungünstiger für die Gesamt-Zusammensetzung einer Bevölkerung ist die Tatsache, daß die unterste Schicht jeder sozialen Gemeinschaft besonders hemmungslos Kinder in die Welt setzt.

> „Der einzige Reichtum des Prolet
> in seiner Kinderschar besteht",

[22]) Ein Redner entgleiste einmal mit diesem Schillerzitat im Eifer des Gefechtes zu dem folgenden schönen Beispiel höheren Blödsinns:
> „Verstand ist Unsinn!
> Mehrheit ist stets bei wenigen nur gewesen!"

heißt es in einem burschikosen Studentenreim, der aber ganz richtig davon ausgeht, daß der Kinderreichtum ein Charakteristikum des Proletariats ist, der ja auch daher seinen Namen trägt; denn er kommt aus dem Lateinischen, wo proles Nachkommenschaft bedeutet. Viele schwachsinnige Mädchen, die nicht sterilisiert werden, bekommen jedes Jahr ihr uneheliches Kind, wenn sie nicht verwahrt werden. Herumstreunende Vagabunden mit häufig wechselnden Beziehungen zum schöneren Geschlecht hinterlassen auch Kinder, deren Qualität aus auf der Hand liegenden Gründen keine erstklassige zu sein pflegt (Ausnahmen bestätigen die Regel). Man kann im großen und ganzen sagen: je zahlreicher die Geschwisterschaft ist, je größer ist die Wahrscheinlichkeit, daß es sich um intellektuell minderbegabte Kinder handelt. Das liegt an den eben ausgeführten Zusammenhängen. Natürlich gibt es kinderreiche hochbegabte Familien; ich erwähne etwa die deutsche Pastorenfamilie, in der aus religiösen Gründen der Kindersegen nicht beschränkt zu werden pflegte. Infolgedessen sind aus den Pastorenhäusern eine große Zahl überdurchschnittlich Begabter hervorgegangen.

Zu Zeiten der nationalsozialistischen Regierung ergaben sich aus grotesker Unkenntnis dieser Zusammenhänge zuweilen ebenso groteske Zustände. Es wurde gewiß etwas getan für die kinderreichen Familien; so wurden beispielsweise in der Nähe von Weimar schmucke Siedlungshäuschen gebaut, als deren Bewohner nur kinderreiche Familien ausgesucht wurden. Nie vergesse ich das wütende enttäuschte Gesicht des verantwortlichen Kommunalbeamten, der nach einigen Jahren dieses Experimentes klagte, wie diese Familien alles hatten verkommen lassen, wie sie gestohlen hatten, was nicht niet- und nagelfest war, die Einrichtungen verkauft und in Schnapskonsum umgesetzt hatten, die Fußböden verheizt, die Dachrinnen als Altmetall verhökert hatten und die appetitlichen Wohnungen mit Unrat aller Art verschimpfierten. Die Auslese nach Kinderreichtum war eine solche nach Schwachsinn, Psychopathie, Haltlosigkeit und konsekutiver Kriminalität gewesen. Nun suchte man „ordentliche" Familien. Die aber hatten fast nie die erforderliche Kinderzahl — so ging es also auch nicht.

Das Dritte Reich krankte nicht, wie man heute von Leuten hören kann, die nichts davon verstehen, an zuviel „Rassenhygienikern", sondern an zu wenig wissenschaftlich qualifizierten

Menschen in Schlüsselstellungen, die wirklich zu klaren und erfolgversprechenden Maßnahmen hätten raten können. Die wenigen Humangenetiker, die da waren, wurden nicht gehört, sie galten als nicht politisch gefestigt genug. Die politisch Gefestigten wiederum erwiesen sich als oberflächliche, denkungewohnte und denkunfähige unklare Köpfe, die nicht auf Grund ihrer Leistung, sondern ihrer niedrigen Parteinummer in Schlüsselstellungen gekommen waren. Schon in der Propaganda standen krasse Widersprüche einander gegenüber. Man kann eben nicht den Kinderwagen u n d den Volkswagen propagieren, wie es die Arbeitsfront tat; oder, wie es die SS-Mythologie für richtig hielt, eine „arische" Abstammung bis ins Mittelalter postulieren und gleichzeitig die uneheliche Mutter auf den Schild heben, wobei natürlich jede „Ahnenkontrolle" unmöglich wurde. Es war hier ähnlich tragikomisch wie bei den Siedlungshäusern der Kinderreichen zugegangen: in München gab es eine SS-Stiftung „Lebensborn" für uneheliche Mütter mit ihrem Nachwuchs. Als die ersten dort entbunden hatten und man diese teutonischen Musterexemplare sich etwas näher ansah, waren auch diese teils schwachsinnig, teils psychopathisch, was dann wieder zu resigniertem Kopfschütteln führte.

Die Sozialhygiene ist diejenige Wissenschaft, die versucht, aus Erkenntnissen wie den vorangegangenen Schlußfolgerungen zu ziehen und mit Hilfe staatlicher Maßnahmen wirksam einzugreifen. Nun werden zwar die Kinderreichen durch Steuernachlässe gegenüber den Kinderlosen oder Kinderarmen etwas bessergestellt, doch sind die durch die Steuer gesparten Beträge keineswegs ausreichend, die Kinder für die es Steuernachlässe gibt, aufzuziehen und auszubilden. Andererseits bezahlen ja die Kinderreichen, wie wir alle wissen, unverhältnismäßig viel mehr an indirekten Steuern als die Kinderlosen, weil auf sehr vielen Waren eine an sich geringe Steuerlast liegt, die aber eben bei mehreren Familienmitgliedern doch ganz erhebliche Summen ausmacht, wenn man sie auf längere Zeiträume berechnet. Wenn auch neuerdings Stimmen laut geworden sind, daß in der nach dem verlorenen Krieg auf engem Raum zusammengepreßten Bevölkerung möglichst wenig Kinder erwünscht seien, so ist das eine Milchmädchenrechnung, weil nach erwünschten Zahlen sich wiederum nur intelligente Menschen zu richten in der Lage sind, und man mit solchem Appell daher nichts anderes tun würde, als den Schwachsinn und die Dummheit züchten. Alle diese Faktoren wirken in einem unheilvollen fehlerhaften Kreislauf zusammen, um eine rapide Volksverdummung durch die Fortpflanzungsunterschiede der einzelnen Bevölkerungsschichten heraufzuführen. Der sozialhygienische Hauptplan ist der Familienlastenausgleich, der in verschiedenen Formen immer wieder diskutiert worden ist. L e n z hat zu Recht betont, daß es unzweckmäßig ist, Kinderprämien auszusetzen, weil auch dies wieder automatisch die Förderung der Dummheit bedeuten würde; insbesondere dann, wenn für jedes Kind für jedes elterliche Einkommen dieselbe naturgemäß nicht beträchtliche Summe ausgeworfen wird. Eine solche, zwangsläufig bei der geschwächten Finanzkraft des Staates geringe Summe wird wieder nur für den sozial Schwachen und Abgesunkenen einen Hauptanreiz zur Kindererzeugung bieten, während die infolge ihrer Intelligenzleistungen sozial bessergestellten Familien sich sagen müssen, daß mit solchen minimalen Beträgen die Kosten weiterer neben den schon heranwachsenden Kindern unverhältnismäßig wenig gesenkt werden. L e n z hat deswegen vorgeschlagen, man solle radikal eine prozentuale steuerliche *Entlastung* fühlbar werden lassen, indem erst bei vier oder fünf Kindern voller Steuernachlaß gewährt wird, während Unverheiratete und vor allem Verheiratete mit weniger als der vorgeschriebenen Kinderzahl nicht in den Genuß einer fühlbaren Steuererleichterung kommen sollen. Kinderarme Familenväter würden also praktisch für die Kinder anderer Leute bezahlen müssen; und das tut niemand gern. Wenn man schon Geld zusetzen muß, dann will man es lieber für die eigenen Kinder tun. Alle diese Pläne sind aber in den augenblicklich politisch schwierigen Zeiten nicht zum Zuge gekommen. Im englischen Parlament ist dagegen nach dem Kriege ein entsprechender Vorschlag (interessanterweise von der Labour-Regierung) eingebracht worden, der als Modell durchaus geeignet ist zu zeigen, wie in einem hochzivilisierten Staat mit den katastrophalen Folgen der unterschiedlichen Fortpflanzung wirksam geholfen werden kann[23]).

Es ist kein Zweifel, daß die düsteren Prophetenrufe über unser Zeitalter der Vermassung oder den Aufstieg der Massen sich zum Teil aus den beschriebenen Vorgängen erklären. Man kann aber wohl nicht sagen, daß das Problem der ungebildeten Masse neu

[23]) „Ausgewählte Kapitel aus dem Bericht der englischen Regierungskommission für Bevölkerungsfragen". Ärztl. Mitteil. 1953.

und nur für unsere Zeit charakteristisch sei. Die Sklaven des Altertums und ihre schweren sozialen Konflikte beweisen das. Die Primitivität ihrer Bedürfnisse ist erstaunlich gleich geblieben. Die Patentmedizin der römischen Cäsaren für die revoltierende Hefe des Volkes, die über mehr körperliche als geistige Kräfte verfügte, hieß „Panem et circenses", das heißt in zeitgemäßem Deutsch: Kintopp und Konsumbrot. Die Gefahr der Vermassung, das heißt nichts anderes als die Aussicht, daß ein rapides Absinken der durchschnittlichen Intelligenzleistung, die sowieso nur gering ist, zu erwarten sei, liegt aber doch wohl nicht nur an einem Aufstieg der Massen, sondern auch an einem Abstieg der Eliten; denn die zunehmende Technisierung unserer europäisch-amerikanischen Zivilisation führt bei den heute sogenannten Managern dieses betriebsamen Daseins durch die Hetze im Beruf und die Zersplitterung der nach vielen Richtungen wirkenden intellektuellen Leistungen zwangsläufig zu einem *Bildungsmangel*, wie er früher nicht denkbar gewesen ist. Wer hat noch Zeit im Kampf ums Dasein, sich die philosophischen Grundgedanken durch Kennenlernen der großen Heroen des Geistes wirklich zu eigen zu machen? Wer nimmt abends den Homer oder eines der anderen großen Menschheitsgedichte zur Hand? Die Vergnügungsbetriebe, die sogenannten gesellschaftlichen Veranstaltungen und repräsentativen Pflichten unterbinden das. Der moderne Erfolgsmensch ist selbst zum Sklaven seines Geschäftes geworden, das er zu beherrschen meint. So geht es etwa bei Generaldirektoren zu, deren Vitalität voll ausgefüllt wird durch einen überwertig gewordenen Begriff, der sich zusammenfassen läßt, mit dem Ausdruck „das Werk". Dieses Werk muß vergrößert werden, es muß importieren, es muß exportieren, es muß produzieren, es müssen Tochter-Werke eingerichtet werden, Steuerberater werden eingestellt, um die Bilanzen zu erstellen; eine Chefsekretärin genügt nicht, weitere Sekretärinnen und Diktaphone müssen aushelfen, es ist eine ewige Hetze und Jagd nach dem Erfolg. Überall sind Sitzungen und Festessen (deren Einhaltung eine seelische Strapaze und körperliche Belastung darstellt), mehrere Wagen werden gehalten, so daß die körperliche Ausarbeitung fehlt, mit Geschäftsfreunden muß scharf getrunken werden, für die Familie bleibt keine Zeit, in sogenannten Ferien wird die Geschäftskorrespondenz nachgeschickt, es muß mit Blitzgesprächen und Telegrammen weiterregiert werden, und auf der

Höhe des Daseins mit 45 oder 50 Jahren erscheint ein Aktionär, mit dem niemand gerechnet hat — der Tod. Die Managerkrankheit, der Herzinfarkt, setzt dem gehetzten Dasein ein Ende, und im Gezänk der Erben und Mitarbeiter, die sich auf weitere Führung durch den Chef eingestellt hatten, geht in Kürze wieder verloren, was aufgebaut wurde; und betrachtet man hinterher das, was nicht in den Nachrufen steht, die von einem überragenden Manne der Wirtschaft sprechen — so war das ganze ein törichter Lebenslauf, der die eigentlichen Werte des menschlichen Daseins nicht gekannt hat.

So wirken ungehinderte Fortpflanzung der intellektuell Minderbegabten einerseits, bewußt beschränkte Kinderzahl der Hochbegabten und der bildungsmäßige Abstieg der sogenannten Elite andererseits in der gleichen Richtung auf die weitere Verdummung nicht nur der europäischen, sondern auch der übrigen Völker der Welt, soweit sie (und das tun sie fast alle) die europäisch-amerikanische Zivilisations-Apparatur als Idealbild vor Augen haben. Hier können diese Dinge nur berichtet werden; die Schlußfolgerungen aus ihnen zu ziehen, muß intelligenten Menschen überlassen werden, falls sie sich in politischen Schlüsselstellungen befinden sollten, und solange es sie noch gibt.

Nun ist der Bildungsgrad des Einzelmenschen zweifellos weitgehend nicht nur von seinen ererbten Fähigkeiten, sondern auch von den Möglichkeiten, die sich ihm anboten, abhängig. Das Wort Bildung ist im Deutschen doppelsinnig: es bezeichnet sowohl das Gebildetsein als (geistige) Persönlichkeit von innen her, den Voraussetzungen nach, als auch das Ergebnis des Gebildetwerdens durch die Einflüsse der kulturellen Umwelt.

Hier bietet sich das an, was man heute „Erwachsenenbildung" nennt. Es gibt Institutionen, die sich Volkshochschulen, Funkhochschulen oder wie auch immer nennen, und die gerne gebildetere Menschen aus ihren Zöglingen machen möchten. Aber es sind meist nur gehobene Fachschulen, die praktische Zwecke anzustreben gestatten. Echte Bildung aber ist zweckfrei, sie wächst organisch, sie ist das, was der Gebildete sich angeeignet hat im Laufe seiner immer und immer weiter „sich bildenden" Entwicklung. Der Gebildete ist grundsätzlich sein eigener Lehrer und Erzieher; er ist ein echter Autodidakt.

Abendländische Bildungsgrundlage ist die humanistische Gelehrsamkeit im Anschluß an die Renaissance. Wahre Geisteskultur ist ohne organisches historisches Gewachsensein nicht möglich. Des Abendlandes Kultur ist durch die Antike, wie sie von seinen großen Geistern nacherlebt und teilweise neu geschaffen wurde, und die „toten" Kultursprachen, Lateinisch und Griechisch, geprägt worden. Es ist mir kein Zweifel, daß auch heute noch das humanistische Gymnasium die besten Voraussetzungen europäischer Geistesbildung schafft. Nicht, obwohl es so unmodern und unpraktisch ist, lateinisch anzufangen und später griechische Grammatik zu pauken; sondern w e i l der junge Verstand an der logischen Klarheit römischer Ausdruckspräzision erzogen und geschärft wird, eben darum ist das spatzenhirnigen Nützlichkeitsaposteln so unpraktisch erscheinende Latein in Wahrheit so eminent praktisch. Und wer gar einmal in den höheren Klassen den Homer in der Ursprache gelesen hat, ist dadurch auf Lebenszeit um einen Trost reicher geworden, der in der unverlierbaren Berührung mit großer Dichtung fremden und doch urverwandten Volkstums liegt und niemals versagen kann, komme, was da wolle. D a s ist ein Grundelement wahrer Geistesbildung — auch, daß der Gymnasiast, der sich einen platonischen Dialog erarbeitet hat, weiß, daß unsere Zeitgenossen nicht klüger sind als Sokrates. Er gewinnt echte Maßstäbe für das ephemere Tun und Treiben des Menschengeschlechtes. Er verlernt, es zu sehr zu verachten und zu sehr zu achten, sub specie aeternitatis. Daß man mit lateinischen Vorkenntnissen besser, leichter und sinnvoller englisch und französisch oder spanisch lernt, daß man mit griechischen Sprachkenntnissen wesentlich leichter medizinische Grundbegriffe sich aneignen kann, das ist unwichtig neben den grundsätzlich bildenden Qualitäten der alten Sprachen.

Natürlich ist nicht jeder gebildet, der lateinisch und griechisch gebüffelt hat. Es sind aber sehr wenige gebildet, die das nicht getan haben. Ich kenne solche. Alle aber haben dann in deutscher Übersetzung mindestens die Philosophie Griechenlands sich erarbeitet. Daß man auch als Erwachsener noch ein tiefes sprachlich-kulturelles Verständnis sich erwerben kann, zeigte S c h o -p e n h a u e r , der den Mangel seiner „Realbildung" als genialer Mann frühzeitig spürte. Die meisten Menschen bemerken ein Manko nicht, wenn es einem Etwas entspricht, was gar nicht erst ihr Besitz geworden ist. Daher denn auch die Superklugen, die keine humanistische Ausbildung haben, nicht qualifiziert sind, ein Urteil über das Gymnasium zu fällen: sie sprechen wie der Blindgeborene von der Farbe; ihre Meinung ist unerheblich, wenn auch natürlich die quantitative verbreitetste. Bildung (und Kunstverständnis!) sind Elite-Eigenschaften. Volksbildung ist ein Widerspruch in sich. Jede Aristokratie muß zahlenmäßig gering sein, insbesondere aber die des Geistes. Die Geistesaristokratie ist aber selbstverständlich *nicht* auf bestimmte soziale Schichten beschränkt!

Zu Zeiten des Erasmus von Rotterdam, also vor fünf Jahrhunderten, sprachen die Gebildeten des Abendlandes lateinisch; ihre Bücher konnten daher über alle Nationen- und Sprachengrenzen verstanden werden. Das war ein Vorteil, den wir heute nicht mehr besitzen. Tempi passati! Noch eine abschließende Bemerkung zu diesem Thema: Wenn dem Kenner, dem Gebildeten also, die Wahrheit auch offenbar ist, so wird vom ungebildeten Zivilisierten immer das Gegenteil behauptet: Man sagt, die humanistische Ausbildung bereite nicht genügend auf die naturwissenschaftlichen Grundlagen vor. Das ist ein grober Unsinn. Die großen Pioniere und Gründer der Naturwissenschaften von Helmholtz bis Robert Koch waren selbst Humanisten. Es gab zum Glück keine anderen Bildungsquellen. Das Studium generale, das man jetzt künstlich den jungen Studenten aufzwingen will, weil die Unbildung auch der Adepten der Wissenschaft gen Himmel schreit, ist ein totgeborenes Kind. Das nicht auf technischen Spezialgleisen laufende humanistische Gymnasium ist d a s Studium generale, das nicht in Schnellkursen nachgeholt werden kann. Die Einwände, der Stoff dieser Schule sei zu schwer zu begreifen, sind lächerlich. Seit wann sollen die Ansprüche der Bildung von unten her, von den Schwachbegabten, bestimmt werden? Wer fürs Gymnasium zu dumm ist, der bleibe auf den sogenannten höheren Schulen (Haushaltsabitur, Wirtschaftsabitur); er rechne sich auch getrost zu den Gebildeten. Ob er dazu gehört, entscheidet er allerdings nicht selbst. Es wird sich zeigen.

Die deutschen Universitäten haben denen anderer Länder und Weltteile eins voraus: sie sind kein Fachschulen, sie haben keine Stundenpläne. Sie geben dem Studenten die Freizügigkeit nicht nur von Universitätsstadt zu Universitätsstadt, sondern auch quer durch alle Wissensgebiete. Der Mediziner kann philosophische, juristische oder theologische Vorlesungen hören, wenn sie ihn interessieren; er kann durch Studienortwechsel mit seinem geographischen auch seinen allgemeinen geistigen Horizont erweitern (entsprechend der alten guten deutschen Sitte des wandernden Handwerksburschen). Um aber geistige Interessen zu haben, muß er deren Möglichkeiten kennen. Und die lernte er am besten auf dem Gymnasium. Auch die Universitätsdozenten in ihrer doppelten Stellung als Forscher und Lehrer, als Mittler nicht nur, sondern als Mehrer ihres Unterrichtsstoffes, sind in lebendigem Kontakt mit der lernbegierigen und begeisterungsfähigen studentischen Jugend das, was der ältere Mensch dem jüngeren vor allem sein sollte und sein kann: Vorbild. Zum mindesten könnten sie es sein. Viele waren es, wie ich selbst als Student in Freiburg, Jena, München, Wien, Halle und Kiel sowie als Dozent in Berlin, Düsseldorf und Wien erlebt habe. Und viele sind es, wie ich höre, auch heute.

Kehren wir zu unserem engeren Thema, der Volksverdummung, zurück, so können wir zusammenfassend sagen, daß es drei verschiedene Strömungen gibt, die alle gleichermaßen zur gleichen geistigen Niveausenkung beitragen.

Da ist zunächst die *biologische Qualitätsminderung* der Volkssubstanz durch unterschiedliche Fortpflanzung mit der katastrophalen Folge der Kleinhaltung hochbegabter Familien eben aus dem Grunde, daß diese vorausschauender und planender Intelligenzleistung fähig sind, und andererseits schrankenlose Ausbreitung ehelichen und außerehelichen Schwachsinns, weil die Minderbegabten eben mangels Intelligenz nicht vorausplanen und rechnen können. Grob gesagt ist es so, daß die sogenannte Geburtenkontrolle, die Möglichkeit also, sich erotisch auszuleben, ohne Kindersegen zu riskieren, eine Sache der Umsicht, Vorsicht, Selbstbeherrschung und Selbstkontrolle ist und bleibt; eine Sache also von seelischen Eigenschaften, die bei der Fulminanz der in Rede stehenden körperlich-seelischen Affekte der schwachsinnige Mensch gar nicht, der begabte auch nur mit Mühe durch die hochgehenden Wogen leidenschaftlicher und womöglich alkoholisch enthemmter Gefühle hindurchzuretten fähig und gewillt ist.

Neben der im wesentlichen unabsichtlich aus den biologischen Gegebenheiten heraus in Richtung auf Volksverdummung wirkenden unterschiedlichen Fortpflanzung der Begabungsschichten der zivilisierten Völker aber lernten wir die fahrlässig-zivilisatorische Geisteshaltung der europäisch-amerikanischen Lebenskreise kennen, die indirekt, nämlich durch Senkung des Bildungsniveaus, zu ihrem nicht unwesentlichen Teil der Volksverdummung beiträgt. Die Mittel moderner Technik entsprechen nicht ihrer würdigen Ziele. Mir ist eine Anekdote unvergeßlich, die anläßlich der Einweihung einer technischen Meisterleistung menschlichen Witzes die groteske Diskrepanz zwischen Mitteln und Inhalten moderner Geistesprodukte aufzeigt: Es sollte das transatlantische Kabel erstmalig von hüben nach drüben benutzt werden. Man denke! Der Mensch (der damals die Segnungen des Radios noch nicht kannte) rüstete sich, über den Ozean hinweg (oder richtiger: unter ihm hindurch) seine Gedanken auf einen anderen Kontinent zu schicken — eine Möglichkeit, die den Griechen Homers als göttliches Werk erschienen wäre und einen Platon zu unsterblichen Gedanken (wenn auch vielleicht der Kritik) begnadet hätte. Der europäische Repräsentant aber, der dem amerikanischen Würdenträger (ich glaube, dem Präsidenten im Weißen Haus) die ersten Worte von Ewigkeitswert drahten sollte, hatte nichts vorbereitet; er geriet in Verlegenheit und entließ schließlich ein verlegenes: Hallo, ist da jemand? in das Kabel. Das war schließlich auch nicht schlechter als Baumwollkurse und Kriegserklärungen, die später diesen Weg nehmen sollten. Aber es zeigte die erwähnte Distanz, die fortschreitende Technifizierung und stagnierende kulturelle Geistesleistung inzwischen aufzuweisen haben.

Das muß nicht sein und war auch nicht zu allen Zeiten so. Vor einem halben Jahrtausend war eine andere Erfindung gemacht worden, die sich als mindestens ebenso umwälzend erweisen sollte — die sich in der Tat inzwischen als noch tiefgreifenderer Wirkungen voll bis auf den heutigen Tag gezeigt hat: ich meine die Erfindung der Buchdruckerkunst. Das erste Buch, das Gutenberg druckte, war jenes Buch der Bücher, das auch im anderen Sinne damals das erste Buch der Welt war und als Titel nur die schlichte Kennzeichnung als solches trug, die Bibel. Sie erschien von 1454 bis 1456 in Mainz, in einer Auflage von etwa 150 Exemplaren, davon 30 auf Pergament, die übrigen 120 auf Papier. Die Gutenberg-Bibel umfaßte 1282 Seiten, zweispaltig zu je 42 Zeilen. Erhalten sind noch 12 Pergament- und 32 Papierdrucke, „davon aber nur wenige Stücke vollständig, von manchen nur noch einzelne Blätter (99)."

Für jede der Pergamentbibeln mußten 17o Kälber ihr Leben lassen — und das von Rechts wegen. Man sieht, welch ein kostbares Besitztum damals eine solche Bibel war, die natürlich den lateinischen Vulgata-Text enthielt.

Die erste Gesamtausgabe der Lutherbibel erschien fast ein Jahrhundert später 1534 in zwei Bänden bei Hans Lufft in Wittenberg. Dieser Drucker und seine Nachfolger haben, bis 1584, 1oo ooo Bibeln hergestellt.

Heute wird die Bibel alljährlich in vielen Millionen von Exemplaren gedruckt — sie ist inzwischen in 11oo Sprachen übersetzt. Ich glaube allerdings nicht, daß man hieraus eine Zunahme echter Frömmigkeit ablesen kann. Ich fürchte vielmehr, daß die Zahl der Leser zur Zahl der vertriebenen Bibeln in einem beschämenden Mißverhältnis steht.

Früher wurde mangels technischer Fixierungs- und Verbreitungs-Methoden nur das Allerwertvollste in Stein oder Pergament festgehalten. Heute habe nicht nur ich den Eindruck, daß viel zu viel gedruckt wird, weil die Rotationsmaschinen hungrig sind und die Buch- und Zeitschriften-Industrie eine künstliche Nachfrage geschaffen haben, der kaum schnell genug die Schreibmaschinen nachklappern können.

Unersättlich kreisen die Magnetofonbänder. Eine neue Ilias, ganze Odysseen könnten ohne weiters in wenigen Tagen auf Band gesprochen der Nachwelt erhalten bleiben.

Soviel ich sehe, mangelt es wirklich lediglich an einem Homer. Allenfalls könnte die körperliche Blindheit dieses sagenhaften Sängers durch die geistige Blindheit unserer Zeit kompensiert werden. (Im übrigen ist die symbolische und in ihrer Kontradiktorik erregende Gestalt des „blinden Sehers" etwa auch den Zeitgenossen des sophokleischen Teiresias nicht ohne Absicht vor Augen gestellt worden.)

Zu Anfang des 7. Kapitels seines Staates steht Platons berühmtes Höhlengleichnis, in dem davon die Rede ist, wie die Menschen in einer dunklen Höhle eingepfercht sitzen, gefesselt, so daß sie nur nach vorn blicken können, hinter ihnen ein leuchtendes Feuer, das seinen Schein auf die Felswand vor ihnen wirft. In diesem Licht erscheinen auf der Wand die Schatten von Menschen, die im Hintergrund vorbeigehen und deren Stimmen zurückgeworfen werden.

„Ein wunderliches Gleichnis, sagte er, und wunderliche Gefangene! Leibhaftige Ebenbilder von uns! sprach ich. Haben wohl solche Gefangene von ihren eigenen Personen und von einander etwas anderes zu sehen bekommen als die Schatten, die von dem Feuer auf die ihrem Gesichte gegenüberstehende Wand fallen?

Unmöglich, sagte er . . .

Weiter: Wenn der Kerker auch einen Widerhall von der gegenüberstehenden Wand darböte, sooft jemand der Vorbeigehenden sich hören ließe, — glaubst du wohl, sie würden den Laut etwas anderem zuschreiben als den vorüberschwebenden Schatten?

Nein, bei Zeus, sagte er, ich glaube es nicht.

Überhaupt also, fuhr ich fort, würden solche nichts für wahr gelten lassen als die Schatten jener Gebilde?

Ja, ganz notwendig, sagte er."

Soweit Platon. Hat der griechische Weise nicht, so pflege ich scherzhaft gelegentlich zu fragen, in seinem Höhlengleichnis in einem früheren Leben die Idee des Kinos erschaut und prophetisch in seinem Gleichnis dargestellt? Da sitzen sie, die Menschen des zwanzigsten Jahrhunderts, wie sie das geistige Auge Platons vor zwei Jahrtausenden erblickte, in einer finsteren Höhle. Hinter ihnen leuchtet ein Licht, das vorüberschwebende Schatten auf eine gegenüberstehende Wand wirft, von der ein Wortwiderhall tönt. Gefesselt sind sie auch, nicht von außen, aber innerlich, und die Gefahr dieses Gebanntseins bildet heute so gut das tertium comparationis wie zu Zeiten Platons: Die Leute in der Höhle verlieren den Blick für das Wahre und Schöne, das sie nicht recht wahrnehmen können, wie die Leute, die aus dem Lichtspielhaus in die Sonne treten und geblendet zu blinzeln anfangen und Augenschmerzen empfinden. Es ist die schiefe Idealbildung, die durch das sentimentale und verlogene Hollywoodklischee in den jungen Menschen aller Lebensalter vollzogen wird. Das Dienstmädchen meint, sie müsse von einem Dollarprinzen geliebt werden, und wenn er schon keine Dollars hat, dann wenigstens die Figur und den noblen Anstand des Filmhelden. Und dem Portokassenjüngling genügt seine Grete nicht mehr, weil ihn Rita Hayworth gar so überirdisch schön dünkt und er an ihrem make up die etwas schwärzlichen Fingernägelränder seiner Allerliebsten mißt.

Unsere zeitgenössische Zivilisation, die eine bunte und schreiende Fassade über den echten kulturellen Werten, diese zudeckend und überwuchernd, darstellt, ist nach L e n z charakterisiert durch den Surrogatcharakter ihrer Befriedigungstendenzen. Nicht das einfache starke Leben ist ein sich selbst genügendes Ziel, wie es noch zwei Generationen vor uns selbstverständlich war — ich sehe noch meinen Großvater und seine Altersgenossen vor mir, wie sie nach getaner Arbeit ihr Glas Bier zu Hause tranken und die lange Pfeife rauchten, wirkliche Briefe mit der Hand schrieben und ihre Klassiker lasen. Keine Hetze im Kampf ums Dasein, Geruhsamkeit und treue Pflichterfüllung in einer friedvollen Zeit von 1871 bis 1914. Gewiß gab es auch Not und Haß, Intrigen und Schwierigkeiten, das alles weiß ich wohl. Aber ob nicht das Dasein um diese Zeit eine Oase war im Gefühl des Nachschwingens einer echten literarischen, künstlerischen, musikalischen und einer sich aufmachenden naturwissenschaftlichen Hochblüte, wie sie uns Heutigen versagt ist? Ich glaube doch, daß die richtig genutzte Lebenszeit damals — weder vorher noch nachher in diesem Maße realisierbar — uns einen Begriff für weniger törichte Lebensführung vor Augen stellt, als sie durchschnittlich heute durch das veränderte psychische Klima begünstigt wird. Der Gebildete kann sich für sich und seinen Kreis eine solche Oase schaffen, und er tut es, wenn er klug ist. Im Musizieren — nicht vor dem Radioapparat — im Malen oder Schreiben, im Lesen des Lesenswerten sieht er die wirklichen Werte des Lebens und macht sie sich fruchtbar — ein bewußter Genießer der Kultur. Diese der Lebenshetze abgerungenen Stunden sind die wahren und echten Freuden des Daseins. Nicht nur der Kluge, der Gebildete kann das. Außer ihm paradoxerweise nur der Schlichte, ja Beschränkte, der in redlicher Handarbeit, im häuslichen Leben, als Siedler oder Reiter seines Steckenpferdes er selbst sein kann — ferner alle die in echter Religiosität Getrösteten, bei denen Simplizität der geistigen Struktur eher und zweifelloser zum Ruhen in sich selbst führt als das Gegenteil. Erkenne dich selbst, heißt das Zauberwort, das jetzt und immer das Dasein entgiften kann. Das Tröstliche an der zivilisatorischfahrlässigen Senkung des Bildungsniveaus ist das, daß man ihr entrinnen kann. Man muß die Zusammenhänge nur erkennen — mit dem Intellekt als mit Klugheit Geschlagener, oder erfühlen mit dem Instinkt, wenn man des zweifelhaften Geschenks höherer Intelligenzfunktionen nicht teilhaftig wurde.

Die dritte, letzte, zeitweilig erfolgreichste und unwürdigste Form der Volksverdummung ist die bewußt-agitatorische, demagogische Art der Volksbeherrschung durch politisches Schlagwort, autarke Zielsetzungen ohne Blickmöglichkeiten ins Freie und die Knebelung der Gedankenfreiheit durch Presse, Rundfunk und Polizei — wie nicht nur unsere Generation das erlebt hat und erlebt. Ich mag nicht wiederholen, was Le Bon und Adolf Hitler über die Technik der absichtlichen Volksverdummung geschrieben haben — man lese es nach. Die Aufpeitschung primitiver Instinkte, die Verherrlichung des Pöbelgeschmacks, die Anhimmelung des Mittelmäßigen — es genügen die Hinweise. Nicht verschwiegen werden darf auch die Kehrseite der Religiösität, wenn sie in Frömmelei (Cant), sich Besserdünken als die Heiden, in politischem Schacher mit Hilfe des Gesangbuches als Gegenteil der religio, der innerlich bejahenden Bindung des einzelnen an ein ihn verpflichtendes Ideal auftritt. Niemals hat etwas auf mich beschämender gewirkt als die Eilfertigkeit der in den alliierten Internierungslagern eingesperrten Nationalsozialisten, als sie sich in Gruppenkolonne zur Wiederaufnahme in die christliche Kirche drängten, die sie aus Opportunitätsgründen verlassen hatten. Dies Gefühl der Beschämung hatte ich übrigens in gleichem Maße für die verordneten Priester beider Konfessionen, die mit sichtlichem Behagen erwachsenen Männern Konfirmationsunterricht erteilten, von denen sie wissen mußten, daß sie wiederum aus Opportunitätsgründen sich als reuige Schafe gebärdeten — es hätte ja möglich sein können, daß man die Neubekehrten etwas eher aus dem Lager entließe.

Vorurteile sind Zeichen der Kritikschwäche. Religiöse Vorurteile haben etwas besonders Peinliches angesichts des Wortes Christi von den vielen Wohnungen, die in seines Vaters Hause seien. Ketzerverbrennungen und Christenverfolgungen, Kreuzzüge und Aufmärsche, Ausrotten der mexikanischen Kulturen im Zeichen des Kreuzes, Ausrotten ganzer Menschengruppen in dem des Hakenkreuzes — jammervolle Zeichen menschlicher Unzulänglichkeit und törichter Prinzipienstrenge sind und waren sie allesamt. Da sie aber offenbar mächtigen emotionalen Kräften des menschlichen Unterbewußten entquellen, werden sie kaum jemals aufhören. Immer wird der Mensch der größte Feind des Menschen sein. (H o b b e s : homo homini lupus.)

Es entbehrte ja nicht einer makabren Komik, als die Alliierten, die einen Kreuzzug gegen die Konzentrationslager zu führen vorgegeben hatten, schleunigst selbst dieselben Konzentrationslager mit wehrlosen Zivilisten füllten. Der Wachtmeister des Zuchthauses, in das ich 1945 als automatisch Arretierter eingeliefert wurde, berichtete mir in seinem gemütlichen sächsischen Idiom von seinen Erfahrungen mit den „Politischen". Erst hatte er die Nazis in trautem Verein mit den Kommunisten beherbergt, dann meist Kommunisten, später ernste Bibelforscher und Geistliche beider christlicher Bekenntnisse und 1945 zur Abwechselung mal wieder „Nazis", nämlich solche, die von den Alliierten dafür gehalten wurden. Wenn er lange genug auf seinem Posten bliebe, würde er auch wohl noch die Alliierten als seine Gäste begrüßen können, meinte er; seine Ausführungen waren mir seinerzeit ein wahrer Trost.

Mit welch erfrischender Selbstverständlichkeit die Sieger — und das natürlich zu Recht — die bodenlose Dummheit des Durchschnitts der Bevölkerung voraussetzten, zeigte sich damals in der ersten Zeit der Umerziehung sehr schön daran, daß der Militarismus als geistloser typisch preußischer Popanz und das Soldatenhandwerk als höchst unmoralisch von uniformierten Soldaten im Schmucke von kleidsamen Stahlhelmen aus Pappe und halbmeterlangen Ordensschnallen überall angeprangert wurde. Über die geringe Weisheit der Nürnberger Gerichtsbarkeit ist sich inzwischen ja wohl die ganze Welt einig geworden — es ist langweilig, alles das aufzuzählen, was — nicht erst seit 1945 — an Volksverdummung straflos vorausgesetzt werden konnte.

Auch im Dritten Reich war es natürlich so. Im „Stürmer" unseligen Angedenkens des pathologischen Streicher fand ich einmal — ich kaufte mir hie und da eine Nummer, was, hätte es die Spruchkammer erfahren, mir zweifellos als aktive Unterstützung des Naziregimes ausgelegt worden wäre; ich wollte aber nur psychopathologische Studien treiben — also ich fand eine hebräische Inschrift abgebildet — eine Photographie —; und darunter stand, dieser Text besage, arische Frauen sind Freiwild. Auch wurde die Synagoge angegeben, deren Mauer die Inschrift trug. Ein Blick zeigte mir, daß im hebräischen (besser: aramäischen) Text stand „Haus des Herrn" (beth elohim). Da man aber in Stürmerkreisen kein Hebräisch konnte, war man selbst offenbar entweder einer Mystifikation aufgesessen oder man hatte im vollberechtigten Vertrauen auf die Dummheit der Volks- und Parteigenossen in drei Teufels Namen bewußt gefälscht.

Kein Zweifel auch, daß die primitive Judenhetze primitive Gemüter nach Form und Inhalt zu beeindrucken geeignet war. Bei der Intelligenzprüfung eines Schwachsinnigen erlebte ich folgendes: Ich zeigte ihm aus dem Binet-Kasten das bekannte Bild, wo ein Jüngling· in hormonalem Erwachen zum Fenster hinaufschmachtend seinen Hut zieht, weil dort eine knospende Jungfrau hinauslehnt. Der affizierte Jüngling achtet nicht des Weges und wirft dabei ein spielendes Kind um. Dieser Inhalt war zu erfassen. Das ging so vor sich: „Was sehen Sie?" „Da ham se wen umgeschmissen" — „Wen?" — „Ein Kind". „Wer hat das Kind denn wohl umgeworfen?" Pause. Dann, wie unter einer Erleuchtung strahlenden Blicks: „ D i e   J u d e n ". Eigentlich hätte *der* nicht sterilisiert werden dürfen, weil er gar so ein guter Nazi war.

Diese Episode stimmte mich sehr nachdenklich, und der hohe Prozentsatz der begeisterten Nazis unter den Insassen der Irrenanstalt, an der ich 1932 Medizinalpraktikant war, hatte mich schon vorher stutzig gemacht und gegen das kritiklose Mitgerissenwerden von einer Bewegung gefeit, die, wie man später wohl wieder wird sagen dürfen, janusköpfig war und manches Gute in dem Schilde führte, hinter dem, allerdings zunächst noch getarnt, die mephitischen Dünste einer vorläufig noch geschlossenen Pandorabüchse ihrer Entlassung harrten.

Daß die Dummheiten heute, wo ich dies schreibe, geringer geworden seien, wage ich nicht zu behaupten. Daß geringere Zumutungen an die Denkkraft des Durchschnittspublikums gestellt werden, möchte ich ebenfalls verneinen. Wenn man sich etwa 1918 an fünf Fingern abzählen konnte, daß der von geographieunkundigen „Großen" erfundene polnische Korridor einen neuen Krieg unweigerlich hervorrufen m u ß t e , so genügen heute beim Blick auf Oder und Neiße drei Finger, um sich dasselbe Resultat abzählen zu können. Und sollte die Drohung mit der Atombombe wirklich eine erneute Konflagration im europäischen Herzen der Welt verhindern, so kann ich doch diesen primitiven Appell an die Angst vor totaler Vernichtung nicht als den Gipfelpunkt menschlicher und diplomatischer Weisheit ansehen — eher, man verzeihe mir, scheint dies eine den globalen Dimensionen menschlicher Dummheit haargenau angepaßte Therapie zu sein. Wie ich höre, hat menschlicher Geist eine Kobaltbombe erfunden. Wehe, wenn sie losgelassen — wachsend ohne Widerstand ist diese Leistung höchster Intelligenz dazu geeignet, beim wahllosen Hinstreichen über die Oberfläche unseres Planeten alles Leben auszulöschen. Sie ist von Menschenkraft nicht mehr beherrschbar — eine „Waffe", wahrlich würdig satanischer Vernichtungswut eines im Bunker seiner verbrennenden Hauptstadt eingemauerten Diktators, der sein Volk vernichten wollte, weil er selbst das Vabanquespiel um die Macht verlor. (Die ersten Atombomben wurden übrigens nicht von einem rasenden Diktator geworfen, sondern von erklärten Vorkämpfern für die Humanität; ich bin nur der Meinung, dieser Wurf hätte einem rasenden Diktator besser zu Gesichte gestanden, zumal nachdem ich die amerikanischen Berichte der wissenschaftlichen Kommissionen gelesen und für eine deutsche Zeitschrift referiert hatte (48), die sich mit den Strahlungsschäden in Japan infolge der Atomexplosionen befaßten.

°

Die Schildbürger legten aus lauter Torheit — wie wir später im einzelnen sehen werden — ihre eigene Vaterstadt in Schutt und Asche; worauf sie Schilda verlassen mußten und ihre Dummheit so in alle Welt verbreiten.

Wenn einmal diese Erde nicht in der Sintflut gottgesandten Wassers, sondern in der Sintglut Menschenvorwitz entsprungenen Atomfeuers zugrunde gehen sollte — ob dann ein neuer Noah eine neue Arche bereit hält — ein Weltraumschiff?

Vielleicht nehmen die Astronauten der Zukunft auch je ein Pärchen allerlei Viehs[24] mit auf die Reise; eine Reise, die nach den Vorstellungen der Wissenschaft viele Generationen lang dauern wird, bevor ein bewohnbarer Stern erreicht werden kann, den dann ja wohl eine interstellare Taube mit einem extramundanen Ölzweig im Schnabel ankündigen müßte.

Dieser Astronautenzug wird dann — wer weiß? — das Zeugnis einer versunkenen Welt menschlicher Torheit in den Weltenraum retten können und dadurch aus der globalen Dummheit des Menschengeschlechtes eine universale entstehen lassen.

Das nenne ich wahrlich kosmische Perspektiven!

[24] Vor allem, auch aus symbolischen Gründen, Schafe, Esel, Rindvieh, Kamele und Dromedare.

ZWEITER TEIL

Dummes Verhalten trotz normaler Intelligenz

Vernunft wird Unsinn

GOETHE (Faust I)

4

Die vitale Person

Ich hatte von jeher ein wenig den Eindruck, als ob es die Anthropologen stets geradezu verdrossen hat, daß der Mensch, das Forschungsgebiet ihrer ehrwürdigen Wissenschaft, außer seinem Körper, der sich so einfach wiegen, messen und beschreiben läßt, auch noch so etwas wie eine Seele hat, die sich so schwierig messen und beschreiben und überhaupt nicht wiegen läßt. Die Gelehrten dieses schönen Faches haben den menschlichen Schädel in die Länge und die Breite bis auf Bruchteile von Millimetern gemessen und seinen durchschnittlichen Index für prähistorische und rezente Rassen bestimmt; auch konnten sie seine räumliche Kapazität recht genau errechnen. Seine geistige Kapazität dagegen blieb zunächst unberücksichtigt. Nur ließen sich einige Tatsachen beim besten Willen auf die Dauer nicht übersehen: von einem bestimmten Grade der Mikrocephalie ab, der Kleinköpfigkeit also, war stets Idiotie des Trägers dieses Kopfes festzustellen. Leider wächst die geistige Leistungsfähigkeit des Menschen nun aber nicht stetig proportional seinem Schädelumfang — wenn es auch richtig im wörtlichen Sinne ist, daß die größeren Hutnummern von der Intelligenz getragen werden. Die ländlichen Bayern sprechen daher von den Großkopfeten oder den Gschwohlköpfen (den Schwellköpfen), wenn sie etwas verächtlich von den auf ihr Wissen eingebildeten Vertretern der städtischen Intelligenz mißgünstig zu reden sich veranlaßt fühlen. Aber das geht nicht ins Unermeßliche so weiter: die exzessiv großen Schädelumfänge werden nicht dadurch verursacht, daß die Gehirne sie zu sprengen drohen; bei ihnen ist die Hirnsubstanz durch Wasser ersetzt[25]). Und Wasser allein tut's freilich

[25]) Daß eine mäßige Hydrocephalie andererseits wiederum hohe Begabung nicht ausschließt, beweisen Menzel für die Malerei und Helmholtz für die Naturwissenschaften.

nicht — es muß auch der Geist schweben über den Wassern, wie man schon in der Bibel nachlesen kann. Ohne den Geist Gottes ist nicht nur die Neuschöpfung der großen Welt wüst und leer — auch jedes neugeschaffene Menschenwesen ist es desgleichen. Immerhin aber bestehen, wie wir gesehen haben, gewisse gesetzmäßige Beziehungen zwischen räumlicher etwa und geistiger Kapazität eines Menschenschädels. Und man hat sich zunächst damit geholfen, anzunehmen, daß es so etwas gäbe wie einen psychophysischen Parallelismus, oder daß Beziehungen zwischen Körperbau und Charakter existieren, oder daß Seelisches auf Körperliches einwirke, oder daß Körperliches die Grundlage, das Substrat des Seelischen sei. So etwa dachte man sich das, zugegebenermaßen etwas unklar. Und so tat zunächst auch ich.

Als daher der führende Kopf der Anthropologen, Eugen F i s c h e r , der einer bis dahin starren statisch messenden Anthropologie einen neuen dynamischen Impuls gegeben hatte, indem er das Gen, die Erbeinheit, in ihrer unterschiedlichen Wirkungsweise für das Zustandekommen verschiedener Menschentypen in den Mittelpunkt der Forschung stellte, als F i s c h e r also mich dazu bestimmte, die wissenschaftliche Leitung eines Zwillingslagers zu übernehmen, war ich recht erfreut, als er mir vorschlug, das Verhalten der Kinder im Schlaf zu untersuchen; mir schien hier wissenswertes Neuland zu liegen, kam ich doch aus der Universitäts-Nervenklinik in Kiel, deren Chef, Professor S t e r t z , sich mit dem Zwischenhirnsyndrom befaßt hatte; und wußten wir doch, daß dieser Teil des Gehirns auch etwas mit der Steuerung des rätselhaften Schlaf-Wach-Verhaltens des Menschen zu tun hatte. Und hatte doch B r a u n , der damalige Oberarzt der Klinik, aus diesem Gesichtswinkel heraus das zu erforschen sich angelegen sein lassen, was er *die vitale Person* benannt hatte. Ich war sogleich entschlossen, auf dieser Basis aufzubauen, und an der Grenze gewissermaßen zwischen körperlich und seelisch einen Beobachtungsposten zu beziehen.

Das Zwillingslager wurde vor dem Kriege in den Sommerferien der Kinder in Arendsee-Kühlungsborn an der Ostsee eingerichtet; Einzelheiten sind im wissenschaftlichen Anhang nachzulesen. Im großen und ganzen aber lief es auf nicht mehr und nicht weniger hinaus, als sich darüber klar zu werden, wie weit angeborene, besser gesagt ererbte Verhaltensweisen nicht nur das Schlaf-, sondern auch das Wachverhalten des Menschen bestimmen und damit die Handlungsweisen, die man im allgemeinen als freiem Willen entspringend anzusehen gewohnt war, sich als in Wahrheit genetisch bestimmt nachweisen ließen.

Denn schon eingangs, bei der Darstellung und Entwicklung der verschiedenen Definitionen, durch welche etwa das, was man als verschiedenes Intelligenzverhalten zu bezeichnen pflegt, näher umrissen werden sollte, sind wir uns mit allen sachverständigen Untersuchern darüber klar gewesen, daß ein Intelligenzniveau nicht lediglich von den eigentlichen intellektuellen Gegebenheiten eines Menschen abhängt. So meinte K l o o s , wie wir gesehen haben, daß die geistige Leistungsfähigkeit nicht nur vom Denkvermögen und Gedächtnis abhängt, „sondern auch von zahlreichen Gefühls- und Willenseigenschaften, also von charakterologischen Bedingungen, zum Beispiel von der Aufmerksamkeit (Interessiertheit), *Grundstimmung, Antriebslage,* Ausdauer, *Ermüdbarkeit,* Anspruchshöhe, Ablaufgeschwindigkeit seelischer Vorgänge usw." Auch späterhin, als wir uns mit der Feststellung der Voraussetzungen intelligenten Verhaltens zu befassen hatten, drängte sich die Erkenntnis auf, daß emotionale Triebrichtungen „sich sowohl in auslösender als auch in hemmender Richtung einschalten können." Gleichsam als blutroter Faden ziehen sich affektive Reaktionsweisen durch alle Betrachtungen über törichtes oder kluges Verhalten des Menschen hindurch. Es wird also wohl oder übel auch zu den Aufgaben unserer Betrachtung gehören, einiges Grundsätzliche über Triebvarianten mitzuteilen, wie sie nun einmal zur Struktur jedes Lebewesens, nicht nur des Menschen, gehören.

Um die enorme Fülle der affektiven Reaktionsmöglichkeiten überhaupt in den Griff zu bekommen, empfiehlt es sich, auf wenige Grundeigenschaften zurückzugehen, wie sie durch die ganze belebte Welt teilweise bis hinunter zu den Amöben zu verfolgen sind, und wie sie B r a u n für den Menschen in seiner „vitalen Person" erstmalig übersichtlich zusammengestellt hat. Diese Zurückführung auf übersichtliche Grundverhältnisse bringt zwar zunächst scheinbar einen Verzicht hinsichtlich der Vielfalt der zu betrachtenden seelischen Qualitäten, sie hat aber den Vorteil der festen klinischen und biologischen Grundlage und verliert sich nicht in uferlose Spekulationen. Dazu seien noch einige grundsätzliche Bemerkungen vorausgeschickt.

Praktisch sah die Arbeit im Zwillingslager ganz anders aus, als ich das von Untersuchungen an in das Kaiser-Wilhelm-Institut bestellten Mehrlingen gewohnt war. Das wochenlange tägliche — und nächtliche — Beisammensein mit den zehn- bis zwölfjährigen Kindern schuf eine enge Atmosphäre gegenseitigen Kennenlernens, in der auch zunächst schüchterne und zurückhaltende Kinder frei und beherrschte ausgelassen wurden. Was eindrucksmäßig ganz besonders klar wurde, war zweierlei: einmal die frappante Ähnlichkeit im Sein und Handeln der erbgleichen Zwillinge. Diese liebliche oder auch unheimliche Laune der Natur, zweimal quasi den gleichen Menschen aus gleicher Erbanlage hervorgehen zu lassen, — das war in der Tat schon eine erregende Voraussetzung! Denn im Vergleich zu nicht erbgleichen Zwillingen, die nur, wie andere Geschwister auch, ihre Erbmasse durchschnittlich zur Hälfte gemeinsam hatten, aber eben auch gleichalt, gleichgeschlechtig und in gleichem Milieu herangewachsen waren — hier erschloß sich, so war zu hoffen, manch biologisches Rätsel.

Meine Versuchsanordnung war darauf angelegt, vom Körperlichen über körperlich-seelisches in seelisches Verhalten der Kinder gewissermaßen stufenweise mich einzuschleichen.

Körperliche Phänomene — Wangenröte, Schlafstellung; seelische Phänomene — Antrieb, Reizempfindlichkeit, Grundstimmung; und dazwischen als Grenzscheide etwa das Erwachen aus dem Schlaf, das Sich-bewußt-werden einer Seele, wie es jeden Morgen sich unbegreiflich vollzieht.

Der lebendigste, unabweisbarste Eindruck, den ich in diesen Wochen intensiver Beobachtungstätigkeit gewann, war der, daß die frappante, an Gleichheit heranreichende Ähnlichkeit der erbgleichen Zwillinge auch in unbewußten, vital gesteuerten Eigenschaften sich bestätigte. Das war zu erwarten gewesen.

Das andere aber war ein immer wieder erneuertes Erlebnis, das sich im letzten nicht ausdrücken und beschreiben läßt, das Erlebnis, wie Körperliches und Seelisches bei allen den kindlichen Persönlichkeiten, die man Tag und Nacht vor sich hatte, eins im anderen deutlich wurde, sich entsprach, ineinander und auseinander sich entwickelte, kurz, wie das Seelische im Körperlichen und das Körperliche im Seelischen sich darstellte, erkennbar wurde, durchschimmerte, transparent erschien.

Das spitzbübisch-frische Lächeln im nie ganz zur Ruhe kommenden Gesichtchen der kleinen Lenore, das immer wieder wie ein Wetterleuchten über ihr Antlitz flog — war es nicht dasselbe wie ihr blitzartiges Erwachen des Morgens, wenn sie die Augen aufschlug, den Bubenkopf zurechtschüttelte und gleich „da" war?

Und der melancholisch in sich gezogene, träumerische Blick der sonst so stämmigen Bärbel, die so lange brauchte, bis sie aus dem festen Schlaf „auftaute", wie sie sich streckte, probeweise die Augen halb öffnete, der Blick noch gar nichts erfaßte, zögerte, sich von innen nach außen zu richten, — ja, das war die Bärbel, wie ich sie auch am Strande sah, verloren dem Rauschen im Gehäuse einer Wellhornschnecke lauschend, alles um sich her vergessend.

Es war dasselbe — oder, vorsichtiger ausgedrückt — es entstand der Eindruck, daß es dasselbe sei.

Äußere Gründe verhinderten die Durcharbeitung und Veröffentlichung des reichen Forschungsgutes. Dann kam der Krieg. Erst anderthalb Jahrzehnte später erreichte mich eine Kiste aus Dahlem, in der neben allerhand Schrappscheren auch die Photographien und Protokolle des damaligen Zwillingslagers sich anfanden. Und es war vielleicht ganz gut, daß inzwischen eine gewisse zeitliche Distanz dafür sorgte, das Erarbeitete gewissermaßen mit dem abgeklärten Blick, den man in eine abgelaufene Lebensepoche wirft, überprüfen zu können.

Denn jetzt erst wurde mir ganz klar bewußt, wieviel Hypothetisches und keineswegs Selbstverständliches allein in den Begriffen Körper und Seele steckt. Diese Unterscheidung zweier Pole auch menschlichen Daseins ist ein zweifellos brauchbarer wissenschaftlicher Ansatz, der aber deshalb noch keineswegs im wissenschaftlichen Sinne w a h r zu sein braucht. Es ist mir vielmehr immer unabweislicher geworden, daß unsere Betrachtungsweise, die alles lebendige Dasein in körperlich und seelisch scheidet, nur eine Funktion des menschlichen Denkapparates darstellt, eine Kategorie etwa wie Raum und Zeit, die, wie wir seit K a n t wissen, außerhalb menschlichen Denkens nicht zu existieren braucht.

Wenn schon viel Theoretisches allein im Begriff „körperlich" steckt, so noch ganz wesentlich mehr in dem Terminus „seelisch". Was etwa dahinter stecken mag, ist im Grunde unerkennbar; und das gilt nicht nur für das Seelische, sondern auch für das

Körperliche. Das menschliche Wesen an sich, das philosophisch auch ein Ding an sich ist, entzieht sich unserer Erkenntnismöglichkeit aus prinzipiellen logischen Erwägungen heraus.

Ich habe es mir daher abgewöhnt, von psycho-physischem Parallelismus zu sprechen, oder von körperlichen Substraten des seelischen Geschehens. Ich spreche auch nicht von der Psychogenese des Körperlichen, wie es recht einseitig die zur Zeit gerade moderne Psychosomatik tut; aber auch nicht von der Somatogenese des Seelischen, wie es d e C r i n i s (20) wollte.

Ich habe mich vielmehr nach einem Terminus umgesehen, der bewußt machen soll, wieviel Hypothetisch-Theoretisches, vom Denkapparat des Menschen selbst Geschaffenes, allein in der Betrachtung des Lebens und seiner Erscheinungsformen enthalten ist.

Ich spreche daher von der somato-psychischen Transparenz — wobei ich wohl weiß, daß somato-psychisch ein fiktiver Ausgangspunkt ist; eben insofern, als „körperlich" und „seelisch" nur Schemata sind, unter denen unser Verstand etwas im Grunde Unbegreifliches zu erfassen trachtet.

Dieser adjektivische theoretische Ansatz „somatopsychisch" hebt sich aber im dazugehörigen Substantiv „Transparenz" wieder auf.

Vielleicht „bedeutet" diese somato-psychische Transparenz nichts anderes als somato-psychische Identität — wir können es nicht wissen. Vielleicht aber gibt es in Wirklichkeit doch so etwas wie einen psychophysischen Parallelismus. Wir lassen es dahingestellt sein, weil wir es dahingestellt sein lassen müssen, und sprechen unverbindlich offenlassend, beschreibend, lieber von somato-psychischer Transparenz.

Gewiß, der Begriff ist nicht logisch, weil in sich widerspruchsvoll.

Aber auch das Leben ist in sich widerspruchsvoll und nicht logisch.

Und es ist zu vermuten, daß wir uns lebensgerechter ausdrücken, wenn wir uns nicht allzusehr logischen Regeln unterwerfen. Denn auch die Logik (die Herrn Philosophen mögen mir verzeihen) ist nichts Absolutes, nichts aus sich heraus Wahres, sondern ein von menschlichen Denkapparaten hergestelltes Netz, um in ihm — vergeblich — das große Wundertier zu fangen, das da Wahrheit heißt.

Das wird ganz besonders deutlich, wenn wir uns noch kurz den sogenannten Trieben und Gefühlen zuwenden, indem wir uns ihnen ebenfalls von der psychopathologischen Erfahrung her nähern auf den Spuren Kurt S c h n e i d e r s (111).

Gefühle und Triebe sind „außerordentlich schwer abzugrenzen und zu ordnen". Das ist, wie die allgemeine Erfahrung lehrt, immer dann der Fall, wenn wir uns in Grenzgebieten bewegen, deren Grenzlinien nur willkürlich gezogen sind. Ich erinnere daran, daß der Nullgrad auf der Temperaturskala willkürlich warm und kalt scheidet, daß beides aber nur gleitende Zustände einer Skala, Temperatur genannt, darstellt. Ähnlich war es in der Krankheitslehre: was noch gesund und schon krank war, verschwamm, eben weil es nur das Phänomen Leben gibt und die Einordnung seiner Phänomene nach den Gesichtspunkten gesund und krank weitgehend willkürlich ist.

Gefühle und Empfindungen sind Zustände des Ich. Zu unterscheiden sind gegenständliche Empfindungen und zuständliche Empfindungen.

Gegenständlich wird eine Empfindung genannt, wenn sie dem empfindenden Wesen fern von der eigenen Leiblichkeit als Bestandteil eines wahrgenommenen Gegenstandes erscheint.

Zuständlich werden Empfindungen genannt, die mit Veränderungswahrnehmungen am eigenen Leibe einhergehen.

Vorwiegend gegenständlich sind also

> Gesichtsempfindungen (die Wand ist rot)
> Gehörsempfindungen (der Wecker tickt).

Gegenständlich u n d zuständlich zugleich sind

> Geruchsempfindung (der Fisch riecht, ich habe Fischgeruch in der Nase)
> Geschmacksempfindung (das Stück Zucker schmeckt, meine Zunge ist ganz süß)
> Tastempfindung
> Kälte- und Wärme-Empfindung der Haut (meine Hand fühlt etwas Hartes, Kaltes oder Warmes außerhalb ihrer).

Zuständlich sind

> Schmerzempfindungen der Haut
> Lageempfindung
> Gleichgewichtsempfindung
> Vitalempfindungen.

Den *vitalen,* im ganzen Leib empfundenen Zuständen (Müdigkeit) stellt man die *lokalisierten* Zustände gegenüber. Durst und Hunger sind beispielsweise sowohl vitale als auch lokalisierte Zustände des Ich. Vitale Leibempfindungen sind zugleich leibliche Triebe, sie bedeuten triebhafte Strebungen: der Hunger rät zum Essen, der Durst zum Trinken, die Müdigkeit zum Ruhen. Wir sind wiederum an einem Grenzgebiet angelangt: Triebe und Vitalempfindungen sind nicht immer klar unterscheidbar.

Ob seelische Erlebnisse zuständlich oder gegenständlich sind, ist erstens nicht immer auseinanderzuhalten. Zweitens liegt hier auch kein Unterscheidungsmerkmal zwischen Empfindungen und Gefühlen, denn *Gefühle* können ebenfalls sowohl zuständlich als auch gegenständlich „empfunden" werden. Gefühle werden vielmehr durch die Eigenschaft des Angenehmen oder Unangenehmen als solche gekennzeichnet. Da man nun Leibempfindungen mit derartigen lust- oder unlustbetonten Vorzeichen von solchen ohne diese kaum trennen kann, spricht man nach S t u m p f auch von *Gefühlsempfindungen.* Alles zusammen — lokalisierte und vitale Leibempfindungen und Leibgefühle werden teils durch die Reize der Außenwelt, teils durch solche aus dem Leibesinnern, teils durch Gedanken und Vorstellungen hervorgerufen. (Das letztere ist häufig bei sexuellen Gefühlen der Fall.) Von den Leibgefühlen kann man die seelischen Gefühle trennen. Auch *seelische Gefühle* sind angenehme oder unangenehme Zustände des Ich. Sie werden als solche nicht irgendwo im Leib lokalisiert, wenn sie auch sekundär zu Leibgefühlen führen können. Sie entstehen meist reaktiv (motiviert): Freude, Furcht vor und Reue wegen etwas.

Die Gruppierung der seelischen Gefühle (nach S c h n e i d e r) läßt sich leicht verständlich folgendermaßen durchführen:

A. Zustandsgefühle.

    a. angenehme: Freude, Behagen, Leichtigkeit, Beglücktheit, Jubel, Ruhe, Zufriedenheit, Zuversicht.

    b. unangenehme: Traurigkeit, Sorge, Angst (unbestimmt wovor), Furcht (vor etwas Bestimmtem), Unbehagen, Unheimlichkeit, Verzagtheit, Hilflosigkeit, Heimweh, Zerrissenheit, Verzweiflung, Grauen, Schreck, Ärger, Zorn, Wut, Neid, Eifersucht, Langeweile, Leere.

B. Wertgefühle.

1. Selbstwertgefühle:
   a. bejahende: Kraft, Stolz, Eitelkeit, Selbstgefühl, Überlegenheit, Triumphgefühl, Trotz.
   b. verneinende: Beschämtheit, Schuldgefühl, Reue, Verlegenheit, Demut, Bescheidenheit.
2. Fremdwertgefühle:
   a. bejahende: Liebe, Zuneigung, Vertrauen, Mitleid, Achtung, Interesse, Billigung, Dankbarkeit, Ehrfurcht, Bewunderung, Anbetung.
   b. verneinende: Haß, Abneigung, Mißtrauen, Verachtung, Feindseligkeit, Spott, Mißfallen, Entrüstung.

Daraus lassen sich auch „gemischte Gefühle" ableiten, sowohl zuständliche (Wehmut, Gerührtheit, Entsagung) als auch Wertgefühle (Haßliebe); das Fachwort dafür ist Ambivalenz.

Die Sprache hat ferner Gefühlsbezeichnungen, die sowohl angenehmen wie unangenehmen wie ambivalenten Charakter annehmen können: Spannung, Staunen, Schreck. Manche Beziehungen sind mehrdeutig: Vertrauen als bejahendes Selbstwert- oder Fremdwertgefühl (Selbstvertrauen; auf jemand Vertrauen setzen). Behagen oder Angst können wiederum sowohl Leibgefühl als auch seelisches Gefühl sein.

Seelische Gefühle werden auch Gemütsbewegungen genannt. Akut auftretende, sehr starke und mit heftigen leiblichen Begleiterscheinungen auftretende seelische Gemütsbewegungen (Gefühle) heißen Affekte (Schreck, Wut, Jubel).

Die vitalen Qualitäten in der Abgrenzung B r a u n s, mit denen wir uns oben ausgiebig beschäftigt haben, sind Gefühlszustände von längerer Dauer und nicht reaktiver, sondern konstitutioneller Art. Die *Grundstimmung,* die *Reizempfindlichkeit* und der *Antrieb* färben, modifizieren und intensivieren als seelischer Mutterboden das, was man als Empfindungen, Gefühle, Triebe, Gemütsbewegungen und Affekte mühevoll genug und nicht ohne Zwang, wie wir gesehen haben, voneinander als seelische Ichzustände abgrenzen kann.

„Aus dem allgemeinen Triebstrom des Lebens" — so sagt S c h n e i d e r — „heben sich ferner *seelische Triebe* heraus, 'Triebe des Herzens', die wir als selbständig anerkennen: Streben nach Macht, Geltung, Einfluß, Ehre, Reichtum, Erfolg, Schönheit, aber auch nach Pflichterfüllung, Demut, Reinheit, Heiligkeit. Stets handelt es sich um ein Streben nach Erhöhung des Selbstwertes in irgendeiner Wertrichtung." So kann es zwischen seelischen und Leibtrieben, aber auch zwischen leiblichen Trieben unter sich oder seelischen Trieben unter sich zum *Kampf der Strebungen* (S c h n e i d e r) kommen — „und die mächtigere Strebung siegt."

Der triebhafte Mensch Schneiders folgt im allgemeinen seinem Trieb oder dem Spiel seiner Triebe. Der bewußte Mensch neigt dazu, sich seinen Trieben wertend gegenüberzustellen, durch Besinnung (vergl. S t ö r r i n g [120]) Gegenstrebungen zu erwecken und sich zwischen beiden zu entscheiden.

Besinnen wir uns!

Unser Beginnen, einmal nachzusehen, was es mit der Dummheit des Menschen in etwa auf sich habe, hat sich in ungeahnte Dimensionen verloren. Bedenkt man's aber richtig, so haben wir es in Wirklichkeit immerhin mit einem zentralen Thema des Menschseins zu tun, mit jenem Thema nämlich, das ihn erst zum Menschen macht. Im Faust meint zwar der junge G o e t h e :

Ich sehe nur wie sich die Menschen plagen . . .

ein wenig besser würd er leben

hättst du ihm nicht den Schein des Himmelslichts gegeben;

er nennts Vernunft und brauchts allein

nur tierischer als jedes Tier zu sein.

Das ist zweifellos mephistophelische Übertreibung. Ein Körnchen Wahrheit aber steckt drin, wie wir in den nächsten Kapiteln sehen werden. In der Tat kann die Vernunft der Dummheit Vorspanndienste leisten, und das gerade deshalb, weil Gefühle, Strebungen, Triebe, Appetenzverhalten, Instinktabläufe, subcorticale Mechanismen und alles das, was sich *nicht* als klar bewußtes verstandesmäßig beherrschtes Psychisches entfaltet, eine weit hintergründigere Rolle im Treiben des Menschengeschlechtes spielt, als man weiß oder sich zugibt.

Darum haben wir weiter ausholen müssen.

Wir mußten wenigstens einen Blick tun in den gedanklichen Aufbau jener wissenschaftlichen Disziplinen, die sich mit den tragenden Fundamenten desjenigen Lebensphänomens befassen, das unter gewissen Umständen als menschliche Dummheit imponiert — ohne daß es sich dabei immer um schlichten Intelligenzmangel zu handeln braucht. So haben wir in früheren Kapiteln davon berichtet, was neurologischer- und entwicklungsphysiologischerseits zum Zentralthema unserer Schrift etwa gesagt worden ist. Auch die zoologische Verhaltensforschung ist mit ihren Parallelen zu Worte gekommen — ebenso die Neurophysiologie mit ihren Leitungs- und Bahnungs-, Ekphorese- und Schwingungskreis-Theorien. Im wissenschaftlichen Anhang endlich haben wir noch einiges aus der histologischen und topographischen Hirnforschung unserer Tage mitgeteilt, um das über die Psychopathologie der Gefühle und Triebe Gesagte noch von dieser Seite her zu unterbauen.

Allüberall aber sind etwa die Endergebnisse zusammenzufassen in der Einsicht, daß in den Grenzbereichen Psychisches und Somatisches untrennbar ineinander verfließen, ja daß beide Begriffe sich als fast beliebig vertauschbar erweisen. Allüberall scheint letzten Endes alles wissenschaftlich theoretisierende Bemühen darauf hinauszulaufen, daß Psychisches und Somatisches ineinander transparent wird; und das scheint zu zeigen, daß die dogmatische Trennung seelisch-körperlich eine künstliche ist. Daß die Seele den Leib verlasse und in neue Leiber eingehe, ist zuerst und am wirkungsvollsten von Plato gelehrt worden. Von seiner Philosophie her ist die Trennung des Menschen in einen sterblichen Leib und eine unsterbliche Seele vom Christentum übernommen worden. Die explosionsartige Verbreitung der neuen Heilslehre über die morgen- und abendländische Welt hat diese Ansicht fast selbstverständlich werden lassen.

Es zeigt sich aber, daß sie als wissenschaftliche Hypothese zwar ein durchaus fruchtbarer Ansatzpunkt war und für manche Fragestellungen auch heute noch unentbehrlich ist. Tieferes Eindringen aber mit moderner Methodik weist auch die Begrenzung dieser Grundvoraussetzung auf, die sich nicht immer als tragfähig erweist. Insofern deutet unsere zeitgenössische Naturwissenschaft philosophisch auf die vorsokratischen Griechen, teilweise bis auf die Hylozoisten, zurück.

Wissenschaftliche Erkenntnis kommt ohne Fiktionen, ohne Hilfsannahmen, nicht aus. Es ist dabei nicht entscheidend, sondern völlig unwesentlich, ob solche Hilfshypothesen wahr sind (in der kirchlichen Dogmatik ist es umgekehrt: hier kommt alles darauf an, daß die offenbarten Inhalte als w a h r anerkannt werden). Entscheidend ist nicht die Richtigkeit, wie wir schon angedeutet haben, sondern die Brauchbarkeit einer Hypothese.

Sie kann nach Erzielung des Ergebnisses unbeschadet fallen gelassen werden oder sich durch eine entgegengesetzte fehlerhafte Annahme ausgleichen lassen. Wenn die Mathematiker den Kreis als ein Vieleck ansehen mit unendlich vielen Seiten und die Seitenlänge schließlich gleich null werden lassen, so ist das logisch unmöglich. Denn ein Vieleck aus nichtexistenten Seiten kann es nicht geben. Indem der Mathematiker aber die bewußt fiktive Annahme macht, die logisch unmöglich ist, gewinnt er seine Formel, die sich empirisch als richtig erweist. Lächelnd gibt er zu, daß seine Hilfshypothese. falsch, nicht wahr im mathematischen oder in irgendeinem Sinne sei. Das interessiert nicht. Brauchbar ist die fiktive Hypothese, und das genügt wissenschaftlichen Ansprüchen. In der Naturwissenschaft ist es ganz ähnlich. Als L i n n é seine Pflanzensystematik schuf, wählte er willkürlich die Staubfäden und Stempel zum Einteilungsmerkmal. Damit gelang ihm eine Systematik von 21 Klassen und 117 Ordnungen, die sich als eminent praktisch erwies: man konnte und kann nach ihr jede beliebige Pflanze bestimmen. Daß trotzdem dieses System kein natürliches, sondern ein künstliches und daher im Grunde nicht eigentlich wahres ist, geht daraus hervor, daß dieser großartige Klassifizierungsgedanke Linnés nicht ohne Abstrusitäten in Einzelheiten durchgeführt werden kann. Veilchen und Eiche zum Beispiel geraten in enge Nachbarschaft. Andererseits wurden ganz homolog gebaute Pflanzen wegen ihrer verschiedenen Staubfäden weit auseinandergerissen. Aber das zeugt nur gegen die Wahrheit, nicht gegen die wissenschaftliche Brauchbarkeit des Systems. Genau so ist es mit anderen Einteilungen: Aristoteles teilte die Tiere nach den Klauen und Zehen ein, Linné nach den Zähnen. Beides geht, beides schafft in sich brauchbare, wenn auch einander widersprechende Ordnungen.

Alle hier vorgetragenen Resultate wissenschaftlicher Arbeit sind demnach keine letzten und gültigen Weisheiten. Sie sind deshalb aber auch kein Dummheiten; sie erweisen sich zumindest eine Zeitlang als brauchbar. Und das ist ihr Kriterium; ohne fiktive Annahmen, über deren Charakter sich der kluge Mensch keiner Täuschung hingeben sollte, ist eine Wissenschaft überhaupt nicht möglich. Es ist daher ein Irrtum, anzunehmen, die Wissenschaft verlange von ihren Jüngern weniger Glaubensbereitschaft als etwa die Religionsformen. Die Wissenschaft aber weiß das oder könnte es wissen.

Dubois-Reymond hatte daher recht, als er an den Schluß seines berühmten Vortrages „Über die Grenzen der Naturerkenntnis" bereits 1872 das berühmte Wort setzte: Ignorabimus!

Wir wissen nicht, was Elektrizität ist. Aber eine Reihe inzwischen wieder verlassener, verfeinerter, ersetzter, jedenfalls erneuerter und einander widersprechender Fiktionen hat ermöglicht, daß wir elektrisch leuchten, heizen, kühlen, röntgen und durchwärmen können.

Wir wissen nicht, was ein Atom ist; aber die Bomben explodieren, als ob das B o h r sche Atommodell Wirklichkeit und keine Fiktion wäre[26]).

Die chemischen Formeln, die sich von selbst weiter zu rechnen scheinen, wenn man ihre Symbolik durchschaut, sind Hypothesen, deren Brauchbarkeit, nicht deren letzte Wahrheit, durch die Kohlenstoffchemie bewiesen wird.

Und so ist auch manches von den Fiktionen, Hypothesen, Deutungsversuchen und Annahmen der Physiologen, der Psychologen, Neurologen, Zoologen, ja vielleicht sogar der Psychiater brauchbar und daher gerechtfertigt. Letzte Weisheiten zu wissen, bilden wir uns nicht ein. Wir Psychiater repräsentieren diejenige Wissenschaft, die im Grunde und der Natur der Sache nach nichts versteht — aber alles verzeiht.

[26]) Längere Zeit, nachdem dies geschrieben wurde, explodierte eine der amerikanischen Wasserstoffbomben mit soviel mehr Rasanz, als die Formeln errechnet hatten, daß selbst die Atomphysiker die Köpfe schüttelten. Ich habe nicht den Eindruck, daß dieses Mene tekel upharsin genügend verstanden worden ist.

5

Affektive Intelligenztrübung

Ein schmächtiger, von der Gicht verzogener, frühgealterter Mann von sechsundfünfzig Jahren zog sich in eine Mönchszelle des Klosters San Juste im spanischen Estremadura zurück. Man schrieb das Jahr 1556. Es war der deutsche Kaiser und König von Spanien, Karl V., in dessen Reich die Sonne nicht unterging. Mit sechs Jahren, nach dem Tode seines Vaters Philipp, Erzherzogs von Österreich, wurde er Herrscher der Niederlande. Mit fünfzehn Jahren trat er diese Herrschaft, großjährig erklärt, auch tatsächlich an. Mit sechzehn Jahren erbte er Spanien, da seine Mutter Johanna geisteskrank war und deren Vater verstarb. Mit neunzehn Jahren wurde er in Frankfurt gewählt, mit zwanzig Jahren in Aachen gekrönt, mit einundzwanzig Jahren hörte er auf dem von ihm einberufenen Reichstag zu Worms ohne Verständnis das Auftreten Luthers: „Hier stehe ich, ich kann nicht anders, Gott helfe mir, Amen!" Sein Reich hatte Spanien mit den amerikanischen Kolonien, Neapel, die Niederlande und Österreich umfaßt; 1536 fügte er das Herzogtum Mailand noch hinzu. Im September 1556 ließ er den deutschen Kurfürsten seine Abdankungsurkunde zugehen und zog sich in das spanische Kloster zurück, frommer Katholik, der er stets gewesen war, um das Leben eines Mönches zu führen.

Dieser Entschluß wirkt deshalb so dramatisch, weil die Mönchsgelübde von einem Menschen nichts anderes verlangen, als sich seiner mächtigsten Triebe zu entledigen. Sie sind das Negativ stärkster menschlicher Strebungen. Die Armut, die von den Gelübden als erste verlangt wird, entsagt dem Besitztrieb, der Gehorsam dem Machttrieb und die Keuschheit dem Geschlechtstrieb. Der Kaiser und König von Deutschland und Spanien hatte ein Äußerstes an Machtfülle in jeder Gestalt von Jugend auf sein eigen genannt. Es hinzuwerfen und in eine Klosterzelle zu gehen — war es eine Dummheit?! War es höchste Weisheit?!

Lassen wir es einstweilen dahingestellt. Die meisten Menschen haben ein äußeres Kaiserreich nicht zu verlieren. Wann kommt es im Menschenleben zum Triebverzicht und damit zu der Chance, ungetrübten Intellektes seine Entscheidungen treffen zu können? Was heißt überhaupt Triebverzicht? Auf was wird verzichtet?

Wir haben gesehen, daß man stark gefühlsbetonte Strebungen als Triebe bezeichnet hat; das Fremdwort Affekte meint etwas ähnliches. Ein Affekt ist, wörtlich genommen, das Ergriffensein von etwas; der betreffende Mensch ist affiziert, zu deutsch „angetan" — ergriffen. Es liegt etwas Passives, etwas Leidendes in dieser Wortbildung. Weitere sprachliche Formulierungen bestätigen das: Leidenschaften sind offenbar Zustände, in denen etwas erlitten wird, auch wenn man es leidenschaftlich anstrebt. Wer eine Leidenschaft für etwas hat, hat eine Passion dafür — wieder der Begriff Passion, also Leidenszustand, für etwas, was man meist als höchst aktives Verhalten anzusehen geneigt ist. Das Wort Trieb enthält für mein Gefühl beide Elemente: das passive Getriebensein und das aktive Hintreiben auf etwas. Zunächst überwiegt wohl immer das Überwältigtsein. Es tritt etwas ein, was zwingenden Charakter hat und das zu wollen zwingt, was leidenschaftlich erlebt oder besser erlitten wird. Denn der Mensch, so sagt S c h o p e n h a u e r einmal, kann zwar tun, was er will, aber nicht wollen, was er will. „Es will" in ihm etwas, was ihm als ichfremdes, aber plötzlich „leidenschaftlich" bejahtes Erleben entgegentritt. Affiziertsein kann man auch wörtlich mit Angetansein übersetzen. Ergriffen, angetan, affiziert, entrückt — in allen diesen Partizipien schwingt das passive In-Anspruch-Genommensein deutlich mit.

Wenn daher bei ausreichend intellektuell ausgestatteten Menschen Dummheiten in überdurchschnittlichem Umfang auftreten, so tut man gut, wenn man nicht direkt sagen will „Cherchez la femme", so doch zu sagen „Cherchez les passions".

Dummheiten, die pluralische Form der Dummheit, sind mehr und auch wieder weniger als Dummheit schlechthin. Sie treffen auch meist auf wohlwollendes Verständnis, eben weil sie menschlich, vielleicht allzu menschlich sind. Die meisten Mitmenschen wissen bereits aus eigener Erfahrung, daß ihnen ähnliches passieren kann — wieder eine passive Wendung für eigentlich aktive Tatbestände menschlicher Handlungsweisen.

Es gibt bekanntermaßen Dummheiten, die keiner missen möchte: Jugendeseleien, Studentenstreiche, Liebeseskapaden aller Lebensalter, wie wir im einzelnen sehen werden. Das alles wirkt auf den objektiven Betrachter als törichtes Treiben. Es handelt sich aber dabei im wesentlichen gar nicht um intellektuelles Versagen im eigentlichen Sinne, sondern um die überragende Bedeutung des affektiven Seelenlebens, das sich bei genügender Stärke zum Herrn auch der Intelligenz macht. Es tritt der paradoxe Zustand ein, daß gerade die Mittel der Intelligenz zu Zwecken eingesetzt werden, die von der Intelligenz selbst, wäre sie nicht affektiv beeinflußt, als töricht erkannt werden und keine Anwendung finden würden. Leidenschaftlicher Affekt aber trübt die Urteilskraft, also gerade die höchsten Intelligenzleistungen, und läßt die übrigen Funktionen intelligenten Verhaltens in seinen Dienst treten. Es handelt sich also um vor den Wagen der Affekte gespannte Intelligenz. So stellt sich die Sachlage der nüchternen Untersuchung dar. Aber auch hier sind die Maßstäbe unsicher und schwankend. Wer möchte nicht wenigstens einmal im Leben eine affektiv getrübte Intelligenz gehabt haben? Es gehört allerdings auch eine Intelligenz dazu! Affekte bei dummen Leuten sind übersehbarer, fallen leichter aus dem Rahmen, weil sie ihre Ziele ungeschickt zu verwirklichen trachten, und scheitern häufig schon am Ansatz. Der Macht- und Geltungstrieb insbesondere auf dem Gebiet der politischen Leidenschaft, der schon bei einzelnen Individuen zu gefährlichen Dummheiten führen kann, wirkt, wenn er in Massen auftritt, explosiv. Wir wissen seit L e B o n über die Massen-Psychologie einigermaßen Bescheid. Die Primitivisierung und Herabsetzung des allgemeinen Niveaus, die erhöhte Suggestibilität und Lenkbarkeit, kurz, der Intelligenzverlust der einzelnen, die die Massen zusammensetzen — alles das zusammen bringt die erhöhte Anfälligkeit gegenüber gerissener Demagogie mit sich. Lange vor Le Bon hat Schiller diesen Zusammenhang gesehen, wenn er sagt:

> Jeder, sieht man ihn einzeln, ist leidlich klug und verständig;
> sind sie in corpore, gleich wird euch ein Dummkopf daraus.

Und es ist ja auch eine Doktorfrage, was etwa mit einer Demokratie passiert, in der die Stimmen gezählt und nicht gewogen werden, das heißt mit anderen Worten, in der auch der Dümmste, solange er nicht entmündigt ist, dasselbe Gewicht in die Waagschale zu legen hat — was geschieht mit der Demokratie, wenn die Mehrzahl dagegen ist? H i t l e r hat das ja einem erstaunten demokratischen Deutschland und einer hinterher noch erstaunteren Welt vorexerziert, allerdings unter abgrundtiefer Verachtung der Kälber, die ihren Metzger selber wählen — wie in „Mein Kampf" nachzulesen ist. S c h o p e n h a u e r spricht von denjenigen, „welche die schwere Aufgabe haben, M e n s c h e n zu regieren, das heißt unter Millionen eines der großen Mehrzahl nach grenzenlos egoistischen, ungerechten, unbilligen, unredlichen, neidischen, boshaften und dabei sehr beschränkten und querköpfigen Geschlechts, Gesetz, Ordnung, Ruhe und Frieden aufrechtzuerhalten und die wenigen, denen irgendein Besitz zuteil geworden, zu schützen gegen die Unzahl derer, welche nichts als ihre Körperkräfte haben. Die Aufgabe ist so schwer, daß ich mich wahrlich nicht vermesse, über die dabei anzuwendenden Mittel mit ihnen zu rechten. Denn ich danke Gott mit jedem Morgen, daß ich nicht brauch fürs Römische Reich zu sorgen".

Wenn wir nun auch mit den psychologischen Mechanismen der demagogisch geführten Massen einigermaßen Bescheid wissen, so trat doch nach dem politischen Zusammenbruch 1945 eine durchschlagend neue Situation ein, die in dieser allgemeinen Verbreitung noch nicht dagewesen war, nämlich eine *führerlose Masse,* deren Reaktionsweise nicht mehr von oben her bestimmt werden konnte. Daß es auch hierbei zu Massendummheiten kommen würde, war vorauszusehen. Wie es im einzelnen zuging, mögen folgende Betrachtungen zur Psychologie der führerlosen Massen zu erklären versuchen:

Seit L e B o n (13) seine Massenpsychologie schrieb, ist es immer wieder (so nach dem ersten Weltkrieg und jetzt) modern gewesen, massenpsychologische Probleme wissenschaftlich zu diskutieren. Von F r e u d s (31) „Massenpsychologie und Ich-Analyse" über O r t e g a y G a s s e t s (98) „Aufstand der Massen" bis zu R e c k - M a l e c z e w e n s (105) „Ende der Termiten" fließt ein breiter Strom massenpsychologischen Untersuchungen gewidmeten Papiers — teils registrierend, teils deutend, teils politisch pro oder contra, teils feuilletonistisch gefärbt, durch die Zeitungen und Zeitschriften dahin. Schon eine oberflächliche Sichtung zeigt, daß wir unbemerkt einen Schritt weiter gekommen sind; und, wie immer in der modernen Entwicklung wissenschaftlicher Erkenntnis, ist auch dieser Schritt in Richtung auf Differenzierung und Spezialisierung getan worden. Wie haben offenbar schon längst, wenn das bisher auch kaum eigens erwähnt wurde, den Standpunkt *einer* allgemeingültigen Psychologie der Massen verlassen und sehen uns einer heterogenen *Masse* von Massenpsychologien gegenüber. Vergegenwärtigt man sich beispielsweise die diametral entgegengesetzte Schreibweise in S p e n g l e r s „Untergang des Abendlandes" (117) mit seiner blutvollen Phantasie in der Schau der Fellachisierung großer Kulturen und Zukunft gegenüber der kalten, sachlich nüchternen Sprache D o m i z l a f f s (21) in seiner „Analogik", in der er den Raubtiercharakter der Großorganismen vorseziert — so zeigt allein dies eine Beispiel des Stilunterschiedes signalhaft die unüberbrückbar erscheinende Spannweite dessen an, was heute als Massenpsychologie gewertet werden muß. Wir sind von der Massenpsychologie zu den Massenpsychologien „fortgeschritten".

Wenn auch fraglos gewisse, sozusagen primäre oder obligate Wesenszüge vertikal durch alle Massenbildungen hindurchgehen und sie als Massen erst charakterisieren, so hat sich doch die jüngere Betrachtungsweise bereits wenig bemerkt in spezielle Forschungsrichtungen aufgespalten; und die zukünftige wird das bewußt noch weitgehender tun müssen, um zu neuen Aspekten zu gelangen. Will man grob unterteilen — und die Klassifikation ist nun einmal eine unerläßliche Voraussetzung jeder wissenschaftlichen Betrachtungsweise — so würden sich folgende Gebiete der Massenbildungen psychologisch voneinander trennen lassen:

Als Hauptgruppen erscheinen — schon bei F r e u d — die natürlichen und die künstlichen Massen, von denen die natürlichen gleichzeitig als die stabilen, die künstlichen als die labileren angesehen werden können. Nur schlagwortartig einige Beispiele:

Natürliche (stabile) Massenbildungen:

Insektenstaaten, Zellverbände (mit der momentan beliebten Einbeziehung krebsartiger Entartungen in Parallelsetzung zu entartenden Menschenmassen), schließlich Arten- und Rassenbildungen. Auch Gruppen bestimmter Lebensalter — Kinder, Jugendliche, Erwachsene, Greise — gehören hierher.

Künstliche (labile) Massenbildungen:
Heere und Religionen, und — als aktuelles Gebilde — die politischen Weltanschauungsgemeinschaften.

Während nun die natürlichen stabilen Massen von Haus aus führerlos im Sinne eines individuell definierten Anführers sind und a n o n y m durch den I n s t i n k t geleitet werden, so sind die künstlichen labilen Massen durch die Wirkungen der S u g g e s t i o n teils entstanden, teils lenkbar. Man kann nun zweckmäßig unterscheiden zwischen indirekter und direkter Suggestionswirkung bei der Führung künstlicher Massen:

Die indirekte Suggestion als verdeckte Massenführung zeigt sich beispielsweise im Heer als Massendrill auf Befehl, in der Religion als Massenmetaphysik durch Dogmen, in der Politik in der inspirierten Massenpresse durch Leitartikel.

Die direkte Suggestion oder offene Massenführung endlich ist das Handwerkszeug der Demagogen aller Zeiten; sie erstrebt die Mobilisierung der Massen: militärisch durch Beispiel und Befehl, religiös durch Sektenbildung und ex cathedra, politisch durch Aufmarsch und Schlagwort.

In diesem Zusammenhang wenigstens angedeutet sei noch eine kaum ernstlich erforschte massenpsychologische Situation, nämlich die der gegen ihren Willen geführten, der vergewaltigten Massen; sie mündet schließlich in die Psychologien des Generalstreiks, der Meuterei, des Aufstandes.

Außer den oben dargestellten natürlichen und künstlichen Massenbildungen existiert nun aber noch eine dritte Abart, diejenige nämlich, der wir unser Interesse entgegenzubringen im Begriff sind: es ist die *führerlos gewordene Masse*, die Masse also, die ihren sie bisher zusammenhaltenden Anführer plötzlich verloren hat. Was geschieht in einer solchen doch wohl von vornherein als katastrophal anzusehenden Lage eines akuten Führerverlustes? M c D o u g a l l (88) leitet aus ihr die P a n i k ab; es gibt aber, wie wir sehen werden, Verhältnisse, die das Entstehen einer Panik (mit der wir uns hier nicht befassen wollen) verhindern und eine neue Situation entstehen lassen.

„Mit der Bindung an den Führer schwinden — in der Regel — auch die gegenseitigen Bindungen der Massenindividuen. Die Masse zerstiebt wie ein Bologneser Fläschchen, dem man die Spitze abgebrochen hat" — so schreibt F r e u d . Aber diese Regel hat Ausnahmen. Ein massenpsychologisches Experiment großen

Stils war in dieser Hinsicht die Errichtung der Internierungslager durch die Alliierten, in denen sie die Massen der von ihnen als Nazis angesehenen Menschen künstlich vor dem Zerstieben bewahrten. Hier wurde eine im wahrsten Sinne des Wortes führerlos gewordene Masse künstlich konserviert; und es erscheint mir, rein wissenschaftlich-massenpsychologisch gesehen, als ein erstaunliches Vorgehen durch die Gegner einer bestimmten Weltanschauungsgemeinschaft, die an und für sich zum Zerfall prädestinierte Menge eben dieser Anhänger einer überwundenen Gegnerschaft auf diese Weise in eine neue Gemeinsamkeit zu zwingen.

Während der Zeit meiner amerikanischen Kriegsgefangenschaft war ich für vier Monate in einem Zivilinternierungslager von 6000 automatisch Arrestierten als Lagerarzt eingesetzt. Und ich habe in dieser Zeit Gelegenheit gehabt, das Verhalten einer führerlos gewordenen, aber künstlich durch den Stacheldraht zusammengehaltenen Masse zu studieren.

Wenn wir gesehen haben, daß die natürlichen Massen durch den I n s t i n k t und die künstlichen Massen durch direkte oder indirekte S u g g e s t i o n e n geführt werden, so erhebt sich zunächst die Frage nach dem Führungsmittel der führerlos gewordenen Massen. Das Führungsmittel der führerlos gewordenen, durch Zwang zusammengehaltenen Masse ist die A u t o s u g g e s t i o n . Und das Resultat primitiver autosuggestiver Mechanismen ist das anonyme G e r ü c h t !

S h a k e s p e a r e hat um diese Zusammenhänge gewußt. Er läßt — als Prolog zum zweiten Teil seines Heinrich des Vierten — das G e r ü c h t („ganz mit Zungen bemalt") auftreten und sagen:

> „Gerücht ist eine Pfeife,
> worauf Verdacht, Vermutung, Mißgunst spielt,
> und von so leichtem und bequemem Griff,
> daß selbst das Ungetüm mit tausend Köpfen,
> die ewig mißklangvolle, schwankende Menge,
> darauf spielen kann."

Und abschließend die Selbsterkenntnis des Gerüchtes:

> „Gerücht streut falsche Tröstung in die Runde,
> die schlimmer wirkt, als wahrer Übel Kunde."

Die Gerüchtbildung im Internierungslager war, vom Inhaltlichen her gesehen, eine unglaublich simple Angelegenheit; sämtliche immer neu auftauchenden Gerüchte kreisten um den großen Wunschtraum aller Eingesperrten, nämlich um die Entlassung. Es entstand — und zwar sofort unmittelbar bei der Errichtung der ersten Internierungslager — das, was man nur als Entlassungswahn bezeichnen kann. Jede klare und rationale Überlegung hätte schon damals zu dem Schluß kommen müssen, daß eine Internierung immer ihre Zeit braucht; daß rein technisch Tausende und Abertausende zwar schnell festgesetzt, aber nicht schlagartig wieder entlassen werden konnten — zumal sichere Anzeichen dafür vorlagen, daß eine individuelle Überprüfung vorgenommen werden sollte usw. Alle solche Überlegungen aber wurden hinweggefegt durch den leidenschaftlichen Wunsch nach Wiedererlangung der Freiheit.

Psychiatrisch längst bekannt und in unserem Zusammenhang besonderer Beachtung wert ist der Begnadigungswahn der zu lebenslänglicher Haft verurteilten Zuchthäusler. Die Entstehung dieser fast regelmäßig nach einer gewissen Haftdauer einsetzenden Wahnbildung ist psychologisch den ganz gleichen primitiven autosuggestiven Mechanismen unterworfen wie die Entstehung des Massenwahns der baldigen Entlassung bei den auf unbestimmte Zeit eingesperrten Internierten. Die Menschen ertragen es einfach nicht, jede Hoffnung auf eine Änderung der als unerträglich empfundenen Situation fahren zu lassen und zu resignieren; die Furcht vor der Unabsehbarkeit der Zeitdauer der Freiheitsberaubung und, bei den Internierten, vor einer eventuellen harten Bestrafung lassen eine allgemeine baldige Entlassung immer dringender wünschenswert erscheinen. Die unter dem Druck niederziehender Befürchtungen stehende Persönlichkeit rettet sich in die Luftschlösser des Entlassungswahns; leise Zweifel des rationalen Persönlichkeitsanteils werden leidenschaftlich unterdrückt. Was auch immer im Internierungslager geschehen mochte: der Wunsch (nach Entlassung) war der Vater des Gedankens (der baldigen Heimkehr). Dafür nur ein Beispiel: Der Lagerpfarrer, der Bibelstunden abhielt für Hunderte von seinerzeit aus Konjunkturgründen aus der Kirche Ausgetretenen, die nun ebenfalls aus Konjunkturgründen wieder eintreten wollten (—vielleicht wurden die Kirchenangehörigen doch etwas eher zur Entlassung vorgesehen als die Heiden?) — dieser Pfarrer wurde plötzlich Mittelpunkt eines Gerüchtes: „Der Pfarrer hat gesagt, daß wir in der nächsten Woche alle nicht mehr im Lager sind, weil wir bis dahin entlassen werden!" Was hatte der Pfarrer in Wirklichkeit gesagt? Er sagte: „Wenn wir das nächste Mal zusammenkommen, dann sprechen wir über das und das." Was aber hörten die dem Entlassungswahn verfallenen Schafe seiner Herde heraus? „W e n n wir das nächste Mal zusammenkommen das heißt: wenn wir das nächste Mal überhaupt noch zusammenkommen sollten — das heißt: wir kommen ein nächstes Mal gar nicht wieder zusammen — das heißt: wir sind bis dahin alle entlassen!" Der nüchterne Beobachter, der solchen haltlosen Deduktionen mit sachlichen Gegenargumenten entgegenzutreten versuchte, geriet sofort in eine Lage, die ich mit Kassandra-Situation bezeichnen möchte: er wurde bestenfalls überhört, meist persönlich angegriffen und mit Tätlichkeiten bedroht. Selbst vor den 70 internierten Ärzten des Lagers, welches Gremium für eine geistige Elite zu halten ich mich unterfangen hatte, war es mir nicht möglich, eine wissenschaftliche Darlegung der Entstehungsweise des Entlassungswahns zu Ende zu führen. Kassandra wird es ähnlich gegangen sein. Sie war keine Prophetin, sondern ein in der Anwendung ihrer Ratio nicht affektiv gehindertes Mädchen und sagte sich (und unklugerweise auch den anderen), daß ein Geschenk des Feindes wie das Trojanische Pferd von vornherein verdächtig sein müsse. Als sie das auszusprechen wagte, erregte sie sofort den einmütigen Widerspruch der im Friedensrausche befangenen Trojaner, die nichts mehr von Kriegsgefahr hören w o l l t e n und daher zu logischer leidenschaftloser Überlegung nicht mehr fähig waren. Sie war das von Homer besungene Opfer eines massenpsychologischen Phänomens, wie es in photographischer Treue auch heute noch zu beobachten ist.

Die plötzlich aufflammenden optimistischen Entlassungsgerüchte wichen nach einigen Tagen, wenn die erwartete und als sicher prophezeite release nicht erfolgt war, einer allgemeinen verzweifelten Lagerdepression — aus der heraus dann wieder und immer wieder ein neues Entlassungsmärchen wie der Phönix aus der Asche emporstieg. Die Märchen bedienten sich häufig des Verfahrens, zunächst einige einfache, unbestreitbare Tatsachen aufzuzählen und ihnen dann immer denselben Analogieschluß anzuhängen, der an die allgemeine Bereitschaft des Lagers, das

Wunder der sich alsbald öffnenden Lagertore als unmittelbar bevorstand anzunehmen, appellierte. Diese meistwiederholte primitive Gedankenkette lief nach folgendem Schema ab: Das Gerücht bestand aus den Inhalten a, b und c; a und b ist unbestritten; „also" muß auch c, nämlich die baldige Entlassung, wahr sein. Das Gesamtverhalten der von diesen kurzdauernden psychischen Epidemien immer wieder aufgepeitschten Masse erinnerte lebhaft an die uferlosen Wunschträume und strohfeuerartig kurzen und kurzschlüssigen Affekte der Kinder und der ebenfals hochgradig autosuggestiblen Hysterischen; infantile und hysterische Züge sind denn ja auch ein uralter, seit L e B o n (l. c.) immer wieder festgestellter Erfahrungsschatz massenpsychologischer Erkenntnis. Der am Beispiel der führerlos gewordenen Massen besonders transparent zu machende autosuggestive Hintergrund erweist sich als die gemeinsame Quelle der infantilen und hysterischen Regungen von Menschenmassen.

Die H e i l u n g dieser wahrhaft-affektiven Wirklichkeitsumdeutungen erfolgte zunächst für kürzere Zeit und für einzelne durch den Urlaub auf Ehrenwort und späterhin durch die Auflösung der Lager überhaupt zu einem drei Jahre späteren Termin, als ihn das erste Gerücht vorausgesagt hatte. Immer erfolgte nach der tatsächlichen Entlassung eine völlige Korrektur der wahnhaften Inhalte mit einer meist auch zugegebenen Krankheitseinsicht; zuweilen wurden aber auch die immer wieder geglaubten Gerüchte nachträglich bagatellisiert oder sie verfielen, offensichtlich als blamable Zeichen der affektiv urteilsschwachen Persönlichkeit, der prompten Verdrängung, so daß in dieser Hinsicht ein charakteristischer Erinnerungsausfall bestand.

Sieht man nun aus einem gewissen zeitlichen Abstand heraus die Affekte nochmals an, deren Dynamik sich in die geschilderten autosuggestiven Mechanismen umsetzte, so kann es nicht zweifelhaft sein, daß der Wunsch nach Freiheit und die Furcht vor langdauernder Internierung dem Boden jenes eigentümlichen Phänomens mitentsprungen sind, welches mir damals in der Zeit eines allgemeinen Entwurzeltseins eine nicht genügend erkannte Bedeutung zu besitzen schien: Es ist das Gefühl des Heimwehs. Alle diese Männer, die zusammen die Menge der Lagerinsassen ausmachten, hatten im Grunde Heimweh, Heimweh nach der gewohnten Umgebung und nach der gewohnten Existenz. Es sei ausdrücklich betont, daß ich das Heimweh nicht *ausschließlich* als den Boden der zum Entlassungswahn führenden autosuggestiven Mechanismen ansehe; aber es gehört zu den Hintergrundaffekten, die offenbar eine conditio sine qua non in dem beschriebenen Zusammenhang darstellen.

Noch ein zweites Beispiel aus der Fülle aktueller Schicksale möge die Bedeutung des Heimwehfaktors für das psychische Geschehen innerhalb einer führerlosen Masse aufzeigen: Jene Masse der Ostvertriebenen, die, meist ohne Hab und Gut unter kaum menschenwürdigen Bedingungen dahinvegetierend, nicht durch den sichtbaren Stacheldraht, sondern durch ein unsichtbares Band zusammengehalten werden: durch eben jenes Heimweh. Auch die Ostvertriebenen sind eine plötzlich führerlos gewordene Masse, die ihre politischen und religiösen Führer verloren hat.

Ich habe über das Heimweh der Ostflüchtlinge und seine Behandlung gelegentlich des Bremer Kongresses der Nordwestdeutschen Psychiater und Neurologen vorgetragen und kann insoweit auf die Veröffentlichung im „Nervenarzt" (Oktoberheft 1948) verweisen; dort ist auch die Begründung zu finden dafür, daß in Zeiten überwältigender Not das Heimweh eine allgemein menschliche Reaktionsbereitschaft auch Erwachsener ist — im Gegensatz zu den Erfahrungen saturierter Zeiten, die das Heimweh eigentlich nur als Ausnahmereaktion bei primitiven oder nicht ausgereiften jugendlichen Persönlichkeiten kannte. Es kann demnach kein Zweifel sein, daß die Flüchtlingsdepressionen sämtlich durch das Heimweh gefärbt waren; dies vorausgesetzt, wird es niemand wunder nehmen, daß die zwar nicht so dramatisch und explosiv, dafür aber heimlicher und zäher entstehenden Gerüchte dieser führerlosen Menschenmassen sich in den gleichen Bahnen und Inhalten bewegten, wie wir es bei den Internierten gesehen haben.

Die Gerüchtebildung auf autosuggestiver Basis läßt sich hier besonders schön in ihren verschiedenen Spielarten verfolgen; zunächst das amorphe, nicht gegliederte, mehr unklar gehoffte als logische differenzierte Gerücht, das, wenn es auch nicht zu den überschwenglichen Explosionen der Massenseele führt wie im Internierungslager, doch seine Vehemenz beweist in der Allseitigkeit, mit der es schlagartig auftritt.

Frappant ist die Ähnlichkeit a u t o suggestiv entstandener Parolen mit den f r e m d suggestiv während der Endphase des Krieges durch das Propagandaministerium bewußt ausgestreuten

Gerüchten von den Wunderwaffen, die den Krieg im letzten Moment entscheiden würden u. a. m.

Überblicken wir das Gesagte, so können wir feststellen, daß offenbar dann, wenn wegen Führermangels eine F r e m d suggestion nicht mehr statthat, an ihre Stelle bei der führerlosen Masse die S e l b s t suggestion tritt. Wenn diese autosuggestiven Mechanismen in ihren Inhalten auch erstaunlich primitiv und gleichförmig verlaufen, so ist die dynamische Intensität, mit der sie auftreten, erstaunlich groß. Sie entspricht offenbar einem *kompensatorischen Bedürfnis* des Menschen, der eine hoffnungslose Situation zu ertragen sich mit allen seelischen Kräften auch dann sträubt, wenn die kühle Vernunft die Aussichtslosigkeit phantastischer Wunschträume mit Leichtigkeit durchschauen müßte. Nach bekannten massenpsychologischen Gesetzen verleiht die Massenhaftigkeit der gleichen, von allen geteilten Anschauungen diesen einen Zuwachs an Glaubhaftigkeit, der entscheidend dafür ist, daß letzte rationalistische Zweifel über Bord geworfen werden.

Was können nun unsere Betrachtungen uns an Erkenntnissen hinsichtlich der massenpsychologischen Gesamtsituation, die ja doch für das ganze Volk die einer führerlos gewordenen Masse ist, bieten? Nun, ich meine, es soll uns nicht schrecken, wenn Primitivität und emotionales Denken so hoch im Kurse stehen. Niemals ist im Laufe menschlichen Geschehens von der Ratio allein eine Renaissance ausgegangen. Immer sind die gewaltigen Ströme aus dem Unbewußten des Menschseins die entscheidenden Faktoren gewesen. Es will mir daher scheinen, als ob selbst wilde Gerüchte in der äußerlich so hoffnungslosen Situation, in der wir uns damals befanden, als Signale einer noch vorhandenen Tatbereitschaft positiver zu bewerten waren, als es eine dumpfe Apathie gewesen wäre, in der die Kirchhofstille der Selbstaufgabe eines rationalistischen Nihilismus herrschte. Die ungeheure Dynamik massenpsychologischen Geschehens kann nicht nur in die Abgründe menschlicher Verirrung geleitet werden; sie kann ebensowohl, und das wird heute nur zu leicht vergessen, durch eine verantwortungsbewußte Führung zum segenspendenden Quell neuer auch kulturell vertretbarer Taten werden.

In das Kapitel der politischen Dummheiten gehören auch jene Versuche, ein ganzes Volk mit ungeeigneten Methoden, die unter falschen Voraussetzungen entstanden waren, umzuerziehen oder zu entnazifizieren, wie es 1945 genannt wurde. Heute, nachdem mehrere Jahre ins Land gegangen sind, weiß jeder, daß diese Methode schon deshalb zum Scheitern verurteilt war, weil man nicht drei Viertel eines Volkes, die irgendwie mit einer als legal zur Macht gekommen propagierten politischen Staatsführung zu tun gehabt haben, diffamieren und bestrafen kann.

Daß die politische Weisheit nicht von der Gegenwart gepachtet ist, zeigt das Beispiel der Entnapoleonisierung der Oldenburger Beamten nach den Befreiungskriegen. Vorher war der Großherzog nach Rußland emigriert, und die zurückgebliebene Beamtenschaft hatte mit den französischen Regierungsstellen zusammengearbeitet. Nach der Rückkehr des Großherzogs schrieben die Beamten ihre heute noch im Oldenburgischen Staatsarchiv befindlichen und von mir eingesehenen Briefe, die ihrem Inhalt nach aufs Haar den Auslassungen gleichen, die wir alle den Entnazifizierungsbehörden eingereicht haben. Die Antwort des Großherzogs war aber anders als die des Jahres 1945. Er stellte sich auf den Standpunkt, daß die zur französischen Herrschaftszeit ausgeübte Tätigkeit nicht als für oder gegen den Großherzog geleistete Dienste, sondern eben als solche im französischen Solde anzusehen seien, die ihn, den Großherzog, und seinen Staat nicht beträfen. Die Beamten arbeiteten also ruhig weiter, genau wie sie es ja heute auch wieder tun, nachdem man sie jahrelang malträtiert hatte. Daß hierbei im heutigen Deutschland eine Unsumme von Ressentiments, persönlichem Leid und entsprechenden Urteilen über eine töricht handelnde politische Gewalt unnötig entstanden sind, kann in der Tat nur als Folge politischer Kurzsichtigkeit, um einmal das Wort Dummheit zu vermeiden, angesehen werden. Aber wahrscheinlich hat auch hier Schiller recht mit seinem bekannten Wort „Mit der Dummheit kämpfen Götter selbst vergebens", das zu zitieren wir schon einmal genötigt sahen, und das unsichtbar über jeder Seite unseres Essays zu lesen steht.

Der Generalnenner, auf den das Thema dieses Abschnittes über dummes Verhalten trotz normaler Intelligenz gebracht werden kann, ist das Mißverhältnis zwischen affektiv und rational gesteuertem Seelenleben. Immer dann, wenn unwiderstеhliche Gefühle, Triebregungen oder Strebungen einen Menschen übermannen, hinreißen oder wie man es sonst bezeichnen will, immer dann leidet der Verstand nicht nur not, sondern dann wird die Intelligenz häufig im Dienste der Affekte mißbraucht. Das Beispiel der führerlosen Massen oder die politischen Racheinstinkte gelegentlich der Entnazifizierung sind schlagende Beispiele für offensichtliche Torheiten, die praktiziert und geglaubt wurden von Menschen, deren Intellekt außerhalb ihrer Leidenschaft durchaus genügende Leistungen aufzuweisen gehabt hätte.

Es ist schon so, daß uns unsere eigenen Passionen und Liebhabereien, wenn sie ihren gleichberechtigten Anteil am Seelischen, den auch der kritischste Geist ihnen wird zustehen müssen, überschreiten, uns die Schellenkappe des Narrentums umhängen[27]).

Die Natur selbst schmückt gewissermaßen ihre Geschöpfe mit dem Narrenorden. Nur ist es damit umgekehrt wie bei den offiziellen Ordensverleihungen: je geringer die Klasse ist, desto ehrenvoller ist es für den mit ihm Behafteten. Der Narrenorden wird nicht verliehen, sondern er gehört unsichtbar dazu je nach jedes Menschen Art und Werdegang. Das Kleinkreuz tragen praktisch alle Menschen, also auch Du, lieber Leser, und ich natürlich auch, falls Dir das Befriedigung bereiten sollte. (Auch in Deutschland ist das Ordenswesen im bundesrepublikanischen Teil auf dem zivilen Sektor — mangels eines militärischen — wieder im Schwange. Eine Faschingszeitung meinte heuer, das kleine Bundesverdienstkreuz solle in Zukunft allen Absolventen der Volksschule verliehen — „sofern sie", wie die karikierte Verleihungsbestimmung lautete, „keine Klasse wiederholt haben".)

Beim Narrenorden kehrt sich, wie gesagt und wie sich das für einen Narrenorden gehört, die Wertschätzung um. Das Narren-Kleinkreuz hat zweifellos höheren Wert als das Kommandeurkreuz, und dieses wieder zeichnet würdigere Vertreter der species humana aus als das Großkreuz. Jeder Inhaber des Kleinkreuzes würde sich schließlich energisch die Verleihung des Großmeistertums, gewissermaßen des Großen Narrenordens mit Brettern (letztere vor dem Kopf zu tragen) verbitten. Der Vorteil der Narrenorden ist, daß sie unsichtbar und unwissentlich getragen werden, ja daß die Großordensmeister der Narrenzunft auch nicht die leiseste Ahnung von ihrer Würde verspüren. Schon der

---

[27]) Hier und auch später gelegentlich — so im Genealogie-Kapitel — unter bewußter Anlehnung an W e b e r , Demokritos, II. Band, Rieger Verlag, Stuttgart 1858.

Urvater Adam hat den Orden getragen; seine Frau hat ihn ihm mit Hilfe des Satans verliehen. Überhaupt zeigen die ältesten Dokumente der Menschheit, daß die Angehörigen dieses Ordens stets zahlreich gewesen sind, und daß er auf eine bei weitem größere Tradition zurückblicken kann als etwa der Hosenbandorden merry old Englands.

Die Verbreitung Derer von Schafskopf oder, wie sie im höflichen Schwaben heißen, Derer von Zipfel ist unabsehbar. Dementsprechend ist auch ihre Presse: Zeitungen, Zeitschriften, Magazine, Groschenhefte, Kolportage billigster Sorte gehören dazu. Praktische Mitglieder der Zunft verstehen sich vortrefflich zu tarnen; es bedarf einigen Scharfblicks, um sie zu erkennen. Etwa jenen Dummkopf, der in ihm geistig überlegener Gesellschaft um die Wahrheit des Wortes weiß: Si tacuisses, philosophus mansisses. Er verhält sich still, hört aufmerksam zu, und am Schluß, wenn alles aufsteht, läßt er mit sinnender Miene die Worte fallen: „Hierüber ließe sich noch manches sagen, meine Herren!" Von einem Angehörigen des schwedischen Reichsrats geht die Sage, daß er sein Votum immer nach der Mehrheit richtete, indem stets dagegen stimmte. „Ich verstehe nichts davon", so pflegte er zu sagen. „Ist an der Sache was dran, so wird sie auch ohne mich sich durchsetzen. Ist sie schlecht, so trage ich keine Verantwortung". Manche andere verbreiten sich mit gelehrten Ausdrücken unter Menschen, von denen sie wissen, daß sie gerade auf diesem Gebiete nicht zu Hause sind. Andere machen es noch feiner, indem sie das Gespräch auf etwas lenkten, was sie vorher sich gerade eingerichtet haben. Dieses letztere Manöver ist ein beliebter Examenstrick, berühmt geworden in dem Prüfling, der nur etwas über die Würmer weiß und dem Zoologieprofessor, der ihn über den Elefanten examiniert, antwortet: „Der Rüssel dieses Tieres sieht aus wie ein Wurm. Die Würmer werden eingeteilt erstens ... zweitens ... drittens ..."

In der latinisierten griechischen Ausdrucksweise der Ärzte heißt der Ausgang des Magens Pylorus (zu deutsch — auch in der medizinischen Sprache gelegentlich so genannt — der Pförtner). Junge Ärzte der Klinik bezeichneten den abwechselnd zweibeinigen oder invalid auf einem eigenen Bein täglich wechselnd in der Portierloge auftauchenden Cerberus als „unseren Pylorus". Die Psychologie der Pförtner und Türhüter muß noch geschrieben werden. Einen kleinen Beitrag dazu stellt folgendes Erlebnis eines Mannes dar, der Auskunft über seine in ein Krankenhaus aufgenommene Frau begehrte. Ich bringe das Erlebnis so, wie es mir Herr Thies erzählte, weil man das Air, oder wie Harlekin meint, das Goffo derjenigen Art der Dummheit, die der Trägheit des Herzens entspringt, nicht anders mitteilen kann:

Auf dem Volksfest der Stadt herrscht großer Trubel. Herr Thies und Frau sind auch dabei. Sie werden getrennt. Herr Thies besucht verschiedene Bierzelte, Frau Thies bevorzugt blutrünstige Schaustellungen. Gerade als Herr Thies sich den allerletzen hinter die Binde gießen wollte, kommt sein Nachbar auf ihn zugestürzt. Herr Thies möge sich um Gottes Willen um seine Frau kümmern; sie sei plötzlich ohnmächtig geworden und vor einer Stunde in die Klinik gefahren worden.

Das war ein Schreck in der Abendstunde; der plötzlich völlig nüchterne Herr Thies schwang sich in den nächsten Mietwagen und raste zur Klinik. Vor Erregung bis in die Fingerspitzen unruhig und besorgt, fragte Herr Thies den amtierenden behäbigen Pylorus, der gerade mit einem hirschhornbelegten überdimensionalen Taschenmesser energische, aber offensichtlich erfolglose Maniküre trieb: „Ist meine Frau, die Frau Thies, hier vor etwa einer Stunde eingeliefert worden?"

Der Pylorus streift den nächtlichen Besucher mit einem strafenden Blick. Immer diese Angehörigen! denkt er. Aber er bequemt sich doch, die Frauenstationen der Reihe nach anzurufen. Das Ergebnis langer, zeitweise mit entrüsteter Lautstärke geführter Erkundigungen ist, daß in der fraglichen Zeit niemand des fraglichen Namens eingeliefert wurde.

„Wie ist das nur möglich?" schreit Herr Thies. Der Pylorus ist unerschüttert; er zuckt die Achseln und wendet sich wieder der hoffnungslosen Pflege seiner Fingernägel zu. Er hat getan, was seines Amtes ist. Auch für ihn gilt offenbar der Spruch: ultra posse nemo obligatur.

Plötzlich aber verklärt ein wohlwollendes Lächeln seine Züge; Herr Thies schöpft neue Hoffnung. „Es gibt doch noch eine Möglichkeit", sagt der Pylorus, den Telefonhörer abhebend. Mit strahlender Miene teilt er dem gierig an seinen Lippen hängenden Herrn Thies mit: „Sie ist wahrscheinlich sofort in die Leichenhalle gebracht worden."

Frau Thies war in Wirklichkeit längst zu Hause, weil der aufnehmende Arzt sie nach dem Ergebnis der Untersuchung als harmlos erkrankt dahin zurückgeschickt hatte. Diese Aufklärung nach der tatsächlichen Seite hin aber ändert nichts an der Tatsache, daß in eine angespannte psychische Situation hinein eine ausgesprochene Gemütsroheit platzte, wobei andererseits — und das ist die eigentliche Pointe dieser Geschichte — die Motive dieser Roheit im Grunde eitel Wohlwollen und Hilfsbereitschaft eines Pylorus waren. Und schließlich und vor allem fehlte es an ein klein wenig Phantasie, an Einfühlungsvermögen und -Bereitschaft. Diese Phantasielosigkeit ist eben sehr häufig, die unerträglich borniert Handlungsweisen entstehen läßt, die im Grunde herzensgut gemeint sind, und doch wirken können wie ein Keulenschlag.

Allen diesen und noch vielen anderen, die im einzelnen aufzuzählen ermüden würde, steht er gut, der Narrenorden verschiedener Klassen. Und wie steht, es mit den wirklichen, den ersessenen und den verliehenen Orden?

Merkwürdigerweise sind auch kluge Menschen häufig eitel, und ganz besonders, wenn es um die Orden und Ehrenzeichen geht. Die ersessene Anstecknadel — die „silberne" bei 25-jähriger Angehörigkeit beim Sportverein etwa — wird mit Stolz getragen. Das erinnert mich immer etwas an jenen Eisenbahner, der auch sonntags außer Dienst zum Zivilanzug seine Bahnermütze aufsetzt, weil er sich nicht von dem stolzen Gefühl trennen kann, das eine solche amtliche Mütze ihrem Träger offenbar gewähren kann. Ich selbst wurde mit einer silbernen Ehrennadel durch die gesamte Bundespresse gereicht, die ich ohne mein Dazutun verliehen bekommen hatte, weil ich in meiner Jugend mich sportlich und später als Sportarzt ehrenamtlich betätigt hatte. Daß ich dabei um zwanzig Jahre älter gemacht wurde, als ich bin, sollte wohl meine Würdigkeit besonders betonen, an der ich in beklagenswertem Maße Mangel leide — ich weiß es wohl.

Ansonsten bin ich mit ersessenen Orden bislang nicht weiter ausgezeichnet worden; ich sehe etwaigen Überreichungen mit Fassung entgegen. Mit den verliehenen habe ich anfangs des Krieges einige Erfahrungen gemacht, mit denen ich dieses Kapitel schließen will, weil sie menschliche Torheit, wie ich meine, reizend zu beleuchten vermögen. Ich erkläre ausdrücklich, daß ich nicht aus dem Ressentimentgesichtspunkt des Nichtdeko-

rierten spreche. Mein geringer Bedarf an Kriegs- und Ehrenzeichen ist im Rußlandfeldzug, den ich als Truppenarzt mitgemacht habe, reichlich gedeckt worden.

Krieg und Frieden

Bevor ich mich, dies Kapitel abschließend, den Kriegsorden
zuwende, will ich noch einige Gedanken über Krieg und Frieden,
soweit beide Phänomene als Ausdruck der Klugheit oder der
Dummheit menschlicher Gemeinschaften betrachtet werden können, zu Papier bringen.

Heute, am Tage, da ich dieses schreibe, notiert Klio keinen
eigentlichen Krieg; also keine Fortsetzung der Politik mit anderen Mitteln, den Waffen nämlich. Wir haben allerdings noch
den Zustand einiger kalten Kriege[28]), wie man heuzutage das
gespannte Verhältnis zwischen verschiedenen politischen Gemeinschaften nennt. Früher sagte man weniger bilderreich „Zustand drohender Kriegsgefahr". Aber damals schickten die „Ag-
gressoren" (wer angreift, bestimmt hinterher der Sieger) noch
vorher Kriegserklärungen, bevor sie einmarschierten.

Ist nun der kalte Krieg richtiger ein wirklicher Krieg oder ist
er keiner? Sollte man vielleicht lieber von einem heißen Frieden
reden? Ich stelle anheim.

Kriege entstanden in Urzeiten aus Gründen des Nahrungs-
erwerbs. Heute treten nach außen hin ideologische Gründe auf,
von denen die Behauptung, der Gegner wolle dem Gegner den
Lebensraum verkürzen oder den Platz an der Sonne nicht gönnen,
noch diese uralte Kriegsbegründung anklingen läßt.

Im übrigen ist unsere heutige Welt ja keine Welt der Tatsachen, über die vernünftig diskutiert wird; sondern eine solche
der Bedeutung, die man den Tatsachen zumißt. Diese Bedeutung
zudem ist wiederum mit affektiven Vorzeichen versehen — was
das Ganze hoffnungslos werden läßt.

Pazifismus ist etwas Schönes. Innerhalb einer waffenstarrenden
Welt wirkt er verspielt, unernst. Daß die paradoxe Behauptung
aller rüstenden Staaten, sie wollten mit ihren Waffen den Frieden
erhalten und nichts anderes — daß diese Behauptung nicht im
Hohngelächter einer klugen Menschheit untergeht, das ist ein
weiterer Beweis dafür, daß „die" Menschheit eben nicht „klug"
ist — wenn es eines solchen noch bedurft hätte.

[28]) Fernöstlich: „die Entfernung vom Frieden".

Nach den Schätzungen des amerikanischen Verteidigungsministeriums hat der US-Steuerzahler für den Korea-Krieg etwa 15 Milliarden Dollar aufbringen müssen. Die Kriege werden teuer. Der erste Weltkrieg, den die Amerikaner nur gegen Schluß mitmachten, kostete sie „nur" 25 Milliarden Dollar. Die Ausgaben der United States für den zweiten Weltkrieg werden mit 323,6 Milliarden Dollar angegeben.

Das ist nur die finanzielle Seite. Die Opfer an Menschenleben sind dabei nicht betrachtet. Man kann das Leid, das Elend, die zerstörten Hoffnungen, die mit den Soldaten zu früh ins Grab sanken, nicht nüchtern berechnen.

Aber nicht nur die Toten klagen an.

Unser Jahrhundert ist das der Weltkriege mit ihren konsekutiven Völkerwanderungen. Die Tatsachen muten wie ein Stück aus dem Tollhaus an: Nach dem ersten Weltkrieg kam es zu einer Orgie der Nationalstaaterei — Polen, Tschechoslowakei und Jugoslawien erstanden als neue politische Gebilde, Rußland praktiziert eine ganz neue revolutionäre Staatsführung. So setzen die Massenfluchten ein: 1,2 Millionen Russen fliehen in die Länder des Westens, 200 000 Einwohner der baltischen Länder und der Tschechoslovakei siedeln nach Deutschland über; ebenso viele kommen aus Elsaß-Lothringen und Eupen-Malmedy. 120 000 Bulgaren werden aus Griechenland vertrieben, dafür werden 50 000 Griechen aus Bulgarien hinausgeworfen. Aus Jugoslawien und der Tschechei weist man 200 000 Ungarn aus, dieselbe Anzahl gleicher Nationalität noch einmal aus Rumänien. 1922 veranlaßt der griechisch-türkische Krieg die Flucht von 1,2 Millionen Griechen aus der Türkei und von 400 000 Türken aus Griechenland.

Die Hereinholung von Fremdarbeitern wurde während des zweiten Weltkrieges vom nationalsozialistischen Staat planmäßig und in großem Stil betrieben: es handelte sich schließlich um 9 Millionen Menschen, die am Tage des Zusammenbruchs 1945 in Deutschland arbeiteten oder bereits nicht mehr arbeiteten. Sie gliederten sich in 2,5 Millionen Polen, 2,1 Millionen Franzosen und 1,8 Millionen Russen — die übrigen bestanden aus Kontingenten praktisch aller besetzten Nationen Europas. Die westlichen Alliierten haben dann in einer bewunderungswürdigen Organisation etwa 8 Millionen der verschleppten Personen in ihre Heimatländer zurückgebracht. Etwa eine Million blieb im Ausland, die meisten gingen nach Übersee. Schließlich blieben von den 9 Millionen nach Zentraleuropa Ausgesiedelten nur einige wenige Hunderttausend in Deutschland.

Nachdem sich die Sieger des zweiten Weltkrieges genügend darüber entrüstet hatten, daß Deutschland fremde Menschen zu sich hereinholte und sie vorübergehend aus ihrer Heimat riß, sorgte ihre Politik dafür, daß — o Ironie der Weltgeschichte! — fast genau die gleiche Zahl, nämlich etwa 9 Millionen Deutsche, diese dafür aber, wenigstens in der Planung, für immer von Haus und Hof gejagt und vorwiegend in das Gebiet der Bundesrepublik gepreßt wurden.

In diesen Tagen melden sich täglich rund 250 Einwohner der Sowjetzone Deutschlands und bitten um Asyl: die gleiche Zahl etwa wird täglich in das Gebiet der Bundesrepublik geflogen. Die Völkerwanderung hält an.

In den 30 Jahren von 1920 bis 1950 sind 50 Millionen Europäer gegen ihren Willen umgesiedelt, also vertrieben worden. Das ist — die Zahlen bringe ich nach J. B e s s e r — jeder zehnte Einwohner Europas!

In der Mitte des vorigen Jahrhunderts bis zu seinem Ende gab es so etwas wie einen Glauben an den kulturellen, ethischen und intellektuellen „Fortschritt der Menschheit".

Diese öffentliche Meinung der Zivilisation hat sich selbst, so will es scheinen, bei weitem überschätzt; und zwar ganz offenbar nicht nur, was die kulturelle und die ethische Seite des vermeintlichen Fortschritts anbelangt.

Während des zweiten Weltkrieges gab es eine Orden-Invasion, weil der Krieg so lange dauerte. Neben den Tapferkeitsorden gab es Teilnehmermedaillen (Rußlandplakette, von den Landsern Gefrierfleischorden genannt) und Leistungsabzeichen (Flugzeugführer, Fallschirmjäger) und Kampfabzeichen (Infanteriesturmabzeichen). Gegen Kriegsende hatten die neuartigen und daher gegenüber der Infanterie weit überschätzten Waffen (Flieger, Fallschirmjäger) die Heldenbrust so voll großkalibriger Orden, daß nur noch der Hals eine gewisse Zeit frei blieb, bis das Ritterkreuz die Lücke schloß. Das führte zu einer bedauerlichen Entwertung der Kriegsorden, die ja im Grunde nicht als Dekorationsstücke für bestimmte militärische Chargen gedacht waren, sondern als vereinzelte Auszeichnung für echte Tapferkeit vor dem Feinde.

Die Frontsoldaten wußten, was sie davon zu halten hatten. Noch törichter als bei der Hochachtung der schließlich zigarrenkistenweise verteilten Frontorden ging es mit den Heimatorden zu. Als ein zweifellos sehr verdienter Generalarzt der Reserve über seinen Operationsmantel das Ritterkreuz zum Kriegsverdienstkreuz gehängt bekam, da tuschelte es bald durchs ganze Lazarett: „Der Chef hat das Kriegsverdienstkreuz zum Hals heraus bekommen — mit Espenlaub und Schwertern!"

Die Diskussion über die Ordensverleihungen in Weltkrieg Eins wurde erst unterbrochen und ergänzt durch die Diskussion über die Ordensverleihungen in Weltkrieg Zwei. Augenblicklich diskutiert man nicht um neue Orden (noch nicht). Man diskutiert vielmehr darüber, ob die verliehenen Orden mit oder ohne Hakenkreuz getragen werden dürfen. Diese Diskussion ist für den, der auf Nuancen der Dummheit im öffentlichen Gespräch zu achten gelernt hat, von unübertrefflicher Feinheit.

6

Das Narrentreiben der Menschheit

Allgemeines   *Kinder und Narren sagen die Wahrheit*

so heißt es im Volksmund; und der Narr ist ja von alters her keineswegs als dumm angesehen worden. Im Gegenteil war er der Träger der N a r r e n w e i s h e i t, die ungestraft bei Hofe das hat aussagen dürfen, was „man" eigentlich nicht einmal denken durfte. Die N a r r e n f r e i h e i t, die in diesem Tatbestand beschlossen liegt, ist oft beneidet, meist auch respektiert worden. Shakespeares Narren sind dafür bekannt, daß sie dort, wo höfische Sitten eine lebensfremde Atmosphäre geschaffen haben, die erfrischende Wahrheit sagen. Der Weise aus Stratford hat sie offenbar ins Herz geschlossen und genau gewußt, daß Narrheit und Glücklichsein innigere innere Verwandtschaft miteinander haben als Glück und alle Weisheit: Allein dreimal gebraucht er die doch ob ihrer paradoxen Formulierung ungewöhnlich Formel „Narr des Glücks" (König Lear, IV, 6; Timon von Athen III, 6, und Romeo und Julia III, 1).

Ein Shakespearescher Narr fehlte im Dritten Reich; er wäre schließlich wohl gehenkt worden, wenn er da gewesen wäre — wie es einigen reinen Toren denn auch gegangen ist. Der r e i n e T o r der Parzivalsage, von Wagner in seinem Bühnenweihfestspiel unter dieser Bezeichnung eingeführt (erster Akt), ist mehr als ein Narr, auch mehr als ein kluger Mensch. Die Torheit ist hier die Lauterkeit des Charakters, die biblische Einfalt und — in einer Religion, die im „Fleische" eine Versuchung des Teufels sieht — die erotische Unberührtheit, gewissermaßen die männliche Jungfräulichkeit. (Die Virginität ist überhaupt mehr ein psychischer als ein physischer Begriff — was allein schon die weltbezwingende, seit kurzem dogmatisch noch mehr hervorgehobene Jungfrau und Gottesgebärerin Maria und ihr Kult beweist; was man aber auch im täglichen Leben, wenn man die Augen offen hält, sehen kann). Die erste große Torheit der biblischen Überlieferung, der Sündenfall, zeigt neben aller Symbolik psychologisch richtig die aktive Rolle Evas und die passive Adams. Ich muß immer lächeln, wenn ich von den armen verführten Mädchen lese und höre. Die unabhängig vom Intelligenzgrad bestehende Raffinesse auch junger Mädchen und die Torheit der mehr oder weniger jungen Kavaliere sind mir immer überzeugendere typische Konstellationen gewesen als die hingeopferte Mädchenunschuld. Heinrich H e i n e besingt das (übrigens mit einem der im Deutschen so überaus seltenen überraschenden echten Wortspiele, wie sie der gallische Geist in gleicher Vollkommenheit viel häufiger aus dem Ärmel schüttelt):

> Die Tore jedoch, die ließen
> mein Liebchen entwischen gar still;
> Ein Tor ist immer willig,
> wenn eine Törin will.

G o e t h e spricht im Faust vom schellenlauten Tor und beschwört dabei das Bild des Narren mit der Schellenkappe vor unserem geistigen Auge. Das Schwierige ist allerdings nie, dem Mitmenschen die Narrenmütze anzusehen und über ihn zu lächeln. Jeder von uns trägt eine — und jedem Narren gefällt seine Kappe; mir auch die meine. Und diese Erkenntnis von der eigenen mehr oder weniger liebenswürdigen Verbohrtheit und Verschrobenheit, das Sehen des Balkens im eigenen Auge, das ist das große Kunststück des Lebens. Nicht das Kokettieren mit diesem Balken ist dabei von Belang, sondern das Wissen um den persönlichen Sparren und das innere (nicht das äußerliche) Bekenntnis zu ihm; das ist es, was auch den wirklich großen Geist menschlich wirken läßt, und wenn er auf den ersten Blick noch so unnahbar scheint.

Der erste große europäische Roman von C e r v a n t e s „Don Quichote" baut seine unvergängliche Wirkung gerade darauf auf, daß er den scharfsinnigen Edlen Don Quichote mit seiner weltfremden überspitzten Hidalgo-Logik dem volkstümlichen, geistig einfach konstruierten Sancho Pansa gegenüberstellt. Das Kind des Volkes, der nüchtern und real denkende primitive Mensch, ist trotz seiner törichten Leichtgläubigkeit und kindlichen Treue eigentlich immer derjenige, der die Wirklichkeit sieht, wie sie ist, und das intelligentere Verhalten beweist. Er macht die Verschrobenheiten seines Herrn mit und bezieht die Prügel dafür, von denen übrigens auch der Ritter keineswegs verschont bleibt. So zeigt Cervantes in einem großen Paradox, wie die lebensfremde Einfalt erliegt. Und er zeigt auch, wie Einfalt und Weisheit aufeinander angewiesen sind, wie sie keineswegs einander ausschließen. Ganze Seiten der Tiraden und Rodomontaden des Manchaners, die er hoch von seiner Rosinante herab aus leptosom-schizothymer Aristokratenhöhe zum pyknisch-gewöhnlichen Eselreiter an seiner Seite hält, zeigen zwar Stilisierung und Aufbau und sprachlichen Glanz, wie sie ohne intelligente Denkleistung nicht produzierbar sind. Ihr Inhalt aber wirkt gerade deshalb so unbeschreiblich komisch, weil er zu der Wirklichkeit dessen, was er beschreiben will, gar keine echte Beziehung hat. Und umgekehrt: die jammernden hausbackenen Prophezeiungen und nüchternen Kassandrarufe des Eselreiters Sancho Pansa sind so simpel und schmucklos, daß selbst die in ihnen enthaltene lautere, wenn auch platte Wahrheit an innerer Glaubwürdigkeit — und schon gar für die Ohren eines fahrenden Ritters mit dem Helm des Mambrin auf dem Kopfe, der doch in Wirklichkeit nur ein Barbierbecken ist — daß selbst die einwandfreieste Wahrheit abgeschmackt und nicht recht glaubhaft herauskommt. Die Narrenweisheit aber zeigt eine liebenswürdige Form der Dummheit, wie sie literarisch auch sonst etwa in den Schildbürgerstreichen des deutschen Volksbuches zu finden ist. Nicht nur Schilda, auch Schöppenstedt oder die von W i e l a n d humorvoll geschilderten Abderiten des Altertums bringen Schelmenabenteuer, die eines tieferen Sinnes nicht ermangeln. Till Eulenspiegel gehört auch zu dieser Zunft der Weisheit im Gewande der Dummheit. Der Hans im Glück des deutschen Märchens, der von den ihm Begegnenden in steigender Größenordnung der Reihe nach immer mehr betrogen wird, und der darob immer fröhlicher und zufriedener wird, zeigt mit echt volkskunstmäßiger Klarheit der Symbolik, daß Glücklichsein nicht eine Sache des Außen ist, sondern eine solche des Innern, und daß das vielgepriesene Glück auf dieser Erde nichts, aber auch gar nichts mit hoher Intelligenz zu tun hat.

Wie sehr zudem Törichtes und Kluges sich je nach dem Wechsel des Gesichtspunktes gegenseitig berühren können, hat N a p o l e o n mit seinem bekannten Ausspruch kennzeichnen wollen, daß vom Erhabenen zum Lächerlichen nur ein Schritt sei.

Auch in der Bibel heißt es, daß wir alle der ewigen Seligkeit nicht teilhaftig werden können, so wir nicht werden wie die Kindlein. Mit anderen Worten: nicht der klinisch schwachsinnige oder törichte Mensch soll in die Vollkommenheit eingehen können, sondern jener Mensch, der über Eigenschaften verfügt, die man als bezwingende Herzenseinfalt hier und da staunend erlebt und die man gerade *nicht* rational in ihren Voraussetzungen erklären kann. Herzenseinfalt vereint mit tüchtiger Intelligenzleistung, das, was man wohl Rechtschaffenheit genannt hat, ist ein innerer Tatbestand, der im Grunde paradox ist, aber vielleicht gerade darum lebenswirklich sein kann. Ein Paradox ohne Zweifel, aufs innigste zu wünschen, wenn auch in Zeiten der Überzivilisation schwer glaubhaft als „existentes Sein", wie man so schön zu sagen sich ja wohl heute gefällt. Nun ist es zwar im allgemeinen richtig, daß die besonders schulisch begabten, theoretisch veranlagten, streberhaft in sich selbst verschlossenen und mit unjugendlichem fanatischem Lerneifer stigmatisierten Klassenersten, die auf der höheren Schule immer alles unfehlbar richtig wissen, — daß diese Musterschüler mehr als der Durchschnitt gefährdet sind, psychotischen Krisen ausgesetzt zu sein und schließlich in der schizophrenen Katastrophe unterzugehen; die Klassenletzten haben demgegenüber die größere Wahrscheinlichkeit, schwachsinnig zu sein. Hier aber sprechen wir nicht von den Extremen, von den gefährdeten Hochbegabten und den fröhlich Törichten, sondern von der Durchschnittsintelligenz und davon, wieso auch diese nicht vor herzhaft dummem Verhalten schützt: da zeigt sich immer wieder das, was man als Relativität der Intelligenzhöhe bezeichnen kann. Es kommt ja nicht darauf an, was an absoluter Denkfähigkeit in einem Kopfe vorhanden ist, oder, besser gesagt, es kommt praktisch mindestens ebenso sehr darauf an, welche Umwelt der Veranlagung und speziellen Ausbildung eines Menschen gerade gegenübersteht. Der „dumme Bauer" wirkt tölpelhaft nur in der ihm ungemäßen Umgebung, etwa in der Halle eines hypermodernen Hotels, in der er mit linkischen verlegenen Bewegungen, unverständlichem Dialekt, in bäurischer Kleidung leicht zum Gespött der Städter wird — ein unsterbliches Thema für Operette, Film und Lustspiel. Daß derselbe Bauer hinter seiner primitiven Biederheit und zur Schau getragenen Einfältigkeit bauernschlau ist, daß er Notzeiten wie Inflation und Hungerjahre ohne weiteres meistert, daß er auch im Handel vom schlauesten Viehjuden nicht leicht zu prellen ist — das alles besteht trotz und hinter der Fassade der Dummheit, die eigentlich weniger eine Narren- als vielmehr eine Tarnkappe darstellt. Andererseits beruht die schreiende Komik der Serenissimus-Witze gerade darin, daß Höchstdieselben in ungewohnt primitiven Verhältnissen sich nicht zurechtfinden und daher in der dem Potentaten ungewohnten Umgebung erheiternd töricht wirken, was einen pikanten Gegensatz zu der mit ihrer Stellung stillschweigend verbundenen Voraussetzung ihrer auch geistigen Hochwohlgeborenheit zu bilden pflegt. Kein Mensch kann alles Wissen, das auch nur im täglichen Leben gefordert werden kann, ständig parat haben. Und hier liegt eine der Quellen für unfreiwilligen Humor, dessen Grundformel eigentlich immer die *relative Dummheit* ist, die unter den zu ihrer Demonstration geeigneten ungewohnten äußeren Verhältnissen zum Vorschein kommt.

Die grimmige Befriedigung des Feldwebels und Unteroffiziers, der seinerzeit die „Einjährigen" unter seine Fuchtel bekam und sich aus schlecht verhehltem Neidgefühl auf die „gebildeten Herren" nicht genug tun konnte in der Demonstration seiner Verachtung für alles „Höhere" (der klassische Feldwebel: „Joethe! So'n Quatsch!"), nutzte die Einmaligkeit der Situation aus. Der Kasernenhofton und das Ausgeliefertsein der Rekruten waren aber selbst beim preußischen Kommiß — jedenfalls zwischen den beiden Weltkriegen — nicht so furchtbar und niederdrückend, wie man das hier und da hingestellt hat. Als ich meine erste Übung als „Flieger" in Form infanteristischer Ausbildung mitmachte, da entgiftete die so gut wie sicher vorauszusehende Beförderung zum „Sanitätsgefreiten" nach 8 Wochen und zum „überzähligen Unterarzt" nach weiteren 8 Wochen Dienst, diesmal im Krankenrevier, der dann die Wahl zum Offizier zu folgen pflegte — alles das entgiftete für den denkfähigen Mann denn doch sehr die Sachlage. Dieser wohnte bei aller Strammheit der Ausbildung und bei der ungewohnten körperlichen Ausarbeitung sogar etwas Unwirklich-Humoristisches an. Und im Grunde zeigt sich hier wieder deutlich, daß wohl der geistige Arbeiter, wenn es sein muß, körperlich Ausreichendes zu leisten vermag; daß aber umgekehrt der körperlich noch so Tüchtige bei geistiger Beschränktheit nicht in der Lage ist, die Aufgaben auch nur bescheidener geistiger Arbeit zu schaffen. Ebenso wie wir als approbierte Ärzte, Dozenten und Doktoren zu „Sanitätsgefreiten" befördert wurden — was uns viel Spaß bereitete — so versuchte man uns im „Reichsdozentenlager Tölz" braun zu uniformieren von außen und innen. Dürftige „weltanschauliche" Vorträge, körperliche Ausbildung (die berüchtigte Morgengymnastik mit anschließendem Dauerlauf auf jenem Gelände, das von den künftigen Staatsdienern daher als „die höhere Beamtenlaufbahn" bezeichnet wurde) — alles das sollte uns zeigen, daß Arbeiten mit der „Faust" anstrengender sei als mit der „Stirn". Nun ist mir eine dümmere Unterscheidung wie die im Dritten Reich propagierte vom „Arbeiter der Faust und der Stirn" nie wieder begegnet. Mit der Faust allein kann überhaupt niemand arbeiten, i m m e r wird sie gelenkt von der „Stirn", oder besser von dem, was hinter ihr liegt, vom Hirn, das die Griechen so plastisch das „Innerköpfliche" nannten[29]). Alle Leistung ist Intelligenzleistung; auch die niedrigsten Stufen instinktiver Abläufe sind beim Menschen zum mindesten nicht ohne Nervensystem möglich. Auch das Latrinenreinigen will mit Sinn und Verstand gemacht sein, und es besteht kein Zweifel, daß die Intelligenzleistung manches hochqualifizierten Facharbeiters wesentlich höher ist als die dieses oder jenes Angestellten oder Mannes im „Beamtenverhältnis". Und in diesem Falle ist es auch ganz richtig, daß der Facharbeiter wesentlich besser bezahlt wird; während es offenbar nicht ganz richtig ist, daß ein ordentlicher Professor für Philosophie oder — sagen wir — für Sanskrit wesentlich schlechter bezahlt wird, und sei er ein Kant oder eine einmalige Leuchte seines Fachgebietes. Aber diese Welt läßt sich offenbar überhaupt nicht nach Recht und Gerechtigkeit ausrichten. Das ist nur in Utopien der Fall und in den Parteiprogrammen für die Zukunft, die ja denn auch auf die Dummen ausgerichtet sind. Es wäre unbillig, von denen, die im Regimente sitzen, auch nur die Kenntnis der wirklich möglichen Mittel und Wege zu verlangen, die in diesem Jammertal unter dem Zepter der ubiquitären Dummheit eine wirkliche Besserung inaugurieren könnten. Ein solches Wissen setzte wahrlich Allwissenheit voraus — und Allmacht, denn allen

---

[29]) Ein junger Physiker, habilitierter Dozent, durfte entnazifizierungshalber nach 1945 „nur körperliche Arbeit" verrichten — und er tat dies in nahrhafter Umgebung. Der Bauer, sein Dienstherr, dessen vier Ochsen ihr Geschirr mit dem Kopf zogen, wies auf seine Tiere und sagte seinem Knecht: „Das sind die Arbeiter der Stirn — wir sind die Arbeiter der Faust!"

Leuten recht getan ist eine Kunst, die niemand kann. In Wirklichkeit ist unter Eingeweihten von jeher bekannt gewesen, daß die für die Staatslenker erforderlichen Intelligenzgrade meist überschätzt werden:

„Weißt Du denn nicht, mein Sohn, mit wie wenig Verstand die Welt regiert wird?"

so fragte Papst Julius III. (1550–1555 Träger der Tiara) einen portugiesischen Mönch, der ihn bemitleidete, weil dem Papste, einem geistigen Atlas, die ganze Welt im Gleichgewicht zu halten obliege. Zu Unrecht schrieb man das Wort dem schwedischen Kanzler Axel Oxenstjerna zu (er lebte 1583–1654); er wird die Sentenz päpstlicher Weisheit zitiert haben, wie mancher andere auch — so der Brüsseler Präsident Vigilius Zuichemus (gestorben 1577); dieser pflegte mit dem angezogenen Ausspruch seine Verwandten zu trösten, wenn er ihnen wieder einmal ein schönes Amt zugeschanzt hatte und die also Bedachten fürchteten, sie seien ihrer Aufgabe vielleicht nicht recht gewachsen. Zuichemus wußte um die Wahrheit des Wortes, daß, wem Gott ein Amt gibt, er dem auch den nötigen Verstand verleiht; zumal die Zuteilung selbst in homöopathischen Gaben für den gedachten Zweck zweifellos noch überdosiert erscheint.

Hier, wo wir uns mit dummem Verhalten bei an sich genügender Intelligenzausstattung befassen, scheint es nun an der Zeit, der *typischen Dummheiten* zu gedenken, wie sie jedes Lebensalter und jedes Geschlecht erfahrungsgemäß immer wieder macht. Wir wollen diese ewigen Torheiten des Menschengeschlechtes an uns vorüberziehen lassen — nicht, weil wir uns selbst einer törichten Illusion hingeben, damit erzieherisch wirken zu können — sondern einzig und allein deshalb, weil uns wiederum eine Fülle von Konstellationen begegnen wird, deren Kenntnis erforderlich erscheint, wenn man dem Thema unseres Beginnens auch nur in den Grundzügen gerecht werden will. Und so wollen wir denn den homo insipiens begleiten — von der Wiege bis zur Bahre.

Die typischen Dummheiten der Lebensalter und Geschlechter

Um die Voraussetzungen zu verstehen, weshalb immer wieder dieselben Dummheiten von denselben Menschengruppen gemacht werden, ist es nötig, sich Rechenschaft abzulegen über die biologische und Reifungssituation, der die beiden Geschlechter in gewissen Abschnitten ihres Lebens gesetzmäßig unterliegen. Die folgende Darstellung will einen skizzenhaften Abriß dieser Stationen des menschlichen Passionsweges geben — woraus die typischen Fehlreaktionen und Handlungen, die den Ehrennamen der „Dummheiten" verdienen, von innen her transparent werden sollen.

Der Säugling

Ist die schwere, aber auch als erlösendes Ende der letzten Schwangerschaftswochen begrüßende Stunde der Mutter glücklich vorübergegangen — dann liegt es da, das neue Leben, das noch seiner selbst nicht innegewordene Gefäß und Symbol einer Seele mit ihren großen Freuden und Schmerzen der Zukunft. Die revolutionierende Umstellung des kindlichen Organismus von der Beatmung durch die Mutter über den blutvermittelnden Gasaustausch zur Eigenatmung des Neugeborenen kündigt sich in einem kräftigen Geschrei an: der zahnlose kleine Unterkiefer gerät vor lauter Anstrengung ins Zittern, das ganze Gesicht läuft blaurot an. Dann aber atmet das Kind, zunächst noch wie im Mutterleib meist schlummernd, selbständig in rhythmischem Wechsel und wird weiteratmen, bis es mit dem letzten Atemzuge „seine Seele aushauchen" wird.

Kaum hat die weise Frau das Kind abgenabelt — wobei die Nabelschnur unterbunden und durchschnitten, und damit auch die Mutter vom Kinde „entbunden" wird —, kaum ist das Kind vom mütterlichen Verbindungskanal endgültig getrennt, so verabreicht die Wehmutter ihm das erste warme Bad, um die Spuren seiner unter Blut und Schmerzen erfolgten Geburt von ihm abzuwaschen. Das warme Bad des Säuglings ist ein zunächst täglich wiederholtes zeitweiliges Zurückversetzen in den physiologischen Storchenteich, in die Geborgenheit des warmen Mutterleibes. Aber außer dieser vorgeburtlichen Reminiszenz wohnt dem Baden, dem Eintauchen in ein klares Naß, von jeher wohl noch aus urtümlichen Menschheitstagen herstammend, eine sinnbildliche Bedeutung inne: so wie der Körper vom Schmutz gereinigt wird, so soll auch alles Unreine von der Seele abgewaschen werden. Die kirchliche T a u f e , hervorgegangen aus dem von einzelnen Sekten heute noch geübten entsühnenden Tauchbad, zeigt diesen tiefen Sinn seines seelischen Bades noch heute. Und es ist immer wieder ein ergreifendes, zur Besinnlichkeit aufrufendes Bild, wenn sich die Eltern, die Großeltern, die

Paten und Geschwister um ein Taufbecken versammeln, um das Perlen des sorgfältig angewärmten Taufwassers über die Stirn eines Kindleins, diesen Morgentau einer jungen Seele, mitzuerleben.

Wenn am Tage nach der Geburt die Milch „einschießt", dann wird es Zeit, das Kind erstmalig anzulegen. Der Saugreflex, ein lebenswichtiges, schon an der Grenze zwischen Körperlich und Seelisch stehendes Merkmal, ist beim ausgetragenen gesunden Säugling voll ausgebildet angeboren vorhanden. Aber es zeigen sich schon in den ersten Lebenstagen deutliche Unterschiede im „Trinktemperament". Es gibt ausgesprochen trinkfaule Kleinstkinder, die dauernd an der Brust einschlafen und ständig durch entsprechend liebevolle Klapse an ihre Trinkpflicht erinnert werden müssen — und es gibt andere, die von vornherein emsig an den Quellen saugen und späterhin die Mutter sogar heftig beißen können. Das „Einsaugen mit der Muttermilch" ist im übrigen zur sinnbildlichen Redensart geworden, um das in Fleisch und Blut Übergegangensein von irgend etwas zu kennzeichnen — mit Recht, denn durch die Milch seiner Mutter wird das gesunde Neugeborene an Leib u n d Seele erhalten und weiter gefördert.

So wie der hungrig schreiende Racker an der Mutterbrust im wahrsten Sinne des Wortes gestillt wird, so stillt, gleichnishaft gesprochen, auch ein erwachsener Mensch seinen „Wissensdurst" an den Brüsten der Weisheit und gewinnt dadurch an geistigen Potenzen — wenn er sich nicht enttäuscht abwendet wie der Doktor Faust:

> Wo faß ich dich, unendliche Natur?
> euch Brüste, wo? Ihr Quellen alles Lebens,
> an denen Himmel und Erde hängt,
> dahin die welke Brust sich drängt —
> ihr quellt, ihr tränkt, und schmacht ich so vergebens?

Eins der unsterblichen Urerlebnisse der Menschheit, das wir alle uns wünschen sollten zu erleben, ist das Elternerlebnis eines ersten vollen Augenaufschlages ihres Kindes; — er kann „wie ein Sternenblick", fast weihevoll, empfunden werden. Es kann der zwingende Eindruck entstehen, als täten wir mit dem Blick in die Augensterne unseres Kindes einen Blick in die kristallklaren Brunnen eines ungetrübten Springquells der Seele, die einen blauen, noch nicht bewölkten unendlichen Himmel spiegelt.

Der Greifling.

Der Säugling entwickelt sich allmählich zum Greifling, er beginnt, seinen Körper und seine Umgebung abzutasten, er „begreift" ganz allmählich, was um ihn herum vorgeht. In den durch das langsam einsetzende Mienenspiel belebten Blick tritt der nicht näher beschreibbare Ausdruck des Verständnisses, das Kind „folgt" eines Tages mit den Augen, die nicht mehr schielend aus der Blickrichtung ausbrechen. Die passiven, sensorischen, verstehenden, erfassenden Funktionen bilden sich eher heraus als die aktiven, handelnden Abläufe. Auf das „beseelte Blicken" folgen die Kopfwendung und gezielte Greifbewegung in Abständen. Das Hören und das Sprachverständnis sind schon erstaunlich gut entwickelt, wenn die ersten sprachlichen Entäußerungen sich noch in paraphrasischen, drollig wirkenden Entgleisungen ums Verständlichsein bemühen.

Das Kleinkind.

Die weiteren Phasen der Entwicklung zeigen auf seelische Einflüsse beziehbare Unterschiede individueller Natur, die sich vor allen Dingen in den altersbedingten Verschiedenheiten des Sprechenlernens äußern. Aber auch die Eroberung der Lokomotion, die teils über eine längere Zwischenstufe eines überraschend gewandten Rutschens erfolgte, teils ebenso überraschend über kurze Stehversuche zu ausgesprochenen behendem Laufen führt, ist anlagemäßig verschieden schnell erreicht. Hier tauchen auch die ersten Geschlechtsunterschiede auf, insofern nämlich, als die Beobachtung gelehrt hat, daß die Jungen im allgemeinen länger brauchen als die Mädchen, um sich die besprochenen Fertigkeiten anzueignen. Das entspricht etwa dem überhaupt rascheren Reifungsablauf beim weiblichen Geschlecht, der andererseits auch ein rascheres Verwelken mit sich bringt.

Das Beherrschenlernen der Stuhl- und Urin-Entleerungen, ein weiterer Vorgang auf der Grenze des Körperlichen und Seelischen, stellt die Geduld der Mutter häufig auf eine harte Probe. Bei dieser Gelegenheit aber zeigt sich das Talent der Seelenführung eines Kindes. Das Geheimnis der richtigen Kindererziehung ist nichts anderes als die Kunst, das Kind in die Hand zu bekommen, solange es noch kein bewußtes Seelenleben hat. Die Mutter, die es nicht fertig bringt, gegenüber dem Lungenübungsgebrüll und Lustgeschrei ihres Lieblings taub zu bleiben, die sich vielmehr mit dem ersten Quieksen ans Bettchen kommandieren läßt und das Bamms mit Schaukeln, Tragen und Eieien verwöhnt, begibt sich von vornherein der wirksamsten Voraussetzungen einer Seelenführung ihres Kindes. Wir wollen aber in diesem Zusammenhang nicht vergessen, daß die wirksamste Erziehungsarbeit durch die kindliche Geschwisterschaft durchgeführt wird — die wirksamste deshalb, weil sie sich unaufdringlich, ständig und — vor allem — Erziehern und Erzogenen völlig unbewußt vollzieht.

Schulanfang.

Mit dem ersten Schulgang tut sich dem Kind eine zweite Welt der Unterordnung und Einordnung neben der bisher unbestrittenen Einflußphäre des Elternhauses auf. Das Kind bringt zunächst einmal sein Vertrauen gegenüber jedem Erwachsenen mit, das es im allgemeinen ohne weiteres auf den Lehrer überträgt.

Diese Vertrauensseligkeit des Kindes gegenüber jedem Erwachsenen, die psychologisch wie eine kritiklose Befehlsautomatie gegenüber älteren Menschen aussehen kann, bedeutet eine gewisse Gefahr, wenn sie bedenkenlos oder verbrecherisch ausgenutzt wird. Es hat deshalb schon seinen guten Grund, wenn vernünftige Eltern Gegensuggestionen setzen, indem sie ihren Kindern frühzeitig klarmachen, daß „fremde Leute" ihnen nichts zu sagen haben. Selbstverständlich darf auch hierbei nicht übertrieben werden; völlig zu verwerfen sind, wie bekannt, die Schreckensmärchen, die unvernünftige Dienstboten (aber nicht nur diese) aus pädagogischer Verlegenheit heraus den ihnen anvertrauten Kindern auftischen — im Sinne des Buhmannes, aber auch des „Onkel Doktor, der dir weh tut" usw.

Weiter bringen die Kinder in die Schule ihre Fähigkeiten mit, die nun zu Fertigkeiten ausgebildet werden sollen. Gleich im ersten Schuljahr aber sind schon nach verschiedenen Richtungen fließende Begabungsströme bei den einzelnen ABC-Schützen festzustellen. Die Schule hat aus den Zweckmäßigkeitserwägungen jahrhundertelanger Erfahrungen heraus, und auch sicherlich nicht ohne Korrektur, verschiedene „Schulfächer" voneinander geschieden und damit nichts anderes getan, als eine Grenzziehung im Bereich der Kinderseele vorgenommen.

Begabungsrichtungen.

Wenden wir uns nunmehr den Haupttypen der Begabungsrichtungen zu, wie sie den von der Schule gelehrten Fächern zugrunde liegen mögen. Sie sind erheblich früher und sicherer erkennbar, als man im allgemeinen vermutet. Die guten Lehrer und Erzieher, die ihren Beruf als Aufgabe betrachten, können immer wieder feststellen: wer beispielsweise im ersten Schuljahr im Rechnen und Singen eine ungenügende Note bekommt, wird so gut wie sicher kein großer Mathematiker oder Sänger werden. Wer im ersten Schuljahr rasch und gewandt lesen und schreiben lernt, ist mindestens durchschnittlich den Erfordernissen dieses, wenn auch nicht tintenkleksenden, so doch stenographierenden und schreibmaschinenklappernden Säkulums angepaßt. Gerade das erste Schuljahr ist ein guter Test. Die späteren störenden Einflüsse der Pubertät oder der aus mannigfachen Gründen schulfeindlichen Einstellung, aus denen heraus so mancher spätere große Geist ein schlechter Schüler war, fallen zunächst weg. Zu dieser Lebenszeit liegen die Dinge hinsichtlich der Beurteilung ausgesprochen guter oder ausgesprochen schlechter Einzelleistungen in besonderen Schulfächern also verhältnismäßig sehr günstig. Man könnte daher fast sagen, daß das erste Schulzeugnis mehr für eine psychologische Lebensprognose aussagen kann als das Entlassungszeugnis. Von vornherein mittelmäßige Leistungen sind übrigens sehr viel unsicherer prognostisch zu beurteilen als die positiven und negativen Leistungsnoten.

Rechnen.

Ein Versagen im Rechnen braucht kein Ausdruck eines ganz allgemein entsprechend tief liegenden Intelligenzniveaus zu sein. Arithmetisch Unterbegabte können wiederum stereometrisch, also hinsichtlich der Raumvorstellung, gut begabt sein. Es gibt ferner Schulkinder, die den mathematischen Ansatz und damit das logische Durchdringen auch komplizierterer Aufgaben stets richtig finden, die aber bei den Technizismen der Formelanwendung oder im einfachen Rechnen versagen und umgekehrt. Schließlich gibt es hochgradig Schwachsinnige, die sich als Rechenkünstler produzieren, weil sie phänomenale Gedächtnisleistungen der Zahlenkombinatorik aufbringen bei im übrigen geringster intellektueller Ausstattung. Alle diese Tatsachen beweisen, daß das Schulfach „Rechnen" und in entsprechend höherem Maße das der „Mathematik" keine einfachen psychischen Voraussetzungen haben, sondern daß zu ihrer Beherrschung eine ganze Reihe getrennter Fähigkeiten gehört, die, weil sie getrennt aufquellen bzw. fehlen können, getrennten Quellen entströmen müssen.

Ausdrucksfunktion Sprache.

Ähnlich liegen die Dinge, und das ist weniger bekannt, beim Schreiben und Lesen und, so muß man hinzufügen, bei den anderen diesen Künsten zugrundeliegenden psychischen Funktionen des Sprechens und des Sprachverständnisses. — Die Erfahrung beim Sprechen lernenden Kind zeigt, wie wir bereits gesehen haben, eine zeitliche Dissoziierung des Sprachverständnisses (das eher da ist) und des Sprechenkönnens (welches nachhinkt). Schon dieses Verhalten läßt vermuten, daß hier verschiedene Einflüsse zusammenströmen müssen, bis der Gesamtkomplex der Ausdrucksfunktion „Sprache" — Sprechen, Verstehen, Schrift- und Lesesprache — fertig ist. Außer der Beobachtung am heranwachsenden Kleinkind zeigt bestätigend die Neuropathologie bei bestimmten Hirnstörungen den mehr oder weniger umschriebenen Ausfall der einzelnen Teilkomponenten der „Ausdrucksfunktion Sprache"; sie kann klinisch und weitgehend pathologisch-anatomisch durch Nachweis zerstörter Hirnrindenzentren überraschende Zusammenhänge gesetzmäßiger Art aufzeigen. Die oben im einzelnen aufgeführten Teilfunktionen sind nämlich voneinander getrennt liegenden Hirnrindenzentren zugeordnet, die sich räumlich und auch zeitlich unabhängig voneinander entwickeln und die daher auch unabhängig voneinander ausfallen können; wodurch dann der komplizierte Gesamtkomplex der „Ausdrucksfunktion Sprache" in gesetzmäßiger Weise auseinanderfällt. Dabei lassen sich die einzelnen Komponenten, ganz grob gesehen, etwa wie folgt auseinanderhalten:

1. Die sensorische Aphasie ist die Unfähigkeit, gesprochene Worte zu verstehen, obwohl sie gehört werden. Der Normale ist gegenüber einer nicht beherrschten Fremdsprache quasi sensorisch aphasisch, das Kleinkind zunächst gegenüber seiner Muttersprache. Die zentrale Repräsentation des Sprachverständnisses ist das Wernickesche Sprachzentrum.

2. Die motorische Aphasie ist die Unfähigkeit, verständlich zu sprechen trotz intakten Sprachwerkzeugen. Der Normale kennt ein ähnliches Versagen in schweren Rauschzuständen; das Klein-

kind geht beim Sprechenlernen, wie früher bereits erwähnt, durch ein analoges Studium hindurch. Die zentrale Repräsentation des Sprechens ist das Brocasche Sprachzentrum.

3. Die Agraphie ist die Unfähigkeit, sinnvolle Worte zu schreiben; die Kenntnis der einzelnen Buchstaben ist erhalten, wie das die Lesefähigkeit, die intakt bleibt, beweist.

4. Die Alexie ist eine Unfähigkeit, Schriften zu lesen trotz erhaltener Schreibfähigkeit. Die zentrale Repräsentation, das Lesezentrum, liegt um den gyrus angularis.

Die Dissoziierung zwischen Schreib- und Lesefähigkeit, die auf der getrennten Anlage und unterschiedlichen Übbarkeit der entsprechenden Zentren beruht, kommt dem Erwachsenen zuweilen zu seinem Befremden zum Bewußtsein, wenn er die Kurzschrift erlernt und zu seiner Überraschung schon ganz gut stenographieren kann, aber große Schwierigkeiten beim Wiederlesen des Selbstgeschriebenen auftreten. Aus all dem Gesagten geht wohl mit genügender Evidenz hervor, daß auch die Ausdrucksfunktion Sprache mit ihren zugehörigen Funktionen des Sprechens und des Sprachverständnisses polydyname endopsychische Quellen hat.

Schwächen und Ausfälle dieser einzelnen Funktionen sind ganz verschieden zu beurteilen, wie die Erfahrung gelehrt hat:

Die Unfähigkeit, zur Zeit richtig sprechen zu lernen, schon die Verzögerung des verständlichen Sprechens um ein bis zwei Jahre bedeutet praktisch immer ein bedenkliches Zurückbleiben auch der allgemeinen intellektuellen Entwicklung, deren Ausdruck sie gewöhnlich ist. Lücken des Sprachverständnisses kombinieren sich hierbei meist mit solchen des Sprechvermögens. Es ist Sache der psychiatrisch-neurologischen Analyse, die genauere Diagnose und damit die Prognose solcher Zustandsbilder zu stellen. Wenn es nicht zu ausgesprochen aphasischen Erscheinungen kommt, sondern nur mehr oder minder rudimentäre Ausfallerscheinungen da sind, ist die Prognose natürlich eine erheblich bessere. Ich möchte derartige, exogen *oder* anlagemäßig entstandene geringgradigere Defekte des Sprechenkönnens bzw. des Sprachverständnisses als sensorische bzw. motorische Dysphasien bezeichnen.

Sehr viel weniger bekannt als die dysphasischen Störungen, weil weniger auffällig, ist es dagegen, daß sich hinter der schlechten Handschrift der Kinder, also dem Schulfach „Schreiben", sehr häufig eine echte organische Mangelleistung, eine leichte Agraphie also, verbirgt. Die Kinder k ö n n e n trotz bestem Willen nicht leserlich, flüssig oder sauber schreiben, höchstens für kurze Zeit gezwungen kalligraphisch; man sollte diese Kinder nicht mit Schreibnachhilfestunden oder Strafarbeiten quälen. Das hilft alles nichts; nach meiner Erfahrung ist dadurch noch nie eine „schlechte Handschrift" gebessert worden, eben da es sich um „dysgraphische" Herderscheinungen, häufig anlagemäßig bedingt, handelt.

Die leichten Grade umschriebener Alexie schließlich, die wir als Dyslexien bezeichnen wollen und die sich in besonderen und hartnäckigen Schwierigkeiten äußern, die Buchstaben zu erkennen und zu „lesen", verdienen m. E. eine entschieden größere Aufmerksamkeit, als ihnen bisher zuteil wird.

Einige eindrucksvolle Fälle von Alexie schwerer Form sind ihrer Auffälligkeit wegen im Schrifttum bekannt geworden. Gerade die nicht so sehr ins Auge springenden Versager aber sind es, die in Verkennung der Situation oft eine falsche Einstufung der intellektuellen Gesamtausstattung herbeiführen. Die leichteren Formen dyslektischer Störungen sind übrigens offenbar durch systematisches geduldiges Üben mit mehr Erfolg auszugleichen als die dysgraphischen schlechten Handschriften (leichtere intracorticale Vertretbarkeit sensorischer als motorischer Funktionszentren?).

Schul- und Lebenswissen.

Die schulische Einstufung nach dem Gesamtverhalten, hauptsächlich aber nach der intellektuellen Leistung, kennt gute, mittlere und schlechte Schüler. Schon der römische Dichter klagt: non vitae sed scholae discimus (wir lernen für die Schule statt für das Leben) — nicht umgekehrt, wie der Satz meist zitiert wird. Er bringt damit den ewigen Vorwurf, der die Schule seit ihrem Bestehen begleitet, zum Ausdruck, daß Schul- und Lebensleistung sich häufig nicht entsprechen. Wir sagten oben schon, daß dieses Mißverhältnis sich aus mannigfachen noch zu besprechenden Gründen meist erst in den höheren Schulklassen einzustellen pflegt. Soviel kann man aber doch sagen: wenn man statistisch die Leistungsnoten von Schülern in großer Zahl vergleicht, so lassen sie doch Rückschlüsse auf die Begabung zu. Die *Gruppe*, die durchschnittlich die beste Leistungsnote aufweist, ist sicher der *Gruppe* mit der schlechten Leistungsnote intellektuell überlegen. Die umfangreichen auf der Verarbeitung von Schulleistungsnoten aufgebauten Veröffentlichungen haben zu hier im einzelnen nicht zu erörternden Ergebnissen, vor allem im Vergleich mit der Lebensleistung, geführt.

Ganz allgemein kann man jedoch wohl sagen, daß es einen Typus des Klassenersten und des Klassenletzten, der stets Gültigkeit hätte, selbstverständlich nicht gibt. Der Primus k a n n der berühmte blasse, bebrillte, hohlbrüstige und unkindliche Streber sein, dessen körperliches Schlechtweggekommensein ihn zu kompensatorischen Leistungen auf geistigem Gebiet treibt, gelegentlich unter raffinierter Ausnutzung aller ihm zur Verfügung stehenden, oftmals gar nicht so überragenden Begabungen. Später wird dann aus einem solchen Musterschüler irgendein Durchschnittsmensch ohne ein Herausragen aus der Menge der Mitmenschen, die schulisch erheblich schlechter abgeschnitten hatten. Anders steht es mit den wirklichen Hochbegabten, die mit dem Pensum der Schule gleichsam spielen, denen wie selbstverständlich die ersten Noten zufallen, ohne daß sie streberhaft arbeiten. Sie neigen im Gegenteil dazu, das bißchen Wissen und Können, das die Schule von ihnen verlangt, quasi mit der linken Hand zu leisten — auf dem Schulweg, in den Pausen usw. Sie lassen späterhin oft nach, weil ihnen das billige Erzielen schulischer Prädikate nicht mehr erstrebenswert erscheint und sie ihre Interessen anderen geistigen Dingen zugewandt haben. Aus ihnen können die Leute mit der glänzenden Karriere werden, wenn sie auch sonst das Zeug zu einer in sich gefestigten Persönlichkeit haben. Schließlich sei noch jener unglückselige Typ herausgegriffen, der, mittelmäßig begabt, vom ehrgeizigen Vater gezwungen wird, zu pauken und zu büffeln von morgens bis abends, nur damit er der Beste in der Klasse ist. Ein solcher Primus unterscheidet sich in seinen Lebensschicksalen jenseits der Schule in nichts von seinen Durchschnittsmitschülern, denn er ist im Grunde ja selbst nichts anderes als eine mittelmäßige Begabung.

Je nach den zugrundeliegenden übrigen Persönlichkeitsanteilen füllen sich die Charakterbilder der Klassenersten zu lebendigen Menschen mit entweder interessanter oder äußerst langweiliger psychischer Struktur.

Der Klassenletzte, der Ultimus, ist meist nach der uninteressanten Seite angelegt; er ist selbst geistig uninteressiert, langsam und schwerfällig im Denken, abstrakten Deduktionen abgeneigt und überhaupt jeglicher Art von Begriffsbildung gegenüber hilflos („begriffsstutzig") — wobei er oft körperlich kräftig erscheint. In psychischer Hinsicht eignet ihm gelegentlich eine gewisse pfiffige Bauernschläue, die er gut zum eigenen Vorteil auszunutzen versteht.

Reifungskrisen.

Die innersekretorischen Drüsen beginnen anders und neu zu sezernieren, es kommt zu wahrhaft revolutionierenden leibseelischen Wachstumsprozessen. Diese sind zunächst durch die Vermischung und das Nebeneinandervorkommen von solchen psychischen Qualitäten gekennzeichnet, die in der ausgereiften Persönlichkeit nicht in diesem schroffen Beieinander und Gegeneinander angetroffen werden. Selbst Charakterzüge, die sich gegenseitig auszuschließen pflegen, kommen in der Pubertät, gleichsam aufgewühlt aus von einander entfernten Tiefen, in nächster Nähe an die Oberfläche.

Der echte Junge wird beispielsweise zeitweise still, verträumt, ist den Tränen nahe; er, der bis dahin offen und zutraulich war, bockt plötzlich, zieht sich mimosenhaft in sich selbst zurück. Er wird tagelang für Eltern und Geschwister und auch sich selbst unverständlich, es kommt auch hie und da zu ausgesprochen persönlichkeitsfremd anmutenden Äußerungen und Handlungen.

Der zurückgezogene träumerische Knabe wird unversehens stürmisch mitteilsam, er verströmt sein Innerstes an fremde Menschen, oft zur Enttäuschung seiner Eltern, die glauben, ganz allein den Schlüssel zum Herzen ihres Jungen zu besitzen. Er begeht triebhafte Grausamkeiten an Tieren, die seiner sonstigen Haltung völlig entgegengesetzt sind, er rempelt seine Mitschüler an und prügelt sich mit ihnen herum, er, der bis dahin so mädchenhaft scheu gewirkt hat.

Die liebevolle Puppenmutter und geduldige Hüterin ihrer kleinen Geschwister wird über Nacht jähzornig und unleidlich; sie ohrfeigt die Kleinen ohne ersichtlichen Grund und bricht gleich anschließend darüber in Tränen aus; sie, die bis dahin den Eltern und Lehrern jeden Wunsch von den Augen ablas, beginnt zu mucken, Widerreden zu führen und zu schmollen. Sie fühlt sich übervorteilt, nicht verstanden, zurückgesetzt, sie macht lärmende Szenen, die man bisher nie an ihr erlebte.

Und der weibliche Wildfang ist zeitweise wie umgewandelt, in sich gekehrt; er bekommt religiöse Skrupel, will nicht beichten, nicht konfirmiert werden (je nachdem) — oder ist übertrieben gefühlsselig fromm, möchte ins Kloster gehen, will das Tischgebet einführen in Familien, die bis dahin ohne religiöse Förmlichkeiten auskamen, oder in frommen Haushalten die Zeremonien abschaffen, die plötzlich als hohl und abgeschmackt empfunden und oft in verletzender Weise auch so bezeichnet werden.

Homosexuelle und kriminelle Neigungen.

Bei beiden Geschlechtern bilden sich sexuelle Neigungen eigentümlich zwiespältig-schillernder Art heraus: kurz vor Beginn oder während der Pubertätszeit kommt es fast gesetzmäßig zu homosexuellen Anwandlungen: schwärmerische Mädchenfreundschaften unter sich, entsprechend überhitzte Knabenfreundschaften — oder (besonders häufig) „Schwärmen" der Mädchen für eine Lehrerin, der Knaben für einen Sporthelden beispielsweise; es kann dabei zu leidenschaftlichen Auftritten und echten Eifersuchtsgefühlen kommen.

Andere mehr oder minder flüchtige Anwandlungen streifen das Kriminelle: Diebstähle unbegründeter Art aus reiner Freude am Stehlen, zuweilen unter auskostendem Erleben der Spannung, die der Möglichkeit des Ertapptwerdens entspringt; die ausgesprochene Freude am Schwindeln und Aufschneiden, ein Produkt lebhafter Tätigkeit der Sekundärphantasie, wird nicht genügend durch kritische intellektuelle oder gefühlsmäßig-ethische Bremsung kontrolliert, es kommt zur physiologischen Pseudologia phantastica der Pubertierenden. Ein *dauerndes* Abgleiten in homosexuelle oder kriminelle Verhaltensweisen hat jedoch stets entsprechende charakteropathische Mängel zur Voraussetzung. In den meisten Fällen bilden sich alle diese Entgleisungen wieder völlig zurück; es ist deshalb grundfalsch, das Vorkommen solcher Dinge in den Backfisch- oder Flegeljahren zu einer Haupt- und Staatsaktion und düstere Prophezeiungen hinsichtlich des weiteren Lebenslaufes der Kinder zu machen.

Die Gefahr der wirklichen Verwahrlosung in sexueller und ethischer Hinsicht ist auch bei den Mädchen an bestimmte psychische Defekte geknüpft. Meist handelt es sich um Schwachsinnsformen; aber auch charakteropathische Wesenszüge im Sinne der Haltlosigkeit spielen eine im einzelnen psychiatrischerseits zu ergründende Rolle. Zuweilen sind dem Facharzt aber schon im Pubertätsalter prämonitorische Zeichen beginnender Geisteskrankheit faßbar, die zu „unmoralischen" Verhaltensweisen füthen. Hier hat die jugendpsychiatrische Betreuung einzusetzen.

Jugendsünden.

Auch die gesunden Jungen gehen gesetzmäßig durch eine Periode der Selbstbefriedigung hindurch; ihr völliges Fehlen läßt eine bedenkliche Triebschwäche infolge körperlich-sexueller Ausfälle vermuten. Selbst wenn es zu gegenseitigen Praktiken kommt, so braucht das kein Manifestwerden echter endgültiger Homosexualität zu sein. Doch stellt die männliche Pubertät zweifellos eine krisenhaft gefährdete Periode dar, die verständnisvoller Führung bedürfen kann. Ein bewährtes erzieherisches Mittel ist das offizielle Nichtsehen dieser Dinge bei gelegentlichem Fühlenlassen, daß man es weiß, ohne darin etwas besonders Tragisches zu sehen. Die absolute Harmlosigkeit auch der zeitweilig extrem betriebenen Selbstbefriedigung muß auf jeden Fall den Jungen klargemacht werden, damit sie sich nicht immer neue Skrupel machen. In einem Alter, in dem aus naheliegenden Gründen im allgemeinen ein Geschlechtsverkehr noch nicht stattfinden kann, ist es durchaus eine Frage, die zu diskutieren ist, ob sich ein junger Mensch im Bette von Pollutionen überraschen lassen will oder ob er sich in selbstgewählter diskreter Weise der quälenden Spannung seiner Samenblasen mit lästigen Dauerreaktionen und der ebenso lästigen gesteigerten Libido zu entledigen trachtet. Das „Ertappen" eines Knaben mit Hilfe detektivischer Künste und zur Schau getragenes Entsetzen durch Erwachsene sind auf jeden Fall vom Übel. Vernünftige Aufklärung im oben angedeuteten Sinne durch entsprechende Lektüre oder durch einen vernünftigen erwachsenen Freund des Hauses (am besten nicht durch enge Familienangehörige) dürfte in den allermeisten Fällen genügen. Milieuwechsel ist nur bei von vornherein schwerwiegenden Fällen (etwa Komplizierung mit exhibitionistischen Triebtendenzen) nach psychiatrischer Beratung am Platze. Diese vernünftige Ansicht hat es so schwer, sich durchzusetzen, weil die Erziehungsberechtigten, also die Väter, die Lehrer, die Geistlichen und selbst manche Ärzte innerlich mit ihren eigenen Onanie-Komplexen auch als Erwachsene nicht fertig geworden sind.

In den meisten Fällen wissen normale Kinder mehr, als die Eltern anzunehmen geneigt sind; schon Goethe meint:

> In großen Städten lernen früh
> die jüngsten Knaben was;
> denn manche Bücher lesen sie
> und hören dies und das
> vom Lieben und vom Küssen,
> sie brauchtens nicht zu wissen.
> Und mancher ist im zwölften Jahr
> fast klüger, als sein Vater war,
> da er die Mutter nahm.

Hat sich so die Mannwerdung mit den ersten Erektionen und nächtlichen Samenergüssen angekündigt und endlich durchgesetzt, ist der Stimmbruch mit der umschlagenden rauhen Baßstimme vorbei, dann beginnen sich die Wogen dieser schmerzhaft durchlebten Zeit mit ihren kurzen Wonnen und längerem Mißbehagen und launischen Stimmungen zu glätten. Mit dem Rasierapparat im Necessaire beginnt der junge Mann die Reise in das unbekannte Leben; er muß sich nunmehr täglich schaben, weil seine Sexualkonstitution, die sich auch in den sekundären Geschlechtsmerkmalen (beim Manne im Bartwuchs) verrät, ihn dazu zwingt.

Die erste Menstruation.

Markanter noch als die ersten Regungen der körperlichen Sexualität beim Knaben beginnt die große Veränderung ihrer Daseinswelt beim Mädchen mit der ersten Blutung. Blut — das Symbol schmerzhafter Verletzung, aber auch des Lebens überhaupt, steht am Eingang der weiblichen Reife; es begleitet die Jungfrau symbolhaft durch sein Erscheinen, wenn sie aufhört, Jungfrau zu sein; und die Schwangerschaft endet in der Geburt auch unter dem Zeichen des Blutes.

Alle Gefühle von der Gleichgültigkeit (selten) bis zum Schrekken, von der depressiven bis zur verschämt stolzen Reaktion auf das zugleich gefürchtete und ersehnte Ereignis bilden eine bunte Kette.

Ein Mädchen hat in der Schule gefehlt; als sie wiederkommt, „erklärt" sie dem Herrn Lehrer den mütterlichen Entschuldigungszettel, der von Kopfschmerzen spricht, mit dem errötend gemachten Geständnis: „Und außerdem habe ich noch was anderes gehabt, aber das sag' ich nicht!!" — wobei ein innerer Widerstreit zwischen dem Stolz, schon so weit zu sein, und dem Wissen darum, daß man darüber nicht sprechen darf, ganz deutlich wird.

Der erste Blutfluß der Mädchen zeigt das unwiderrufliche Dahinsein der Kindheit an, und Hand in Hand geht im allgemeinen mit der beginnenden körperlichen auch die beginnende seelische Reifung. Aber es kommen auch Dissoziationen vor. Es gibt Mädchen, die körperlich ausgereift sind und geistig noch ganz kindlich wirken. Einige bleiben ihr Leben lang Kinder, auch wenn sie Mutter und Großmutter geworden sind. Es gibt auch ewige Jünglinge, deren Unausgeglichenheit ihnen zeitlebens etwas Unausgegorenes, etwas Unfertiges gibt. Man muß aber wissen, daß gerade bei Männern, sogenannte Spätblüher in geistiger Hinsicht vorkommen, die ihre Durchentwicklung zum Männlichen erst Mitte der zwanziger Jahre nachholen. Sie machen Jahre und Jahre hindurch den Eindruck protrahiert Pubertierender, und sie sind es in manchen Fällen auch. Freilich muß man bei läppischem Benehmen, Scheitern in der Berufsausbildung, kindischem Verhalten gegenüber altersadäquaten Anforderungen usw. immer an eine schleichend beginnende Geistesstörung denken — in diesem Falle an den schizophrenen Formenkreis. Aber auch spätere zyklophrene Erkrankungen können sich schon in der Pubertät durch plötzlich launische Depressionen mit ganz überraschend ausgeführten unmotivierten ernsten Selbstmordversuchen verraten.

Die Stürme der Pubertät.

Die Stürme der Pubertät wühlen gleichsam die Brandung der Seele auf; diese Unruhe im Psychischen bringt nicht gar so selten insbesondere künstlerische Fähigkeiten an die Oberfläche und läßt sie dort aufglänzen und sichtbar werden, — wenn ihre Substanz auch an sich gering sein mag, so gering, daß sie zu normalen Zeiten ruhigen psychischen Seeganges gar nicht in Erscheinung treten können. So erklären sich viele Jugendsünden in litteris, die Liebesgedichte des Knaben beispielsweise, in denen häufig der Ausdruck eines echten Gefühls auch den anspruchsvolleren Leser gefangennimmt. Da die kindliche Phantasie mancher Menschen gerade noch bis in die Pubertätszeit hinein vorzuhalten scheint, kann es mit ihrer Hilfe zu ansprechenden künstlerischen Leistungen annehmbaren Niveaus kommen. Meist handelt es sich um Bruchstücke von Leistungen, die späterhin nicht wiederholt werden können. Wenn sich die Wogen der Reifungsperiode geglättet haben, so tauchen diese Pubertätstalentchen und -talente wieder unter, um teils nie wieder, teils sporadisch und überraschend einmal wieder aufzutauchen. Mir scheint dabei fast gesetzmäßig die Tatsache feststellbar, daß etwa Gedichte aus dieser Periode bei späteren Meistern der Dichtkunst *unter* ihrem späteren Niveau liegen, während die Gedichte späterer Alltagsmenschen aus ihrer Pubertätszeit ein ihnen nie wieder erreichbares Niveau dieser Persönlichkeit aufweisen.

Die Erinnerung aber auch des Durchschnittsmenschen an den Gefühlsüberschwang der Jugendzeit, der noch in die frühen Mannesjahre nachzittert, läßt viele ältere Menschen mit einer gewissen Sehnsucht an die Zeiten erhöhter psychischer Ansprechbarkeit und Aktivität zurückdenken; und K r e t s c h m e r hat mit Recht einmal gesagt, daß die Bewertung des Lebens durch das Kommersbuch, das nur in der Studentenzeit ein Wesentliches sieht, während alles andere dann Kommende ein graues Philisterium ist, auf diese Zusammenhänge zurückgeht. Und auch Goethe wußte darum: Er hat die gefühlsschwelgende, unklar empfundene und erlebte *Überwältigung durch das religiöse Gefühl* beim reifenden Menschen in Verse gefaßt:

> Da klang so ahnungsvoll des Glockentones Fülle,
> und ein Gebet war brünstiger Genuß;
> ein unbegreiflich holdes Sehnen
> trieb mich, durch Wald und Wiesen hinzugehn,
> und unter tausend heißen Tränen
> fühlt ich mir eine Welt entstehn.

Die Kinder aber, denen diese Abschnitte gewidmet waren, sind längst keine Knaben und Mädchen mehr. Auf den Primanerbänken der höheren Schulen sitzen „Schüler", die schon junge Männer geworden sind. Genau so ist es auf den Mädchenschulen. Der Beweis dafür, daß in den oberen Lyzealklassen keine Kinder mehr sitzen, wird immer einmal wieder dadurch angetreten, daß der Herr Klassenlehrer persönlich sich seine Frau von der Schulbank wegholt.

Damit wollen wir unsere Betrachtung der Schulzeit junger Menschen schließen.

Das junge Mädchen.

Wenn der Backfisch aus dem Übergangsalter heraus ist, in dem er durch lange Glieder, von denen er nicht weiß, wohin er mit ihnen soll, durch schlaksiges und ungraziöses Sichgeben und im Seelischen durch ganz ähnliche Disharmonien auffällig war, — dann ist aus dem Backfisch *das junge Mädchen* geworden.

Der Körper ist ausgereift zu den von den Dichtern immer wieder besungenen, von den Malern immer wieder konterfeiten, von den Bildhauern immer wieder herausgemeißelten schwellenden Formen der Jugendblüte in jenem Alter, das die Angelsachsen so kennzeichnend die „sweet seventeen" nennen. Und in der Tat ist es ein eigener Reiz im Physischen und im Psychischen um die frische Jugendlichkeit eines jungen Mädchens, das noch das Leben vor sich hat, das Leben, das so ganz anders verlaufen soll, als ihm das zunächst vorkommt.

Die Jugend an sich verleiht dem jungen Mädchen jenen besonderen Zauber, jene Anmut der Bewegung, jenes unbekümmerte mitreißende Lachen, jenen übermütigen Charme, der durchaus nicht an körperliche Schönheit im strengen Sinne gebunden zu sein braucht. Es sind eben im wesentlichen die psychischen Qualitäten der Jugend, die frohe Grundstimmung, die hohe Reizempfindlichkeit mit raschem Reagieren, die ungestüme Antriebskraft in allen Dingen des Daseins, kurz, die natürliche Frische des Jungseins im Psychischen, die im Physischen in den noch elastischen Geweben, den noch unabgenutzten Organen und dem gerade erst zu voller Tätigkeit anlaufenden Endokrinium ihre Kehrseite hat; beide Seiten zusammen bewirken die Schönheit der Jugend weitgehend unabhängig vom klassischen Schönheitsideal der Theorie. Ein vollkommen schönes Gesicht, ein noch so ebenmäßiger Körper wirken kalt und langweilig, wenn sie nicht von den Fluten einer jungen Seele durchströmt werden; wo aber eine junge Seele aus einem jungen Mädchenkörper leuchtet, da adelt sie selbst ein unschönes Gesicht, einen nicht völlig dem künstlerischen Kanon entsprechenden Leib bis zur Illusion der vollkommenen in der unvollkommenen Schönheit.

Hohe Intelligenz ist beim weiblichen Geschlecht am wenigsten erforderlich; ein munteres Wesen, ein spitzbübisches Schmollen, eine lachende Koketterie, eine harmlose Flirtbereitschaft — all das setzt weiter keine Weisheit voraus. Wo allzuviel Gelehrsamkeit aus Mädchenmund erklingt, liegt der Verdacht nahe, daß die echten, eigentlichen Werte weiblicher Jugend mangeln. Nichts gegen eine handfeste Gescheitheit auch bei einer noch nicht Zwanzigjährigen! Aber im Grunde bleibt es wahr, daß die klugen, gar zu klugen Frauen ihrer eigentlichen Bestimmung, eben Frau zu sein, nicht vollauf genügen wollen oder besser noch: können. Die Studentinnen zeigen es dem Hochschullehrer jeden Tag: sie haben überhaupt erst einmal gezeigt, wieviel man zum Examen auf einmal in den Kopf rammen kann; aber gerade bei ihnen ist es offensichtlich, daß die Berufsleistung nicht vom Examenswissen abhängt, ja, daß sogar die innere Berufung zum Studium meist nicht da ist. Häufig genug werfen die jungen Mädchen ihr Studium über Bord, wenn der Mann kommt, der sie heiraten, zur Hausfrau und Mutter machen will; und ich habe mich immer gefreut, wenn ich Zeuge eines solchen Sieges der biologischen über die logische Weisheit geworden bin. — Ganz ähnlich liegt es bei fast allen berufstätigen Mädchen; auch das Dienstmädchen geht meist mit der Absicht „in Stellung", den Haushalt und die Kinderpflege praktisch zu erlernen, um dann zu heiraten. Und von einer ehemaligen chemischen Assistentin, die inzwischen glückliche Mutter von drei Kindern an der Seite eines tüchtigen Gatten war, hörte ich einmal den bezeichnenden Satz: „Wir alle, die wir junge Mädchen waren und nach der Schule einen Beruf erlernten — was man so lernt, Sekretärin, Stenotypistin, technische Assistentin — wir alle waren uns im Grunde darüber klar, daß wir den ganzen Plunder hinwerfen wollten, sowie der Mann, der B e r u f s e r l ö s e r , uns das ermöglichen würde."

Aber auch wenn dieser auf sich warten läßt, so ist ein solcher weiblicher Beruf im Bewußtsein der Jugend zunächst ohne allzu große Beschwer zu tragen. Es gibt freie Nachmittage, das Wochenend; und wenn nicht gerade ein Bräutigam zur Hand ist, so macht der ältliche Chef erheiternd verliebte Augen; der kommt aber natürlich nicht in Frage, denn man ist schon mit einem Kavalier verabredet, um ins Kino, ins Grüne oder ins Café zu gehen. Jungmädchen-Torheiten — wer möchte euch missen?

Die junge Frau.

Eines Tages aber kommt doch der Rechte; die Ringe werden angesteckt, die Brautzeit vergeht schnell, und das junge Mädchen wird zur jungen Frau. Das Verhältnis von Mann und Frau vor und nach der Verlobung, vor, während und nach der Hochzeit in seinen psychologischen Abläufen werden wir weiter unten zu beschreiben haben; jetzt wollen wir zunächst noch das weitere Dahinfließen des allgemeinen Lebensstromes des weiblichen Einzelwesens verfolgen. — Für die junge Frau ist die Neuheit der Situation, das Zusammensein mit dem Mann, die eigenverantwortliche Führung des noch so kleinen Haushaltes, alles zusammengenommen freilich eine prägende Umweltwandlung. Entscheidend ist aber letzten Endes auch hier die psychische Umstellung von der nichtverantwortlichen Haustochter, der das Elternhaus, die Schule, der „Chef" und wer weiß wer sonst noch hineinzureden hatten, zur jungen Frau, die ihr Mann vergöttert und verwöhnt und die sich im Neid der noch nicht, nicht mehr oder unglücklich verheirateten Freundinnen sonnen kann. Und wenn das junge Mädchen, wie wir sahen, einen schelmischen Charme, eine frische Heiterkeit, kurz, ein herzbezwingendes psychisches Fluidum ausstrahlt, so wird das alles bei einer glücklich verheirateten jungen Frau durch eine erfüllte Innerlichkeit überhöht, eine Innerlichkeit, die zugleich die lebensprallen Entäußerungen der Siebzehnjährigen dämpft und damit das eigentlich Zärtliche, das eigentlich Weibliche um so reiner hervortreten läßt.

Das alternde junge Mädchen.

Wie aber läuft das Dasein der unverheirateten früheren „Kollegin" weiter? Es ist das Schwere bei der erdrückenden Mehrzahl der abhängigen weiblichen Berufe, daß sie nur in den zwanziger Jahren ohne seelische Belastung und wenigstens teilweise sogar mit einer gewissen inneren Anteilnahme ausgeübt werden können. Die Hausgehilfin, das Kindermädchen, die Wochenpflegerin, die technische, medizinische oder Röntgen-Assistentin, die Vorzimmerdame, die Stenotypistin und Sekretärin — sie alle gelten als „junge Mädchen" und wollen als solche genommen werden (zuweilen auch im wörtlichen Sinne). Und es ist erstaunlich, wie erfolgreich oft der Kampf mit dem unerbittlich entströmenden Fluß der Zeit durchkämpft wird: Sport, Massage, Kosmetika (Augenbrauen- und Lippenstift, Rouge und Haarfärbemittel), Parfüms und Corsetagen im Verein mit auf jugendlich getragener Kleidung — alles das läßt die Dreißigjährigen für fünfundzwanzig, die Vierzigjährigen für dreißig gelten. Die Zeit, da Balzac die femme de trente ans als für den Mann noch begehrenswert entdecken mußte, hat sich längst stillschweigend in eine Zeit gewandelt, die auch die femme de quarante ans noch als junges Mädchen toleriert — wenn auch mehr im Tatsächlichen als zugestandenermaßen. Wird auch noch die Zeit der Frau von fünfzig Jahren in diesem Sinne kommen? Nein, sicher nicht! Die Tatsachen der Physiologie sind jenseits der zweiten Hälfte der vierziger Jahre nicht mehr zu ignorieren, wie wir das weiter unten genauer auszuführen gedenken. Jenseits dieser zweiten Hälfte der vierziger Jahre aber kommt die Zeit, in der für die in abhängiger Stellung berufstätigen Frauen die Schwere des Lebens sich immer drückender bemerkbar zu machen beginnt. Einige wenige konnten sich dank besonderer Leistungen und äußerer Glücksumstände einen verantwortlichen Vertrauensposten erobern; sie werden respektiert und anerkannt als rechte Hand des Chefs, als Abteilungsleiterin usw. Wehe den Unglücklichen aber, die als Fünfzigerinnen ihre Stellung wechseln müssen und die schon in den Vorzimmern inmitten der sich mitbewerbenden Zwanzigjährigen und Pseudozwanzigjährigen die Aussichtslosigkeit ihres eigenen Bestrebens mitleidlos vor Augen geführt bekommen! Unbeachtet spielen sich stille Tragödien in den möblierten Zimmern ab, in denen einsam und sich selbst überlassen die alternden Frauen ihr freudloses außerberufliches Dasein vertrauern, in dauerndem Mißbehagen wegen der unfreundlichen Vermieterin, wegen der gehetzten Einkauferei in den dienstfreien Stunden, wegen der ewigen Misere des Strümpfestopfens und Wäschewaschens ohne Aussicht auf ein anderes Lebensziel als die Erreichung der kümmerlichen Invalidenrente im Alter von 65 Jahren! — Auch das sexuelle Problem wird in den Jahren ab Anfang vierzig immer brennender; die Aussichten auf eine Ehe schwinden von Tag zu Tag mehr; diese Situation wird mit ihren Konsequenzen von jener Mutter unheimlich echt dargestellt, die Goethe im zweiten Teil des Faust sagen läßt:

> Mädchen, als du kamst ans Licht,
> schmückt ich dich im Häubchen;
> warst so lieblich von Gesicht
> und so zart am Leibchen.
> Dachte dich sogleich als Braut,
> gleich dem Reichsten angetraut,
> dachte dich als Weibchen.

Ach! Nun ist schon manches Jahr
ungenützt verflogen,
der Sponsierer bunte Schar
schnell vorbeigezogen;
tanztest mit dem einen flink,
gabst dem andern einen Wink
mit dem Ellenbogen.

Welches Fest man auch ersann,
ward umsonst begangen,
Pfänderspiel und dritter Mann
wollten nicht verfangen;
heute sind die Narren los,
Liebchen, öffne deinen Schoß,
bleibt wohl einer hangen.

Es ist mir nicht zweifelhaft, daß dieser zum Karnevalstreiben gegebene Verzweiflungsrat der lebensklugen Mutter auch in der Wirklichkeit von alternden Mädchen mehr oder weniger unbewußt spontan befolgt wird.

Die selbständigen Frauenberufe.

Einen Ausweg aus dem beruflichen und sexuellen Dilemma der alternden unverheirateten Frau bilden die wenigen selbständigen, ein Leben voll ausfüllenden weiblichen Berufe: etwa der Lehrerin, der Ärztin, oder aber auch der Schneidermeisterin, der Friseuse und so fort. Diese Berufe verlangen zwar von der Persönlichkeit ihrer Trägerinnen etwas mehr als subalterne Ängstlichkeit und Verantwortungsscheu, wie sie eben ein unbesiegbares Erbteil der meisten (nicht nur weiblichen) Menschen bildet; diese persönlichkeitsgeprägten Frauenberufe bieten damit aber auch aus sich heraus die Möglichkeit zu innerer Zufriedenheit mit dem Lebensschicksal. Das reife Weib in einem seinen Gaben und seiner Ausbildung entsprechenden Beruf steht eben genau wie das stärkere Geschlecht im Dasein „ihren Mann", wie die Sprache bezeichnenderweise sagt. Wie eine solche Frau ihr sexuelles Verhalten zum Manne gestaltet, das werden wir weiter unten zu betrachten haben.

Die alte Jungfer.

Hier sei zunächst noch der „alten Jungfer" gedacht, die nie oder nur sporadisch und unvollkommen in körperliche Beziehung zum anderen Geschlecht tritt. Sie ist in den Witzblättern, auf der Bühne und im Volksmund bekannt wegen ihrer aus der sexuellen Unerfülltheit herausquellenden übertriebenen Prüderie und ihres wunderlich-schrullenhaften Wesens. Es sei aber sofort mit aller Deutlichkeit darauf hingewiesen, daß die biologischen Zusammenhänge im allgemeinen nicht so liegen, wie meist angenommen wird, daß nämlich diese Wunderlichkeiten und Verschrobenheiten die Folge des fehlenden Geschlechtsverkehrs seien. Es ist gerade umgekehrt: diese Frauen sind in der überwiegenden Mehrzahl die geborenen Jungfern, die eben wegen ihrer Absonderlichkeit, ihrer mimosenhaften Scheu, sich einmal ganz an ein anderes Wesen zu verlieren, wegen ihrer innerlich ablehnenden Haltung im Verein mit einem eben deswegen auch äußerlich nicht sehr ansprechenden Wesen keinen Mann an sich herankommen lassen. In richtiger Erkenntnis dessen sagt der Volkswitz: „Tugend ist, wenn keiner kommt." Von extrem seltenen Fällen abgesehen, ist es auch nicht etwa körperliche Häßlichkeit, die zum Altjungfertum führt — es ist im Gegenteil erstaunlich, wie häufig selbst in puncto Schönheit recht schlecht weggekommene Frauen über ausgesprochen geschlechtliche Anziehungskraft verfügen. Des Widerspruches Lösung liegt auch hier wieder in der beherrschenden Rolle des Psychischen, das sich selbst aus einem wenig geeigneten physischen Äußeren sein Instrument zu schaffen weiß. Jene geborenen alten Jungfern aber, von denen wir sprachen, sind von Haus aus schlecht weggekommen; sie sind in Wahrheit mehr bemitleidenswerte als zu verspottende Geschöpfe. Ein sicheres Kennzeichen ist ihre bei passender und unpassender Gelegenheit zum besten gegebene Ansicht über die Männer: diese sind generell nur mit den verwerflichsten Eigenschaften ausgestattet, egoistische und brutale Kerle, von denen es sich nicht lohnt, überhaupt zu sprechen. Daß es sich hier nicht um echt gefühlte Ablehnung, sondern um schlecht verhehlten Neid gegenüber den Geschlechtsgenossinnen, die mit solch einem fürchterlichen Gesellen glücklich oder unglücklich, jedenfalls aber von einem M a n n e beachtet sind, handelt, das ist ja nicht eben schwer zu erkennen.

Die Dummheiten der mehr oder weniger jungen Leute.

Das törichte Verhalten der mehr oder weniger jungen Leute kann man nicht getrennt für jedes Geschlecht beschreiben, weil es am sinnfälligsten gerade in den Beziehungen der Geschlechter zueinander begründet liegt, eben in den Beziehungen zwischen den weiblichen und männlichen Wetteiferern um die Palme der größeren Dummheit. Die Psychoanalyse hat uns besonders eindringlich gezeigt, daß die innere Lösung des jungen Menschen aus dem Familienkreis und damit aus einer starken Nestgeborgenheit vielen jungen und auch weniger jungen Leuten schwerfällt. Die Elternbindung, besonders die Vaterbindung der Tochter und die Mutterbindung des Sohnes, sind unbewußte Hemmschuhe im Lebenslauf. Zunächst und ursprünglich ist eine solche Hinwendung des jungen Mädchens zum Vaterideal zweifellos zweckmäßig. Nach der körperlichen Durchentwicklung — heute häufig schon selbst in unseren Breiten mit 14, 13, 12 Jahren — fehlen doch noch die Zeichen des psychischen Erwachsenseins. Die eindeutige Triebrichtung der erwachsenen Frau auf den Mann, die zunächst mehr erotisch als rein sexuell zu sein pflegt, wird durch die noch nicht erfolgte innere Lösung vom Vaterideal zunächst verschleiert und in ihren Konsequenzen hintengehalten. So weit, so gut. Schwierig wird es dann, wenn auch in den zwanziger Jahren jeder Mann am unerreichbaren, weil idealisierten Bild des Vaters gemessen wird und so niemals das Stadium eines freien Menschen erreicht wird; der allerdings nur dazu frei wird, um sich dann aus mehr oder minder freiem Entschluß — denn die Leidenschaft ist mehr ein passives Hingerissensein als ein aktives Sichgeben, wie wir im 5. Kapitel ausführlich darstellen werden — wiederum und aufs neue in eine Bindung begibt, die aber dann im Dienste der Arterhaltung, der Fortpflanzung also, steht. Das womöglich noch kluge und gut aussehende junge Mädchen, das so lange Körbe austeilt, bis es nicht mehr begehrenswert erscheint, verhält sich im allgemeinen Urteil töricht; aber auch ihre Geschlechtsgenossinnen, die eine Reihe von Verhältnissen nacheinander anknüpft und schließlich als ausgehaltene Frau oder als Professional der Liebe auf mehr oder weniger hoher Ebene ihre Daseinsform gestaltet, wird nicht als kluge Lebenskünstlerin gelten können. Der im allgemeinen Bewußtsein als erstrebenswert angesehene Weg der Ehe gilt als lebenskluge Entscheidung. Ob sie das immer ist, werden wir später sehen. Hier wie überall wird man nicht schematisieren dürfen. Wenn ein Mensch die seinen Anlagen und seiner Erziehung gemäße Lebensform erreicht und sich glücklich fühlt, so braucht es ihn nicht zu kümmern, wie seine Mitwelt sein Verhalten einschätzt. Es braucht nicht immer kopfschüttelnerregende Dummheit zu sein, wenn ein Mädchen nicht heiratet. Welche innere Tragik, welche zerbrochenen Hoffnungen, wieviel heimlicher Stolz oft hinter der Fassade einer männermordenden Amazone stecken, das erlebt man hie und da nicht ohne Erschütterung.

Es besteht für die begabten, gewandten und zuverlässigen jungen Damen heute häufig die durch den Beruf als Chefsekretärin, Privatassistentin oder dergleichen hervorgerufene sekundäre Vaterbindung an einen unerreichbaren — weil längst verheirateten — Chef, an dessen überragenden politischen, wissenschaftlichen, wirtschaftlichen oder sonstigen Qualitäten alle anderen Männer gemessen und zu leicht befunden werden. Es kommt hinzu, daß die Lebensstellung und das Alter des Chefs, seine Soigniertheit, seine vornehme und taktvolle Art die grob zudringliche, lärmende, angeberische Art der jungen Männer als mindere Qualität erscheinen läßt.

Die Hinneigung des ganz jungen Mädchens zum älteren Herrn mit den grauen Schläfen ist eben wegen seiner Lebensechtheit so häufig das Thema der dramatischen und erzählenden Dichtkunst. Er und sie haben sich allerdings etwas zu geben, was andere nicht können: er bringt ihr, wenn er Feuer gefangen hat, seine Lebensreife, seine Weltkenntnis, seine Erfahrung, seinen Lebensstil in großem Wagen und großen Hotels, die Entdeckungsfahrten des Lebens an fremden Küsten und im gepflegten Milieu an der Seite des überall imponierenden und geachteten Erfolgreichen; und sie bringt dem alternden Manne noch einmal das Erlebnis der Jugend, die Illusion des Glücks. Wer wem mehr schenkt, bleibt offen. Geschieht das alles taktvoll und ohne die Interessen anderer zu stören, so fragt es sich sehr, ob der Entschluß eines nur sich selbst verantwortlichen jungen Menschenkindes, das große Mädchenerlebnis nicht in einer mehr oder weniger ernsthaften Verlobung unter meist desillusionierenden Umständen, weil es nun einmal erwartet wird, sich abringen zu lassen, sondern sich jung, bewußt und innerlich bejahend an einen Geliebten zu verschwenden, ohne Rücksicht darauf, daß sie ihn nach Lage der Dinge nicht heiraten kann — so fragt es sich sehr, so will mir scheinen, ob das eine Dummheit ist.

Das analoge Thema mit umgekehrten Vorzeichen ist weniger häufig, aber auch literaturfähig geworden: die Liebe der reifen Frau zum jungen Manne. Auch der Jüngling kann oft mit den noch backfischhaft wirkenden jungen Mädchen nichts Rechtes anfangen, sie kommen ihm albern und gar zu töricht vor. Andererseits gibt es zaghafte und ungeschickte Männer, die ihre Angst vor verantwortlicher männlicher Aktivität hinter einer verdächtigen Idealisierung der Mädchentugend verbergen und vor sich selber rechtfertigen. Ist auch beim Manne die Lösung von der unbewußten Mutterbindung nicht gelungen, so flüchtet er sich in die Arme einer mütterlichen Geliebten. Dieser psychologische Tatbestand führt gar nicht so selten zur Ehe zwischen älterer Frau und jüngerem Mann. Die Scheidungsstatistik zeigt, daß die Ehen gleichaltriger Partner am gefährdetsten sind (die Frauen altern den Männern zu schnell, sie sind zwar dem Kalender nach, aber nicht biologisch gleichaltrig); am besten halten die Ehen, in denen die Männer *oder* die Frauen etwa 10 Jahre älter sind. Die ältere Frau wird eben mehr als Mutter denn als Geliebte empfunden.

Die häufigste Veranlassung aber zu törichtem Verhalten der jungen Leute, wie man es so nennt, sind die vorehelichen Verhältnisse und die Ehe, deren Situation wir noch kurz streifen wollen. Das Verhältnis hat nicht den ethischen Gehalt und den in die Zukunft weisenden Sinn der in sich ruhenden glücklichen Ehe. Es ist dafür unverbindlicher, eigentlich nur für die Gegenwart gedacht und in einer Zeit, in der viele jungen Leute, so sie männlich, nicht vor Mitte dreißig, und, so sie weiblich, nicht vor Ende zwanzig eine Ehe eingehen können, eine der möglichen Lösungen. Manche Verhältnisse münden in die Ehe, vor allem, wenn sich Kindersegen einstellt. Für gegenwartsnahe, unproblematische junge Menschen kann ein Verhältnis ein fast gänzlich ungetrübtes Glück bedeuten — eben weil man sich nur sporadisch, meist zum Wochenende, sieht; weil man sich eine ganze graue Arbeitswoche aufeinander gefreut hat; weil man in Festtagsstimmung ist, sich körperlich und seelisch frisch gewaschen fühlt und nun ein oder zwei Tage einer für den anderen da ist. Natürlich handelt es sich auch hier um eine Illusion, wenn man es recht besieht. Das Ende ist, meist für den weiblichen Teil, häufig schmerzlich, oft nicht ohne echte Tragik — und doch hindert der Illusionscharakter, die objektive Charakterisierung der ganzen Angelegenheit als Torheit keineswegs, daß ein solches Verhältnis einen unverlierbaren Glanz ausstrahlt, der über ein ganzes langes weiteres Leben zu leuchten sich unterfangen kann. („Ich besaß es doch einmal, was so köstlich ist ...")

Die typische Illusion der Brautleute, die ein legalisiertes Verhältnis, das Verlobung heißt, miteinander unterhalten, ist der törichte Glaube, in der Ehe könne in dem speziellen Falle ihres Glückes keine Desillusionierung eintreten. Beruhigt euch, sie tritt ein – und sie muß eintreten. Die Ehe ist eben kein Verhältnis und keine Liebschaft – sie ist weniger und mehr. Die Lebensgefährtin Sartres, Simone de Beauvoir, hat ein Inferno der Durchschnittsehe der Frau entworfen, wie es etwa in den Strindbergschen Dramen sich über die Bühne quält: Der Mann, von Berufsinteressen gefangengenommen, geht ins Büro, die Kinder gehen in die Schule – was soll sie anfangen, wer kümmert sich um sie, wer nimmt ihr die Angst vor der gleichen öden Leere jahraus, jahrein – Jahrzehnte lang, bis zum Grabe?

Kann es glückliche Ehen geben? Theoretisch, davon bin ich überzeugt, kann es das nicht. Und die Tatsachen, die jeder Menschenkenner weiß und die jeder Seelsorger (der weltliche als Psychiater, der geistliche als Priester) kennt, sind da und fordern eindringlich die Antwort auf das Warum – warum trotz besten Vorsätzen und äußerlich genügenden Voraussetzungen so verschwindend wenig Ehen glücklich sind. Die Gründe liegen in der Natur des Menschen. In der Jugend weiß man es meist nicht, aber später erfährt es jeder, der ehrlich mit sich selbst ist und nicht allzu töricht; er erfährt das große, offen zutage liegende Geheimnis, daß der Mensch im Grunde allein und daß er seiner Struktur nach einsam ist. Kein Mensch versteht den andern bis auf den Grund seiner Seele (auch kein Psychiater, was manchem ein Trost sein kann); kein Mensch kennt sich im tiefsten Grunde selbst, und jeder Mensch wird sich, tut er den Blick in die Tiefe des eigenen Seins, fremd und unheimlich (das gezeigt zu haben ist das wesentliche Verdienst der Psychoanalyse F r e u d s). Aus diesem Grundgefühl heraus erklärt sich die Lebensgier in ihrer ganzen erschütternd komischen Torheit, wie wir sie zu allen Zeiten unter tausend Narrenkappen aller Kulturen und Zivilisationen beobachten können. Im Drange der überschäumenden Jugend kommt es dem werdenden Menschen selbstverständlich vor, daß er alle anderen versteht und er selbst von anderen verstanden wird. Es dauert lange, bis jeder von uns der primär selbstverständlichen Meinung sich entschlägt, jeder Mensch müsse entzückt sein, ausgerechnet ihn zu sehen und zu hören. Im Grunde, wie gesagt, versteht kein Mensch sich selbst, versteht kein Mensch den andern, bleibt jeder im Tiefsten seines rätselvollen Daseins allein. Wenn schon der Mann den Mann und die Frau die Frau im Eigentlichen nicht versteht, so können sich zwei Menschen verschiedenen Geschlechtes — entgegen dem weitverbreiteten Irrtum der gegenteiligen Ansicht — erst recht nicht verstehen. Es sieht so aus, es hat den Anschein; zwei Liebende sind davon überzeugt, daß einer dem andern bis auf den Grund der Seele sieht — aber das ist ein Irrtum. Subjektive Überzeugungen haben keinen Beweiswert (die Wahnwelt der Geisteskranken zeigt das dem Kundigen). Auch schon rein physiologisch verläuft etwa in der gröbsten, der körperlichen Vereinigung die emotionale Erregungskurve von Mann und Frau grundsätzlich verschieden — es ist nichts mit der sexuellen Harmonie, wenn man es genau betrachtet. Was der Liebende in der Geliebten, die Liebende im Geliebten wiederzuerkennen glauben, das ist das, was sie an eigenem in den Partner hineingeträumt haben. Jeder sieht im anderen wie in einem möglicherweise oder unregelmäßigen Spiegel sein eigenes (auch letztlich unverstandenes) Selbst und hält es für das Wesentliche des Andern. Ob es das ist, kann nicht der Arzt entscheiden. (S c h o p e n h a u e r, für den die Verschiedenheit einzelner Individuen voneinander nur eine Täuschung ist, sieht das Unzerstörbare unseres Wesens an sich in einer einzigen qualitas occulta, die er „Wille" nennt. Aber ich will nicht transzendieren.) Sicher scheint mir, daß der liebende Mensch nicht mit dem anderen eins werden will, sondern zwei, daß er sich endlich aus der Einsamkeit des Ich herauslieben will, daß er die Zweisamkeit finden will, daß er in dem Herzen, das an seinem klopft, ein Echo sucht, ausgehend von einem Menschen, der nur für ihn die kalte Welt ein wenig wärmen soll. Wir alle suchten ein solches Echo, fast alle glaubten einmal, es gefunden zu haben, und die meisten von uns erleben die Desillusionierung, die Enttäuschung also, wie das Wort Desillusionierung so richtig auf deutsch heißt. Weil das allgemeine Vorurteil behauptet, daß die Ehepartner nicht nur „ein Fleisch" sein sollen, wie Luther sich ausdrückte, sondern auch „ein Herz und eine Seele" — und weil das eben auf die Dauer nicht geht, darum werden so viele Ehen unglücklich. Ein Ideal, das allzu real genommen wird, stiftet in den meist kritikschwachen Köpfen der Ehepartner Ansprüche an die Ehegemeinschaft, die der Natur des Menschen nach nicht erfüllbar sind. Es gibt so wenig glückliche Ehen, weil es so wenig kluge Menschen gibt — oder, um es noch einmal zu sagen, es gibt so viel unglückliche Ehen, weil es von männlichen und weiblichen Dummköpfen wimmelt.

Wer urteilsfähig ist, weiß, daß nie und nirgends alle Blütenträume reifen; und daß auf allen Gebieten des Lebens Enttäuschungen unvermeidlich sind. Der kluge Mensch lernt es, zu resignieren, was gelassenen Verzicht heißt unter dem Lächeln des weise Gewordenen. Dementsprechend ist die Voraussetzung der glücklichen Ehe die Resignationsfähigkeit beider Ehegatten — die Fähigkeit, einen oder mehrere Pflöcke zurückstecken zu können. Die ewigen Kindsköpfe sind es, die sich immer wieder scheiden lassen, weil sie sich der törichten Illusion hingeben, daß es in der neuen Ehe nach einiger Zeit anders aussehen könnte als in der bisherigen.

Zuweilen steckt übrigens nicht nur eine intellektuelle Schwäche dahinter, sondern auch eine körperliche. Der voll potente Mann kann monogam glücklich sein. Casanova ist nicht deshalb der Held unzähliger Liebesabenteuer gewesen, weil er so potent war, sondern höchstwahrscheinlich gerade im Gegenteil deswegen, weil seine Potenz nur schwach war. Er brauchte immer wieder einen Reiz des Neuen, die Eroberung, des noch fremden Körpers, den Reiz der Verführung, um erotisch befriedigt zu werden. Ein solcher Casanova-Mechanismus läßt manchen Ehemann immer wieder ein neues Glück versuchen und verlieren.

Trotz aller grauen Theorie aber kann es praktisch d o c h glückliche Ehen geben. Wo die Eheleute wissen, daß es nicht darauf ankommt ein Fleisch, ein Herz und eine Seele zu sein, und wo andere Güter des Daseins im Laufe der Zeit die problematische Zentralstellung der Sexualität in die Ehe einnehmen — das kann sehr vieles und sehr verschiedenes sein: Kindererziehung, Kunst, gemeinsamer Beruf, um nur ein paar Beispiele zu zu nennen — da, wo die Resignationsfähigkeit beider Gatten echteres gegenseitiges Verständnis verbürgt als die sogenannte Liebe. Eine solche sinnerfüllte Ehe ist etwas anderes als das einfache Auseinanderleben ohne gegenseitiges Verständnis — wenn das Leben der Frau unter dem Zeichen des Scheuerteufels steht und das des Mannes unter dem des Kegelklubs, des Alkohols und des Nikotins.

Die physiologische Klippe praktisch jeder Ehe ist die Zeit, in der der Ehemann die eheliche Treue gelegentlich vermissen läßt — in der eleganten Formulierung Thomas M a n n s heißt das: „ . . . dessen öftere Abweichung von der Richtschnur ehelicher Treue nur das Merkmal überschüssiger Rüstigkeit gewesen waren."

Das Dümmste ist das wütende hysteriforme Gebaren der Ehefrau, die etwas gemerkt hat und mit dem Geschrei: „Ich lasse mich scheiden" vernünftigem Zureden nicht zugänglich ist. Die naheliegende Frage, ob nicht vielleicht auch von ihrer Seite in der Ehe etwas fehlte, was ihr Mann anderswo suchen gegangen ist, wird dadurch übertönt. Das Problem liegt hier nicht im Ehebruch des Mannes allein; es handelt sich nur um einen Sonderfall jenes großen Themenkreises mit der Überschrift: der Schritt vom Wege.

Die moralische und damit je nachdem kluge oder dumme, weitherzige oder kleinliche Beurteilung des Fehltrittes hat viele Aspekte. Die einfachste Art, die Verurteilung in Bausch und Bogen zur Erhöhung des eigenen sittenrichtenden Standpunktes ist die bequemste und nicht die klügste. Kluge Mädchen wissen, daß es falsch ist, dem geliebten Manne irgend etwas zu beichten. Die Eitelkeit des Mannes will nicht in dem Stolze, etwas erstmalig zu besitzen, gestört werden. Er hört sehr viel lieber das Unwahrscheinliche — daß er nämlich die erste große Liebe ist — als das naheliegende Gegenteil. Selbst wenn der Mann großzügig tut und in aufgeklärter moderner Pose sagt, „es" mache ihm gar nichts aus — es bleibt doch ein Stachel, und wenn es später in der Ehe einmal zu Auseinandersetzungen kommt, dann kriegt sie aufs Butterbrot geschmiert, was sie dumm genug war ihm zu sagen. Das gleiche gilt für die sich tolerant gebärdende Ehefrau; der vorher angeblich lächelnd bagatellisierte Seitensprung wirkt nachher, als Geständnis, doch häufig katastrophal — weil die Eigenliebe und die Vorstellung von der eigenen sexuellen Unwiderstehlichkeit beleidigt wurden. G o e t h e hat auch um diese Zusammenhänge gewußt:

> Magst du einmal mich hintergehen,
> merk ichs, so laß ichs wohl geschehen;

gestehst du mirs aber ins Gesicht,
in meinem Leben verzeih ichs nicht.

Fast alle geschiedenen Frauen, die ich gesprochen habe, und es ist mein Beruf, mit vielen zu sprechen, haben mir 10 oder 15 Jahre nachher gesagt: „Hätte ich damals gewußt, was ich heute weiß — nie hätte ich mich scheiden lassen". Das damals so wichtig erscheinende extramatrimonielle Verhältnis war meist längst im Strome der Zeit woandershin geschwommen; und das Dasein als geschiedene Frau mit immer unsicheren Zahlungen des verflossenen Gatten wiegt den Verlust der gesellschaftlichen und sonstigen Stellung an der Seite des, wenn auch etwas leichtsinnigen, Ehemannes doch nicht auf. — Drum prüfe, wer sich ewig trennt, ob er schon etwas Besseres kennt.

So schwankt wieder einmal die Wertung; dumm oder nicht dumm, das ist hier die Frage. Objektiv betrachtet ist kein Zweifel, daß manche Ehescheidung moralisch und juristisch einwandfrei war. Ob sie aber menschlich einwandfrei war? Oder eine Dummheit? Nur ein Narr wartet auf Antwort.

Nicht alltäglich denkende Frauen entschließen sich zur bewußt unehelichen Mutterschaft — weil eine Ehe nicht möglich ist oder unzweckmäßig erscheint. Eine bekannte Schauspielerin, die sich ganz ihrem Beruf, der gleichzeitig Berufung ist, widmet und mit ihrem Ensemble die alte und neue Welt bereist, bemerkt in allem äußeren Erfolg ihr inneres Unerfülltsein. Sie bekommt ihr Kind außerhalb von Fesseln, die sie ihrer künstlerischen Sendung wegen zu tragen sich nicht berechtigt fühlt. Ihr Söhnchen wächst zunächst bei Verwandten auf, die Freude und der Stolz seiner Mutter, die ihn um sich hat, sooft es möglich ist, und deren Lebensinhalt es werden wird, wenn das Alter sie von der Bühne abtreten läßt. Wer will diese Mutterschaft mit dem Makel der Dummheit oder Unmoralität brandmarken?

Zuweilen führt instinktives Durchbrechen des mütterlichen Instinktes zur Korrektur scheinbar klugen Verhaltens: In meiner Medizinalpraktikantenzeit, die ich an einer Frauenklinik ableistete, kam in die kleine Provinzstadt dieser meiner Tätigkeit eine Berliner berufstätige Dame, um in aller Stille und Abgeschiedenheit ihr Kind zu gebären, das sie von ihrem Chef erwartete, dessen Geliebte sie geworden war; — das Übliche also, nicht weiter nennenswert für einen Gynäkologen. Die Frau war, unverheiratet, ein kluger und selbstsicherer, dabei kühler und beherrschter Charakter. Es war mir unbegreiflich, wieso sie derartiger Leidenschaft hätte fähig sein sollen, daß deren Frucht nun meiner ärztlichen Kunst anvertraut worden war. Sie teilte mir sachlich und bestimmt mit, daß sie ihr Kind so bald wie möglich an ein geeignetes kinderloses Ehepaar als eigen abgeben wolle. Die Verhältnisse fügten sich günstig; nicht immer kann der verantwortliche Arzt und Berater ein Kind unehelicher Herkunft und zweifelhaften Vaters ordentlichen Eltern zur Adoption empfehlen. Hier lag es anders: die Mutter war mindestens intellektuell hochwertig, der Vater sogar eine Größe auf seinem Gebiet. Die auserwählten Pflegeeltern in guten Verhältnissen fanden sich schon vor der Geburt. Sie wußten in mehreren Besprechungen das Vertrauen der Mutter zu gewinnen; übrigens war die Hochschätzung gegenseitig. So schien denn alles geregelt, und in innerer Harmonie und Zufriedenheit sahen alle Beteiligten — auch ich — der Ankunft des neuen Erdenbürgers entgegen. — Die Geburt war, wie häufig bei den von den Frauenärzten mehr treffend als höflich so genannten „alten Erstgebärenden" von über Dreißig, sehr schwer. Nie vergesse ich den Gesichtsausdruck der aus der Narkose erwachten frisch Entbundenen, als sie sagte: „Das ist m e i n Junge?" und ihn entgegen aller Abrede n i c h t hergab, sondern dies ihr Kind behielt unter Aufgabe ihrer bisherigen Lebensstellung, unter innerlich schwer ertragenem Verzicht auf ihren Geliebten, dessen Frau sie aus äußeren Gründen nicht werden konnte — und ohne den enttäuschten und entrüsteten präsumptiven Eltern überhaupt noch irgendwelche Beachtung zu schenken. Sie zog es vor, das Odium der unehelichen Mutter auf sich zu nehmen und sich ganz der Pflege und Erziehung ihres Sohnes in ihrem Elternhause zu widmen, dessen kleinbürgerlichen Widerstand sie rücksichtslos zu überwinden wußte.

In diesem Zusammenhang stellt sich das Problem der unehelichen Geburt zur Beurteilung. Solange in dieser Welt der Torheit menschliche Gefühle und nicht verstandesmäßige Überlegungen das Handeln bestimmen, solange wird sich das Kinderkriegen nicht auf den sanktionierten Wegen allein vollziehen. Die Statistik beweist, daß ein merkwürdig gleichbleibender Hundertsatz von Geburten jahraus jahrein des priesterlichen und bürgerlichen Segens ermangelt; und mit dieser Tatsache gilt es sich fern aller Frömmelei oder spießigen Moral abzufinden. Für die große Masse der unehelichen Mütter kommt ein bewußt gewünschtes Kind, das aller Konvention zum Trotz empfangen und ausgetragen wird, kaum in Frage. Meist handelt es sich bei nüchterner Betrachtung bei diesen Schwangerschaften und Geburten um die unerwünschte und nicht in Rechnung gestellte Konsequenz leichtfertigen Umganges, wie sie besonders nach Faschingsfeiern oder sonstigen Volksfesten („Kaisergeburtstagskinder"!) gehäuft aufzutreten pflegt. Wenn man sich einmal klarmacht, wie, unter welchen Umständen und von welchen Vätern und Müttern die Mehrzahl der unehelichen Kinder in die Welt gesetzt wird, so ist jedenfalls soviel deutlich, daß es sich bei den „Kindern der Liebe" eher um „Kinder des Leichtsinns" handelt, die jedenfalls im allgemeinen gegenüber den ehelichen Kindern keine prinzipiell wertvollere Spezies darstellen. Die Ansicht, daß die Liebesglut der außerehelichen Zeugung eine größere sei als im Ehebette und daher zu vitaleren Kindern führe, ist ein Aberglaube, der biologisch durch nichts begründet wird. Die Beurteilung der Qualität unehelicher Kinder kann keine schematische sein — die unehelich geborenen, aber durch nachträgliche Heirat legalisierten Kinder stellen eine andere Auslese dar als die gewollten unehelichen Nachkommen oder der Durchschnitt der ungewollten —.

Abschließend noch ein paar Worte über die Torheiten des Liebeslebens überhaupt. Diese Welt ist nun einmal so eingerichtet, daß sie ihren Bestand durch mächtige Triebe gesichert hat — Hunger und Liebe, die beiden Weltengetriebe-Erhalter Schillers, stehen obenan.

Der Geschlechtstrieb überrennt Vernunft-Sicherungen und wird zum Gefährt mancher Torheiten, wie wir sahen und noch weiter sehen werden. Er tritt unter mancherlei Verkleidungen auf und führt Männlein und Weiblein am Narrenseil. Die eine Zeitlang von der Psychopathologie sehr wichtig genommenen sexuellen Perversionen sind, im ganzen gesehen, selten. Als echt pervertiert sieht man zweckmäßigerweise nur die sogenannte konträre Sexualempfindung an, also die mannmännliche und die weibweibliche Liebe, die ja allerdings im ganzen klassischen Altertum als unanstößig empfunden wurde; und die ja auch nicht so ganz entsetzlich ist, weil fast jeder normale Mensch, wie wir sahen, in der Pubertät einmal gleichgeschlechtliche Anwandlungen in sich selbst verspürt. Das liegt eben daran, daß wir aus männlichem und weiblichem Stoff gemacht sind. Die Jünger und Jüngerinnen, die Kinäden und Tribaden, bilden einen kleinen, intimen und besonderen Narrenkreis unter dem Zepter des gewaltigen Eros (der kein Amorputto ist, wie ein weitverbreiteter gefährlicher Irrtum annimmt). Alles, was sonst so unter dem Namen Perversität läuft, ist, wenn es zwischen Mann und Frau in gegenseitigem Einvernehmen passiert, noch weniger tragisch zu nehmen. Das Verständnis auch skurriler und auf den ersten Blick befremdender Seiten der ars amandi erleichtert der Hinweis, daß alle jene körperlich-seelischen Komponenten, die den physischen Liebesvollzug ausmachen, wenn sie nicht mehr dienendes Glied im ganzen sind, sondern sich als Selbstzweck verabsolutieren, als sogenannte Perversitäten bezeichnet worden sind. Sadistische Anwandlungen sind die Voraussetzung des Liebesvollzuges für den Mann, der eine Jungfrau besitzen will und sie verletzen muß; masochistische Gefühle sind die Voraussetzungen für das liebende Mädchen, wenn sie sich der Kraft des in sie eindringenden Mannes nicht widersetzen, sondern entgegendrängen soll. Masochismus beim Mann und Sadismus bei der Frau zeigen nichts weiter als vorherrschende konträrsexuelle Möglichkeiten an.

Das Sichzurschaustellen, der Exhibitionismus — im großen Dekolleté von den jungen Damen im Ballsaal gefordert — ist eine Verselbständigung der intimen Entblößung, die ja auch im normalen Liebesakt eine entscheidende Rolle spielt; der Fetischismus, der sein Genüge in der Liebkosung der Reizwäsche oder der Frauenstiefel findet, ist schließlich nichts anderes als ein aus dem Gesamtmosaik des Liebeslebens herausgebrochenes Steinchen. Denn die Nylonwäsche ist ja ganz offenbar mehr für den Mann als für die Frau berechnet. Der „Unfug der Entblößung" (nach S i e b u r g) dokumentiert sich besonders anschaulich in den epidemieartig nach dem zweiten Weltkrieg aufgeschossenen Nacktbadeständen an der Nord- und Ostsee (im Volksmund „Abessinien" genannt). Hier erweist sich die enorme Verbreitung latenter exhibitionistischer Neigungen innerhalb der menschlichen Natur. Denn daß es sich mehr um eine Lust am Sichzurschaustellen handelt als um aktive sexuelle Schaulust, das kann man auch aus physiologischen und soziologischen Phänomenen dieser Massenbetriebe folgern. Merkwürdigerweise meinen im Grunde ihres Herzens alle Menschen ohne Ausnahme, sie seien von unwiderstehlicher Schönheit. Bei cerebralen Krankheitsprozessen, durch welche der firnisartige Überzug der durch Konvention und Wohlanständigkeit gebotenen Hemmungen zerstört wird („Verfall der Gesittung"), kommt es fast gesetzmäßig zu exhibitionistischen Tendenzen — auch bei durch den Krankheitsprozeß noch akzentuierter grotesker körperlicher Häßlichkeit.

Sexuelle Neugier, wie sie vor allem auf kindlicher Stufe vorherrscht, kann im Voyeurtum zu literarischen Perversionslorbeeren kommen. Sie zeigt besonders deutlich, was auch bei den anderen Abartigkeiten häufig evident ist, daß es sich um ein Zurückbleiben auf kindlicher Entwicklungsstufe der Sexualität handelt, um Infantilismen, wie der Fachausdruck lautet. Das gilt besonders für manuelle und sonstige heterosexuelle Praktiken. Das alles ist im Grunde für den, der sich nicht unter der Peitsche der Hormone befindet, eher komisch als tragisch. Nur die Extreme bedrohen die Gesellschaft: Verführung Jugendlicher oder etwa Lustmord. Hier soll und wird wie bei jeder kriminellen Tat der Staat eingreifen und zu bessern oder zu strafen versuchen.

Dem tiefer dringenden Blick zeigt sich eine der Ursachen der Tollheiten der Liebe in einem Irrtum. Die körperliche Sinnesempfindung, der sogenannte höchste Liebesgenuß, ist höchstens quantitativ, in der Intensität also, variabel. In der Qualität ist er immer gleich — einerlei, ob er durch homo- oder heterosexuelle, sogenannte normale oder sogenannte perverse Praktiken hervorgerufen wird. Der Geschmack, der Geruch, das Gefühl, das Gesicht, das Gehör — kurz, die anderen Sinne, können durch verschiedenartige Erregung verschiedenartiger Genüsse teilhaftig werden. Dummköpfe meinen, das auf die Sexualität übertragen zu können. Sie irren und machen sich im Grunde lächerlich im immer erneuten Venusdienst.

Zwei schöne Kompendien erotischer Narretei hat der amerikanische Zoologe K i n s e y [30]) vorgelegt; die ganze Narrenzunft der Liebe amerikanischer Sonderprägung kann man statistisch vollzählig angetreten nachlesen — wenn nicht die trostlose Langeweile, die allen sexuellen Geständnissen anhaftet, hier vertausendfacht den Leser bald über der Lektüre einschlafen ließe.

Das berühmte Buch von v a n   d e r   V e l d e (126) über die vollkommene Ehe lehrt erotische Technizismen aus frauenärzt-

[30]) Als (vorläufig?) letztes Opus: K i n s e y , A. C., W. P o m e r o y , C. M a r t i n und P. H. G e b h a r d . Das sexuelle Verhalten der Frau. Verlag G. B. Fischer u. Co., Hamburg, 1954.

licher Sicht — gewissermaßen durchs Spekulum auf dem Untersuchungsstuhl. Zweifellos ein nützliches, wenn auch viele Menschen desillusionierendes Unterfangen. Ein Bedürfnis lag offensichtlich vor, die hohe Auflagenziffer beweist es, und eine anatomisch-physiologische Belehrung ist zuweilen ganz zweckmäßig. Es ist nur ein rührender, wenn auch törichter Irrtum, zu glauben, daß man mit Hilfe van der Veldescher Künste eine Ehe, deren Glut am verlöschen ist, vollkommen machen könne. Die einfache Wahrheit liegt am Tage: kompliziertere Varianten der Liebeskunst können unbefangen und ohne Peinlichkeit nur Folge gegenseitiger Entflammtheit sein; nur so haben sie eine innere Berechtigung. Wo keine Liebe ist, kann Begattungstechnik nicht Liebe schaffen. Rational als Mittel zum Zweck angewandte Liebeskünste sind im Grunde unmoralisch, weil sie nicht vorhandene Voraussetzungen vortäuschen. S o läßt sich auch eheliche Liebe nicht erzwingen. Die Ehe des van der Velde selbst war offenbar nicht ganz vollkommen: seine Frau ließ sich wegen unüberwindlicher Abneigung von ihm scheiden. Für mein Gefühl ist sein Buch allein schon ein Scheidungsgrund.

Helfen kann van der Velde allenfalls den erotisch Unterbegabten, die es viel häufiger gibt, als man annehmen sollte. Diese delikateste Form der Dummheit führt, vom Manne ausgehend, gar nicht selten zu innerer Ablehnung durch die Frau und damit zur Frigidität; und von der Frau ausgehend, zu Interesselosigkeit und Versagen des Mannes, zur Impotenz mit anderen Worten.

Insofern ist die Frigidität, wie ich in der Praxis den Hilfesuchenden immer sage, eine Angelegenheit des Mannes, der dazu gehört; und umgekehrt ist die Impotenz Frauensache. Es empfiehlt sich daher immer, beide Partner zu behandeln. Das Spritzen von Sexualhormonen ist meist völlig wirkungslos. Nicht physisch, sondern psychisch hapert es mit den Voraussetzungen der Liebesleistung. Weiß man das, so ist die Heilung oft sehr einfach: sie grenzt ans Wunderbare. Und doch ist das Geheimnis des Psychotherapeuten so durchsichtig: man muß den erotischen Analphabeten das Buchstabieren beibringen. Das Lesen lernen sie dann erstaunlich schnell. Selbst hier empfiehlt sich die Ganzheitsmethode nicht: gerade auf die Einzelheiten kommt es an, die man zunächst einmal wissen muß, bevor sie automatisiert werden und in der Symphonie körperlich-seelischer Aktivität, wenn wir mit den gegebenen Vorbehalten dieses tautologische Adjektiv anwenden wollen, aufgehen und als ihre Voraussetzung dienend wirken sollen.

Auch die körperliche Liebe (die beim Menschen mit seinen Möglichkeiten reflektierenden Bewußtseins so enorm kompliziert werden kann) hat ihre Taktik und ihre Strategie. Aber auf ihrem Schlachtfeld sind die Genies so selten wie überall. Das Genie der Liebe entspringt übrigens nicht dem Intellekt, sondern einem anderen Seelenvermögen: der Phantasie.

Dummheit und Geschlecht.

Bei Gellert heißt es in einer seiner Fabeln, daß der Vater, als er zum Sterben kommt, seine Söhne um sich versammelt und jedem etwas vermacht, nur dem einen nicht, von dem er meint:
> „Für Görgen ist mir gar nicht bange,
> der kommt gewiß durch seine Dummheit fort."

Das sind vergangene Zeiten; jetzt ist das Unglück, das es trotz allem bleibt, erheblich dumm zu sein, für die Männer wesentlich riskanter als für die Frauen. Sehr törichte Männer finden häufig keine Frauen, zumal die Idealbildung der jungen Mädchen, wie gesagt, über das Kino geht, und der Held ein Ausbund von Schönheit, Tapferkeit, Klugheit und Reichtum ist. Dumme, sogar recht dumme Frauen dagegen werden lieber geheiratet als kluge, weil die kluge Frau dem geistig durchschnittlich ausgestatteten Mann überlegen ist. Gewiß ist gegen einfache Männer, die auch intellektuell eine simple Struktur zeigen, nichts einzuwenden; sie können durchaus lebenstüchtig sein, wie wir ja gesehen haben. Nur darf mit dieser Gottesgabe der Simplizität kein Mißbrauch getrieben werden, denn ein sehr törichter Mann ist ebenso unerträglich wie eine superkluge Frau. Auch gescheite Frauen entsprechen durchaus ihrer Art, doch sind neunmalkluge Frauen, die vor lauter Intellekt (und das ist ihr Schicksal) schon wieder männlich wirken, ebenso unerträglich wie stupide Männer. Die Frage nach dem klügeren Geschlecht hat nach der Jahrhundertwende viel Staub aufgewirbelt, insbesondere nachdem M ö b i u s (94) sein bewußt angreiferisch gegen die Frauenemanzipation gerichtetes Buch mit dem Titel „Über den physiologischen Schwachsinn des Weibes" geschrieben hat. Man hat damals den Titel als falsch angesehen, weil Schwachsinn etwas Pathologisches sei und nicht als physiologisch bezeichnet werden könne. Dieser Einwand geht fehl, weil physiologisch nicht der Gegensatz zu pathologisch ist. Das geht einwandfrei aus der Tatsache hervor, daß es eine eigene Wissenschaft gibt, die sich pathologische Physiologie nennt, und die jahrelang im medizinischen Staatsexamen ein Prüfungsfach war. Die Gegensätze zu „physiologisch" sind etwa „anatomisch" oder „neurologisch".

Es sind jedoch andere Einwendungen zu machen. Die Frage nach dem klügeren Geschlecht ist nicht lösbar, weil die männliche und die weibliche Persönlichkeitsartung miteinander nicht vergleichbar ist; die Frage ist daher falsch gestellt. Möbius wollte den richtig empfundenen Artungsunterschied betonen und gegenüber den emanzipierten Blaustrümpfen seiner Zeit herausstellen. Er schoß aber weit über das Ziel hinaus und wurde selbst einseitig, indem er die formale Intelligenz, also nur einen Bruchteil des gesamten intelligenten Verhaltens untersuchte und im Durchschnitt beim weiblichen Geschlecht schwächer ausgebildet fand als beim männlichen, und nun die Frauen, oder, wie er es als richtigere Bezeichnung ansah, die Weiber, auf die Rolle des Kinderkriegens zurückverwies. Immerhin war Möbius selbst klug genug einzusehen, daß auch viele Frauen den Anforderungen der akademischen Berufe gewachsen sind. Ich möchte mich zu folgender Ansicht bekennen:

Das männliche Geschlecht ist ebensowenig das klügere wie das weibliche Geschlecht das schönere. Mann und Frau haben sich weder hinsichtlich ihrer Schönheit noch hinsichtlich ihrer Intelligenz gegenseitig etwas vorzuwerfen. Beide sind spezifisch männlich und spezifisch weiblich geartet und im Grunde nicht miteinander zu vergleichen; die Behauptung des Volksmundes: „Lange Haare, kurzer Verstand" gilt nur, wenn man gewisse intellektuelle Höchstleistungen männlicher Prägung mit dem Durchschnittsniveau der Frauen vergleicht. Eine Frau könnte erwidern: „Kurze Haare, lange Leitung" — was dann auf die Instinktschwäche der Herren der Schöpfung ginge. Und was schließlich die Unterschiede der körperlichen Schönheit betrifft, so liegen die Dinge noch viel eindeutiger: die hinreißende, unwiderstehliche Schönheit der Frau hat das Hormonsystem des Mannes, der sich hinreißen läßt, zur Voraussetzung (und umgekehrt natürlich). Man könnte demnach so formulieren: Der Spiegel, der das Bild einer schönen Frau am vorteilhaftesten zurückwirft, ist der männliche Hormonspiegel — (unter einem hohen oder niedrigen Hormonspiegel verstehen die Internisten den Hormongehalt des Blutes).

Ein ganz vereinzelter kluger Mann, der geneigt ist, die durchschnittliche Intelligenz der Frau über die des Mannes zu stellen, ist der ehemalige Offizier der Kaiserlichen Marine und spätere Staatssekretär Ernst von W e i z s ä c k e r , ganz zweifellos ein Kavalier von altem Schrot und Korn: „Nach meinen Erfahrungen sind im übrigen die Frauen, wenn nicht das generell intelligentere, so doch sicher das in der natürlichen Diplomatie und umsichtigen Diskretion begnadetere Geschlecht" (Erinnerungen; Paul List Verlag, 195, S. 343). Und neuerdings ein Sohn Albions in einem dicken Buch: M o n t a g u , Ashley: The natural superiority of women. (George Allen and Unwin Ltd. London 1954).

Gleichberechtigung der Frau ist nicht, wie törichte Suffragetten annehmen, ein Emporheben der unterberechtigten Frau an die Seite des Mannes, sondern ein Herunterholen der bevorrechtigten Frau auf die Ebene des Mannes. Kavalierstum, Anerkennung der körperlichen Schwäche und das geistige Anderssein der Frau hatten sie auf ein Piedestal erhoben, auf dem sie dann so lange geschrien hat, sie sei eine bemitleidenswerte Sklavin, bis man sie herunterholte — in Deutschland, dem Lande der Schwabenstreiche. Und nun waren die Frauen auch noch erstaunt darüber, daß man ihnen die Mitgift streichen, sie nach der Scheidung nicht weiter dotieren und den Kampf ums Dasein ihnen nicht wie bisher erleichtern wolle — dabei hatten sie selbst doch das Ziel seit der Jahrhundertwende angestrebt. Dummes Verhalten unter der Maske der Klugheit — ressentimentgetriebene Unterjochung des weiblichen Instinkts durch erotisch zu kurz gekommene Frauenrechtlerinnen — auch diesen Aspekt gewährt die „Gleichberechtigung der Frau", deren Durchführung nichts anderes als ein Unrecht ist, das man dem zwar nicht unbedingt schöneren, wie wir gesehen haben, aber dem zweifellos schwächeren Geschlecht angetan hat. Die Praxis allerdings, so steht zu hoffen, wird die blasse Theorie stillschweigend korrigieren.

Innerhalb von zwei christlichen Jahrtausenden ist die Stellung der Frau nicht mehr die biblischer Zeiten. Im ersten Korintherbrief Kapitel 14, Vers 9, heißt es bei Luther: „Eure Weiber lasset schweigen unter der Gemeinde", und in der Vulgata: „Mulieres taceant in ecclesia", was jetzt im Singular zitierenderweise gebraucht wird. Auch das geht übrigens auf heidnische Anschauungen zurück. Menander (342 bis 290) sagt in einer Gnome, daß Gemeindeversammlungen kein Frauenwerk seien. Und im ersten Brief an Timotheus meint der Apostel Paulus im zweiten Kapitel Vers 12: „Einem Weibe aber gestatte ich nicht, daß sie lehre, auch nicht, daß sie des Mannes Herr sei, sondern stille sei. Denn Adam" — so heißt es in den nächsten Versen — „ist am ersten gemacht, darnach Eva. Und Adam ward nicht verführt, das Weib aber ward verführt und hat die Übertretung eingeführt. Sie wird aber selig werden durch Kinderzeugen."

Dementsprechend lautet ein anderes Bibelwort: „Er soll dein Herr sein". Das wurmte, wie bekannt, die Frau eines mittelalterlichen Buchdruckers so, daß sie heimlich an den Setzkasten schlich und aus dem Spruch den häufig wahreren machte: „Er soll dein Narr sein". Niemand merkte den Streich rechtzeitig, der Text wurde gedruckt, und nun zählt die „Narrenbibel" zu den bibliophilen Seltenheiten.

Die Wechseljahre der Frau.

Genau wie der Beginn des Frau-Seins sich in den Stürmen der Pubertät mit der ersten Regelblutung anzeigte, so kündigt sich das Erlöschen des Frau-Seins im engeren Sinne, das sogenannte Klimakterium, mit dem endgültigen Versiegen der Regelblutungen an. Es geht dabei auch in physiologischen Einzelheiten ganz ähnlich zu wie im Beginn der Fruchtbarkeitsperiode der Frauen, nur mit umgekehrten Vorzeichen: wie bereits vor der ersten Menstruation noch unterschwellig bleibende, nicht zum Durchkommen der Blutung führende Reifungsvorgänge in den Eierstöcken rhythmisch ablaufen, so bilden sich auch nach der letzten Menstruation noch unterschwellig bleibende, nicht mehr zum Durchkommen der Blutung führende Reifungsvorgänge in rhythmischen Intervallen an den Eierstöcken aus. Und genau so, wie die Menstruationen gelegentlich zögernd und pausierend einsetzen, so verlieren sie schließlich in den Wechseljahren meist allmählich immer mehr an Regelmäßigkeit und Intensität des Auftretens, bis sie schließlich ganz ausbleiben. Es kommt aber auch ein schlagartiges Aussetzen und Nie-mehr-Wiederkommen der Blutungen vor. Damit geht die körperliche, bis ins Letzte erfüllbare Liebesfähigkeit der Frau zu Ende: sie kann nie mehr Mutter sein; es beginnt der sexuelle Abstieg, den die Frauen, deren ganzes Sein drei Jahrzehnte lang vom Körperlich-Sexuellen in sinnfälligster Weise beherrscht wurde, besonders wenn sie lebenszugewandte warmherzige Naturen waren, gelegentlich ganz ungemein schwer empfinden.

Es sind dabei weniger die körperlichen Mißempfindungen, die jene innersekretorischen Abbauvorgänge begleiten, auch nicht die konsekutiven körperlichen Veränderungen, die übrigens bei vielen Frauen noch ein Jahrzehnt nach der Menopause erstaunlich unwesentlich bleiben können — es sind vielmehr auch hier psychologische Abläufe, die jener häufig genug schmerzlich durchlebten Zeit des Frauenlebens ihr Gepräge verleihen. Es handelt sich normalerweise hierbei *nicht* um jene psychologisch nur unvollkommen ableitbaren Verstimmungszustände neurasthenischer, depressiver oder auch andersartiger psychotischer Färbung, die, wie in allen körperlich-sexuell einschneidenden Veränderungen des physischen Frauenlebens, das Seelische in seiner Harmonie gefährden — wir haben bisher das Abgleiten ins Psychopathologische zu Zeiten der Pubertät, um die Monatsblutung herum, während der Schwangerschaft, unter der Geburt, im Wochenbett und schließlich in den Wechseljahren kennengelernt —; die Dinge können wir auch in diesem Zusammenhang nur im Vorübergehen streifen. Viel wichtiger ist es uns jetzt, eindringlich zu betonen, wieviel Einfühlbares und Verstehbares diejenigen Verstimmungszustände der Wechseljahre enthalten, die nicht rein aus krankhaften, durch das Klimakterium ausgelösten Voraussetzungen erwachsen; — wenn sie auch sämtlich ganz allgemein vom Körperlichen her im Sinne der Unlust- und Schwächegefühle beeinflußt sein mögen. Denn, körperlich gesehen, handelt es sich doch um nichts weniger als um eine gewaltige inkretorische Revolution, die alle Körpersäfte und damit alle Gewebe des Leibes umstellt auf ein ganz neues, gewiß ruhigeres und weniger gefährdetes, aber doch auch seines eigentlichen biologischen Sinnes beraubtes Leben; auf jenes Leben im Zwielicht zwischen Frausein und Greisentum; auf jenes Allmählich-dem-Leben-Entgleiten und auf das schließliche Einmünden in den Endabschnitt des Lebensstromes. Denn, so erschreckend es klingen mag, auf dem Grunde des psychischen Unbehagens der klimakterischen Frauen lauert, wenn auch unbewußt und immer wieder verwiesen aus dem Licht klaren Erkennens in das Dunkel fühlenden und erschauernden Ahnens, das Wissen darum, daß der Tod und niemand anders seine erste kaum verhüllte Mahnung aussandte. Im ersten Verblühen, im frühesten Verwelken kündet sich dem Wissenden die individuelle Vernichtung an; verborgen und nicht gern eingestanden, aber deswegen nicht weniger wirklich, zeigt sich einmal im Leben der gesunden Frau die Unabwendbarkeit allen Werdens; langsam noch, auf Umwegen vielleicht, aber unerbittlich und unaufhaltsam endet der Lebensstrom im Versiegen. Ein deutliches, nicht zu übersehendes Symbol ist das Versickern des Blutstroms der Menstruation in den Tagen, Wochen, Monaten oder auch bei hingezögertem Klimakterium in den Jahren des Wechsels. Einzigartig und wie das Erlebnis der Geburt nur dem weiblichen Geschlecht vorbehalten ist dies mahnende Zeichen der Vergänglichkeit im gesunden und physiologischen Lauf des Frauenlebens; eine echte Parallele dazu gibt es nicht im Leben des Mannes.

Es sei deshalb noch einmal betont: Abgesehen von den schließlich nicht allzu unerträglichen unmittelbaren Beeinträchtigungen des seelischen Wohlbefindens durch die Klimax sind die mittelbaren, psychogenen Störungen die eigentlichen Schwierigkeiten der Wechseljahre.

Man hat bei manchen, vor allem bei unverheirateten kinderlosen Frauen, unhöflich genug aber bezeichnend, von einer „Torschlußpanik" gesprochen in dem Gedanken, daß der drohende Abschluß der Geschlechtsfunktionen des Weibes unausweichlich herannahe; nur noch kurze Zeit oder nie mehr kannst du einem Manne ein vollwertiges Weib sein — so etwa lautet der Tag und Nacht nicht mehr abzuschüttelnde Gedanke der unter dem Druck der herankommenden Wechseljahre stehenden sexuell unbefriedigten Frauen. Das ungenützte Davonfließen der kostbaren Jahre, Wochen, Tage und Stunden kann zu einer fast unerträglichen inneren Spannung führen, die für den Rest eines ganzen Lebens Spuren der Verbitterung hinterläßt. Helfen kann hier nur ein kluges Wissen um die Nichtigkeit aller sinnlichen Genüsse, soweit es sich nur um die Enttäuschung über entgangene und nicht mehr einzuholende Liebesfreuden handelt. Was man nicht hat, wird überschätzt, was man nicht mehr haben kann, erst recht — so ist es auch mit den Freuden der Liebe, und mit diesen ganz besonders. Daß es um diese Lebenswende der Frau zu krisenhaften Erschütterungen und, aufs Ganze gesehen, törichtem Verhalten kommen kann, das nimmt nicht wunder, wenn man sich die Zusammenhänge klarmacht.

Alter schützt vor Torheit nicht.

Was bei den Frauen die Wechseljahre anrichten können, haben wir in den physiologischen Voraussetzungen und in der psychologisch daraus resultierenden Situation zu erhellen versucht. Die ganz großen Torheiten des Mannes kommen erst im ganz hohen Alter — es ist das Ulrike-Erlebnis Goethes.

Das Erwachen des Eros und sein Abschiednehmen finden sich beim Manne konfrontiert mit dem gleichen unter allen Attributen frischesten Lebens prangenden jungfräulichen Mädchen. Die so heilig ernst gemeinten leidenschaftlichen Ausbrüche des Knaben und des Greises kommen den Mädchen bald, wenn sie ihnen zu imponieren und zu schmeicheln aufgehört haben, reichlich komisch und töricht vor, auch wenn ein etwa vorhandener Herzenstakt damit hinter dem Berge hält. Naturgemäß müssen daher beide Pole des männlichen Liebeslebens zu schmerzlichem Verzicht führen; das erste Mal, in der frühen Jugend, um weitere Gelegenheit zu innerlichem Reifen zu geben, das letzte Mal, im späten Alter, um auf immer weise zu machen in der Resignation des Greises, nun in der Nähe des Todes.

Die Trilogie der Leidenschaften zeigt erschütternd das schwere Ringen um das Abschiednehmen vom Eros:

> Der Kuß, der letzte, grausam süß, zerschneidend
> ein herrliches Geflecht verschlungener Minnen.
> Nun eilt, nun stockt der Fuß, die Schwelle meidend,
> als trieb ein Cherub flammend ihn von hinnen!
> Das Auge starrt auf düstrem Pfad verdrossen,
> es blickt zurück, die Pforte steht verschlossen.

> Und nun verschlossen in sich selbst, als hätte
> dies Herz sich nie geöffnet, selige Stunden
> mit jedem Stern des Himmels um die Wette
> an ihrer Seite leuchtend nicht empfunden;
> und Mißmut, Reue, Vorwurf, Sorgenschwere
> belastens nun in schwüler Atmosphäre.

Und den imaginierten Trostworten der verlornen Geliebten — verloren, bevor sie überhaupt Geliebte wurde, entgegnet der grollende Olympier:

> Du hast gut reden, dacht ich: zum Geleite
> gab dir ein Gott die Gunst des Augenblickes,
> und jeder fühlt an deiner holden Seite

sich augenblicks den Günstling des Geschickes;
mich schreckt der Wink, von dir mich zu entfernen,
was hilft es mir, so hohe Weisheit lernen!

Und er schließt in Resignation:
Mir ist das All, ich bin mir selbst verloren,
der ich noch erst den Göttern Liebling war;
sie prüften mich, verliehen mir Pandoren,
so reich an Gütern, reicher an Gefahr;
sie drängten mich zum gabeseligen Munde,
sie trennen mich — und richten mich zugrunde.

Als Ulrike von Levetzow im Jahre 1822 Goethe kennenlernte, war sie 18, er 74 Jahre alt. Die Begegnungen in Karlsbad und Marienbad 1823 machten dieses junge Mädchen unsterblich — auch ohne daß die von Goethe in Erwägung gezogene Heirat erforderlich wurde; Christiane Vulpius (der „Bettschatz", wie die Frau Rat Goethe in Frankfurt sagte,) wurde geheiratet, und Ulrike, die von fern angebetete Geliebte nicht — beide Frauen zeigen in ihrer Gegensätzlichkeit sehr schön, welcher Torheiten auch der größte Geist, und zwar in typischer Form in verschiedenem Lebensalter, fähig sein kann.

Goethe selbst, würde er am Ende seiner Tage die Bilanz gezogen haben, hätte beide Episoden wohl selbst als unklug empfunden, aber als für sich notwendig bejaht. Es kommt, wie immer, auch hier, auf den Maßstab an. Je weitherziger die Toleranz, je liebenswürdiger und weniger töricht erscheinen die Episoden des Eros und umgekehrt.

Das allmähliche Versagen der intellektuellen Faktoren, das Kindischwerden der alten Leute, soll uns hier nicht eingehender beschäftigen. Es gehört in die Krankheitslehre, in den eigentlich psychopathologischen Kreis hinein. Immerhin sei angemerkt, daß sexuelle Entgleisungen alter Männer — Exhibitionismus, unzüchtige Handlungen an Kindern — immer psychiatrische Untersuchungen erfordern. Und daß im hohen Alter bei beiden Geschlechtern charaktermäßige Anlagen, die in gesunden Tagen intellektuell gezügelt wurden und daher positiv zu werten waren, später sich verhärten und in die negativen Kehrseiten verwandelt werden können: die sparsame Hausfrau wird grotesk geizig, es kommt zur Sammelwut von allem möglichen, was in Kisten und Kasten verstaut wird und, wenn verderblich, gen Himmel stinkt.

Die Genauigkeit wird zu Pedanterie, die Rechtschaffenheit zur Rechthaberei, schönes Selbstvertrauen zu habgierigem Egoismus, Sorgfalt und Vorausschau zu Verarmungsvorstellungen usw.

Rücksicht und Verständnis, Geduld und Liebe sind von den Verwandten oft schwer tagaus tagein aufzubringen. Am ehesten noch, wenn man weiß, daß wir alle dem Altersschwachsinn, der senilen Verdummung, anheimfallen, wenn wir nur alt genug werden, um die hochgradigeren Formen hirnatrophischer Prozesse noch zu erleben.

Das Narrentreiben der Menschen.

Von der Wiege bis zur Bahre — so hat sich uns der Kreis gerundet, wie ihn der einzelne Mensch auf dieser Welt zu durchschreiten hat — sein curriculum vitae, sei es nun kurz oder lang, gesegnet oder verflucht, köstlich in Mühe und Arbeit oder vertan in Verbrechen und Sühne. Allüberall aber war treuer Begleiter die Narretei, die mindestens episodenhaft, meist aber streckenweise den Erdenwanderer nicht aus ihrer Nähe ließ. Die vitalen Kräfte der Stimmung, des Antriebs und der Empfindlichkeit modulierten die verschiedenen Leidenschaften, von denen die erotischen beim Erwachsenen lange Zeit im Vordergrund stehen. Es gibt aber nicht nur eine unbewußte Dummheit und unfreiwilliges Narrentum — welches freilich die köstlichsten Genüsse für den Zuschauer bietet, solange er selbst nicht Subjekt oder Objekt der Torheit ist —; es gibt vielmehr und hat immer gegeben eine Neigung auch sonst ganz vernünftiger Erdenbürger, zu Zeiten einmal bewußt die nüchterne Vernunft hinter sich zu lassen und sich in Taumeln des Unfugs und der Narretei auszutoben.

Seine Tollität der Prinz Karneval mit ihrer Lieblichkeit der Prinzessin und dem großen und kleinen Narrenrat sind Repräsentanten des modernen Karnevals, vor allem am Rhein, wo die „Jecken" mit Helau! und Alaaf! ihr Unwesen treiben nach Art der Dionysosfeste des Altertums. Der Name Karneval stammt wahrscheinlich n i c h t, wie man immer wieder meint, aus den lateinischen Worten carne vale! — was „Fleischgenuß fahr wohl!" bedeutet und so gedeutet wurde, weil der Karneval vor dem großen Fasten der katholischen Landstriche gewissermaßen eine präsumptive Entschädigung für die fleischliche Enthaltsamkeit darstelle.

Die Dauer des Karnevals und seiner Narrenschaft ist nach Ländern und Städten verschieden. Im allgemeinen wird er vom Feste Epiphania am 6. Januar bis zum Aschermittwoch gefeiert. In Venedig beginnt die Karnevalszeit schon am St. Stephanstag (26. Dezember), in Rom feierte und feiert man wie im Rheinland hauptsächlich die beiden letzten Wochen vor Aschermittwoch.

Der Ursprung in mitteleuropäischen Landen ist in einem Fest zu suchen, das zur Eröffnung der wiedererwachten Flußschiffahrt nach harter Winterszeit als Schiffsfeiertag begangen wurde. Zum Zeichen dessen rollte ein großer Schiffswagen auf Rädern vom Rheinland über Belgien und Holland — und dieser Schiffswagen hieß carrus navalis und ist wahrscheinlich in der Karnevalsbezeichnung verborgen.

Im Rheinland ist die Sitte des Narrentreibens sehr alt, schon 1432 wurde das Karnevalsfest, wie später öfter, in Köln verboten. Ganz ursprünglich geht der Karneval sicherlich auf heidnische, vorchristliche Umzüge mit Verkleidungen und Lustbarkeiten zurück, die die Kirche übernahm und in ihren Dienst stellte, nachdem sie lange und vergeblich dagegen gepredigt und gewettert hatte. Der große Karneval von Venedig mit seiner Maskenfreiheit wurde der berühmteste. Die hinreißendste Schilderung hat G o e t h e vom Römischen Karneval geliefert, mit seinem Korso, Umzügen, Lichterkampf, Konfetti- und Blumenwerfen, im zweiten Teil seiner Italienischen Reise. In Paris stand im Mittelpunkt des Trubels ein Faschingsochse mit vergoldeten Hörnern, der Boeuf gras; in Spanien waren Hochburgen des Maskentreibens Madrid, Sevilla und Cadiz. Im Rheinland hieß Fastnachtsdienstag die Narrenkirchweih — und alte Zunftbräuche zur Fastnachtszeit — der Schäfflertanz und Metzgersprung zu München, der Böttchertanz zu Frankfurt am Main sind auch noch heute Überbleibsel heidnischer Kultformen.

In Norddeutschland hat der richtige Fasching sich nicht recht eingebürgert — es mangeln die konstitutionellen Voraussetzungen der „Rheinischen Fröhlichkeit" beispielsweise. Wer aber einmal einen echten rheinländischen Karneval mitgemacht hat, der weiß um den elementaren Ausbruch der närrischen Tage, wo die Konvention vergessen wird und wo die Maskierungen dem nachdenklichen Betrachter sich als Demaskierungen offenbaren: Da zeigt das biedere Lieschen seine Vampinstinkte, der Handlungsreisende seine Pascha-Allüren, um von anderem zu schweigen. Und all das schreibt sich her vom mittelalterlichen carrus navalis, dem Narrenschiff.

Dieses *Narrenschiff* wählte sich Sebastian B r a n t zum Titel seines berühmten, 1494 erschienenen Buches über die Dummheit des Menschen. B r a n t wurde 1458 zu Straßburg geboren, studierte an der neugegründeten Universität Basel, promovierte zum Doktor beider Rechte, betätigte sich dort als Hochschullehrer und war ein begeisterter Anhänger des Kaisers Maximilian. Ihm hielt er insofern die Treue, als er nach des Kaisers Niederlage gegen die Eidgenossen in der Schlacht bei Dorneck (1499, wodurch die Stadt und Landschaft Basel dem deutschen Reich verlorengingen) den Staub der ihm liebgewordenen Schweiz von seinen Füßen schüttelte. Er kehrte in seine Vaterstadt heim, ein infolge politischer Umstände amtsverdrängter Professor. Maximilian ließ ihn nicht fallen, Brant wurde kaiserlicher Rat und Pfalzgraf; Straßburg machte ihn zu seinem Stadtkanzler. Sein berühmtes Werk, das „Narrenschiff", ist ein großes Lehrgedicht mit zahlreichen Holzschnitten nach Zeichnungen des Verfassers. Das, wie oben ausgeführt, zur Zeit der Fastnacht einhergerollte Narrenschiff trägt all jene Schelme und Toren an Bord, die Brant vorführt — er fängt mit sich selber an, den er als Büchernarren verspottet mit dem Wedel in der Hand, um die Fliegen zu verjagen:

> Den vordanz hat man mir gelan
> dan ich onnutz vil bücher han,
> die ich nit lis und nit verstan,

so schreibt er dazu in dem uns heute zu Unrecht treuherzig anmutenden mittelalterlichen Deutsch. Er nimmt kein Blatt vor den Mund. Den Fürsten rät er, sich an Maximilian anzuschließen zum Kampf gegen die Türken — „und wer nit ann mein wort gedenk, die narrenkappen ich im schenk!"

Der Narr darf sich's erlauben, die in der Luft liegende Wahrheit zu sagen, von der die Weisen im Kirchenregiment erst Notiz nahmen, als es zu spät war:

> Sankt Peters schifflin ist im schwank,
> ich sorg gar vast den undergank;
> die wellen schlagen all sit dran,
> es wirt vil sturm und plagen han, —

ein erstaunliches Beispiel prophetischer Narrenweisheit.

Mir liegt die bei Brockhaus 1872 erschienene Ausgabe des Narrenschiffs vor, die G o e d e c k e kritisch herausgegeben hat. Das Buch hat 113 Kapitel und führt einen Narrentanz vor: von unnützen Büchern, von alten Narren, von bösen Sitten, von Verachtung der Schrift, „von frouwen hueten" (das ist die Hut, nicht die Hüte der Frauen), „von kranken die nit volgen; zanken und zuo gericht gon; von schwetzen in chor; Überhebung der hochfart; von disches unzucht", bis zu den „fassnachtnarren". Zum Schluß meint der Steuermann des Schiffes:

> wer will, der les dies narrenbuoch,
> ich weiß wol, wo m i c h druckt der schuoch.
> Darum, ob man wolt schelten mich
> und sprechen: „Arzt heil selber dich,
> dann du ouch bist in unser Rot",
> ich kenn das und vergich (gestehe) es got,
> daß ich vil dorheit hab geton,
> und noch im narrenorden gon.

Sei mir gegrüßt über 500 Jahre, Bruder im Geiste, Sebastianus!

Das ausgehende Mittelalter zeigt überhaupt einen satirischen Zug, der aber offenbar weit im Volk verstanden wurde; damals war das deutsche Volk jedenfalls unempfindlich gegenüber den Pritschenschlägen der in der Narrenkappe warnenden unbequemen Denker und Dichter. Das Narrenschiff des Sebastian Brant, ausgangs des 15. Jahrhunderts entstanden, wurde als Lieblingsbuch des Volkes bis zum Ende des 17. Jahrhunderts immer wieder aufgelegt und in mehrere fremde Sprachen (auch ins Lateinische)! übersetzt. Der berühmte Prediger am Straßburger Münster und Freund Sebastian Brants, Johannes Geiler von Kaisersberg, hielt über das Buch 110 Predigten, die einen gewaltigen Zulauf fanden. Ein geistlicher Schüler Brants, Thomas M u r n e r , eiferte seinem Lehrmeister in einer Reihe satirischer Dichtungen nach, von denen die damals bekanntesten die „Narrenbeschwörung" und die „Schelmenzunft" sind.

Der heute noch durch die Meistersinger Wagners überall bekannte Schuh-Macher und Poet dazu Hans Sachs, ein Zeitgenosse, nahm an der allgemeinen Narrenbeschwörung seiner Zeit teil. Eins seiner Fastnachtsspiele, das Narrenschneiden, führt einen Arzt vor, der aus einem ihn konsultierenden Fettwanst eine ganze Reihe in ihn gefahrener Narren herausschneidet, eine probate Art der Psychochirurgie, die an den Doktor Eisenbart gemahnt. Der Doktor klassifiziert die Erfolge seines operativen Eifers denn auch ganz richtig:

Summa summarum wie sie genannt
da Sebastianus Brant
in seinem Narrenschiff zu fahren.

Und damit ist kein Ende. Die Spezialliteratur über das mittelalterliche Schrifttum fördert unzählige derartige Opera hervor. Immerhin spürt auch der heutige Leser, wenn er sich zu besinnlicher Stunde einmal den einen oder anderen Schweinslederband aus einer der wenigen erhaltenen Bibliotheken herausholen läßt und hineinschaut, hinter allem vordergründigen Klingeln der Narrenschellen die innere Not der geistig damals wetterleuchtenden Zeit mit ihrer fast eschatologisch anmutenden Stimmung eines drohenden Weltunterganges. Die Narrentänze von Brant über Murner bis Sachs haben eine verborgene Ähnlichkeit mit den Totentänzen Holbeins.

Ist die Ähnlichkeit wirklich so verborgen? Ich glaube nicht. Wenn uns Holbein zeigt, wie der geigende und tanzende Tod sie alle abholt, aus der frischen Jugend, aus der schwellenden Reife, aus dem zitternden Alter — und betrachtet man sich die Beschäftigung, denen sie alle nachjagen so, wie sie der Künstler zeigen will, unter dem Gesichtspunkt der Ewigkeit, so wird der Totentanz zum Narrentanz. Was treiben wir denn alle? Für wen schinden wir uns ab, eine karge, ständig durch Not und Krankheit bedrohte Galgenfrist? Für die Erben? Für das Finanzamt? Wofür wird gestapelt und gehortet, wo doch keiner etwas mitnehmen kann ins Grab? Wozu der Kampf und der Eifer? Wozu? Was ist das Ganze? Der Weise weiß es: Das Narrentreiben der Menschheit.

Zur Genealogie des Harlekins und des Hanswurstes.

Beide sind sie ursprünglich offenbar aus grotesken Masken heidnischer Zeiten in christliche Zeitläufe hinübergerettet worden. Die Harlekine sind vielleicht ursprünglich Teilnehmer an der wilden Jagd Hellequins gewesen. Der Arlequin Frankreichs, der Arlecchione Italiens sind später ebenso wie der deutschen Hanswurst stehende Charaktere auf allen Bühnen und fast allen Stücken Europas gewesen. Bei den Römern hieß der Clown Sannio; Cicero schreibt: Quid potest esse tam ridiculum quam

Sannio? Und fährt fort: man lacht über sein Gesicht, seine Mienen, seine Karikaturen, endlich über seine Stimme und sogar über seinen Körper!

Die lustige Person, die noch im Vorspiel auf dem Theater den Faust Goethes mit einleitet, wurde von den Deutschen schon sehr früh geliebt. Sie benannten sie nach ihrer beliebten Nationalspeise, und tauften ihren Helden Hans Wurst — lange vor Luther, der eine seiner groben Streitschriften betitelte „Wider Hanns Worst", damit aber nur den Herzog Heinrich von Braunschweig meinte — der jedoch die erforderlichen Qualifikation für einen waschechten Hanswursten kaum aufzuweisen gehabt haben dürfte.

Und merkwürdig! Nicht nur bei uns heißt die lustige Person nach der Lieblingsspeise ihres Volkes: die Holländer tauften ihren Narren Pickelhäring, die Franzosen Jean Potage (was Hans Suppe heißt); die Briten hießen ihn Jack Pudding; die Italiener Maccaroni. Und in Rußland führt er den Namen Kapustnik, das heißt Krautkopf, jenes Gericht, welches außer angeblich den Deutschen auch den Slawen so überaus wohlschmeckt. Die Lachen erregende Gefräßigkeit der Clowns aller Zeiten und Länder läßt sich auch noch im Parasita der klassischen Satyrspiele erahnen.

Die Wurst spielt im Volksbewußtsein eine wichtige Rolle, wie die Sprichworte beweisen: Wurst wider Wurst — brätst du mir eine Wurst, so lösch ich dir den Durst — eine Extrawurst braten — mit der Wurst nach der Speckseite werfen; offenbar ist die Wurst dem Volke nie wurst gewesen, und es hat seinen Lieblingsnarren nach ihr benannt. Aber auch sein Vorname ist sprichwörtlich und allverbreitet: Was Hänschen nicht lernt, lernt Hans nimmermehr — Hans ohne Sorgen — Hans im Glück — Hans Dampf in allen Gassen sind stehende Redensarten; und als zusammengesetzte Hauptworte haben wir ebenfalls den Hansdampf, den Hansquast, Hansnarr; weiter den Fabelhans und den Prahlhans und zuweilen den Schmalhans als Küchenmeister. Den Superlativ der mit der Vorsilbe Hans gebildeten Doppelworte zu nennen verbietet mir die Wohlanständigkeit, da ich nicht Götz von Berlichingen heiße.

Der Name hat internationalen Kurswert: Hans, Jean, Jan, John, Giovanni, Juan und selbst Iwan — alle diese Hänse haben etwas Abgewertetes, etwas Lächerliches an sich. Wegen seiner Büchersucht hieß der heilige Hilarius der Johannes de libris, zu deutsch: der Bücherhans. Auch der Dummerjan ist nichts anderes als ein dummer Jan. Ich will Hans heißen, wenn dem nicht so ist.

Dulce est, desipere in loco — man muß zur rechten Zeit töricht zu sein verstehen, heißt es bereits im klassischen Latein. M ö s e r hat im 18. Jahrhundert ein seinerzeit berühmtes Traktat „Harlekin oder die Verteidigung des Grotesk-Komischen" geschrieben, das ein recht geistreiches Büchlein und zu Unrecht in Vergessenheit geraten ist. Ich will einige Sätze daraus zitieren, die den Geist des Ganzen ahnen lassen: „Meine Figur schon erschüttert, aber mein Hauptgeheimnis ist doch der *Anstand der Dummheit*, dieses Goffo meiner italienischen Stammeltern, mit dem ich etwa meinen Herrn bitte, wenn er gerade Briefe verbrennt, mir doch einige zukommen zu lassen, weil meine Mutter Briefe von mir verlange; dieses Goffo, mit dem mein französischer Mitbruder Trissotin ausruft: 'Ah, si Paris était dans la campagne, ce serait un beau village!' schattiert alle meine Gemälde und rettet dabei meinen Rücken. Nur ein Sancho darf dem Herrn Baccalaureus das Rätsel vom Löwen auflösen ... Kein Preuße, Sachse und Hannoveraner taugt dem Harlekin schon wegen der Sprache, aber in Österreich und Bayern (auch Schwaben) leben meine jüngeren Brüder," und weiter: „Wir Deutschen sind zu ernst, und es ist schon recht; aber sollten wir darum den Hanswurst ganz verbannen, wie ihn einst der pedantische Universitätshanswurst Gottsched von der Bühne verbannte, und Wunder getan zu haben glaubte, als man solchen öffentlich vergrub?"

Kein Geringerer als L e s s i n g hat sich im 18. Brief der Hamburgischen Dramaturgie zu diesem Faktum unter Bezugnahme auf Möser geäußert. Die Ansicht des größten kritischen Kopfes, den unser Vaterland jemals hervorgebracht hat, heißt in dem hinreißenden Stile des weiland Bibliothekars zu Wolfenbüttel: „Seitdem die Neuberin sub Auspiciis Sr. Magnifizenz, des Herrn Prof. Gottscheds, den Harlekin öffentlich von ihrem Theater verbannte, haben alle deutschen Bühnen, denen daran gelegen war, regelmäßig zu heißen, dieser Verbannung beizutreten geschienen; denn im Grunde hatten sie nur das bunte Jäckchen und den Namen abgeschafft, aber den Narren behalten. Die Neuberin selbst spielte eine Menge Stücke, in welchen Harlekin die Hauptperson war. Aber Harlekin hieß bei ihr Hänschen und war ganz weiß statt scheckig gekleidet. Wahrlich, ein großer Triumph für den guten Geschmack! Die Neuberin ist tot, Gottsched ist auch tot: ich dächte, wir zögen ihm das Jäckchen wieder an. — Im Ernste: wenn er unter fremden Namen zu dulden ist, warum nicht unter seinem? 'Er ist ein ausländisches Geschöpf!' sagt man. Was tut das? Ich wollte, daß alle Narren unter uns Ausländer wären! 'Er trägt sich, wie sich kein Mensch unter uns trägt!' so braucht er nicht erst lange zu sagen, wer er ist. 'Es ist widersinnig, dasselbe Individuum alle Tage in einem anderen Stücke erscheinen zu sehen!' Man muß ihn als kein Individuum, sondern als eine ganze Gattung betrachten; es ist nicht Harlekin, der heute im „Timon", morgen im „Falken", übermorgen in den „Falschen Vertraulichkeiten" wie ein wahrer Hans in allen Gassen vorkommt; sondern es sind Harlekine; die Gattung leidet tausend Varietäten; der im „Timon" ist nicht der im „Falken"; jener lebte in Griechenland, dieser in Frankreich, nur weil ihr Charakter einerlei Hauptzüge hat, hat man ihnen einerlei Namen gelassen. Warum wollen wir ekler, in unseren Vergnügungen wähliger sein als — ich will nicht sagen: die Franzosen und Italiener sind — sondern: als selbst Römer und Griechen waren? War ihr Parasit etwas anderes als der Harlekin? Hatte er nicht auch seine eigene, besondere Tracht, in der er in einem Stücke über dem anderen vorkam? Hatten die Griechen nicht ein eigenes Drama, in das jederzeit Satyri eingeflochten werden mußten, sie mochten sich nun in die Geschichte des Stücks schicken oder nicht?" Soweit L e s s i n g .

Gottsched hatte natürlich ebenso recht wie Lessing; es kommt auf den Standpunkt an; die menschlichere, humorvollere Haltung aber spricht aus der Hamburgischen Dramaturgie, — die leider niemand mehr liest. Trotzdem hat Gottsched und nicht Lessing recht behalten; heute tritt die „Gattung" Hanswurst ohne das scheckige Jäckchen allüberall, nicht nur auf der Bühne, auf; lediglich der Tonio bewegt sich bei Leoncavallo als Bajazzo an die Rampe und beteuert zur sentimentalen Befriedigung der Zuhörer, daß auch in des Gauklers Brust ein Herz wohne.

Dafür, daß die Narren, die nicht auf den Brettern, die die Welt bedeuten, sondern auf dieser selbst herumlaufen, nicht über Mangel an buntscheckigen Jäckchen und Röckchen zu klagen brauchen, sorgen die weltberühmten Schneider der Pariser Haute couture, die Herren Fath und Dior, deren Ateliers in Paris zu besichtigen ich natürlich nicht versäumt habe. Es handelt sich hier um moderne Fürsten des „Geschmacks", die vom Modepöbel der upper ten auf ihre weithin sichtbaren Throne erhoben worden sind. Beim Anblick einiger ihrer Starmannequins bin ich eigentlich mehr erschrocken als entzückt gewesen über die schier unglaubliche sterile Schönheit dieser Fabeltiere, denen man normalmenschliche Funktionen gar nicht zutrauen möchte. Dieses Rouge macht zweifellos zum Küssen oder Essen untauglich, diese Figur erfordert neben Diät und Gymnastik eine Aufmerksamkeit, die andere Momente kaum noch ins bewußte Dasein treten lassen kann. Hier sind die immer falschenorts gesuchten weißen Sklavinnen der Modenarrheit unserer Tage in Freiheit dressiert zu sehen. Der besessene Ernst, der aus den hoheitsvollen Geistern dieser Priesterinnen der Schönheit, die nicht vor Altären, sondern auf Laufstegen wandeln, verächtlich die plebejerhaft gekleidete Umwelt mustert und mit dem sie ihre Créations zelebrieren, er wäre einer besseren Sache würdig. Aber diese Abart des Menschen wird eben gebraucht, und die Nachfrage schafft den Bestand.

Man kann auch Stammespsychologie durch die Modebrille sehen: In Frankfurt läuft die hoffnungsvolle Jugend amerikanisch gewandet herum, in Rollkragenpullover und Ringelsocken und eigentümlich sich verjüngenden Hosen. In München dagegen haben die Amerikaner in Zivil, soweit männlich, die Krachledernen und den Gamsbart und die Wadenstrümpfe mit den dazugehörigen nackten Knien unter Begeisterungsgejodel übernommen, und, soweit sie weiblich, das Dirndlkleid. Die Hessen sind von der amerikanischen „Mode" überrollt worden, die Bayern haben mit ihren Trachten die Amerikaner umerzogen.

Allen zusammen aber würde Sebastian Brant einen Ehrenplatz angewiesen haben in seinem Narrenschiff.

Ahoi!

DRITTER TEIL

Dummes Verhalten infolge zu hoher Intelligenz

Wär' der Gedank' nicht so verflucht gescheit,
Man wär versucht, ihn herzlich dumm zu nennen.
SCHILLER (Piccolomini)

7

Lob der Dummheit

Erasmus

*Der Torheit galt mein Hymnus,
aber ganz töricht ist er nicht.*

Erasmus

Man schrieb das Jahr 1514 zu Straßburg. Das Faschingstreiben
war vorbei. Der berühmteste Bürger der Stadt, Sebastianus Brant,
hatte zu dieser Gelegenheit eine Art klassische Komödie, „Herkules am Scheidewege", geschrieben, die den Fastnachtsaufzug
eröffnet hatte. Wahrscheinlich war das eine im Grunde recht
gelehrsame lateinische Angelegenheit gewesen — Näheres ist nicht
überliefert —, aber die bunten Kostüme und das lebhafte Agieren der Laienspieler (regelrechte Theater gab es noch nicht) dürften doch genug gaffendes Volk herbeigelockt haben. Die Kenner
saßen vorne — die Mitglieder der kurz zuvor in Straßburg von
Wimpheling gegründeten Literarischen Gesellschaft, der natürlich
auch der gelehrte Dichter des Herkules-Spieles angehörte. Diese
waren Genießer der klassischen Sage nicht nur, sondern auch des
nicht ganz so klassischen Lateins, das einer ihrer Runde zur ge-
meinsamen Erheiterung geschrieben hatte.

Im Sommer desselben Jahres jedoch sollte ein anderes Ereignis
den Fastnachtstrubel selbst in latinisierter Gestalt in den Schatten
stellen: ein Fürst des Geistes kam auf seiner Reise aus England
nach Basel auch über Straßburg, und fürstliche Ehren bereiteten
ihm die Städte, die er berührte: es war Erasmus von Rotterdam,
der unbestritten berühmteste, gebildetste und gelesenste der Humanisten der Wende des fünfzehnten Jahrhunderts. Nach dem
offiziellen Empfang durch die Stadt Straßburg veranstaltete
Wimpheling dem körperlich kleinen, geistig riesigen Manne
in seiner Literarischen Gesellschaft ein Gastmahl — und es berei-
tet noch heute Genuß, sich vorzustellen, wie sie nebeneinander
saßen, einander zutranken und miteinander sprachen — Sebastianus Brant, eine in der deutschsprachigen Welt bekannte Kapa-

zität, der in seinem Narrenschiff die Dummheit zum Jubel der Deutschen *getadelt*, und die europäische Berühmtheit Erasmus von Rotterdam, eine andere Kapazität, die unter dem staunenden Jubel Europas die Dummheit gelobt hatte. Liest man die Kommentare der Herausgeber des „Lobes der Dummheit" des Erasmus — etwa M e i s s i n g e r (91) oder H a r t m a n n (54)—, so findet man überall vermerkt, daß dem Erasmus der Gedanke an seine Apologie der Torheit auf dem Ritt über die Alpen in der Schweiz, als er aus Italien im Jahre 1509 nach England zurückreiste, gekommen sei. In seinem Vorwort meint Erasmus selbst, der Name seines Freundes Thomas M o r u s, des englischen Kanzlers, der die „Utopia" schrieb und damit einen Begriff schuf, und den sein König später noch zu Lebzeiten des Erasmus hingerichtet hat, — der Name Morus also, der an den griechischen Titel μωρια anklingt, habe ihm die Idee kommen lassen, die Dummheit zu lobpreisen. Das ist aber so gut wie sicher nur eine humanistische artige Geistreichelei, wobei Erasmus die Gelegenheit ergreift, die Klugheit des Morus im Gegensatz zu der griechisch Moria geheißenen Dummheit herauszustreichen.

Ich kann mir nicht helfen — besonders wenn ich eins der guten Porträts der Roterodamus betrachte mit dem feinlippigen, ironischen Mund unter der Gelehrtennase und der hohen Stirn — sollte er nicht den Tadel der Dummheit und den damit erreichten Riesenerfolg des Sebastian Brant als etwas zu billig errungen empfunden haben? Schlummerte in ihm nicht der humanistische Widerspruchsgeist, die polemische Lust am sophistischen Gegenbeweis des scheinbar sich selbst Widersprechenden? Was will es schon heißen, die Dummheit an den Pranger zu stellen, mag Erasmus gedacht haben, das ist Philisterart und bedarf keiner sonderlichen Kunst. Aber ist es nicht im Grunde töricht, die Torheit zu tadeln? Wäre es nicht witziger, sie zu loben? Aber es wäre auch schwieriger, es erforderte Souveränität des Geistes, Mut im Reiche des meist niederträchtigen Intellekts, denn das Lob der Dummheit bedeutet Wertminderung der eingebildeten Gelehrsamkeit, und auch und vor allem erfordert es Talent und genügende geistige Überlegenheit zur Selbstironie. So beschloß ein Erasmus, das Lob der Dummheit zu schreiben.

Und nun tafelten sie zusammen in Straßburg, die beiden weit in der Fremde umgetriebenen Deutschen — zwanzig Jahre zuvor hatte das Narrenschiff seine Reise angetreten, und vor drei Jahren war das Lob der Dummheit in Paris erschienen — übrigens meines Wissens die letzte größere Monographie, die bis heute ausschließlich der Dummheit gewidmet war[31]).

Das Gastmahl zu Straßburg ist keine Mutmaßung; wir kennen es aus einem umfangreichen Dankschreiben, das Erasmus aus Basel an Wimpheling richtete, der ihm dahin im Namen der Literarischen Gesellschaft Straßburgs eine Ergebenheitsadresse nachgesandt hatte. Bei dieser Gelegenheit bekannte sich Erasmus, der sonst unterschiedlicher Ansichten über sein Vaterland sein konnte, als Deutscher. Jedem Mitglied der Literarischen Gesellschaft sagte er Artiges, das meiste aber dem Sebastianus Brant, dem Steuermann des glückhaften Schiffes der Narren. Es spricht vom „unvergleichlichen Brant" — aber es klingt mir wie versteckte Ironie, wenn der große Erasmus die Tiraden häuft: er, Erasmus, rechne es „zu einem der größten Teile je ihm widerfahrener Glückseligkeit, diesen Mann persönlich kennengelernt, ihn gesprochen und umarmt zu haben." Ja, er gab seinem Überschwang sogar in einem langen Gedicht Ausdruck, in dem es steifversig unter anderem heißt:

> Andere n a h m e n den Schmuck von ihren Musen,
> du l e i h s t selber den deinen Schmuck und Ehre;
> ich machte das Vaterland berühmter,
> du erhöhst der berühmten Vaterstadt Ruhm.

Heißt das nicht, den Ruhm des Sebastian auf seine Heimatstadt und sein Vaterland limitieren? Heißt das nicht unausgesprochen, aber deutlich genug, daß der Tadel der Dummheit eine deutsche Spießbürgerangelegenheit sei? Ich mag mich irren. Mögen Sachverständigere darüber urteilen, Herren von der philologischen und literarischen Zunft, so sie es für wichtig genug halten sollten.

Nicht nur der Titel — Stultitiae laus — ist bewußt provozierend und zum Lachen herausfordernd gedacht (freilich nur für die

---

[31]) Beim Lesen der Umbruchkorrekturen erhielt ich von Herrn Keller (Köln) eine Mitteilung des Inhalts, daß es offenbar einen bedeutenden Beitrag zu unserem Thema gibt, der mir unbekannt geblieben war: „der wirklich glänzend geschriebene, aber zum Zeitpunkt seines Erscheinens (1936 bei Bermann-Fischer in Wien) ins Leere geworfene Essay 'Über die Dummheit' von Robert M u s i l ." — Einen verwandten Themenkreis behandelt klug und anspruchsvoll Carl H a e n s e l in seinem Buch „Über den Irrtum" (Suhrkamp Verlag Berlin 1942).

Spitzen der europäischen Bildung) — auch die Form steht in denkbar scharfem Kontrast zu den deutschen Knittelversen des Narrenschiffes. Erasmus schreibt ein wahrhaft deliziöses, ein unvergleichliches, ein erasmisches Latein schlechthin. Es erinnert mich nicht im entferntesten an die Prosa ciceronianischer Reden, sondern es klingt für mein Sprachgefühl dem journalistisch-modernen Plauderton Senecas verwandt — jenem Latein, das mich schon, als ich in der Prima des Gymnasiums seine Bekanntschaft machte, entzückt hat und — ich will es nur gestehen — noch heute entzückt.

Erasmus personifiziert die Dummheit als Dame Stultitiae und läßt sie selbst ihr eigenes Loblied singen — eine echte Ironie, ein Geistesblitz. Und also beginnt die Dame Stultitiae des Erasmus:

„Mögen die Menschen in aller Welt von mir sagen, was sie wollen — weiß ich doch, wie übel von der Torheit auch die ärgsten Toren reden —, es bleibt dabei: mir, ja mir allein und meiner Kraft haben es Götter und Menschen zu danken, wenn sie heiter und frohgemut sind. Das beweist ihr selber schon zur Genüge; denn sowie ich vor eure große Gemeinde trat, ging augenblicklich über jedes Gesicht ein ganz ungewöhnlicher überraschender Schein, munter schnellen die Köpfe empor, und ein so ungehemmtes helles Gelächter schallte mir entgegen, daß mich wahrhaftig deucht, es sei euch allen, die ich von nah und fern versammelt sehe, homerischer Götterwein, gewürzt mit Vergißdasleid, zu Kopfe gestiegen, und saßet doch vorher so bedrückt und verängstigt da, als kämt ihr eben aus des Trophonius Höhle."

Ich werde gleich den lateinischen Text dieser Eingangsworte hierhersetzen, weil ich zeigen will, daß keine der mir vorliegenden Übersetzungen die Eleganz und die Schattierungskraft wiedergeben kann, wie sie die lateinische Eloquenz der erasmischen Dame Dummheit aufzuweisen hat. Und auch darin liegt wieder eine feine Humanistenironie: ausgerechnet die Dummheit läßt Erasmus eine Sprache sprechen, wie sie in dieser geschliffenen Prägnanz nur dem Geistesfürsten des Abendlandes zur Verfügung stand.

Die lateinische Satzkonstruktion in ihrer logischen Architektur gestattet es, gewaltige syntaktische Gebäude zu errichten, die ihrem gedanklichen Inhalt genau entsprechen. Das Verb operiert dann beispielsweise irgendwo fern von seiner grammatikalischen Operationsbasis, um wie ein Unterseeboot plötzlich an unvermuteter Stelle aufzutauchen und mit einem satzbautechnischen Kernschuß das ganze bis dahin errichtete Gedankengebäude formal und inhaltlich zum Einsturz zu bringen, um die Trümmer in eine ganz unerwartete neue Beleuchtung zu rücken. Um diese satztechnischen Möglichkeiten des humanistischen Lateins, das auch kompositorische Gesichtspunkte enthält und den Vergleich mit musikalisch figurierten Sätzen durchaus aushalten kann, ganz deutlich werden zu lassen, möchte ich zur näheren Illustration eine kleine Beichte über eigene lateinische Jugendsünden einflechten.

Unser Lateinlehrer hatte uns immer wieder auf den kunstvollen Aufbau der römischen „Periode" hingewiesen und uns die technischen Mittel gezeigt, mit denen Cicero etwa seine advokatorische Rede wirkungsvoll und vorbildlich zusammenzusetzen pflegte, was dann für den geplagten Gymnasiasten seit der Humanistenzeit — das Gymnasium, welches ich besuchte, feierte bereits sein 450-jähriges Bestehen — zu gefürchteten Enträtselungsschwierigkeiten führte. Nun hatten wir eine Klassenaufgabe bekommen, die aus 10 sogenannten Übungssätzen bestand, deren drolliges Deutsch, das mich stets erfreut hat und nun wieder in den Extemporalien meines Sextaner-Sohnes mein Schmunzeln erregt, dadurch zustande kommt, daß es Hilfen für den lateinischen Stil gibt und daher dem deutschen Sprachempfinden unfreiwillig humorvoll zuwiderläuft. Es waren so etwa die bekanntesten Schülersätze:

1. „Siehe da, ein Adler," sagte das Mädchen.
(Ich konnte es schon damals schwer unterlassen, einen sich nicht ganz von selbst verstehenden Witz anzubringen und übersetzte etwas frei:
Ecce vultur: „siehe da, ein Geyer . . ."[32]), und bekam hier gleich den ersten Fehler angekreidet).

2. Der Landmann grollte, weil die Tauben sich nicht entblödeten, sich der Körner des Feldes zu bemächtigen (potiri mit dem Ablativ).

[32]) Erst sehr viel später habe ich amüsiert zur Kenntnis genommen, daß man, wie Goethe formulierte, in der Tat nichts dummes denken kann, was nicht die Vorwelt schon gedacht . . . N i e t z s c h e schreibt in einer bösen ad hominem-Invektive gegen Richard Wagner: „Ein Geyer ist beinahe schon ein Adler . . ."
(Der Fall Wagner. Nietzsches Werke, G. Naumann, 1. Abtlg., Bd. VIII, S. 39).

3. Der Jüngling, mit der Liebe zu jenem Mädchen behaftet, warf sich dem Vater zu Füßen (Partizipialkonstruktion: sich dem Vater zu Füßen werfend . . .) und sprach: „O Vater, laß mich der Hand Deiner Tochter teilhaftig werden!"[33])

4. Die Großmutter liebte den Storch, nicht den Frosch.

Und so weiter, zehn Sätze lang.

Nun wollte ich mich an den rätselvollen langen lateinisch-klassischen Satzperioden rächen und schmiedete aus all diesen Sätzen, die in sich schon ziemlich sinnleer waren, ohne Rücksicht auf den Inhalt eine einzige langhinrollende Periode zusammen, mit Hilfe von cum . . . tum, et . . . et, non solum . . . sed etiam, accusativus cum infinitivo, etcetera, die mir, als ich sie abgab, recht gelungen schien. Grammatikalisch ging es, inhaltlich natürlich nicht. Dieser Turmbau war glattweg unverständlich geworden und sollte es auch sein. Die Fünf, die mir der Ordinarius darunterschrieb, war einkalkuliert. Ich konnte sie mir damals leisten. Trotzdem enttäuschte es mich etwas, das der Zensor zwar viel rote Tinte, aber gar keinen Gedanken daran verschwendet hatte, was das Ganze eigentlich sollte. Aber er hatte natürlich recht. Wohin sollte es führen, wenn ein Schüler sich womöglich lateinische Scherze erlaubt, da die Schule so eine ernste Angelegenheit ist und die geistige Überlegenheit des Lehrers über den Schüler gewissermaßen schon in der Schulordnung verankert ist!

Nun hoffe ich meine Leser mit Hilfe eines törichten Gymnasiastenstreiches so weit vorbereitet zu haben, das sie die Periode des Erasmus nach vorheriger Repetition der oben gegebenen deutschen Übersetzung, voll auf sich wirken lassen können: hier ist die vollkommene Kongruenz zwischen Form und Inhalt, zwischen Wort und Sinn, die Eleganz der Diktion und der Gedankenführung so meisterhaft bewältigt, daß es ein intellektueller Genuß ist, dieses Latein nachzukosten.

Stultitia loquitur:

Utcumque de me vulgo mortales loquuntur, neque enim sum nescia, quam male audiat Stultitia etiam apud stultissimos, tamen hanc esse, hanc, inquam, esse unam, quae meo numine Deos atque homines exhilaro, vel illud abunde magnum est argumentum, quod simulatque in hunc coetum frequentissimum dictura

[33]) Ähnlich bei T u c h o l s k y („Na und —", Rowohlt Hamburg 1950, S. 236).

prodii, sic repente omnium vultus nova quadam atque insolita hilaritate enituerunt, sic subito frontem exporrexistis, sic laeto quodam et amabili applausistis risu, ut mihi profecto quotquot undique praesentes intueor, pariter Deorum Homenricorum nectare non sine nepenthe temulenti esse videamini, cum antehac tristes ac solliciti sederitis, perinde quasi nuper e Trophonii specu reversi. Welch ein Latein, in der Tat, re vera!

Diese elegante Stilwirkung in der Häufung der Negationen einerseits: neque enim sum nescia (ich weiß es wohl) an der richtigen Stelle, wie das kurze und harte Nebeneinander der Tempora: dictura prodii in zwei Worten andererseits das, was man im Deutschen, will man es wörtlich wiedergeben, übersetzen müßte: als ich vortrat, um zu sprechen — sechs Worte! Erasmus handhabt das Lateinische wie ein Florett: tändelnde Finten und plötzlicher präziser Stoß nebeneinander und auseinander entwickelt und in souveräner Leichtigkeit vorgeführt.

Mir liegt die schöne Leydener Folio-Ausgabe des Jahres MDCCIII vor — ᾽Εγκώμιον μωρίας sive Stultitiae laus Des. Erasmi Roterodami declamatio; geschmückt mit eleganten Kupfern nach Zeichnungen von der Hand des jungen Hans H o l b e i n . Diese wiederum gehen zurück auf Randzeichnungen in einem Exemplar, das zu den Kostbarkeiten des Baseler Kupferstichkabinetts gehört und das ursprünglich das Eigentum des Baseler Humanisten Oswald Molitor oder Myconius war. Nach dessen Randbemerkung in diesem Buch ist es anfangs 1516 etwa 10 Tage lang in den Händen des Erasmus von Rotterdam gewesen, damit er sich an den Zeichnungen ergötze; was er, über Straßburg 1514, wie oben geschildert, nach Basel gekommen, auch mit großem Vergnügen getan hat. Hans Holbein war damals 18 Jahre alt — erstaunlich die Einfühlungskraft des jungen Malers! Gelehrte Kunstkenner meinen, daß die Kupferstiche nach diesen Bildern, mit welchen die Leydener Erasmus-Aufgabe im vierten Band geschmückt ist, neben einigen charakteristischen Änderungen eine Verballhornung seien. Ich weiß nicht recht: ich habe die Zeichnungen mit den Kupferstichen verglichen. Auch die Kupferstiche passen in ihrer Eleganz und ihrer durch die Nadeltechnik bedingten Verfeinerung der Konturen recht gut zu dem eleganten, nicht nur im Satzbau, sondern auch im Sprachrhythmus so feinbeschwingten Latein des Erasmus.

Ich will hier keine Inhaltsgabe des Büchleins des Erasmus geben, aber dringend raten, es in einer hübschen Ausstattung und in guter Übersetzung (etwa: Verlag Birkenhäuser, Basel, übersetzt von A. Hartmann, herausgegeben von E. Major, 4. Aufl. 1947) mit den dreiundachtzig Holbeinischen Randzeichnungen einmal in einer ruhigen Stunde nachzulesen. Es lohnt sich ganz gewiß. Ich setze nur noch den Absatz über die Dummen und die Weisen hierher, der lautet:

Die Dummen „kennen nicht Scham, nicht Scheu, nicht Ehrgeiz, nicht Neid, nicht Verlangen, und schließlich, wenn sie fast so stumpf sind wie das liebe Vieh, sind sie — fragt nur die Theologen — zur Sünde selbst unfähig. Sei nun so gut, du dummer Weiser, und erwäge, wieviel Angst und Sorge auf dein Herz Tag und Nacht einstürmt und es zermartert, trag alles Weh und Leid deines Lebens auf einen Haufen zusammen — dann wirst du endlich erkennen, wieviel Schweres ich meinen Dummköpfen erspare."

Das ist echte Ironie — tragische Ironie eines großen Geistes allerdings, der die leichte Bürde des Dummkopfes nicht aus eigener Erfahrung gekannt hat.

Hier bei Erasmus steht denn also auch das Thema des dritten und letzten Abschnittes unseres Buches, über das dumme Verhalten infolge zu hoher Intelligenz, knapp und klar in zwei Worten umschrieben: „Dummer Weiser". Das ist nur scheinbar ein Widerspruch in sich. Auch das „infolge" in der Überschrift dieses hier abgehandelten Abschnittes ist keineswegs eine parodistisch gemeinte Geistreichelei, sondern ein wissenschaftliches Anliegen, ein Anliegen allerdings im Grund tragischer Natur.

Denn wenn es einerseits versöhnend und ausgleichend wirkt, wenn in der Herzenseinfalt des Dummkopfes echte ethische Werte gefunden oder heraus- und vielleicht auch hineininterpretiert werden können, so ist das doch die Ausnahme. Der Weise nicht nur, auch der wirklich kluge Mensch dagegen befindet sich in dieser Welt der Unvollkommenheit *immer* in einer wahrhaft tragischen Situation der Isolierung, in einer Atmosphäre des Mißverständnisses, des ressentimentgeladenen Hasses aus den Minderwertigkeitsgefühlen der intellektuell Schlechtweggekommenen heraus. Und wenn der wahrhaft weise gewordene Mensch auch im resignierenden Lächeln über die Eitelkeit und Torheit dieser Welt sich zu trösten vermag, so kann

er es doch nicht gegenüber seinem eigenen Anspruch auf Sinnerfüllung seines Daseins, wenn ihm die Tröstungen der Religion
nichts sagen und wenn er die Relevanz philosophischer Erkenntnis aus kritischem Wissen heraus vor sich selbst verwerfen muß.

Die gelehrten Herrn.

> Daran erkenn ich den gelehrten Herrn!
> Was ihr nicht tastet, steht euch meilenfern,
> was ihr nicht faßt, das fehlt euch ganz und gar,
> was ihr nicht rechnet, glaubt ihr, sei nicht wahr,
> was ihr nicht wägt, hat für euch kein Gewicht,
> was ihr nicht münzt, das, meint ihr, gelte nicht.
>
> G o e t h e (Faust II)

Christoph Martin W i e l a n d (1733 bis 1813) schreibt in seinem
Musarion Buch 2 Vers 142 (in späteren Ausgaben Vers 135):

> Die Herren dieser Art blendt oft zu vieles Licht,
> sie sehn den Wald vor lauter Bäumen nicht.

Das ist die Formel, nach der die immer wieder bespöttelte Be-
griffsstutzigkeit enger Scheuklappengelehrsamkeit zustande
kommt. W i e l a n d , der gewiegte Kenner der Alten, wird die
Sentenz des Ovid (in den Tristien V, 4, 9 f.) gekannt haben:

> Weder die Blätter im Wald noch auf sonniger Wiese das
> zarte Gras noch im strömenden Fluß weiß er das Wasser
> zu sehn.

W i e l a n d selbst sah interessanterweise zunächst den Wald
seines Lebens vor lauter Bäumen nicht und brauchte, vom Ende
seiner dichterischen Existenz her betrachtet, törichte Umwege, die
ihn sich zunächst auf Holzwege begeben und planlos herumirren
ließen. Dieser sinnenfrohe, der Antike aufgeschlossene geistvolle
Mann geriet zunächst durch sein frommes Elternhaus mit seiner
streng christlich geregelten Lebensweise, und dann, als er mit
14 Jahren auf das Pädagogium Bergen bei Magdeburg kam, das
sich nach dem Muster August Hermann F r a n c k e s auf Frömmigkeit gründete, erst recht in eine enge Geisteshaltung, die ihn
den K l o p s t o c k schen Messias mit inbrünstiger Begeisterung
lesen ließ. Doch kamen ihm bald Zweifel, vor allem als er in Erfurt durch einen Verwandten, Professor B a u m e r , aufs Univer-
sitätsstudium vorbereitet werden sollte. Wieder daheim, erfaßte

ihn eine schwärmerische Neigung zu seiner Kusine, der späterhin bekanntgewordenen Schriftstellerin Sophie de la R o c h e , und so schrieb er ein Lehrgedicht über die Natur der Dinge oder die vollkommenste Welt. 1750 als Student der Rechte in Tübingen widmete er sich philosophischen, philologischen und historischen Studien und wurde von B o d m e r nach Zürich eingeladen, auf den er weit mehr als früher K l o p s t o c k einen vorzüglichen Eindruck machte. Er schrieb zwölf moralische Briefe in Versen, Hymnen auf Gott, ja selbst ein biblisches Epos: Der gepryfte Abraham. In den „Empfindungen eines Christen" polemisiert er gegen U z und die Anakreontiker: „die man für eine Bande epikurischer Heiden halten sollte"; worauf L e s s i n g ihm in den Literaturbriefen „Ausschweifungen der Einbildungskraft", bei denen „das Herz leer und kalt" sei, bescheinigte. 1759 verlobte er sich in Bern mit Julie B o n d e l i (späterhin R o u s s e a u s geistvoller Freundin), die ihn von seinen allzu weltfremden platonischen Schwärmereien offenbar resolut befreite. „Und auch seine Muse", so urteilte G o e t h e , „stieg herunter zu den Menschen, vielleicht in dem Alter, wo der Dichter, nachdem er die moralische Welt als ein Paradies im Anschauen durchwandelt hatte, anfing, den Baum des Erkenntnisses selbst zu kosten." Nach Bern war W i e l a n d neun Jahre lang Stadtschreiber in Biberach gewesen. Hier trat er auf Schloß Warthausen in einen moderner Literatur zugewandten Kreis ein, in dem seine frühere platonische Liebe Sophie von la R o c h e nun als verheiratete Frau glänzte, und wurde 1769 zum Professor der Philosophie und der schönen Wissenschaften nach Erfurt berufen, das damals Universität war. Hier hat er drei Jahre lang als bestallter Gelehrter gern und mit großem Erfolg gewirkt, bis ihn 1772 die Herzogin von Sachsen-Weimar an ihren Hof als Lehrer ihrer Söhne, von denen Karl August zwei Jahre später die Regierung übernahm, in ihre Hauptstadt holte. Er leitete die literarische Hochblüte der Ilm-Stadt ein, die dann jahrzehntelang der Mittelpunkt des geistigen Deutschland geblieben ist.

Erst 1764 fand W i e l a n d zu seiner wahren Begabung und der ihm angemessenen Geisteshaltung, die alles andere war, als es seine sentimental-christlichen Jugendsünden anzudeuten schienen. L e s s i n g hatte ganz richtig das Unechte und Gekünstelte seiner damaligen Expektorationen erkannt und an den Pranger gestellt. Das erste der Bücher der neuen und echten Lebensperiode hieß bezeichnenderweise „Der Sieg der Natur über die Schwärmerei". Schon in diesem Buch gefiel sich der früher so überfromme christliche Hymniker in eleganter Darstellung des Frivolen, was noch deutlicher wurde in seinem komischen Heldengedicht „Idris". Begeisterte K l o p s t o c k verehrer, die sich im später so genannten Göttinger Hainbund zusammengetan hatten (darunter Johann Heinrich V o s s , H ö l t y und B o i e), zerissen am Geburtstage ihres Idols in feierlicher Session ein Exemplar der Idris des abgefallenen W i e l a n d , und nach einem mit glühenden Reden und glühendem Punsch gewürzten Gelage verbrannten sie gottlob nur das Bildnis des Dichters zusammen mit seiner Idris!

Bücherverbrennungen, Indicies librorum prohibitorum sind nichts Neues unter der Sonne und entsprechen der menschlichen Dummheit, die sich hin und wieder in die Verteidigung gedrängt fühlt und dann um so entwaffnender sich selbst entlarvt.

Überhaupt liebt W i e l a n d das antike, vor allem das griechische Gewand, so im berühmten Musarion, aus dem wir eingangs zitierten. Sein nicht sonderlich hochwertiges Singspiel Alceste veranlaßte die berühmte (noch heute lesenswerte) Satire des jungen G o e t h e : Götter, Helden und Wieland. Der menschlichen Dummheit widmete W i e l a n d seine seinerzeit berühmte, heute zu Unrecht vergessene Geschichte der Abderiten, eine griechischantike Einkleidung der gutdeutschen Schildbürgerstreiche.

So wie die Antike ergötzliche Schwänke menschlichen Unverstandes aus Abdera, die Braunschweiger aus Schöppenstedt berichteten, so lädt das L a l e n b u c h , erstmals 1597 gedruckt, den Schildbürgern, den Einwohnern des ehrsamen Schilda, eine Reihe „wunderseltsamer, abenteuerlicher, unerhörter" Streiche und Abenteuer auf. Die Geschichten aus Schilda sind inzwischen zum Kinderbuch geworden — was sie eigentlich ursprünglich nicht waren. Um einen Begriff von ihrem satirisch-zeitkritischen Geist zu geben, will ich die Fabel des Buches kurz mitteilen, die heutzutage längst vergessen ist:

Ursprünglich stammen die Schildaer von einem der sieben weisen Meister ab und sind eminent klug, daß sie jahraus jahrein von allüberall in der Welt zu Großen, Fürsten und Herren gerufen werden, um dank ihres Geistes die überall infolge der Dummheit des übrigen Menschengeschlechts verfahrenen Karren wieder ins richtige Geleise zu bringen. So bleibt es nicht aus, daß die Schildbürger zwar überall für geordnete Verhältnisse sorgen, daß aber infolge ihrer ewigen Abwesenheit das eigene Gemeindewesen in völliges Durcheinander gerät; auch sind die Ehefrauen nicht einverstanden mit der permanenten Abwesenheit ihrer Eheherrn. So kehren sie denn zurück und beschließen auf den Rat der Alten, sich fortan der Dummheit statt der Weisheit zu befleißigen, damit sie in Ruhe und Frieden ungestört zu Hause leben können. Sie erfahren aber sehr bald, daß es ein Fluch ist, mit dem Schein zu spielen. In diesen Rahmen sind die einzelnen bekannten Schildbürgerstreiche eingebettet, einer wunderlicher als der andere, und schließlich brennt infolge einer dieser Dummheiten die ganze Stadt nieder. Es erfolgt der Exodus der heimatlos gewordenen Schildbürger mit Frau und Kind in die Welt hinaus, wo sie sich zerstreuen und ihrerseits zur Verbreitung und Vertiefung der menschlichen Dummheit einen gewichtigen Beitrag liefern.

Ein anderes Schelmenbuch — „Ein kurtzweilig lesen von Dyl Vlenspiegel" war ebenfalls, als es 1515 erstmalig erschien, nicht für Kinder gedacht. Und die Narrenstreiche des in Kneitlingen geborenen und in Mölln begrabenen Schalksnarren haben immer wieder zu tiefsinnigen Ausdeutungen geführt — weil es sich um die doppelbödige allgemeinmenschliche Narrenweisheit handelt, die er verkörpert. De C o s t e r s Ulenspegel und Gerhard H a u p t m a n n s Till seien aus neuerer Zeit genannt.

Das Lalebuch über Schilda nun hat W i e l a n d in seinen Abderiten griechisch verkleidet in eleganter, äußerst witziger Diktion wieder zum Leben erweckt. Die thrazischen Schildbürger bohren einen prächtigen und kostspieligen Brunnen, der nur den Fehler hat, kein Wasser zu führen. Eine berühmte Aphrodite des Praxiteles wird gekauft, aber auf so hoher Säule aufgestellt, daß niemand etwas von ihr sehen kann (vielleicht war sie dem Rat zu nackend, so daß wir hier das erste Gesetz gegen Schmutz und Schund vor uns haben, wie es neuerdings die Bonner Abderiten erlassen haben). In W i e l a n d s Abdera lebt der lachende Philosoph Griechenlands, D e m o k r i t , der seinen Mitbürgern wunderlich erscheint, weil sie seine Wahrheiten nicht glauben, aber die ihnen aufgebundenen Bären für bare Münze nehmen. H i p p o k r a t e s wird zu einem psychiatrischen Gutachten gebeten, findet aber nichts Krankhaftes. Die Krönung des Romans ist der Schluß — der Prozeß um des Esels Schatten, den ein Zahnarzt namens Struthion gegen den Eseltreiber Anthrax führt und den die Sykophanten Physignatus und Polyphonus mit herrlichen Rechtsverdreherkünsten zu einer Staatsaffäre aufbauschen.

Neben diesen Prosaarbeiten verblassen die Versgeschichten — auch das berühmteste der Werke W i e l a n d s , sein Heldenge-dicht Oberon. Es hat nur noch literarhistorisches Interesse und zeigt den Zeitschriftenredaktor (W i e l a n d gründete die erste ästhetisch-literarische Monatsschrift seines Vaterlandes, den deut-schen Merkur), gelehrten Professor und Romanschriftsteller aus Weimar als Meister wohlgebauter gereimter achtzeiliger Stanzen (Ottaverime).

Das beliebig herausgegriffene Beispiel eines der ersten der großen Weimaraner sollte nur zeigen, wie törichtes Nichterkennen der eigenen natürlichen Begabung, Überwuchern der inneren Möglichkeiten durch übermächtige Milieueinflüsse der Erziehung und des Elternhauses selbst einen sublimen Geist streckenweise in die Irre führen können.

Es kommt mir hier übrigens nur auf die Darstellung des ter-tium comparationis an, nämlich darauf, daß auch das Leben eines klugen Menschen im Urteil seiner Mit- und Nachwelt und auch in seinem eigenen Urteil am Schlusse seines Daseins törichte und als solche erkannte Irrwege einschlagen kann. Nicht wesentlich ist die von mir gegebene Bewertung. Unter anderen Voraus-setzungen — Bewertungen sind relativ — mag ein anderer Be-urteiler zu dem Ergebnis kommen, der schwärmende platonische christliche Wieland sei der intelligentere, klug den wahren Werten menschlichen Daseins Nachstrebende gewesen und der frivole Weimaraner ein törichter Alamode-Kavalier. Konzediert! Aber das ändert nichts an der Richtigkeit meiner These, daß ein in-telligenter Mann sich lange Lebenszeit unklug verhalten hat — nur die Vorzeichen wechseln. Quod erat demonstrandum bleibt damit erwiesen.

Um nun vom Speziellen wieder ins Allgemeine zu gehen: der Gelehrte ist nicht nur dafür bekannt, daß er als zerstreuter Pro-fessor überall seinen Regenschirm stehen läßt (die Witzblätter ganzer Jahrzehnte haben immer neue Variationen dieses dank-baren Themas gefunden), sondern auch dadurch, daß er schrul-lenhaft und wunderlich erscheint. Natürlich ist der „zerstreute" Professor in Wirklichkeit ein konzentrierter, ein auf sein Problem eingeengter Professor, dessen Gesichtsfeld so sehr auf einen einzigen Punkt zusammengezogen ist, daß er die sphärenhafte Umgebung gleichzeitig gar nicht wahrnehmen kann. Es kommt hinzu, daß dem, den ein Problem, eine Aufgabe erfaßt hat, alles andere gleichgültig wird. So entsteht die Weltfremdheit des Gelehrten, etwas, was teils als lächerlich, teils als ehrfurchtgebietend, weil das Fassungsvermögen des Durchschnitts übersteigend, empfunden wird. Gelehrte — Verkehrte, sagt deshalb der Volksmund, und man meint das verächtlich befremdete Achselzucken von Gevatter Schneider und Handschuhmacher vor sich zu sehen, die so eminent praktisch sind und in der (möglichst einzuschränkenden) Berufsplackerei und den (möglichst zu vergröbernden) Stammtisch- und Kegelklubfreuden die vernünftige Einteilung dieses Daseins und einen voll befriedigenden Lebensinhalt sehen.

Die Besessenheit, die Passion, die Leidenschaft, die einen Menschen übermannt, kann etwas durchaus Abstraktes sein — beispielsweise ein lenkbares Luftschiff. Der Graf Z e p p e l i n , der von seiner überwertigen Idee des Baus eines starren Luftschiffs mit Gasauftrieb und motorengetriebenen Propellern besessen war, galt lange Zeit als Narr vom Bodensee. Narrentum und Genialität unterscheiden sich *nur* in der Bewertung der Mitwelt vor und nach dem Erfolg: Der Ruhm des Grafen stieg gewissermaßen zugleich mit seinen Luftschiffen zu schwindelnden Höhen empor. Die psychische Konstruktion des Grafen Zeppelin selbst war vor und nach seinen geglückten Aufstiegen offensichtlich unverändert und sich gleich geblieben. Der gleiche seelische Tatbestand erfüllte somit die Voraussetzungen, sowohl als Narrheit ausgelacht als auch später als Geistesgröße bewundert zu werden.

Es kann auch umgekehrt kommen. L e s s e p s , der den Suez-Kanal unter unsäglichen Mühen durch die Macht seiner Persönlichkeit und seiner unerschöpflichen Energie gegenüber der Ungunst der Natur und der Menschen erfolgreich durchgeführt hatte, galt zur Zeit der Gründung der Gesellschaft zum Bau des Panama-Kanals als Heros der Nation, unvergleichliches Genie der Ingenieurkunst und „Grand Français" — er wurde in den Rat der Unsterblichen der Akademie gewählt. Diese noch vor dem Tode verliehene Unsterblichkeit hat aber nichts daran zu ändern vermocht, daß derselbe L e s s e p s nach Bekanntwerden des Panama-Skandals als Verbrecher verflucht, vor Gericht gestellt und verurteilt wurde. Auch seine psychische Konstruktion war unverändert geblieben. Lediglich die Bewertung durch die Mitwelt wechselte, und der Erbauer des Suez-Kanals hätte sich schließlich von dem Wankelmut der enttäuschten Menge und der Zweischneidigkeit menschlichen Ruhmes überzeugen können, wenn ihn nicht, den fast Neunzigjährigen, die Wohltat der geistigen Umnachtung jenseits vom Meinungsstreit dieser Welt dem bewußten Dasein entrückt hätte (übrigens hatte diese Umnachtung nichts mit dem gegen ihn geführten Prozeß zu tun, wie der übliche Laienirrtum annimmt, der, sehr im Gegensatz zur Wirklichkeit, echte Geistesstörung eigentlich immer und eigentlich stets fälschlich aus äußerem Ungemach ableiten will).

Z e p p e l i n s Schicksal und dasjenige L e s s e p s' zeigen, wie sehr die landläufigen Beurteilungen eines Menschen von Erfolg oder Mißerfolg abhängen, von Dingen also, die weitgehend nicht innerhalb der Verantwortung der Betreffenden zu liegen brauchen. Teilweise ist natürlich der Erfolg auch Sache der „unbeugsamen" oder der „geschmeidigen" Persönlichkeit, und M o l t k e hat schon recht mit seinem berühmten Ausspruch, daß Glück auf die Dauer doch wohl nur der Tüchtige habe — wobei der Ton bei „auf die Dauer" liegt, und wobei auch die Umkehrung des Satzes, daß nämlich Unglück „auf die Dauer" doch wohl nur der Untüchtige habe, eine bittere Wahrheit ist.

Wir wenden uns nun einem weiteren Gebiet zu, demjenigen der Sprachdummheiten nämlich, wie sie auch und gerade klugen Menschen entschlüpfen. Die Kathederblüte verdankt ihr Dasein dem zerstreut wirkenden, auf einen Punkt innerlich gesammelten Seelenzustand des Redners. Ihr klassischer Vater ist der Gymnasialprofessor zu Gotha, Johann Georg August G a l e t t i (1750 —1828). Bereits 1788 erschien die erste Sammlung seiner Aussprüche, die schließlich in der maßgebenden Ausgabe von 1876 bereits 415 Nummern hatte. Es ist psychologisch ganz aufschlußreich, sich einige dieser Originalaussprüche, dieser Galettiana, näher anzusehen. Man gewahrt doch etwas von dem Entstehungsmechanismus dieser Gedankenkurzschlüsse und blickt ein wenig hinter die Kulissen der töricht wirkenden Manifestationen überdurchschnittlich begabter Menschen. „Wer über diesen Gegenstand etwas Schriftliches nachlesen will, der findet es in einem Buche, dessen Titel ich vergessen habe; es ist aber das 42. Kapitel." Dies Zitat zeigt uns den Gelehrten als mit dem sogenannten visuellen Gedächtnis ausgestattet: er merkt sich Zusammenhänge optisch, nicht akustisch (was es auch gibt); die unfreiwillig komische Wirkung kommt durch die Wahllosigkeit der im Gedächtnis registrierten und wieder erweckbaren Inhalte zustande. Das aber ist ein allgemeines Merkmal, das bei alterndem Gehirn kaum einen Menschen verschont. Die Umwelt empfindet es dann peinlich, wenn jemand die gleichen Geschichten zu erzählen beginnt, weil er vergessen hat, daß er sie in diesem Kreise bereits des öfteren produziert hat. Partielles intellektuelles Versagen bemerken wir in fortgeschrittenen Lebenstagen selbst, bevor es andere zu merken brauchen, wenn uns Namen, Telefonnummern, Adressen und andere Äußerlichkeiten nicht einfallen wollen, während wir auch entlegene Einzelheiten etwa der namensmäßig nicht reproduzierbaren Person erinnern. „Die Nilquellen liegen noch viel weiter südlich, als wo Bruce sie entdeckte." Hier hat die sprachliche Formulierung mit dem komplizierteren Gedankengang nicht mitkommen können. Offensichtlich ist gemeint: Die Nilquellen glaubte Bruce ziemlich viel weiter nördlich entdeckt zu haben, als sie später bei neueren Forschungen als wirklich situiert festgestellt wurden. Hätte Galetti gesagt: ... als wo Bruce sie entdeckt zu haben glaubte", so wäre das richtig gewesen.

Dieselbe Nichtachtung gegenüber dem präzisen sprachlichen Ausdruck zeigt etwa den Satz: „Der Unterschied zwischen dem alten und neuen Persien besteht hauptsächlich in der Unkenntnis der Sprache". Gemeint ist: Die altpersische Sprache in der Wissenschaft (zur Zeit Galettis) unbekannt, die neupersische dagegen bekannt. Wenn daher ein großer Unterschied unserer Kenntnisse der neu- und altpersischen Kulturen besteht, so beruht das zum großen Teil darauf, daß wir altpersische Dokumente, selbst wenn sie ausreichend zur Verfügung stehen, nicht entziffern können. Es ist ganz interessant zu sehen, wie sich die Hauptgedanken eines solchen Satzgebäudes in dem zitierten Ausspruch verschmolzen haben.

„Die Inseln des Mittelmeeres sind alle größer oder kleiner als Sizilien" will besagen, daß Sizilien eine mittelgroße mediterrane Insel ist. Die komische Ausdrucksweise deutet m. E. wieder auf die visuelle Gedächtnisstruktur des Professors hin, der von seinem geistigen Auge eine Karte des Mare nostrum sah, Sizilien als ruhenden Punkt sich vorstellte und mit dieser Insel die übrigen verglich.

„Man hat viel darüber gestritten, ob die altägyptische Sphinx ein Weib oder ein Mann gewesen sei; die Wahrheit liegt, wie so oft, in der Mitte." Trotz der auf den ersten Blick komischen Wirkung der Ausdrucksweise kann diese doch einen richtigen Inhalt wiedergeben, wenn etwa gemeint ist, daß die Sphinx ein zwittriges Geschöpf sei. So etwas ist aus der Ethnologie bekannt. Und auch in der Naturkunde kommen Hermaphroditen vor, die sich durch den Besitz echter weiblicher u n d männlicher Keimdrüsen als solche ausweisen.

„Varus war der einzige römische Feldherr, dem es gelang, von den Deutschen besiegt zu werden" —

„Karl der Große besiegte die Sachsen so oft, daß sie es zuletzt gar nicht mehr abwarteten"—

„Die Juden haben ihren Namen von Jütland und Jütland hat seinen Namen wieder von den Juden"—
möge der Leser selbst herausfinden, wo der formale oder inhaltliche Kurzschluß liegt.

Galettiana gibt es zu allen Zeiten.

„Das Los desjenigen, der herauskommt, muß sterben" soll heißen: Derjenige, dessen Los herauskommt, muß sterben. Hier ist es schludriges Sprechen ohne die ordnenden Obervorstellungen des disziplinierten Denkers, das den unsinnigen Satz gebiert.

Es ist also nicht uninteressant, sich die Sprachdummheiten einmal näher anzuschauen, wie wir es oben an beliebig herausgegriffenen Beispielen getan haben. Da wären noch die mißglückten, weil nicht mit dem geistigen Auge gesehenen, sondern klischeehaft angewandten Bilder im Sprachgebrauch, die zuweilen, grotesk gehäuft, entwaffnend komisch wirken:

„Diese Behauptungen des Antragsgegners stellen die gegebenen Ohrfeigen geradezu auf den Kopf", oder: „Das sind Leute, die nicht einmal mit Druckerschwärze rein zu waschen sind" — alles Beispiele für phantasielos mißbrauchte Metaphern.

Selbstbekenntnisse unfreiwilliger Art sind auch im Parlament vernommen worden. So meinte der Abgeordnete V o g t in der Frankfurter Nationalversammlung am 22. 8. 1848: „Bei dieser Frage stehe ich auf einem total neutralen Standpunkt, so vollkommen neutralen, daß ich fast sagen möchte, es wäre gar kein Standpunkt."

F r e u d (29) hat sich zwei dieser entgleisten Versprechen natürlich nicht entgehen lassen: „Es war kein Geringerer, als der

deutsche Reichskanzler Fürst B ü l o w , der durch einen solchen
Einspruch (es handele sich um einen Lapsus linguae. H. G.) die
Situation zu retten versuchte, als ihm der Wortlaut seiner Ver-
teidigungsrede für seinen Kaiser (November 1907) durch ein
Versprechen ins Gegenteil umschlug:

'Was nun die Gegenwart, die neue Zeit Kaiser Wilhelms II.,
angeht, so kann ich nur wiederholen, was ich vor einem Jahr
gesagt habe, daß es *unbillig und ungerecht wäre, von einem Ring
verantwortlicher Ratgeber um unsern Kaiser zu sprechen* . . .
(Lebhafte Zurufe: unverantwortlicher), *unverantwortlicher Ratgeber zu* sprechen.' (Heiterkeit).

Indes, der Satz des Fürsten B ü l o w war durch die Häufung
der Negationen einigermaßen undurchsichtig ausgefallen; die
Sympathie für den Redner und die Rücksicht auf seine schwierige
Stellung wirkten dahin, daß dies Versprechen nicht weiter gegen
ihn ausgenützt wurde. Schlimmer erging es ein Jahr später an
demselben Orte einem anderen, der zu einer *rückhaltlosen* Kundgebung für den Kaiser auffordern wollte und dabei durch ein
böses Versprechen an andere in seiner loyalen Brust wohnende
Gefühle gemahnt wurde:

L a t t m a n n (Deutschnational): . . .Wir glauben, daß der einheitliche Gedanke und der Wunsch des deutschen Volkes dahin
geht, eine *einheitliche Kundgebung* auch in dieser Angelegenheit
zu erreichen, und wenn wir das in einer Form tun können, die
den monarchischen Gefühlen durchaus Rechnung trägt, so sollen
wir das auch *rückgratlos* tun. (Stürmische Heiterkeit, die mi-
nutenlang anhält). Meine Herren, es heißt nicht rückgratlos,
sondern *rückhaltlos* (Heiterkeit), und solche rückhaltlose Äußerung des Volkes, das wollen wir hoffen, nimmt auch unser Kaiser
in dieser schweren Zeit entgegen.' Der „Vorwärts" vom 12. November 1908 versäumte es nicht, die psychologische Bedeutung
dieses Versprechens aufzuzeigen: 'Nie ist wohl je in einem Parlament von einem Abgeordneten in unfreiwilliger Selbstbezichti-
gung seine und der Parlamentsmehrheit Haltung gegenüber dem
Monarchen so treffend gekennzeichnet worden, wie das dem
Antisemiten L a t t m a n n gelang, als er am zweiten Tage der
Interpellation mit feierlichem Pathos in das Bekenntnis entgleiste,
er und seine Freunde wollten dem Kaiser *rückgratlos* ihre Meinung sagen. — Stürmische Heiterkeit auf allen Seiten erstickte die
weiteren Worte des Unglücklichen, der es noch für notwendig

hielt, ausdrücklich entschuldigend zu stammeln, er meine eigentlich *rückhaltlos*.'"

Die Sprachdummheiten der Schwachsinnigen und des Volksdurchschnitts, die allerdings der zu niedrigen Intelligenz zugeordnet sind, haben wir im ersten Teil unseres Versuches, das dumme Verhalten des Menschengeschlechtes zu beleuchten, dargestellt. Hier kam es mir darauf an zu zeigen, wie überdurchschnittlich begabte Menschen zu törichtem Verhalten mannigfacher Art veranlaßt werden können. Und das Mittel der Sprache, das geistige Kommunikationsmittel kat exochen, läßt das doch recht deutlich werden. Abgelenktheit des auf seinen Gegenstand konzentrierten Gelehrten, aber auch aus dem Unbewußten aufsteigende störende, „verdrängte" Inhalte haben wir als hinter diesen eigentümlichen Manifestationen des Gelehrtengeistes stehend kennengelernt.

Abschließend sollen noch einige Worte dem Verhältnis gewidmet werden, in dem die seltenen und einzelnen erlesenen Köpfe zu den Vielzuvielen stehen, zu den Dummköpfen, die stets in der Überzahl sind — jener Fabrikware der Natur, wie S c h o p e n h a u e r sagte.

Ich bringe, wiederum wahllos, drei Beispiele: aus der Antike, dem Mittelalter und der Neuzeit je eins: sie zeigen, jedes für sich, die gleichen, noch zu besprechenden Eigentümlichkeiten.

A r c h i m e d e s (um 278 bis 212) aus Sykrakus war der größte mathematische Gelehrte des Altertums. Man glaubt über die Jahrtausende hinweg seinen Ruf zu hören: $E\H{v}'\varrho\eta\varkappa\alpha$, „Heureka!", jenes „Ich hab's!", das sich dem denkenden Kopf jubelnd entringt, wenn ihm zu guter Stunde etwas eingefallen ist und sich plötzlich ein Problem löst, das bis dahin sich nicht hatte ergeben wollen. Es wird überliefert, daß der weise Mann in der Badewanne saß, als ihm durch die Beobachtung des durch seinen Körper verdrängten Wassers das Gesetz vom spezifischen Gewicht aufging. Er hatte bei dieser Gelegenheit darüber nachgedacht, wie er im Auftrage des Königs Hiero von Syrakus den Goldgehalt seiner Krone exakt bestimmen könne.

Er wies ferner nach, daß sich die Inhalte eines Kegels, einer Halbkugel und eines Zylinders von gleicher Basis und Höhe wie 1 : 2 : 3 verhalten (und er ließ sich deshalb auf sein Grab eine von einem Zylinder umfaßte Kugel setzen) und berechnete den Kreisumfang recht genau als zwischen dem 3 10/70 bis 3 10/

71 fachen seines Durchmessers liegend. Er berechnete die Grundlagen der festen und flüssigen Körper, fand das archimedische Prinzip des hydrostatischen Auftriebs, errechnete die Hebelgesetze und ermittelte damit die Schwerpunkte ebener Flächen. Diese Kenntnisse machten ihn zu einem Meister des Krieges (so wie heute die Atomphysiker Herren über Leben und Tod sind), und seine Kriegsmaschinen standen zwei Jahre lang erfolgreich gegen den Feind, der seine Vaterstadt berannte. Über die Kräfte, die er mit seiner Kenntnis der Hebelgesetze entfesseln konnte, hegte er das stolze Bewußtsein des wahren Gelehrten, das ihn zu dem berühmten Ausspruch führte:

δὸς μοὶ ποῦ στῶ, καὶ τὴν γῆν κινήσω_

zu deutsch: „Gib mir einen Punkt, wo ich stehen kann, und ich will die Erde aus den Angeln heben!" (Diesen Punkt haben die modernen Physiker, die Herren über Leben und Tod, inzwischen ja wohl gefunden: er liegt zwischen den Protonen und sonstigen Teilen des „unteilbaren" Atoms, soweit ich das begriffen habe). Der Brennspiegel, die Wasserschraube, die Schraube ohne Ende und die Sphära, ein Planetarium, sind weitere uns überlieferte Werke des Archimedes.

Schließlich aber überrannten die Feinde die Stadt Syrakus, die Söldner überschwemmten die endlich gefallene Feste und näherten sich auch dem greisen Gelehrten, der über seinen Zeichnungen saß. „Noli turbare circulos meos! Stört meine Kreise nicht!" rief er den Kriegern zu (nach anderer Lesart: „den Kopf könnt ihr kriegen, aber nicht meine Aufzeichnungen!"). Und wer den Lauf der Welt kennt, der weiß es auch ohne Schulreminiszenzen, daß dieser Schädel von der marodierenden Soldateska unverzüglich eingeschlagen wurde, als sei er ein hohler Kürbis.

Giordano Bruno (1548 bis 1600), aus dem italienischen Nola gebürtig, war seit seinem 15. Lebensjahr Dominikanermönch in Neapel, von wo er wegen seiner, freier als die Oberen erlaubten, sich entfaltenden Geistesschwingen floh. Er gelangte über Rom nach Genf, aber wie ihn in Italien die katholischen Geistlichen beargwöhnt hatten, so beargwöhnten ihn in der freien Schweiz die strengen Kalvinisten, so daß er über Lyon schließlich für fast drei Jahre in Toulouse landete. 1581 kam er nach Paris, wo er auch von König Heinrich III. beachtete Vorlesungen hielt.

1583 folgte er einer Einladung des französischen Gesandten nach London, durch den er mehrfach zum Hofe der Königin Elisabeth gezogen wurde. Hier schrieb er seine philosophischen Hauptwerke. 1585 dichtete er in Paris seinen berühmten Dialog „Heroische Leidenschaften" und lehrte dann in Wittenberg, Prag, Helmstedt, Frankfurt a. M., Padua und endlich zu Venedig. Als scharfer Gegner der aristotelischen Scholastik und Anhänger des 13. Jahrhunderts, Raimundus L u l l u s , (dessen Konzeptionen noch bis in L e i b n i z ens „Universalwissenschaft" nachwirkten), philosophierte Bruno mit mehr dichterischer Schönheit als logischer Klarheit (die "Eroici furori" knüpfen an lateinische Verse an). In Venedig ergriff diesen hymnischen, aber umfassenden Geist, diesen erlesenen Stilisten die Inquisition, die ihn 1593 nach Rom auslieferte. Er wurde wegen Abfalls und hartnäckiger Ketzerei zum Tode verurteilt. Er rief seinen Richtern zu: „Ihr fällt das Urteil mit größerer Furcht, als ich es empfange" — und wurde auf dem Campo dei Fiori zu Rom lebendig verbrannt.

Antoine Laurent L a v o i s i e r lebte von 1743 bis 1794 in Paris. Er war ein hochgebildeter mathematisch ausgerichteter Naturwissenschaftler, der aber infolge seiner eminenten Begabung auch staatlich wichtige Ämter innehatte. 1771 wurde er Generalpächter der Steuern. Die ihm dadurch zufließenden reichlichen Mittel verwandte er zur Lösung wichtigster wissenschaftlicher Probleme seiner Zeit. 1776 wurde er als Chemiker Leiter der Pulver- und Salpeterfabriken (der Krieg und seine Planung braucht Wissenschaftler — Archimedes, Lavoisier, die modernen Atomforscher), 1788 war er Administrator der Diskontokasse und 1791 Kommissar des Nationalschatzes (was etwa dem Amt eines Reichsbankpräsidenten entspricht). L a v o i s i e r war eine der größten Forschungsbegabungen der Neuzeit, ausgestattet mit durchdringendem Verstand und echt französischer Klarheit der Gedankenführung. Er revolutionierte die Chemie. Die Vorgänge bei der Verbrennung, aber auch die Theorienbildung der Gärung und der Meteorologie, der Physiologie und Mineralogie wurden durch ihn entscheidend gefördert. Das alles aber hat nicht gehindert, daß er 1794 als ehemaliger Generalpächter der „Erpressung" beschuldigt, zum Tode verurteilt und hingerichtet wurde. Sein Gesuch um Aufschub der Hinrichtung, bis er einige wenige wissenschaftlich dringend erwünschte Experimente durchgeführt habe, beantworteten die

Machthaber der französischen Regierung mit der stupiden, dieser Volksvertretung würdigen Antwort: „Die Republik bedarf Ihrer Experimente nicht". Eine gewisse grimmige Befriedigung gewährt dem nachträglichen Historiker die Tatsache, daß der Kopf R o b e s p i e r r e s knapp vier Monate später ebenfalls unter d e r Guillotine fiel — eine ausgleichende Gerechtigkeit des Schicksals, zu der es sich leider nur selten aufschwingt.

Betrachten wir zusammenfassend, w e m eigentlich die genannten erlauchten Köpfe zum Opfer fielen, so fällt auf, daß es Institutionen waren, die zur Voraussetzung die Massen der von ihnen beherrschten Menschheit haben: das soldatische, das kirchliche und das politische Regime.

Jedes undemokratische politische Regime verfolgt die Vertreter des Geistes mit wütendem Haß und vertilgt sie in der irrigen Annahme, Ideen könnten durch physische Auslöschung ihrer Gegner mundtot gemacht werden: Professoren, Dozenten und Studenten beiderlei Geschlechts und Männer der Kirche haben denn auch im Dritten Reich frondiert zusammen mit der Blüte des soldatischen Adels, als dieser sich angesichts der militärischen Katastrophe wieder auf seine Tradition zu besinnen begann.

Interessant ist, daß zu allen Zeiten die eminentesten Gelehrten in der Rüstungsindustrie dringend benötigt wurden. Nach wie vor auch geraten sie leicht in politisches Zwielicht, weil irgendeine Gemeinschaft, heutzutage der Staat, es sich nicht leisten kann, seinen Experten politische Meinungsfreiheit zu gestatten, die zum Verrat an einen feindlichen Verband führen könnte, dessen politische Richtung eine andere ist. Es hat in den Jahren nach dem zweiten Weltkrieg eine Reihe sensationeller Affairen von Atomforschern gegeben, die des Verrates beschuldigt worden sind, wie das der Engländer Allan M o o r e h e a d in seinem 1952 erschienenen Buch „Die Verräter" hinsichtlich der Gelehrten Klaus F u c h s , Bruno P o n t e c o r v o und Allan Nunn M a y dargestellt hat. Neuerdings, während diese Zeilen geschrieben werden, hat sich der Atomforscher Nr. 1 Amerikas, Professor Dr. Robert O p p e n h e i m e r , zu diesen Forschern gesellt. Er ist aus „Sicherheitsgründen" von der Atomenergie-Kommission suspendiert worden. Alle diese exzellenten Gehirne sympathisierten oder sympathisieren noch mit der kommunistischen Weltanschauung. In einem Leitartikel der „Gegenwart" vom April 1953 werden daher auch amerikanische Stimmen wiedergegeben, man könne das politische Geheimnis im Falle Oppenheimer nur so wahren, daß man seinen Kopf, der so viel wisse, von ihm trennen müsse. Immerhin hat mich gewundert, daß nie und nirgends in den Weltkommentaren zu diesen sensationellen Begebenheiten auch nur einmal die Frage aufgeworfen wurde, ob wir, die Menschheit, es uns überhaupt leisten konnten, so hervorragende Kapazitäten kaltzustellen, gewissermaßen das schnöde Wort hinsichtlich L a v o i s i e r s uns zu eigen machend: Die Welt bedarf ihrer Experimente nicht! Wirklich nicht? Es gibt meines Wissens auch zivilisatorische Aufgaben friedlicher Art, die nur durch Atomkraftausnutzung voranzutreiben sind. Andererseits kann Landesverrat nicht ungesühnt bleiben, solange es noch keinen allgemeinen weltumfassenden Menschenstaat gibt. Aber selbst dieser könnte an außertellurische Weltenkörper verraten werden. Die Sache scheint hoffnungslos zu sein.

Die Schwierigkeit, dieses Buch zu schreiben, liegt darin, sich auf eine Auswahl an Beispielen und Demonstrationsobjekten zu beschränken. Das Weglassen, nicht das Zusammensuchen von Belegen machte Überlegungen notwendig. Ich kann und will trotz verlockender Details auch nicht allzusehr ins einzelne gehen, sondern mich des Seufzers des Gelehrten und Doktors Faust zu Anfang seiner Goetheschen Inkarnation erinnern:

> Habe nun, ach, Philosophie,
> Juristerei und Medizin
> und leider auch Theologie
> durchaus studiert, mit heißem Bemühn
> Da steh ich nun, ich armer Tor!
> Und bin so klug als wie zuvor...
> und sehe, daß wir nichts wissen können!
> Das will mir schier das Herz verbrennen.

Hier haben wir die vier Fakultäten als Verkörperung der klassischen Gelehrsamkeit. Ich kann der Versuchung nicht widerstehen, sie der Reihe nach auf ihre mehr oder weniger innigen Beziehungen zur Torheit des Menschengeschlechtes hin einer wohlwollenden Untersuchung zu unterziehen.

„ ... ach, Philosophie ..."

Als ein Rhetor der sophistischen Schule während eines öffentlichen Vortrages einmal mit prasselndem Beifall seiner Zuhörer überschüttet wurde, wandte er sich besorgt zu seinen in der Nähe stehenden gelehrten Freunden und fragte: „Sagt, habe ich etwas Dummes geäußert?" So sehr war er davon überzeugt — oder gab er vor, davon überzeugt zu sein, daß „das Volk, das dumme", das ihm zuhörte, nur der Torheit Beifall zu klatschen vermöchte. Kluge Leute haben dafür, gewissermaßen zur Vergeltung, alle philosophische Weisheit für baren Unsinn gehalten, z. B. M o n t a i g n e : "Nos folies ne me font pas rire, ce sont nos sapiences!" (Er war selbst Philosoph!)

Wie in diesem Essay schon des öfteren gesagt worden ist, kann es sich bei der Bewertung von klug und dumm nur um relative Wertsetzungen handeln. Und es ist theoretisch nicht verboten, auch die klügsten Geister menschlicher Provenienz wegen der von ihnen selbst immer wieder vergeblich angestrebten Tendenz, zu transzendieren, also den Erfahrungsbereich ihrer Sinne oder ihrer cerebralen Konstruktion zu sprengen, als töricht und in Wahrheit beschränkt anzusehen. Unter diesem Aspekt zeigt die Geschichte der uns geläufigen Philosophie beispielhaft die Grenzen des menschlichen Denkvermögens und damit seine physiologische Beschränktheit (in seiner philosophischen Begrenzung) auf: Der Name der Philosophie, so wissen schon die Alten zu berichten, ist einem Akt echter Selbstbescheidung entsprungen, indem P y t h a g o r a s im Bewußtsein der Unzulänglichkeit menschlichen Wissens sich nicht als Weisen (Sophos), sondern nur als Freund der Weisheit (Philosophos) zu bezeichnen gewagt haben soll.

Wenden wir uns der Wiege unseres Geistes, der abendländischen Philosophie zu, insofern sie Einfluß auf zwei Jahrtausende geistigen Lebens genommen hat, so können wir die chinesische etwa und die indische Philosophie — so interessant sie als Phänomene andersgearteter menschlicher Denkweisen sind — hier unbesprochen lassen. Die ersten Denker Griechenlands waren Physiker. Eine Wissenschaft vom Wissen war noch nicht vorhanden, die Ethik beschränkte sich auf die Gnomik (Spruchweisheit) der sagenhaften sieben Weisen. Kennzeichnenderweise bemüht sich der denkende Menschengeist gleich um die höchsten Probleme, um das Wesen der Dinge, das von den J o n i e r n auf physischen Stoff zurückgeführt wird. Diesen Stoff lehrte die Schule H e r a k l i t s als in ewiger Bewegung befindlich („alles fließt"). Die Pythagoreer hingegen führten alles Sein auf Zahl und Gestalt zurück, die Eleaten stellten sich den Urgrund alles Seins als ruhend vor. Es zeigte sich, genau wie wir das im zweiten Teil dieses Buches bei der Betrachtung moderner wissenschaftlicher Theorienbildung sahen, daß bereits im Beginn philosophischen Denkens einander widersprechende Grundvoraussetzungen zu brauchbaren Denkgebäuden (Hypothesen) führten. Das zeigt nichts anderes als die seit Jahrtausenden unveränderte Denkmöglichkeit, wie sie menschlichen Gehirnen innewohnt, und die sich damals wie heute als nur eines relativen Begreifens, keines wirklichen Erfassens absoluter Wahrheiten als fähig und damit als im höchsten Verstande metaphysisch dumm erweist. Nach dem Gesagten ist es klar, daß diese Widersprüche schon früh auffallen mußten: wenn die Eleaten die Bewegung („das Werden") für Schein, die Schüler H e r a k l i t s das in sich ruhende Sein als irreal ansahen und die eine Schule die Grundvoraussetzungen der anderen Schule als Scheinwissen erklärte, so mußte sich das weiterdringende Denken mit der Lehre vom Wissen selbst und dessen Voraussetzungen befassen. Diese Denkarbeit leisteten zunächst die S o p h i s t e n , indem sie radikal alles Wissen als Scheinwissen erklärten und aussprachen, daß alle Erfahrung keine Allgemeingültigkeit haben könne, sondern für jeden Menschen gemäß seiner cerebralen Artung eine andere Wahrheit, eine unverbindliche Wahrheit also nur, erreichbar sei — in der Formulierung des P r o t a g o r a s : Der Mensch ist das Maß aller Dinge. S o k r a t e s stellte demgegenüber das in Begriffsform auftretende Denken als allgemeinverbindlich wahr heraus und schuf zu der ebenfalls durch ihn methodologisch geklärten Physik und Logik als dritten wissenschaftlichen Zweig des Philosophierens die Ethik, indem er seine Begriffswelt auch auf die Erkenntnis des Guten ausdehnte. Das Gute nun wurde weiterhin in der Form des H e d o n i s m u s positiv als höchste Lust gewertet oder negativ betrachtet als die mindeste dem Menschen erreichbare Unlust (K y n i k e r); P l a t o n bestimmte das Gute als das um seiner selbst willen Begehrenswerte und setzte das Gute, Wahre und Schöne letztlich einander gleich als Ausdruck höchster menschlicher Ziele. Erstmals P l a t o n stellte damit das Ideal eines rationalen Wissens auf, das nun nach mancher Richtung hin vervollständigt werden konnte. Die normale Wissensform ist für P l a t o n und späterhin A r i s t o t e l e s der *Begriff.* Die Wissens- und Seinslehre wurde demgemäß auf

dem begrifflichen Denken aufgebaut. P l a t o n und A r i s t o -
t e l e s sahen im Begriff das Eine, das Allgemeine, das die unendliche Vielfalt alles Seienden in sich faßt.

Auch hier sind nun, was den Ursprung, also die Ableitung des
Begriffes anlangt, zwei Denkmöglichkeiten gegeben, die einander
widersprechen: man kann sich das Einzelne, also die Mannigfaltigkeit aller Denk- und Seinsdinge, als aus dem Allgemeinen
abgeleitet denken (deduktive Philosophie P l a t o n s); man kann
aber ebensogut annehmen, daß es durch denkerische, abstra-
hierende Zusammenfassung aller Einzelheiten sekundär zu All-
gemeinbegriffen gekommen sei (induktives Denken des A r i s -
t o t e l e s). Das eine Mal, um es anders auszudrücken, wird
das Besondere aus dem Inhalt des Allgemeinen heraus geschaffen
(deduziert), das andere Mal wird das Besondere aus dem Umfang
des Allgemeinen abgeleitet (induziert). Bei P l a t o n ist demnach
das Allgemeine (Eine), bei A r i s t o t e l e s das Besondere (Viele)
das Ursprüngliche, oder, philosophisch ausgedrückt, das Wahre.
Dementsprechend leitet P l a t o n widerspruchslos und logisch
die Vielheit des Wissens ab, das viele Seiende in der Ontologie
aus *einem* Sein und in der Ethik die vielerlei Gut aus *einem*
höchsten Gut her —; genau umgekehrt, logisch widerspruchslos,
verfährt A r i s t o t e l e s : er baut aus der Vielfalt der Wissenschaften eine höchste, die philosophische Wissenschaft, auf; aus
der Vielheit von Seienden ein höchstes Sein und aus dem vielerlei
Gut das eine höchste Gut.

Die aus den Voraussetzungen entwickelten diametral entgegengesetzten Philosophien interessieren uns hier nur insofern, als
sie denkerische Leistungen hochqualifizierter Gehirne bezeichnen,
die ihrer inneren Widersprüchlichkeit wegen von einer höheren
Warte, als sie unserer Vernunft zugänglich ist, als fast schwachsinnig imponieren müßten — so wie wir die seiner tatsächlichen
elenden Lage zuwiderlaufenden Größenideen eines Paralytikers
deswegen als schwachsinnig erkennen können, weil wir über eine
anders strukturierende Denkform verfügen als das von uns als
krank definierte paralytische Gehirn. Einer der beiden von der
abendländischen Philosophie nebeneinander eingeschlagenen
Pfade kann logischerweise nur richtig, „wahr" im eigentlichen
Sinne, sein. Und doch wurden sie beide zu Ende gegangen, und
beide haben beachtliche Erweiterungen menschlicher Denkmöglichkeit eröffnet:

Gemeinsamer Ausgangspunkt der platonischen wie der aristotelischen Philosophie ist der R a t i o n a l i s m u s , insofern nur das in Begriffsform existierende Sein als wahres Sein und das in Begriffsformen aufgestellte Gute als wahres Gutes angesehen werden. Das wahre Wissen erscheint daher bei P l a t o n als aus dem All Einen kommend „angeboren", bei A r i s t o t e l e s als aus der Einzelerfahrung gewonnen „erworben" — womit wiederum zwei Grundakkorde angeschlagen sind, die ganze Forschungsrichtungen in Psychologie und Naturwissenschaft entbunden haben. Bei P l a t o n fallen schließlich Wissenslehre (Dialektik) und Seinslehre (Metaphysik) in eins zusammen, indem bei ihm der allgemeine Begriff von der Gattung des Seienden nicht mehr unterscheidbar wurde. Den Begriff des Seienden nannte der dichterische P l a t o n I d e e ; er bezeichnete diese als den Gegensatz eines über die sinnliche Erfassung hinausgehenden, über sie erhabenen inneren Schauens — so daß das „Erkennen" irdischer Gegenstände letztlich nur ein „Wiedererkennen" (Anamnesis) der schon in einem früheren oder andersartigen höheren Dasein wahrgenommenen Ideen sei. Der nüchterne A r i s t o t e l e s dagegen meinte im Begriff nur den letzten Ausdruck des auf diese Welt gerichteten sinnlichen Schauens zu erblicken, indem durch anschließende Denkoperationen eine Vielfalt von Dingen zu einem Begriff zusammengefaßt werde. Beide Anschauungen haben Schule gemacht: die platonische in der älteren, mittleren und neueren Akademie, die aristotelische bei den peripatetischen Denkern. Die akademische Philosophie geht in die S k e p s i s des A r k e s i l a o s und K a r n e a d e s aus, die peripatetische leitet die naturwissenschaftliche Betrachtungsweise des Abendlandes und damit der zivilisierten Welt ein.

Der letzte Abschnitt griechischen Philosophierens stellt dann nicht das begriffliche, sondern das „wirkliche" Sein in den Vordergrund: die praktische, die Lebensweisheit wird zum Inhalt; theoretische Überlegungen gelten nur insoweit, als sie sich zum Mittel für diese Ziele eignen. Die S t o a pries die Tugend mit den aus ihr fließenden Voraussetzungen der menschlichen Glückseligkeit; E p i k u r sah in der Lust die Glückseligkeit und betrachtete die Tugend als deren Folge. Die S k e p s i s sah das Ideal menschlichen Verhaltens in der Ataraxia, der Gemütsruhe, zu der nur das bewußte Verzichten auf sicheres Wissen führte. Den Abschluß der griechischen Philosophie bildete P l o t i n , nachdem orientalisch-jüdische Elemente in sie eingedrungen waren. Er trat dem Skeptizismus durch Wiederbelebung des Platonismus entgegen und strebte zwischen der übersinnlichen Ideenwelt des Platon und der sinnlichen Erscheinungswelt des Aristoteles einen Kompromiß an und wies dafür zwei Wege: theoretisch ein stufenweises Sich-Erheben von sinnlicher zu übersinnlicher Anschauung mit schließlichem mystischen Einswerden des Endlichen mit dem Unendlichen; praktisch durch stufenweises Abtöten der Sinnlichkeit mit Hilfe der Askese.

Die drei großen Gedanken- und Erlebnisweisen der Philosophie — den I d e a l i s m u s   P l a t o n s . den Realismus des A r i s t o t e l e s und den M y s t i z i s m u s   P l o t i n s — erkennen wir schon im Beginn des abendländischen Denkens. Dabei sind mystische Züge zweifellos schon bei P y t h a g o r a s zu finden, der in seiner Welt der Zahlen und geometrischer Proportionen die Harmonie der Sphären mit nicht irdischem Ohr zu vernehmen sich unterfing. Und auch P l a t o n , der Denker und Dichter Griechenlands, weist mystische Vollzugsweisen in seinen Schriften und Lehren auf. Den M y s t i z i s m u s kennzeichnet das Streben, nicht auf dem Wege kalter abstrakter Vernunft oder logischer Kalküls, sondern auf dem Wege ekstatischer Innenschau offenbarungsartig an der Wahrheit und Wirklichkeit der Welt unmittelbar teilzuhaben. Mystische Erlebnisse finden sich besonders bei religiösen Persönlichkeiten; diese sind daher auch dem rein intellektuellen Philosophen immer im Grunde verdächtig und nicht im eigentlichen zur Zunft gehörig vorgekommen.

Das Mittelalter entwickelte zunächst keine eigene Philosophie. Das abendländische Denken stand seit S c o t u s   E r i u g e n a im Banne des Neuplatonismus, das morgenländische (auch im mohammedanischen Spanien seit der Araberherrschaft) im Banne des dort nur mangelhaft überlieferten A r i s t o t e l e s . Die christlichen und die islamischen Theologen entwickelten die von ihnen abhängige Schulphilosophie, die sogenannte Scholastik.

Es sei hier vorweggenommen, daß alle Art menschlicher Daseinsbewältigung durch den Geist immer einen dieser drei Wege gegangen ist und offenbar auch späterhin gehen wird: die nüchtern-wissenschaftliche, kategorisierende, feststellende, systematisierende logische Denkleistung (aristotelisches Prinzip); die idealisierende, wertende, sinngebende, deutende Weltanschauung *(platonisches Prinzip)*; und die Innewerdung von Wesenszusammenhängen durch unmittelbare innere Erleuchtung (Inspiration), wie das im Morgenland durch das S û f i t u m , im Abendland durch die häufig kirchlicherseits als ketzerisch verworfene M y s t i k neben der Scholastik stets versucht worden ist *(pythagoreisches Prinzip)*. Wie bereits dargestellt, ist es nun nicht so, daß immer und jeweils nur der eine dieser drei Pfade ausschließlich beschritten wurde. Manchmal durchdringen sich platonische und pythagoreische, aristotelische und platonische, pythagoreische und platonisch-aristotelische Prinzipien zu eigentümlich schillernden, teilweise recht reizvollen philosophischen Systemen und Gebäuden. Was uns hier interessiert, ist die Selbstoffenbarung menschlicher Denkleistung an ihrer oberen Grenze, die Konstruktion humaner Intelligenz, wie sie aus ihren Leistungen ablesbar wird. Der weitere Weg durch die abendländische Philosophie soll uns zeigen, ob neue Denkmöglichkeiten hinzugetreten sind und ob sich prinzipiell eine Zunahme oder Abnahme menschlicher Hochintelligenz über eineinhalb weitere Jahrtausende erkennen läßt.

Unter dem Eindruck des Humanismus und der heraufziehenden Naturwissenschaften kommt es zu einem neuen Lebensgefühl, das die starren Denkschablonen der S c h o l a s t i k sprengt. An frühgriechische Überlieferung der J o n i e r schließen sich phantastische Weltauffassungen an (N i k o l a u s   v o n   C u e s , G i o r d a n o   B r u n o). Während bei diesen Denkern das Staunen am Anfang steht, steht bei der Wiedergeburt wissenschaftlicher Philosophie das Zweifeln am Anfang. B a c o n (1561—1626) stellte der sogenannten S y l l o g i s t i k des A r i s t o - t e l e s , die sich des (ursprünglich platonischen) deduktiven Verfahrens bediente, die unvollkommene, das heißt die sich mit Wahrscheinlichkeiten begnügende Induktion entgegen. C a r t e - s i u s   oder   D e s c a r t e s (1596—1650) trat dem absoluten Zweifel durch sein bereits früher besprochenes „Cogito, ergo sum" entgegen, indem er die Seinsgewißheit unmittelbar aus der Denkgewißheit folgerte. Beide Denker verkörpern im Grunde wieder zwei uns aus der antiken Philosophie wohlbekannte Prinzipien: B a c o n will aus der Erfahrung mittels der Induktion wie der ursprüngliche A r i s t o t e l e s , C a r t e s i u s aus dem unmittelbaren Gewissen wie P l a t o n das Ganze des Wißbaren gewinnen.

B a c o n s Empirismus enthielt sowohl die innere als die äußere, die durch Denkleistung also wie die durch Sinneseindrücke gewonnene Erfahrung in sich. H o b b e s (1596–1650) wollte dagegen nur die sinnliche Erfahrung gelten lassen (Sensualismus); er behauptete daher logischerweise die Nichtexistenz des Immateriellen und negierte die Wissensmöglichkeit von Nichtkörperlichem, Geistigem. Er wurde damit zum Mitbegründer des wissenschaftlichen M a t e r i a l i s m u s. Damit wurde auch ein weiteres denkerisches Gegensatzpaar geschaffen, das des D u a l i s m u s cartesianischer Prägung (Gottesidee als unmittelbar Gewisses, die Existenz einer ausgedehnten Materie sekundär durch die Existenz Gottes gewissermaßen garantiert — geistige und körperliche Welt also voneinander grundsätzlich geschieden, nur „okkasionalistisch" durch Gottes Wirken miteinander in Beziehung tretend). S p i n o z a (1632–1677) setzt dem Dualismus den M o n i s m u s entgegen: er stellt die „res cogitans" und die „res extensa" zwar auch als Gegensatzpaar auf, faßt sie aber lediglich als Attribute einer einzigen Substanz, die er deus nennt, auf; der Gottesbegriff des S p i n o z a hat übrigens noch viel mehr Attribute; die unendliche Geisteswelt, als welche Gott das unendliche Denkende ist, und die unendliche Stoffwelt, als welche Gott das unendliche Ausgedehnte ist, sind deren zwei, die unter anderen die ewige und unendliche Wesenheit Gottes ausdrücken. Es handelt sich hierbei im Grunde um einen hinter der streng logisch mathematischen Einkleidung S p i n o z a s verborgenen P a n t h e i s m u s. (Das Ziel seiner „Ethica" sah übrigens S p i n o z a in der Beseitigung aller Affekte.) Auch L e i b n i z (1646–1716) betrachtete die Materie, die ausgedehnte Welt als sekundäres „Phaenomenon" und lehrte die alleinige Existenz einfacher nichtmaterieller Substanzen, die er Monaden nannte. Das ist im Grunde eine schwierige Erneuerung der Ideenlehre Platons. Zufall und Willkür wollte die Monadologie ausgeschaltet haben, sie faßte die Welt als eine „prästabilierte Harmonie" auf, wirkende (blinde) und zweckhafte (bewußte) Ursachen sollten als identisch bewiesen werden, ebenso wie das Reich der „Natur" und das der „Gnade" — kurz, L e i b n i z hielt diese nicht ganz makellose Welt doch für die beste unter allen möglichen Welten und meinte, ihre Übel und Unvollkommenheiten als Täuschungen entlarvt zu haben (Theodizee).

Der Aufschwung der mittelalterlichen Philosophie zeigt demnach zwar ein buntes Bild schwieriger Denkoperationen, aber nichts prinzipiell Neues. Wenden wir uns also der neueren und neuesten Philosophie und ihren Denkern zu. Kein Geringerer als V o l t a i r e goß die ätzende Säure seines gallischen Spottes über die schönste aller Welten des L e i b n i z aus in seinem Candide, dessen Held Pangloss in dieser herrlichen Welt ununterbrochen Mißgeschicken ausgesetzt ist und trotzdem alles und jedes Unglück, das ihm widerfährt, als Beweis für die beste aller möglichen Welten anzusehen beteuert. S c h o p e n h a u e r meint, dieses literarische Ereignis allein rechtfertige die ganze L e i b n i z ische Phiolosophie, die außer dem, daß sie den Candide veranlaßt habe, nichts geleistet hätte!

Erst L o c k e (1632—1704) besinnt sich wieder auf B a c o n und verkündet, daß von einer angeborenen Gottesidee, rein philosophisch gesehen, keine Rede sein könne. Er leitete wieder einmal die Gesamtheit unserer Ideen, des menschlichen Denkens also, aus den Sinneseindrücken (sensations) und deren Empfindung (reflection) ab und betonte bereits, daß die Sinneserfahrung zwar die Quelle alles Denkens, aber keineswegs untrüglich sei. B e r k e l e y (1684—1753) erklärte denn auch folgerecht in seinem empirischen Idealismus alles Wissen von den Dingen als ein Scheinwissen, was H u m e (1711—1776) dahingehend ergänzte, daß mit Ausnahme mathematisch-analytischer Urteile nichts sicher wißbar sei. Damit war der vor allem in Frankreich (L a m e t - t r i e) durch die Enzyklopädisten gepflegte flach aufklärerische naive Materialismus ad absurdum geführt. Nach W o l f f stieß erst Immanuel K a n t (1724—1804) zur Erkenntniskritik vor. Er trennte das vor aller Erfahrung vorhandene apriorische Wissen von dem a posteriori erfahrenen Wissen. Durch den Nachweis in der „Kritik der reinen Vernuft", daß die metaphysischen Spekulationen des Rationalismus mit ihren Gottesbeweisen nichtig sind, brachte er eine negative Klärung; positiv sprach er sich dahingehend aus, daß durch die apriorischen Anteile des Erkenntnisvermögens über die Erscheinungen hinaus eine allgemeine Erfahrung möglich sei, die teils aus dem erkennenden Subjekt, teils aus dem „Ding an sich" herzuleiten sei. Ob es „Zwecke" in der Natur gibt, kann durch menschlichen Verstand nicht entschieden werden. Daß Raum und Zeit nur der apriorischen Denkleistung des Menschen angehören und mit dem Ding an sich nichts zu tun haben, ist eine weitere kantische Konsequenz (Lehre der Idealität von Zeit und Raum). Bei K a n t wird besonders deutlich, wie hochqualifiziertes kritisches Denken zur erkenntnistheoretischen Resignation führt in dem Sinne, daß der Denkapparat des Menschen sich selbst als unzulänglich erweist, zu wirklicher Einsicht zu gelangen. Die nachkantianische Philosophie — J. G. F i c h t e (1762—1814), der das „Ding an sich" für inkonsequent ansah und „beseitigte", verkörperte die idealistische, J. F. H e r b a r t (1776—1841) die realistische, Raum und Zeit wieder als objektiv betrachtende Richtung. S c h e l l i n g s Naturphilosophie (Identitätsphilosophie) sei als späte Reminiszenz an S p i n o z a und P l o t i n erwähnt. H e g e l (1770—1831) nannte seine rationalistisch-systematisierende Methodik „dialektisch" und erstrebte ein „Inventarium der reinen Vernunft" in der Nachfolge K a n t s mit seiner Aufstellung von Kategorien. Auf ihn geht der spätere „wissenschaftliche Marxismus" zurück, der seinerseits eher eine atheistische Religion ist und daher weiter unten bei den theologischen Fragestellungen abgehandelt wird. Meine Übersicht schließe ich mit Arthur S c h o p e n h a u e r, der in seiner Jugend einen sehr interessanten wissenschaftlichen Briefwechsel mit dem alten G o e t h e über die Farbenlehre führte und von dem der Olympier in divinatorischer Voraussicht seine Bedenken hinsichtlich einer Anerkennung durch die Herren von der Zunft hatte[34]). Auch er ist Kantianer; sein Werk, „die Welt als Wille und Vorstellung", vereint zwei gegensätzliche Prinzipien zu allumfassender Schau (was ihm die Herren von der Zunft als unzulässige Vermischung von „purem Idealismus" und „naivem Realismus" denn auch angekreidet haben. Durchaus zu Unrecht).

Die aktuellen gegenwärtigen Philosophien will ich hier nicht erörtern. Man wird mir glauben, daß auch sie nicht grundsätzlich neue oder andere Wege beschreiten, wie sie der Menschengeist seit eh und je beschritten hat und weiterhin wird beschreiten müssen — aus seiner Konstruktion, aus seinen Voraussetzungen heraus. Das Gehirn des Menschen, das seiner mit Klauen, Raubtierzähnen, weit überlegenen Körperkräften und Sinneswerkzeugen ausgestatteten tierischen Umwelt durch sein bißchen Voraussicht so turmhoch überlegen war und ist, hat sich als die entschei-

---

[34]) Wörtlich schreibt der Olympier: „Man muß abwarten, ob ihn die Herren von Metier in ihrer Gilde passieren lassen; ich finde ihn geistreich, und das übrige lasse ich dahingestellt".

dende Waffe im Kampf ums Dasein erwiesen. Der Wille hatte sich, wie S c h o p e n h a u e r das ausdrückt, im Intellekt eine Lampe angezündet. Aber ihr Schein erleuchtet nur die allernächste Umgebung, er dringt in überirdische Bezirke nicht hinein. Der Zwang zum Paradox, zum widerspruchsvollen Ansatz im Denken — sei es in der Philosophie, sei es in der Naturwissenschaft — dieser Zwang ist ein Notbehelf, um mit im Grunde nicht genügend qualifiziertem Werkzeug die Weltbewältigung zu versuchen. Es ist der physiologische Schwachsinn des Menschen, der überall sich zeigt und sich als eminente Klugheit nur zu tarnen vermag in seinen relativ am wenigsten dummen Exemplaren, in seinen Genies nämlich.

J a s p e r s (Die großen Philosophen. I. S. 9, R. Piper Verlag, München 1957) findet das Gegenteil: Die Philosophen „sollen als sie selber zur Geltung kommen, als je Einzige, dem Allgemeinen verhaftet, aber es überschreitend, als das Wunder der Größe in unvergeßlichen Menschen, die durch ihr Dasein und Tun denkend verwirklichen, was im Wissen möglich ist". Das ist es ja gerade: es ist so bestürzend wenig „im Wissen möglich". J a s p e r s überschätzt seine Zunft.

Die Beschäftigung mit der Philosophie ist nicht wegen der ihrem Jünger zuteil werdenden wirklichen Erkenntnis so wesentlich für jeden, der sich selbst einmal zum Objekt des Staunens und des Zweifelns geworden ist. Das Z i e l ist unerreichbar; der Jünger der Weisheitslehre aber lernt verstehen, w a r u m es unerreichbar ist, und wirft mit seinen Irrtümern und Vorurteilen einen erfreulich hohen Lebensballast über Bord. Nicht das Ziel, der W e g zum Ziel, die W a n d e r u n g dem Höhengrat menschlicher Geistesklarheit entgegen, diese sind es, die unverlierbaren Gewinn und die sublimste innere Glückempfindung schenken können, in der Form des intellektuellen Genusses.

Ein platonischer Dialog (der Phaidros, die unsterbliche Apologie, oder auch ein nicht so bekannter wie diese beiden) in seiner maieutischen Gedankenführung, seine Prägnanz in der (Ur-) Sprache, seine unmittelbare Sinnerfülltheit und sein schmuck-, loser von innen leuchtender Stil — o ewige Gabe, Quell höchster, nicht mehr sinnlicher Lust allein! Die kristallene Klarheit, die demantene Härte der „alleszermalmenden" Konsequenz in den K a n t ischen Kritiken vor dem geistigen Auge erstehen zu lassen; zu merken, wie gerade der verstaubt wirkende Stil die platinene Fassung sprühender Diamanten im Reich des Intellekts darstellt, die ihr Leuchten ermöglicht — das sind Sternstunden des Geistes, in denen der gestirnte Himmel über dem denkenden Hirn sich zu öffnen scheint, um das moralische Gesetz in ihm zu symbolisieren. Und endlich die gewaltige Prosa S c h o p e n - h a u e r s , etwa in jenem unauslotbaren Aufsatz über den Tod und sein Verhältnis zur Unzerstörbarkeit unseres Wesens an sich. Hier ist der Weg, einige kurze Herzschläge der Torheit menschlichen Daseins bis an die Pforte der Weisheit zu entrinnen. Diese wenigen Herzschläge aber wappnen den esoterischen Kreis gegen die fremde und eigene Dummheit, die, ein Erbteil, durch das übrige irdische Dasein zu schleppen unser aller Kainsmal ist.

„. . . Juristerei . . ."

Es erben sich Gesetz und Rechte
wie eine ewge Krankheit fort.

G o e t h e (Faust I)

„Beschluß des Kammergerichts West vom 8. Juni 1950
(Juristische Rundschau 1950, Seiten 730)
Dem nach §§ 48, 49 des PStG vom 3. 11. 1937 (RGBl. I S. 1146)
i. V. mit den §§ 27, 29 FGG als sofortige weitere Beschwerde zulässigen, als von einer Aufsichtsbehörde formgerecht eingelegten (§ 29 Abs. 1 FGG) und im Hinblick darauf, daß die Zustellung nach § 88 Abs. 1 S. 3. der ersten VO zur Ausführung des PStG vom 19. 5. 1938 (RGBl. I S. 533) an die Aufsichtsbehörde zugestellt gewesenen Entscheidung des LG aus den Akten nicht nachweisbar ist, als fristgerecht angebracht zu behandelnden Rechtsmittel konnte der Erfolg nicht versagt werden, da die angefochtene Entscheidung des LG auf einer Verletzung des Gesetzes beruht (§ 27 FGG i. V. mit § 550 ZPO)."
Man kann in deutscher Sprache keine verschachtelten Perioden bauen, ohne die Übersichtlichkeit und damit die Verständlichkeit des Ganzen so heillos zu verwirren, daß derartige juristische Bekundungen wie die oben mitgeteilte erst nach mehrerem Lesen verständlich werden. Gemeint ist — soweit mir das klar wurde: Dem als fristgerecht angebracht zu behandelnden Rechtsmittel konnte der Erfolg nicht versagt werden. Was davor und dahinter steht, ist nebengeordnet und muß daher nach den Gesetzen, die die Jurisprudenz nicht immer beherrscht, aber häufig verletzt,

nach den Gesetzen der Deutschen Sprache nämlich, in weiteren nach- und nebengeordneten Sätzen untergebracht werden. Da aber die Übertretung der Sprachgesetze sehr im Gegensatz zu derjenigen der Gesetze des forensischen Machtapparates nicht unter Strafe gestellt ist — es sei denn, unter die der Lächerlichkeit, die der Amtsschimmel aber nicht zu den Akten nimmt —, deshalb eben trottet diese aktenstaubbedeckte Berufssprache so öde dahin. Weil es so gar keinen ökonomischen Aufwand bedeutet, immer einen Paragraphen nach dem anderen (und es sind im Routinebetrieb schließlich immer dieselben) abzuhaspeln und das Ganze an der Leine eines schlichtest konstruierten Hauptsatzes aufzuhängen, in den mit einer hilflosen Wendung („im Hinblick darauf, daß . . .") noch ein Nebensatz interpoliert wird, der die Unübersichtlichkeit des Ganzen vollendet. Das ist mißverstandene Nachfolge im Römischen Recht. Sein Geist, nicht sein im Lateinischen und nur dort möglicher Stil sollte Vorbild sein. Es hat auch Juristen mit hinreißendem Stil gegeben — ich erinnere an J h e r i n g mit seinem temperamentgeladenen „Kampf ums Recht" — aber solche Kabinettsstücke sind selten. Die Unübersichtlichkeit gilt übrigens nicht nur für den Stil der Gesetzgeber und Gesetzesanwender: 15 000 (!) gesetzliche Bestimmungen, so wurde 1954 aus Bonn mitgeteilt, sollen ausrangiert werden, weil „sie inhaltlich im Widerspruch zur Verfassungswirklichkeit der Bundesrepublik, zur neueren Gesetzgebung und zum heutigen Wirtschaftsrecht stehen. Die Notwendigkeit der Vereinfachung gilt auch für das Arbeitsrecht, das Steuerrecht und das allgemeine Verwaltungsrecht".

Meine eigenen Erfahrungen mit der Justiz liegen naturgemäß auf dem Gebiet des Strafrechts da, wo der psychiatrische Sachverständige forensisch tätig werden muß. Und gerade dabei ist es eine sehr mißliche Sache, daß der Sachverständige eigentlich immer nach Dingen gefragt wird, die der Natur der Sache nach gar nicht beantwortbar sind. Das wird gleich deutlich werden. Darüber hinaus ist auch die ärztlich-naturwissenschaftliche und juristisch-abstrakte Denkweise und Terminologie derart verschiedenen Geistes, daß es schwierig ist, zu wirklich fruchtbarer Zusammenarbeit zu gelangen. Der Richter will beispielsweise wissen, ob eine Bewußtseinsstörung vorgelegen hat, die ganz bestimmte Voraussetzungen erfüllt, nämlich nach dem Wortlaut des berühmten § 51 des Strafgesetzbuches, ob durch sie der Täter unfähig war, das Unerlaubte der Tat einzusehen oder nach dieser Einsicht zu handeln. Eine merkwürdige Bewußtseinsstörung! Wenn das Bewußtsein „gestört", also ausgeschaltet oder herabgesetzt ist, sind meist die Möglichkeiten zu einer Straftat gar nicht da, der bewußtlose oder nur halb bei Bewußtsein befindliche Mensch „handelt" in den wenigsten Fällen, meist ist er dazu ganz unfähig. Gemeint ist wahrscheinlich die Besonnenheit, die bei erhaltenem Bewußtsein gestört sein kann. Dazu aber reicht die andere juristische Formulierung aus: Krankhafte Störung der Geistestätigkeit — wobei wiederum die Definition des „krankhaft" für den Arzt schwierig ist oder doch sein sollte. Einmal fragte mich ein Vorsitzender, ob der Angeklagte über die freie Willensbestimmung verfügte. Ich verneinte die Frage, erregte aber das Mißfallen des Juristen, als ich hinzufügte, daß auch der Herr Gerichtsvorsitzende, ich, und alle Menschen überhaupt, naturwissenschaftlich gesehen und meiner Überzeugung nach keinen freien Willen haben können, da dieser eine Fiktion sei.

Andere Länder, andere Sitten. Als nach dem Weltkrieg II auch englische Militärgerichte der Besatzungsmacht hie und da psychiatrischen Rat einholten, hatte ich einen Epileptiker zu beurteilen, der im Anschluß an einen Anfall einen echten Dämmerzustand gehabt und einen zufällig des Weges kommenden Soldaten der Besatzungsmacht motivlos erschlagen hatte. Keinen Zweifel: jedes deutsche Gericht hätte nach meinem Gutachten annehmen müssen, daß gemäß § 51 Absatz 1 eine „strafbare Handlung nicht vorhanden" gewesen sei. Eine Verurteilung hätte nicht erfolgen können, der Mann wäre in eine Irrenanstalt eingewiesen worden. Der englische Richter nahm meine Ausführungen interessiert zur Kenntnis, meinte dann, er bedauere („I am sorry"), daß nicht der Psychiater, sondern der Richter Recht zu sprechen habe, und verurteilte den Inkulpaten zum Tode durch den Strang. Mit der Formel: Gott sei Ihrer Seele gnädig! wurde es einer höheren Instanz anheimgestellt, etwaige irdische Rechtsirrtümer auszugleichen. Eine klare Sache: nicht Motive, sondern "facts" entschieden die Sache. Wer einen Menschen tötet, wird getötet — von Rechts wegen. Ich weiß nicht, ob das dem allgemeinen angelsächsischen Recht entspricht oder ob es nur richterliche Praxis eines Militärjuristen gegenüber einem Angehörigen des besetzten Landes war — den Vorteil der Klarheit hatte das Ganze. Immerhin halte ich doch ein solches Verfahren für allzu summarisch; während mir die andere Seite englischer Rechtspflege sehr imponiert hat — die tödliche Langeweile des indirekten Verfahrens, das auch im Kreuzverhör meist nur präparierte Fragen verwendet, auf die mit ja oder nein geantwortet werden soll; die *über* Verteidigung u n d Anklage thronende Entscheidungsgewalt des Richters in seiner ihn der allgemeinmenschlichen Gewöhnlichkeit entziehenden Perücke — alles das dämpft in der Verhandlung selbst über Mord und Totschlag in wohltuender Weise alles Affektiv-Persönliche. Rededuelle hitziger Art zwischen Staatsanwalt und Rechtsanwalt sind nicht zugelassen, so daß der Angeklagte, wenn er verurteilt ist, nicht das Gefühl haben kann, der Staatsanwalt habe ihn „hereinlegen" wollen. Vor dem englischen Tribunal geht es so leidenschaftslos langweilig zu, daß auch der verstockteste Sünder einsieht, hier wurde sachlich alles hin- und hergewendet und leidenschaftslos abgewickelt. Das ist, wie mir die Erfahrung zeigt, nach unseren Rechtsverfahren meist nicht der Fall.

Auf die Rechtstheorien gehe ich später ein; sie beruhen selbstverständlich auf Fiktionen; „Strafe muß sein", sagt man so. Muß sie wirklich sein? Besteht wirklich eine innere Beziehung zwischen der Zahl der Tage, die man einen Menschen einsperrt, und der Tat, etwa einem Diebstahl? Psychologisch doch wohl nur, wenn der Verurteilte innerlich auf dem gleichen Grunde steht wie das Gericht, wenn er also die Srafe innerlich annimmt, sie im Herzen bejaht. Aber wer tut das unter den Rechtsbrechern? Sind solche Annahmen nicht Ideen von frommen weltfremden Idealisten? Selten zu finden sind die wirklich reuigen Sünder. Meist bereuen sie nur, daß sie so schlecht aufgepaßt haben und jene Spuren hinterließen, die zur Verurteilung führten. Sie bereuen ihre unvollkommene Technik, nicht den Zweck ihres Vorgehens. H. H ä g e hat in einer Persiflage „Anno 4711" (Der Vollzugsdienst, 1955 Nr. 2) witzig auf das Problem der Überpsychologisierung im Sraftvollzug hingewiesen.

S c h o p e n h a u e r hat die Sache so gewendet: jeder Code pénal ist nur eine Sammlung von Gegenmotiven. Diese werden durch die Strafandrohung und ihre Durchführung am überführten Verbrecher gesetzt. Mit anderen Worten, der Mörder wird nicht hingerichtet, weil er einen anderen Menschen getötet hat, sondern damit ein potentieller Mörder vor ähnlicher Tat zurückschreckt. Sein Tod ist also ein Mittel der Abschreckungs-, nicht eine Folge der Sühnetheorie der Strafe.

Man hat der Rechtspflege immer wieder vorgeworfen, sie sei wirklichkeitsfremd und verstiegen, entspreche nicht dem gesunden Volksempfinden und dergleichen. Daran ist manches richtig, manches falsch. Es besteht ein echtes Dilemma: Abhängigkeit des Richters in irgendeiner Form — vom Volksempfinden, vom Staat, von Weltanschauungen — führt stets zur Rechtsbeugung in irgendeinem Interesse. Festhalten an ehernen Weisheiten — nulla poena sine lege — ist die conditio sine qua non einer gerechten Urteilsfindung. Darum kann sie schon einmal volksfremd wirken. Summum jus, summa injuria — höchstes Recht wird zu höchstem Unrecht — und: Fiat justitia, pereat mundus! Es geschehe Recht, und wenn die Welt darob zugrunde geht — das sind die kürzesten Formeln schwerster Kritik, aber auch uneingeschränkter Bewunderung aller Rechtsprechung. In einer der H o l b e r g schen Komödien — ich glaube mich zu erinnern, in dem „Politischen Kannegießer“ — kommt jene unsterbliche Szene vor, in der (so wie Sancho Pansa als Statthalter seiner Insel, die auf dem Festland liegt) ein Dorfschulze in der Täuschung erhalten wird, er müsse das Richteramt wahrnehmen. Und wie der Schulze nun den Kläger gehört hat, ruft er: „Du hast recht!“ — läßt sich aber bestimmen, zunächst noch die Entgegnung des Beklagten anzuhören. „Du hast recht!“ meinte der Richter bekümmert. Als daraufhin beide Parteien ihm vorstellen, ein solches Urteil, das beiden Parteien recht gebe, sei überhaupt kein Urteil, da ruft er in seiner Verzweifelung: „Ihr habt beide recht!“ Kurzum, demjenigen, dem es an juristischer Vorbildung oder salomonischem weisheitsvollem Takt gebricht, dürfte das Rechtsprechen kaum gelingen. Aber auch die Entscheidung der Berufsrichter sind nicht letzter Weisheit Schluß, wie täglich die Revisionsverfahren beweisen. Und es ist überhaupt ein kindlicher Aberglaube anzunehmen, daß recht *haben* in dieser unvollkommenen Welt auch recht *bekommen* bedeuten müsse. Wer mit der intellektuellen Gebrechlichkeit selbst kluger Menschen vertraut ist, resigniert auch hier. Ich hörte einmal in den Wandelhallen des Gerichtes einen Bauern vergnügt lächelnd die Verse rezitieren:

> Das Gesetz ist ein Netz,
> mit Maschen — durch die weiten
> schlüpfen die Gescheiten,

und in den engen
bleiben die Dummen hängen.

(Justus Frey, 1799—1878)

Bei einer Gesetzesarbeit hat sich schon S o l o n von seinem Freund A n a c h a r s i s sagen lassen müssen, daß solche Gesetze wie Spinnweben nur die kleinen festzuhalten vermögen, von den Großen aber mühelos zerrissen werden.

Gewiß — so sollte es nicht sein. Aber ist es nicht vielfach so? Ein bekanntgewordener Ausspruch eines Franzosen rühmt die majestätische Unbestechlichkeit des erhabenen Rechtes, das den Reichen ebenso wie den Armen bei Strafe verbietet, unter den Seine-Brücken zu schlafen. Daß diese majestätische Gleichheit nur und ganz allein die Ärmsten der Armen trifft — das kümmert diesen (wohl fiktiven) Gesetzesgeber nicht.

Die biblische Mahnung, nicht zu richten, um nicht gerichtet zu werden, ist ungehört verhallt. Es wird auch wohl aus praktischen Gesichtspunkten dabei bleiben müssen, daß Menschen Menschen verurteilen, anklagen, einsperren und hinrichten. Ich selbst bin froh, daß ich damit nichts zu tun habe, sondern daß es meine Aufgabe ist, allen denen zu helfen, die in Not sind. Das waren 1933 bis 1945 beispielsweise ebenso selbstverständlich die Juden und sonstigen politisch Verfolgten wie nach 1945 die Nazis und sonstigen politisch Verfolgten. Weltanschauungen sind in Wirklichkeit dürftige Schutzlappen, die jene Weltkenntnis noch mehr verengen, die wir dank unserer dürftigen cerebralen Ausstattung sowieso nur bruchstückhaft erwerben können — sie gehen den Arzt, der zu helfen und nicht zu richten hat, zum Glück nichts an.

Ich hatte mir schon als junger Mensch zum eigenen Bedarf daher einige Verse gezimmert, die mir immer eine bewährte Richtschnur gewesen sind:

> Das gute Recht ist stets auf beiden Seiten,
> denn jedes hinten hat zugleich ein vorn.
> Was man beweisen kann, das kann man auch bestreiten —
> drum richtet nicht! und fürchtet Gottes Zorn.

In Zeiten weltanschaulich gebundener Justiz erhebt sich häufig der Verdacht, die erhobene Anklage sei nur ein Vorwand, den in Ungnade gefallenen politischen Gegner zu vernichten. So ist wohl das Wort des Pariser Parlamentspräsidenten H a r l a y (1639—1712) zu verstehen, der einmal witzig äußerte: „Si l'on

243

m'accusait d'avoir volé les tours de Notre-Dame, je commencerais par prendre la fuite" — zu deutsch: Und wenn man mich beschuldigte, die Türme von Notre Dame gestohlen zu haben — ich würde auf alle Fälle zunächst einmal die Flucht ergreifen!

Und in der Tat, die Unsinnigkeit einer Anklage ist eher unheilverkündend als beruhigend; sie wäre nicht gut möglich ohne böse Hinterabsicht.

Die Rechthaberei, das Aufbegehren des beleidigten Rechtsgefühls, das zur Queruliererei führt in der typischen Ausweitung im Bewußtsein des Querulanten, er streite nicht um seine paar Groschen oder lumpigen Ansprüche, sondern für *das Recht* oder *die Menschheit* — sie ist nach Lage der Dinge meist nicht jener göttliche Kampf ums Recht, von dem J h e r i n g spricht, sondern eine Verkennung der Mangelhaftigkeit menschlicher Einrichtungen. Oder anders formuliert, eine naive Überschätzung der Justiz im Sinne einer Idealisierung, so als ob die ewigen Rechte des Menschen „droben hangen unabänderlich und unzerbrechlich wie die Sterne selbst" ob dieser Welt des Jammers — während sie doch nur eine Fiktion gequälter Menschenherzen sind, deren Verwirklichung auch noch an der Dummheit menschlichen Verstandes scheitern muß, selbst wenn dieser das Corpus juris auswendig weiß.

Das Dümmste ist natürlich wie immer das gesunde Volksempfinden, das noch die Neigung zur Lynchjustiz in sich spürt und in seiner entfesselten Leidenschaft zu vernünftigem Abwägen naturgemäß ganz außerstande ist. Schauerliche Verbrechen erwecken ganz entgegen dem primitiven Rachebedürfnis der Menge nun einmal eben wegen ihrer Unmenschlichkeit den Verdacht, daß der Täter geisteskrank gewesen und daher nicht straffähig sei. Gerade dann aber schreit der Pöbel nach Vergeltung. Es war mir psychologisch sehr interessant, daß die lüstern ausgemalten Zeitungsartikel über eine mehrfache Mörderin, die nach Zeitungsmeldungen mit kaltem Gesichtsausdruck auf dem Friedhof der Beerdigung der von ihr Gemordeten beiwohnte und dort verhaftet wurde, — daß die sensationellen Zeitungsartikel sofort aufhörten zu erscheinen, als der Verdacht Gestalt gewann, es handele sich nicht um einen Unmenschen, sondern um eine Geistesgestörte. Ich hatte diesen Verdacht schon aus den Tatumständen gewonnen — die Gleichgültigkeit, die ein tödlich imprägniertes Naschwerk einfach liegenließ, ohne Rücksicht darauf zu nehmen, wer es dann schließlich zufällig zu sich nahm, hatte etwas Charakteristisches — so daß es mich nicht überraschte, als festgestellt wurde, daß die Mutter der mehrfachen Mörderin seit Jahrzehnten in der Irrenanstalt saß, weil sie selbst als junge Frau ihren Kindern wahnhaft nach dem Leben getrachtet hatte. Um die wahre Tragik eines derartigen Sachverhaltes kümmern sich die Mehrzahl der Journalisten mangels seelischen Tiefgangs selbstverständlich nicht: sie liegt in der bereits aus der antiken Schicksalstragödie her überlieferten furchtbaren Wahrheit, daß es jenseits der Schuldkategorie so etwas wie einen Fluch gibt, der über ganzen Geschlechtern waltet und diesen mit denen, die ihnen nahe kommen, Tod und Verderben und geistige Umnachtung hinter den Mauern der Pflege- und Bewahrungsabteilungen bringt.

Schwierig ist ja auch die Lage der Rechtsanwälte. Es gibt da die unsterbliche Anekdote über den von der Anklage des Diebstahls einer Taschenuhr soeben freigesprochenen Angeklagten, der sich für das fulminante Plädoyer seines erfolgreichen Anwalts bedankt und diesem treuherzig eröffnet, Geld habe er keins, „aber da haben Sie die Uhr!", und das corpus delicti dem verblüfften Anwalt in die Hand drückt. Der Anwalt wird wohl genau so erschrocken gewesen sein wie sein Kollege, der zu Anfang des 20. Jahrhunderts einen Mann verteidigte, der hartnäckig den ihm zur Last gelegten Raubmord leugnete. Der berühmte Professor V i r c h o w , Vorsitzender der deutschen Anthropologischen Gesellschaft, hatte vor Gericht ein umfangreiches Gutachten erstattet, während dessen er des öfteren demonstrierend den auf dem Gerichtstisch deponierten Schädel des Erschlagenen hochgehoben und schließlich bewiesen hatte, daß der Verstorbene eines natürlichen Todes verblichen sei und den Angeklagten daher keine Schuld treffen könne. Unglücklicherweise aber hatte er fast ausschließlich in medizinischen Fachausdrücken geredet, so daß ihn wahrscheinlich weder das Gericht noch der Angeklagte verstanden hatte, der sich plötzlich erhob und gebrochen erklärte, nun, da der Herr Professor alles ans Licht gebracht habe, wolle er doch endlich gestehen: ja, er habe den ehemaligen Inhaber jenes Schädels erschlagen. — Es ist nicht überliefert, was Virchow, was der Anwalt für ein Gesicht gemacht haben.

Si non e vero, e bene trovato! Diese Geschichte ist eine der ganz wenigen mit einer wirklich witzigen Pointe, die darin liegt, daß das hochwissenschaftliche Sachverständigengutachten zwar hervorragend seinen Zweck, nämlich die Wahrheit an den Tag zu bringen, erfüllte, allerdings aber dadurch, daß es gerade das Gegenteil von dem behauptete, was wirklich gewesen war — und daß ferner ein grotesk Mißverständnis im dumpfen Hirn eines mit schlechtem Gewissen zuhörenden Schuldigen, nicht der glasklare Verstand eines Virchow schließlich den Beweis erbracht hat, gegen den „Beweis" des sachverständigen Gelehrten. So daß es müßig wird, zu fragen: wer handelte und dachte hier klug, wer dumm? Der Schächer? Der Professor? Überlegt es Euch! —

Ein Überbleibsel aus orthodox-religiösen Ansichten, die auf Bibelstellen zurückgehen, ist der § 175 des Strafgesetzbuches, der nur Männer bestraft, auch wenn der vom Gesetzgeber bedrohte Tatbestand zwischen zwei erwachsenen Menschen ohne Störung irgendwelcher Öffentlichkeit im stillen Kämmerlein vor sich gegangen ist. Dadurch wird der Erpressung und der Angeberei Tür und Tor geöffnet, ohne daß auch nur ein Bruchteil der Vergehen jemals ans Tageslicht kommt. Dieser Paragraph verstößt gegen die primitive Weisheit, daß man Befehle, die man nicht erzwingen kann, zweckmäßigerweise nicht gibt. Vor allen Dingen ist auch nicht einzusehen, weshalb nur die Männer bestraft werden sollen, die Frauen aber nicht; im Zeitalter der Gleichberechtigung der Frau hätten sie schließlich einen Anspruch auch auf die gleiche Bestrafung bei gleicher Straftat.

Wie sehr formaljuristisches Denken das Gegenteil dessen erreichen kann, was der Gesetzgeber im Sinne hatte, das zeigt uns die groteske Situation, in die uns Nervenärzte und ihre Schutzbefohlenen die augenblickliche Bundesgesetzgebung über die Unterbringung von Geisteskranken in einer geschlossenen Anstalt gebracht hat. Die Bestimmungen sind so widersinnig, daß sie sich nicht mehr lange werden durchsetzen können; sie sind aber ein so einmaliges Beispiel für die weisheitvolle Torheit, wie sie juristischem Denken (wie natürlich allem Denken) entspringen kann, daß ich die Zusammenhänge als Muster (im Sinne der Abschreckungstheorie) zu Nutz und Frommen späterer Generationen hier verewigen will. Also: Das zur Zeit, wo ich dies schreibe, geltende Recht der Bundesrepublik Deutschland hinsichtlich der Verwahrung Geisteskranker sieht folgendermaßen aus und führt zu folgenden Konsequenzen: Die bundesgesetzliche Regelung erfaßt die „Verwahrung geisteskranker, geistesschwacher, rauschgift- oder alkoholsüchtiger Personen". Der Artikel 104 des Bonner Grundgesetzes ist der hier zuständige. Danach kann „die Freiheit einer Person nur auf Grund eines förmlichen Gesetzes und nur unter Beachtung der darin vorgeschriebenen Formen beschränkt werden. Über die Zulässigkeit und Fortdauer einer Freiheitsentziehung hat nur der Richter zu entscheiden." Dieser Text ist ganz offensichtlich im Hinblick auf Verbrecher und sonstige Gesetzesverletzer verfaßt worden und hat die Unterbringung in Gefängnissen oder Zuchthäusern im Auge. Trotzdem haben praktisch alle Länder diesen Artikel, der auf Geisteskranke weder ausgerichtet ist, noch für sie paßt, einmütig zur Grundlage ihrer Verwahrungsgesetze genommen. Dadurch ist der groteske Zustand erreicht worden, daß „das Recht zur Einweisung in eine Anstalt nur noch dem ordentlichen Richter vorbehalten" ist (M i e l k e 93). Es weist also ein Beamter ein, der weder durch seine Ausbildung noch durch die praktische Erfahrung in seinem Beruf eine auch nur im entferntesten zutreffende Beurteilungsfähigkeit bei psychotischen Störungen erworben hat und noch erwerben kann. Jeder Pfleger in einem Irrenhaus, ja jeder Außenfürsorger einer Irrenanstalt versteht mehr von der Materie. Der alte Aberglaube, daß ein juristisches Studium die Weisheit aller Weisheiten verleihe, feiert hier fröhliche Urständ gemäß dem schönen Spruch: Jurisprudentia est scientia omnium rerum, humanarum atque divinarum.

Den Antrag auf Einweisung oder genauer gesagt, die Anregung hierzu, kann „jedermann" geben. Merkwürdigerweise ist es auch gestattet, daß ein Psychiater das tut. Vorgeschrieben ist das nicht. Der Antrag *muß* sich lediglich auf ein Gutachten des Gesundheitsamtes stützen. Die Antragstellung selbst ist der Kreisverwaltungsbehörde vorbehalten, die diesen zusammen mit dem amtsärztlichen Gutachten dem „zuständigen" Richter vorlegt. Dieser muß zunächst den Patienten „vernehmen" — als wenn es sich um einen Verbrecher handelte. Falls ein gesetzlicher Vertreter oder ein Vormund da sind, müssen auch diese gehört werden, und, um die Umständlichkeit des Verfahrens zu vervollständigen, auch der Ehegatte oder bei Jugendlichen die Eltern. Dann faßt der Richter den Einweisungsbeschluß, den er schriftlich mit Gründen versehen muß. Dieser „auf so zahlreichen Sicherungen beruhende Gerichtsbeschluß ist dem Betroffenen — wenn er nicht total irre ist — und den zuvor genannten sorgeberechtigten Personen zuzustellen".

Wenn man das so liest, erscheint es auf den ersten Blick vorzüglich. Aber wirklich nur auf den ersten, den allerersten Blick. Der „Gerichtsbeschluß" beruht auf „zahlreichen Sicherungen"? Das klingt verdächtig nach der Nähe der Strafjustiz. Niemand soll ohne richterlichen Beschluß eingesperrt werden — ganz recht. Aber worum handelt es sich denn beim psychotischen Menschen? Soll er ins Zuchthaus? Ins Gefängnis? In den Narrenturm des Mittelalters? Keineswegs — er soll dahin, wohin er als schwerkranker Mensch gehört, in das zuständige Fachkrankenhaus, damit er die notwendige Behandlung erhält. D a s ist das Entscheidende — n i c h t die „Verwahrung" hinter Kerkermauern. Die „geschlossene" Abteilung ist lediglich jene Form klinischer Behandlung, die den kranken Menschen durch zweckmäßige Einrichtungen darin hindert, sich aus dem Fenster zu stürzen, ins Wasser zu springen, sich aufzuhängen oder Amok zu laufen. Die Ähnlichkeit mit einer Gefängniszelle ist nur eine äußerliche, eine zufällige. Es ist im Prinzip falsch, Sicherheitsmaßnahmen zum Schutze des Erkrankten und zu seinem wohlverstandenen Besten gleichzusetzen mit Sicherungsmaßnahmen, die die Gesellschaft vor Rechtsbrechern zu schützen haben. Das ist der Kardinalfehler der „Unterbringungsgesetze" der einzelnen bundesdeutschen Länder, die sich alle auf das Grundgesetz berufen und seine für Kriminelle bestimmte Regelung. Es ist derselbe Unfug, der im nationalsozialistischen Staat die Erbgesundheitsgesetzgebung mit juristisch-richterlichen Formen, Erbgesundheits„gerichten" und „Obergerichten" verquickte und „Urteile" erließ — jene unnötige Verjurisprudenzung, die soviele Tränen und Leid und mit den Zwangsmaßnahmen soviel vermeidbare Erbitterung geschaffen haben. Auch jetzt ist die „Einweisung in eine geschlossene Abteilung" aus der diskreten und persönlichen Sphäre des behandelnden Arztes herausgenommen; der ahnungslose Kranke wird in ein richterliches Verfahren verwickelt, das er nicht erbeten hat, er muß es sogar hinterher bezahlen — er bekommt von Amts wegen einen Rechtsanwalt zugewiesen, der natürlich nichts anderes und Eiligeres zu tun hat, als zunächst einmal auf alle Fälle „Verwahrung" gegen die „Verwahrung" einzulegen, womit er infolge der mangelnden Sachkunde des Richters, auf die er spekuliert, öfter Erfolg hat, als es im wirklichen Interesse des Kranken zu verantworten ist.

Ich will hier nicht auf Einzelheiten eingehen, sondern das Grundsätzliche auseinandersetzen.

Der Richter läßt die Aufnahme eines Geisteskranken in eine geschlossene Anstalt ohne weiteres zu, wenn sie freiwillig erfolgt. Sie entspricht dem Rechtsgrundsatz „volenti non fit injuria" und ist daher erlaubt. Das sieht dann so aus: Das für meinen Wirkungskreis zuständige Landeskrankenhaus heißt nach dem Ort, wo es errichtet ist, Wehnen. Ich werde also zu einer verwirrten Psychotischen, die ich von früheren Gelegenheiten kenne, gerufen, weil sie dringend der Behandlung in Wehnen bedarf. Ich untersuche sie und sage dann: „Na, Oma, denn wollen wir mal gleich wieder einmal nach Wehnen fahren!" (Sie war schon mehrfach dort gewesen). „Ja richtig!" rief sie, „ich will nach Wehnen, ich hab ja eine Venen-Entzündung!" Das ist dann in den Augen der Jurisprudenz eine freiwillige Einweisung. Auf demselben Niveau liegt es, wenn sich die Anstaltsärzte — die sich, wie juristischerseits festgestellt wurde, des Deliktes der Freiheitsberaubung schuldig machten, als sie einen gefährlichen Sittlichkeitsverbrecher ein paar Tage festhielten, bis der aus formalen Gründen verzögerte Gerichtsbeschluß vorlag; so daß sie nur unter großen juristischen Schwierigkeiten freigesprochen werden konnten — wenn sich also die Anstaltsärzte von ihren Geisteskranken Pflegebefohlenen schriftliche Bescheinigungen geben lassen, in denen geschrieben steht, daß die Patienten freiwillig in der Anstalt bleiben. Das reicht dann dem in der Anstalt Aufsicht führenden Richter — obwohl er wissen müßte, daß die Verfasser dieser Urkunden den Schutz des § 51 Absatz 1 genießen, nicht zurechnungsfähig sind und daß daher jeder auch nur etwas Sachverständige weiß, daß juristisch — gerade juristisch! — solche Willenserklärungen nichtig sind.

Die Voraussetzungen der Rechtswissenschaft basieren auf der Geistesgesundheit der Menschen, deren Beziehungen untereinander sie zu regeln hat. Fallen diese Voraussetzungen weg, so sind die sonst vernünftigen Bestimmungen der Justiz auf einmal nicht mehr anwendbar. Hier liegt die Quelle des ewigen Mißverständnisses zwischen Psychiatrie und Justiz. So wie der sachverständige Nervenarzt sich nicht dabei beruhigen kann, wenn ein Geisteskranker „freiwillig" sich einsperren läßt, weil diese

Freiwilligkeit juristisch, aber nicht psychopathologisch vorhanden ist — ebenso wenig kann der Psychiater anerkennen, daß Psychotische g e g e n ihren Willen eingewiesen werden können, wie der Jurist das immer wieder für möglich hält.

Psychotische werden weder m i t noch g e g e n ihren Willen vom Fachmanne behandelt und, wenn nötig, in die geschlossene Anstalt eingewiesen, sondern o h n e ihren Willen.

Der Geisteskranke handelt nicht nach Motiven, sondern aus kausalem Zwang. Ein echter Wille ist gar nicht vorhanden — es fehlt vor allem die innere, die sogenannte Willensfreiheit. Und wo diese Freiheit fehlt, kann sie auch nicht geraubt werden.

Selbstverständlich wird kein Nervenarzt etwas einzuwenden haben gegen richterliche Kontrolle und Überwachung mißbräuchlicher, verbrecherischer Machenschaften. Solche aber quasi bei jeder Einweisung vorauszusetzen, jedesmal ein gerichtliches Verfahren in Gang zu bringen mit allen gerade für den Patienten mißlichen Konsequenzen — das ist der Lage der Dinge nach nicht zweckmäßig.

Alle Fehlbeurteilungen rein irrenärztlicher Probleme werden unterstützt durch die bisherige Entwicklung des Irrenwesens, wie H o c h e (61) das unnachahmlich formuliert hat: „Die Psychiatrie war ein spät geborenes Kind der Medizin und blieb lange Zeit ein Stiefkind, vom Anfang an bis zum Ersticken behindert in ihrer Entwicklung. Mittelalterliche Vorurteile bei Ärzten, Ministern und sonstigen Laien ragten gespenstisch in den lichten Tag, der für die übrigen Zweige des ärztlichen Wissens und Tuns angegangen war. Die Irrenanstalten wurden mit Vorliebe abseits erbaut; man lebte in dem Wahn, durch ländliche Stille und Abgeschiedenheit die seelische Heilung zu befördern; man war noch weit entfernt von der Einsicht für den schicksalsmäßigen Lauf der meisten geistigen Erkrankungen. Die Wirkung dieser Isolierung machte sich nicht an den Kranken, wohl aber an den Ärzten bemerkbar; in keinem Zweige der Medizin gab es so viele sonderbare Eigenbrötler, wie unter den alten Irrenärzten. Ich bin den Vertretern dieser nun ausgestorbenen Schicht noch auf den Fachkongressen meiner Novizenjahre begegnet — urgescheiten Männern voll Wohlwollen und Nächstenliebe, aber erstarrt in einseitigen Gedankengängen, Gewohnheiten und Theorien. Patriarchen waren dabei mit schönen, langen, weißen Bärten, angesichts deren jede Äußerung einer abweichenden Meinung eines Jüngeren zur Pietätlosigkeit wurde; ich habe sie einmal in einer Tischrede zusammenfassend als die Bartpsychiater bezeichnet."

Die Bartpsychiatrie ist längst verschwunden — nicht verschwunden aber sind die unmodernen und unpraktischen Anstaltsbauten. Deutschland, dessen Irrenpflege und Psychiatrie einst führend in der Welt waren, ist inzwischen durch die lebensnahe, wenn auch hemdsärmelig frische, unbekümmerte, psychoanalytisch optimistische Irrenheilkunde Amerikas überholt worden. Erst wenn jede deutsche Stadt eine moderne Nervenklinik, jedes große Krankenhaus seine neurologische und psychiatrische Abteilung hat, die zunächst einmal die akuten Psychosen abfangen, bevor sie in das Landeskrankenhaus als chronisch defekte Patienten kommen (und die Verwahrungsfälle sind nur eine verschwindende Minderheit) — erst dann wird mit Sicherheit (gerade durch die neueren an Wunder grenzenden Heilerfolge) das Mißtrauen schwinden, das sich vorläufig unausrottbar vor den Mauern der Irrenanstalten akkumuliert hat. Von solchen modernen, klinischen, hellen und von allem abergläubischen Grauen gereinigten psychiatrischen Fachabteilungen her werden auch die Vorurteile gegen die zweifellos erforderlichen großen Anstalten mit ihrer Pflege-Abteilung, ihrer aktiven Arbeitstherapie und durchorganisierten Außenfürsorge langsam aber sicher abgebaut werden. Die Behauptung, durch fachpsychiatrische Behandlung in einer modernen Klinik — ohne Gitterstäbe vor den Fenstern, ohne Gummizellen (die es nur in Romanen gibt), ohne Kaltwasser- oder Dauerbadbehandlung (die längst verlassen sind) — werde ein Patient seiner Freiheit beraubt, wird dann auf ebenso ungläubiges Kopfschütteln stoßen wie die Behauptung, der Chirurg beraube seinen Blinddarmpatienten der Freiheit seiner Persönlichkeit, wenn er ihn in die Bewußtlosigkeit der Narkose versenke. Denn das Widerstreben des Geisteskranken gegen seine Behandlung entspringt wahnhaften und im Grunde unwirklichen Voraussetzungen und hat keineswegs eine derartige Relevanz, daß deshalb Maßnahmen der Verbrecherbekämpfung auf sie angewandt werden müßten.

Betrachtet man sich die Entfesselung des Papierkrieges, die verschiedenen Zuständigkeiten, die kurzen Einspruchsfristen, so gewinnt man den Eindruck, daß die Geisteskrankheiten böswillige Erfindungen der Psychiatrie seien, vor der die Patienten geschützt werden müssen. Daß es sich in Wirklichkeit bei jeder

Psychose immer um das Hereinbrechen schwersten Schicksals über einen wehrlosen Menschen und seine fassungslosen Angehörigen handelt, daß so gut wie immer Gefahr im Verzuge ist und sofortiges, unbürokratisches helfendes Eingreifen und nur das ganz allein sittliches Gebot ist, das kümmert die Hüter der Gesetzesgebote leider nur wenig.

Es war eine Großtat in der Geschichte der Menschlichkeit, als P i n e l den Irren die Ketten abnehmen ließ, sie als krank erkannte und die moderne Psychiatrie schuf. Es bedarf nunmehr dringend eines juristischen P i n e l, der den Gesetzgebern die Fesseln des Unverstandes abnimmt, mit deren Hilfe sie zum Schaden der psychotischen Kranken schweres Unheil anrichten, obwohl das Motiv ihrer Legislative eitel Menschheitsbeglückung ist. Eine solche Verkehrung von Ursache und Wirkung aber ist das charakteristische Erkennungsmerkmal donquichotischer Streiche, die alle zweifellos herzensgut gemeint sind, aber an der Wirklichkeit vorbeifechtend zum Nachteil der Beglückten und des Beglückers selber ausschlagen. Nicht das *Recht des Staates*, einen Richter mit der Einweisung Psychotischer zu betrauen, sollte entscheidend sein, sondern das *Recht des Geisteskranken* auf unverzügliche Einweisung auf eine geschlossene Fachabteilung mit dem Ziel seiner baldigen Ausheilung durch die bestmögliche Therapie. Und das Machtwort zu sprechen hat dabei der behandelnde Arzt, der sich dazu zweckmäßigerweise der fachärztlichen Hilfe seines psychiatrischen Kollegen versichern wird.

„ . . . und Medizin . . ."

> *Der Geist der Medizin ist leicht zu fassen,*
> *ihr durchstudiert die groß' und kleine Welt,*
> *um es am Ende gehn zu lassen,*
> *wie's Gott gefällt.*   G o e t h e (Faust I)

Nicht nur das hat der junge G o e t h e zu unserem Thema bemerkt, sondern auch gelegentlich seiner Gespräche mit Studienfreunden in Straßburg seine Beobachtung, daß es, um ein guter Arzt zu sein, weniger auf irgendwelche Kenntnisse, sondern viel mehr auf gewisse Charaktereigenschaften ankomme. Die tägliche Erfahrung zeigt auch heute noch, daß Ärzte über ein enormes Kapital an Vertrauen bei ihren Patienten verfügen, ohne daß sie auch nur noch eine Ahnung von den wissenschaftlichen Voraussetzungen derjenigen Medizin haben, die auf den hohen Schulen gelehrt wird. Mit Rücksicht darauf, daß alle jene Kenntnisse, die ein sechzigjähriger Arzt vor 35 Jahren im Staatsexamen wissen mußte, inzwischen längst überholt sind, gibt es die Fortbildungskurse, die Kongresse und die medizinischen Zeitschriften. Von den Kongressen aber ist bei der Art, wie sie heute gehandhabt werden, nicht viel positives Wissen mit nach Hause zu nehmen; zu einer genauen Lektüre fehlt dem beschäftigten Praktiker die Zeit, und Fortbildungskurse werden dann, wenn sie nicht obligatorisch sind, überhaupt nicht, sind sie obligatorisch, nur ungern besucht, da sie einen unverhältnismäßigen Verdienstausfall bedeuten. Hinge das Wohl der kranken Menschheit von den Theorien ab, die über ihre Krankheiten seit Hippokrates und früher von der wissenschaftlichen Medizin aufgestellt worden sind, so wäre das Menschengeschlecht zweifellos ausgestorben. Nun ist es ja eine problematische Sache, das große Heer der sogenannten Krankheiten diagnostisch auseinanderzuhalten; für die Praxis existiert jedoch ein überraschend einfaches Schema: Es gibt nur zwei Arten von Krankheiten, heilbare und unheilbare. Bei den unheilbaren bewährt sich gerade der gute Arzt in der unverdrossenen Erleichterung der Symptome, in der Hilfsstellung für die Angehörigen — kurz, in seiner Betätigung als Hausarzt und Freund der Familie. Die heilbaren Krankheiten gehen größtenteils von selbst durch die Behandlung oder auch trotz dieser in Genesung über. So ist es jedenfalls viele Jahrhunderte hindurch gewesen; erst die gezielte Hormonbehandlung und die differenzierte Chemotherapie haben hier eine auch bei großer Skepsis anzuerkennende Wandlung geschaffen. Auch und gerade die noch vor zwanzig Jahren therapeutisch so gut wie hilflose Psychiatrie verfügt heute über ein ganzes Arsenal wirksamer Waffen gegen die akuten Psychosen. Bei allem aber ist es im Grundsätzlichen doch dasselbe geblieben, nur daß die potentiell heilbaren Krankheiten jetzt sicherer kuriert werden können.

Die wenigsten Ärzte aber sind sich darüber klar, daß, wenn sie Krankheiten behandeln, sie etwas zu bekämpfen trachten, was es in Wirklichkeit gar nicht gibt: Krankheiten nämlich. Es ist ja nicht nur so, wie wir im ersten Teil dieses Buches bereits gesehen haben, daß Krankheit und Gesundheit nur relative Wertbegriffe sind, die in gewissen Extremen des Biologischen einigermaßen gegeneinander abzugrenzen sind. Darüber hinaus ist es doch so, daß der Begriff „Lungenentzündung" z. B. lediglich eine vereinfachende Zusammenfassung der Erscheinungen bedeutet, die bei einer Reihe von Menschen immer wieder beobachtet werden, die einer bestimmten Infektion unterlegen sind. Es gibt im Grunde nur Pneumonie-kranke Menschen, wobei jede Pneumonie auch noch anders abläuft — je nach Alter, Konstitution, Kreislaufverhältnissen usw. Es handelt sich auch in der Medizin wie bei allen Wissenschaften, betrachtet man ihre Grundlagen kritisch, fast ausschließlich um Fiktionen, die aus Gründen der praktischen Notwendigkeit abstrahiert worden sind und zweifellos ihre guten Dienste leisten. Das fängt übrigens schon bei der Anatomie an: Die Muskeln, Knochen, Bänder, wie sie im Atlas schematisierend dargestellt werden, sehen in Wirklichkeit ganz anders individuell geformt aus. Es gibt keinen Thorax, sondern nur eine unendliche Vielfalt von Brustkörben. Dasselbe gilt mutatis mutandis für die psychologische, genetische, toxikologische und alle anderen Fachdisziplinen der Medizin. Die ärztliche Kunst ist also im Grunde eine Medizin des Als Ob; sie erreicht dadurch praktisch das, was sie erreichen kann. Der früher einmal hohe Wellen schlagende Streit zwischen der sogenannten Schulmedizin und der sogenannten Naturheilkunde ist heute in den Hintergrund getreten. Die Bekämpfung des Kurpfuschertums kann selbstverständlich nur durch die bessere Leistung von seiten der approbierten Ärzte erfolgreich durchgeführt werden. Im Grunde gibt es nichts anderes als Naturheilkunde: Medicus curat, natura sanat.

Über die stillschweigend hingenommene Rangordnung einander ähnlicher Berufe, wie sie sich im allgemeinen Empfinden herauskristallisiert, gibt nach meiner Beobachtung als feinstes Reagens die Berufswahl der Söhne Auskunft. Solange die Sprößlinge der Heilpraktiker, wenn sie sich überhaupt der Heilkunde zuwenden, beispielsweise Ärzte werden (wie die der Dentisten Zahnärzte) und solange nicht Arztsöhne zu Heilpraktikern „herabsinken", solange steht es nicht schlecht um die allgemeine Anerkennung der wissenschaftlichen Medizin.

Trotz allem törichten Gerede von der Volksheilkunde haben die Erfolge der Pockenimpfung, der Asepsis, der Hygiene, des Insulins, des Penicillins oder der Elektroschocktherapie (um wahllos einige Beispiele zu bringen) soviel täglich sich erneuernde

Gesundung gebracht, daß dagegen Lehmbäder und Wassergüsse nicht mehr konkurrenzfähig geblieben sind. Derartige Anwendungen helfen auch, aber am besten dem gesunden Organismus im Sinne der Vorbeugung und Abhärtung, vorsichtig angewandt in richtig dosierter ärztlicher Verordnung auch dem Rekonvaleszenten. Eine Meningitis, eine depressive Phase, eine Zuckerkrankheit, ein durchgebrochenes Magengeschwür — kurz, wirkliche, lebensbedrohende „Krankheit" läßt sich nicht mit der sogenannten Naturheilkunde heilen. Das muß dann die als „unbiologisch" gescholtene Schulmedizin tun. Und sie tut es auch, unbeirrt von Tadel oder Lobhudeleien, die beide dem Unverstand entspringen.

Auch aus groben Irrtümern haben sich richtige Diagnose- und Behandlungsmethoden entwickelt. Der erste theoretische Ansatz der Wassermann-Reaktion, der mit Extrakten aus syphilitischen Lebern arbeitete, hat sich als falsch erwiesen; die Reaktion zeigt aber trotzdem das an, was ihr Entdecker von ihr verlangte.

Ein Musterbeispiel für fiktive Gedankengänge ist die jetzt überall und zwar schon seit über einem Jahrzehnt in Hochblüte stehende Theorie von den krankmachenden Herden. Wenn eine medizinische Hypothese, um die es sich eigentlich nur handelt, so lange bestehen bleibt wie diese, so liegt von vornherein der Verdacht nahe, daß sie sich als besonders *brauchbar* erwiesen hat, was nach früher bereits entwickelten Grundsätzen nichts über ihre Richtigkeit auszusagen braucht. Diese sogenannte Fokaltheorie ist so schön, daß sie aus Zweckmäßigkeitsgründen erfunden werden müßte, wenn es sie nicht schon gäbe. Sie besagt im wesentlichen, daß von irgendwelchen mehr oder weniger abgekapselten Eiterherden aus, z. B. von Zahngranulomen, von zerklüfteten Gaumenmandeln, von einer chronischen Blinddarm- oder Gallenblasenreizung „giftige Stoffe", vielleicht sogar Bakterien, in den Kreislauf gelangen und nun für alle möglichen und unmöglichen Krankheitszustände verantwortlich gemacht werden können. Diese medizinische Hypothese hat im Gegensatz zu vielen anderen den Vorteil (und das ist ihre Stärke, die sie unbesiegbar macht), daß sie auch dem Laien sofort und unmittelbar einleuchtet. Die Versicherung des Arztes, die mannigfachen Beschwerden, unter denen der Patient zu leiden hat, hätten ihren Ursprung in einem Zahngranulom, das man noch dazu röntgenologisch darstellen und vorzeigen kann, ist frappierend; zumal auch die höchst einfache Behandlung, nämlich die Entfernung des kranken Zahnes oder jedenfalls die Entfernung des Granuloms, auf der Hand liegt. Bei der größten Zahl der sogenannten funktionellen Störungen wird durch eine solche Behauptung eine außerordentlich wirksame Suggestion gesetzt, eine Suggestion, die, ich will nicht sagen in allen, aber doch in sehr vielen Fällen völlig ausreicht, die vielgepriesenen Heilerfolge nach Herdentfernung zu erklären. Gegenüber den überall berichteten positiven Ergebnissen fallen die negativen unter den Tisch, und auch die Fälle, in denen nach der Herdentfernung eine Verschlechterung eingetreten ist. Bei der Vielfältigkeit der Krankheitsbilder, die durch die sogenannte fokale Sanierung bekämpft werden sollen, läßt sich eine exakte Überprüfung der wirklichen Erfolge gar nicht durchführen. Allerdings gibt es doch häufiger, als von interessierter Seite zugegeben wird, Fälle, von denen das Wort umläuft, der Patient habe seine Zähne, seinen Wurmfortsatz, seine Gallenblase und sonstige entbehrlichen Körperteile verloren, das einzige, was geblieben sei, aber sei sein Rheumatismus (oder was es gerade war). Für mich war es ein sehr eindrucksvolles Erlebnis, als ich zu Beginn des Krieges in abgelegenen Eifeldörfern uralte Männer sah, deren Gebisse Kloaken ähnelten, von denen große, die Gesichtshaut ausbeutelnde Abzesse ausgingen, ohne daß sich je ein Arzt darum gekümmert hatte. Diese prachtvollen alten Herren steckten ihre Pfeifen in die eiternden Münder, taten ihre Arbeit und gingen in die Kirche und zeigten eine so eiserne Gesundheit, und eine so unverkürzte Lebensdauer, daß mir die ersten Zweifel an der alleinseligmachenden Fokustheraphie gekommen sind. Wenn wirklich diese chronischen Herde so gefährlich wären, wie man annahm und annimmt, so hätte man doch hier wenigstens andeutungsweise einige der vielen Folgekrankheiten feststellen müssen. Ich habe scherzhafterweise des öfteren gesagt, man könne mit derselben Logik behaupten, daß der Herd ein lebensnotwendiger Reiz sei, der den alternden Organismus immer wieder zur Bildung von Abwehrstoffen anrege. So wäre der Fokus nichts anderes als eine Quelle der Gesundheit für die alternden Menschen, etwa analog der in der Medizin auch sonst durchgeführten sogenannten unspezifischen Reiztherapie, bei der körperfremde Stoffe künstlich eingespritzt werden. Der bekannte Psychotherapeut J. H. S c h u l t z hat in seinen Vorträgen, anfangs als einziger, gegen die Omnipotenz der krankmachenden Herde Stellung genommen; er gebrauchte dabei die witzige Bezeichnung „Fokus-Pokus".

Wie immer wird an der krankmachenden Rolle der sogenannten Herdinfektion ein Körnchen Wahrheit sein. Ich habe dieses Beispiel nur etwas ausführlicher gebracht, um zu zeigen, daß auch in der Medizin schablonenmäßiges Denken nicht das einzig Mögliche ist.

Es gibt Mode-Theorien, Mode-Krankheiten und Mode-Therapien, die sich mehr oder weniger lange Zeit halten, und die alle dann Erfolg haben, wenn sie von einer suggestiven Persönlichkeit angewandt werden. Vom Magnetismus M e s m e r s über die Hysterielehre C h a r c o t s bis zu den Silberpapierkugeln eines G r ö n i n g geht eine unmittelbare Linie. Viele dieser Methoden haben wenigstens den Vorteil, den alten ärztlichen Satz „Vor allen Dingen nicht schaden!" zu erfüllen. Das kann man beispielweise auch von der Homöopathie behaupten, die im Gegensatz zu den Modetherapien nun schon über anderthalb Jahrhunderte allen Anfeindungen zum Trotz eine bemerkenswerte Konstanz aufweist und die sicherlich nichts schadet, was schon ein unermeßlicher Vorteil ist; und die andererseits durch die konstitutionell ausgerichtete Heilweise des Homöopathen den auf ihn vertrauenden Patienten ganz abgesehen von der etwa vorhandenen wirklichen Heilwirkung hilft.

Die Psychotherapie der strengen und auch der aufgelockerten Observanz hat nicht nur zweifelsohne eine Bereicherung unserer Kenntnisse über Verdrängungserscheinungen im Seelischen gebracht, sondern darüber hinaus zu einer Zeit, als in der Seelenheilkunde anderweitig kaum geholfen werden konnte, einen begrüßenswerten therapeutischen Schwung hervorgerufen. Und so geht es mit einer ganzen Reihe weiterer Heilweisen, von denen die Naturheilkunde zu nennen wäre, die in moderner Zeit im wesentlichen auf den Pfarrer K n e i p p zurückgeht. Die persönliche Tragik dieses großen Volksheilers ist es, daß er selbst elend an einem Krebs zugrunde ging, den er mit seinen Wassergüssen behandelte, statt ihn rechtzeitig operieren zu lassen.

Mit einigen Worten will ich noch auf die nicht vorhergesehenen Schäden hinweisen, die durch die Sozialversicherungen und das Versicherungswesen im ganzen zwangsläufig hervorgerufen worden sind. Wenn auch auf der einen Seite der Schutz gegen Kranksein der sozial Schwachen eine vorbildlich in Deutschland zum ersten Mal durchgeführte Angelegenheit ist, so hat sie doch zu grotesken Auswirkungen geführt; um nur ein Beispiel zu nennen: jede nicht versicherte einfache Gehirnerschütterung ist in vier Wochen ausgeheilt, jede versicherte heilt praktisch nie aus, weil der Patient mit seinen Beschwerden irgendwelche Vergünstigungen wie Rentenzahlungen, Heilfürsorgeberechtigung, Schadenersatzleistung verlieren würde[35]). Ja, genau die gleichen Schäden brauchen zu ihrer Ausheilung ganz unverhältnismäßig verschieden lange Zeit: Bricht sich ein praktischer Arzt ein Bein, so läßt er sich einen Geh-Gips machen und versieht in Kürze wieder seine Praxis, wenn auch unter Anstrengung, weil sein und seiner Familie Lebensunterhalt davon abhängt. Trifft derselbe Beinbruch einen beamteten Arzt, so dauert gewöhnlich die Krankenhausbehandlung wesentlich länger; es wird auch eine längere Schonzeit mit Nachkuren, Massagen und Bestrahlungen durchgeführt, weil alles das von Staatswegen bezahlt wird und das Gehalt auch während des Nichtstuns weiterläuft. Es fehlt der heilsame Zwang, auch mit zusammengebissenen Zähnen weiterzumachen — wobei ich lediglich eine Feststellung und keinen Vorwurf zu machen berechtigt bin, weil ich als Dozent selbst lange Zeit „beamtete Medizinalperson" gewesen bin und glaube, daß auch ich in jener Zeit länger an einem gebrochenen Bein laboriert hätte, als ich mir das heute leisten kann.

Die Unmenge des Einzelwissens, die in jeder Disziplin mit wissenschaftlicher Grundlage die Übersicht über den gesamten Stoff unmöglich macht, hat auch in der Medizin zum Spezialistentum geführt. Dieses ist ja grundsätzlich nichts Neues, denn schon in der ägyptischen Hochkultur gab es beispielsweise Augen- und Ohrenärzte. Diese Entwicklung zeigt, wie die vielfältige Verzweigung des Wissens und damit die Erhöhung der Ansprüche an die Intelligenzleistung des Arztes paradoxerweise wieder zu Scheuklappen führt, nämlich zu den *Scheuklappen des Spezialistentums*. Erschütternd komisch kam das zum Ausdruck, als ich während des Krieges in einem großen Lazarett die poliklinische Versorgung der aus der Front und Heimat zusammenströmenden Soldaten durchzuführen hatte, von denen ein großer

---

[35]) Dialog aus der Sprechstunde:
„Herr Professor, ich flehe Sie an, machen Sie mich gesund!"
„Soll ich das wirklich? — Dann werden Sie Ihre Rente los!"
„Um Gottes Willen — das wollen Sie mir doch nicht antun!"

Prozentsatz an Kopfschmerzen litt. Mein Doktorand B e c k (2) hat darüber 1943 in seiner Dissertation berichtet. Der typische Gang der Dinge war in diesen Fällen folgender gewesen: Der Mann hatte sich wegen Kopfschmerzen beim Truppenarzt krank gemeldet; dieser fand nichts und schickte ihn zum Hals-Nasen-Ohren-Arzt. Der Facharzt spülte sämtliche Nebenhöhlen, begradigte die Nasenscheidewand, entfernte die Mandeln und holte, falls vorhanden, die Wucherungen aus der Nase heraus. Da die Kopfschmerzen dann unverändert weiterbestanden, überwies der Facharzt den Patienten dem zahnärztlichen Kollegen, der prompt einige fokale Streuungsgranulome fand und das Gebiß ausgiebig sanierte. Die weiterbestehenden Kopfschmerzen führten zur Zuziehung eines Internisten, bei dem etwa die Gallenblasenfüllung nicht recht gelang, so daß der Chirurg zur Entfernung dieses Organs bemüht werden mußte, ohne daß die Kopfschmerzen nachließen, die ja auch durch einen Herd in der Gallenblase hätten bedingt sein können. Es wurde daraufhin der Hautarzt zugezogen, der das Fehlen einer Syphilis feststellen mußte und die Vorsteherdrüse einer genauen Untersuchung unterzog, die nichts Krankhaftes ergab. Sicherheitshalber wurde dann noch der Schädel in mehreren Ebenen durch den Röntgenologen photographiert, ohne daß sich eine Ursache für die hartnäckigen Kopfschmerzen finden wollte. Endlich wurde an statische Beschwerden durch schlechte Körperhaltung und Plattfüße gedacht, die der Orthopäde durch Verordnung von Plattfußeinlagen, hinsichtlich der Kopfschmerzen allerdings ohne Erfolg, zu beseitigen trachtete. Heute würde zweifellos noch eine genauere Untersuchung der Halswirbelsäule vorgenommen, um den zur Zeit gerade hochmodernen Bandscheibenvorfall zu finden. Wenn aber auch wochenlanges Tragen einer Gips-Krawatte nicht zur Ausheilung geführt hätte, so wäre der Patient, wie seinerzeit die Soldaten, unter dem Verdacht der Simulation dem Psychiater vorgestellt worden, der dann die Reihe der Untersuchungen abschloß und feststellte, daß es sich um einen intellektuell gering ausgestatteten Mann handelte, an den dienstliche Forderungen gestellt wurden, denen sein Geist nicht gewachsen war. Er machte sich deshalb Kopfschmerzen, die sofort verschwanden, wenn der Mann wieder in der gewohnten und von ihm beherrschten Tätigkeit eingesetzt wurde. Die immense Häufung dieser Fälle kam dadurch zustande, daß bei den wachsenden Ausfällen an qualifizierten Kräften auf dem Wege des militärischen Befehls völlig ungeeignete Männer plötzlich etwa für den Funkmeldedienst oder andere qualifizierte Tätigkeiten eingesetzt wurden. „Wenn ich wieder schippen kann in der Bau-Kompanie, dann habe ich keine Kopfschmerzen mehr", so drückte das ein einfacher Mann treffend aus.

Solche Fehlleitungen durch die Einengung des geistigen Horizontes infolge des Spezialistentums kommen natürlich auch sonst vor. Die zuweilen in der Begeisterung für die methodische Eleganz vorhandene Neigung der Chirurgen zu operieren (Furor operativus activus) trifft sich gar nicht so selten mit der Wut des Patienten, sich immer wieder operieren zu lassen (Furor operativus passivus). Da wird eine Senkung irgendeines Organs diagnostiziert, die von der Mehrzahl aller Menschen beschwerdefrei ertragen wird, so daß eine Operation angezeigt erscheint. Die anhaltenden Beschwerden werden Verwachsungen zur Last gelegt, die dann mehrfach nachoperiert und gelöst werden müssen. Auch hier behält zuweilen der Psychiater das letzte Wort, wenn sich die Patientin als an einer hypochondrischen Form der Depression erkrankt entlarvt, bei der die rationelle Therapie ohne jede Operation sämtliche Beschwerden schlagartig zum Verschwinden bringt.

Man bemerkt überhaupt immer wieder die Sucht der Kranken, um jeden Preis mit irgend etwas behandelt zu werden, wobei die Erfahrung zeigt, daß eine Injektion mit physiologischer Kochsalzlösung dieselbe Heilwirkung erzielt wie ein teures Spezialpräparat. Daraus aber darauf zu schließen, daß der Patient simuliert habe, ist sicher falsch, denn die Applikation einer Spritze stellt eine gewaltige suggestive Wirkung dar, die durchaus in der Lage sein kann zu wirken. Man muß das nur wissen.

Auf medizinischem Gebiet fällt uns Ärzten auch immer wieder der töricht wirkende Wettstreit darüber auf, wer von zwei Patienten schwerer krank sei. Jeder Patient will dem Tode am nächsten gewesen sein; niemand gibt sich damit zufrieden, leicht erkrankt gewesen zu sein. Ich habe noch keinen Patienten erlebt, der einen Schädelbruch gehabt hat; sie alle behaupten, es sei ein doppelter Schädelbruch gewesen. Niemand hat einen Knochenbruch gehabt, jedes Mal war es ein komplizierter Bruch, wobei es dem Laien ganz gleichgültig ist, daß der Fachausdruck „komplizierter Bruch" nichts über die Schwere der Erkrankung aussagt, sondern nur die Tatsache bezeichnet, daß eins der gebrochenen Knochenstücke die Haut nach außen durchstoßen hat, was zum Glück nur selten vorkommt.

Die Nivellierung des geistigen Horizontes durch das auf den Durchschnitt gerichtete Denken zeigen wie alle berufsständischen Gremien auch die Kassenärztlichen Vereinigungen (K. V.), die ja nicht den genialen Arzt, sondern das Gros der Ärzte, die Menschen sind wie andere auch, zu betreuen haben. Das zeigt sich zuweilen, wenn solche bürokratischen Einrichtungen vor unalltägliche Situationen gestellt werden: Als eine Weltkapazität wie S a u e r b r u c h nach dem Zusammenbruch des 2. Weltkrieges seine bisherige klinische Betätigungsmöglichkeit verloren hatte, ließ ihn die zuständige K. V. nicht zur Kassenpraxis zu, weil er nicht die erforderlichen Qualifikationen besaß (vielleicht hatte er kein Landvierteljahr absolviert oder etwas Ähnliches). Daß keine Ärztegemeinschaft der Welt in der Lage gewesen wäre, einen Sauerbruch zu irgend etwas zu qualifizieren, weil sie einfach nicht an ihn heranreicht, war den beauftragten Berliner Kollegen entgangen. Ein törichtes Verhalten, berufsständischem Denken entsprungen, das in diesem Falle durch das prompt einsetzende homerische Gelächter der gesamten Kulturwelt korrigiert wurde.

Natürlich besteht die Gefahr der Verbürokratisierung und der dadurch enorm eingeengten Horizontlinien für alle Berufe. Geradezu typus-ändernd aber hat sich das in der Ärzteschaft ausgewirkt, indem der soignierte Typ des geachteten, ja verehrten Hausarztes vom gejagten und geplagten Kassenarzt abgelöst wurde, der Schreibknecht einer rein verwaltungsmäßig arbeitenden Sozialbehörde geworden ist. Ich will nicht auf die Misere der Honorarverteilung eingehen, die eine ganz neue, die Verwaltungs-Bürokratie der Kassenärztlichen Vereinigungen notwendig machte, die es jedem Arzt zu Undank machen *muß* und zudem eine Unsumme der durch die Kassenärzte mühselig verdienten Gelder verschlingt. Ich will vielmehr auf die bedenkliche Durchbrechung der Schweigepflicht hinweisen, die allein durch die Diagnosen-Mitteilung auf Krankenschreibeformularen usw. erzwungen wird und auf die Nötigung für den Kassenarzt, jeden Patienten behandeln zu müssen, der ihm einen Kassenschein bringt — wobei es doch auf der Hand liegt, daß nicht jeder Arzt jeden Patienten erfolgreich behandeln kann, gerade wenn die persönliche Führung des Arztes als wichtig angesehen wird. Der Arzt müßte auch einmal einem Patienten sagen dürfen, ich behandele Sie nicht, weil Sie mich ausnutzen, meine Zeit unnötig beanspruchen, die schwerer Kranke dringend benötigen, sich an meine Anordnungen nicht halten oder auch, weil Sie mir persönlichkeitsmäßig nicht liegen. Alles das ist dem Kassenarzte verboten, weil nicht an seelische Imponderabilien, sondern an biederes Arzthandwerk gedacht wird, wie es etwa Hühneraugenoperateure ohne weitere seelische Differenzierung betreiben können. Die Souveränität in der Menschenbehandlung des freien Arzttums ist eine der Voraussetzungen für kluges ärztliches Handeln, und sie fehlt im organisierten Hetzbetrieb des Alltags, weil Formulare aller Farben und Größen ausgefüllt und unterschrieben werden müssen, bevor überhaupt eine Behandlung begonnen hat. Andererseits ist der Kassenschutz für große Bevölkerungsteile unentbehrlich geworden. Ich habe auch häufig den Eindruck, als ob der Kassenpatient besser behandelt wird als der Privatpatient, weil beim Kassenpatienten nicht lange gefackelt wird, sondern das Notwendige ohne Umschweife angeordnet und durchgeführt wird. Bei seiner Majestät dem Privatpatienten dagegen glauben viele Ärzte, sich nach dessen Wünschen und Ansprüchen, Einsprüchen und Vorschlägen und dem Besserwissen aus illustriertengenährter medizinischer Halbbildung heraus richten zu müssen. Ein krasses Beispiel ist die Tragödie des zweiten Kaisers des Deutschen Reiches, Friedrich III., dessen Kehlkopfkrebs durch Professor V i r c h o w rechtzeitig diagnostiziert wurde, so daß die rettende Operation bereits angesetzt war. Da mischte sich die damalige Kronprinzessin ein, ließ aus ihrem Heimatland den englischen Spezialisten M a c k e n z i e kommen, dieser stellte eine Fehldiagnose, die Operation unterblieb, wurde schließlich zu spät doch durchgeführt — und, kaum gekrönt, erlag der kaiserliche Mann einem rechtzeitig erkannten Leiden; unnötigerweise — da er, wäre er Kassenpatient gewesen, höchstwahrscheinlich zur rechten Zeit mit rechter Methode behandelt worden und geheilt worden wäre. Man sollten also anregen, eine Innungskrankenkasse der regierenden Fürsten zu errichten.

Die vornehme Lässigkeit, mit der jener gut gekleidete und genährte Herr Doktor Ende des 19. Jahrhunderts die Armenpraxis für eine unzureichende Bezahlung in Kauf nahm, hat sich inzwischen gerächt: alle Leute wollen auf Armenrecht, wenn schon nicht klagen, so doch behandelt werden, und sie kommen denn auch im Mercedes 300 oder im Porsche vorgefahren und drücken dem Arzt ihren Kassenschein als freiwilliges Mitglied in die Hand.

Der Kassenarzt des 20. Jahrhunderts hat keine vornehme Lässigkeit mehr aufzuweisen. Entweder jagt er hinter den Scheinen her, um durch hastige Quantität auf Kosten der Qualität sein Dasein zu fristen, oder er kommt seine Lebtage nicht aus der größten Bedrängnis heraus.

Aber nicht nur solche äußerlichen zeitbedingten zivilisatorischen Beeinträchtigungen lassen Zeit und Muße auch nur zur notdürftigen Weitererhaltung etwa vorhandener Bildungsgüter fehlen und damit die Weltklugheit des Arztes immer geringer werden. Auch die Technizismen und der Apparatismus in Diagnostik und Therapie verführen zur Gedankenlosigkeit und zur Leerlaufarbeit, die schablonenmäßig gehandhabt wird. Der Elektrokardiograph ersetzt das Pulsfühlen und das Höhrrohr (und kann es in Wahrheit gar nicht ersetzen), der Enzephalograph zeichnet Hirnstromkurven auf (und gestattet doch nur sehr begrenzt relevante Schlüsse), das Laboratorium bemächtigt sich aller Körpersäfte und Ausscheidungen — alles sehr wichtig, zweifelsohne, und nicht mehr wegzudenken — aber doch nur in der Hand des souveränen Arztes, nicht des Durchschnittsarztes, der dadurch um den letzten Anreiz eigenen Denkens gebracht wird.

Die Arzneimittelindustrie, die suggestiv mit der Namengebung die Indikation automatisch regelt: Antineuralgica sind gegen Schmerzen gut, so sagt's der Name, und es wird wohl stimmen, und nach diesem Schema primitiver Assoziation ins Uferlose; die gedankenlose Morphiumspritze (wo es physiologische Kochsalzlösung auch täte), die sinnlose Verordnung der Antibiotica bei Krankheiten, die gar keine Angriffspunkte dafür bieten, nur weil Penicillin modern ist und der Patient — der Patient! — meint er müsse es haben — alles das ist nur eine kurze Blütenlese dessen, was ärztliche Kunst zur törichten Routine erniedrigt und entpersönlicht.

Es ist fast gar nicht vorstellbar, daß es noch starke Arztpersönlichkeiten geben sollte. Und doch gibt es sie immer noch. In Wahrheit ist aus den gesagten Gründen nichts so modern wie der scheinbar abgeschriebene Hausarzt, der die Familie von Kindesbeinen an kennt und seine künftigen Patienten schon eigenhändig ins Leben gezogen hat. Der kluge praktische Arzt, der seine

Grenzen kennt, der die fachärztlichen Untersuchungen und Hilfen anordnet, wo er selbst die Indikation dafür stellt, und der die Zügel führt und das Kapital sparsam und meisterhaft verwaltet, das Vertrauen heißt — er ist die Idealfigur des ärztlichen Helfers. Die meisten Mediziner erreichen diesen Status nicht. Die ihn aber erreichen, brauchen nicht klug zu sein — eins aber sind sie jedenfalls: weise.

Und ich nehme den Hut ab vor diesen Männern.

„ . . . und leider auch Theologie."

> *La Théologie m'amuse, la folie de l'esprit humain y est dans toute sa plénitude.*
>
> Voltaire

Die Scholastiker stellten und beantworteten im frühen Mittelalter Fragen wie die folgenden:

„Was hatte der Engel Gabriel für Federn im Flügel? Hatte schon Adam einen Nabel? Welcher Art war die Schwalbe, die so ungebührlich mit des Tobias Augen umging, daß er blind wurde? Hat sich wohl Pilatus mit Seife gewaschen, ehe er Jesum verurteilen ließ, und welche Art von Musik hat David vor Saul gespielt? Kann die Taufe auch in nomine patriae, filii et spiritum sanctos gültig sein? Was war es für ein Baum, auf den Zachäus gestiegen? Machte der Rock, um den die Kriegsknechte das Los warfen, die ganze Kleidung des Erlösers aus? Ist das Tal Josaphat groß genug, um das Weltgericht in ihm abzuhalten? Wieviel kostete wohl der Wein auf der Hochzeit zu Kana, und was sind dreißig Silberlinge in unserem Geld wert? Hätte nicht schon *ein* Tropfen Blut Christi hingereicht für die Sünde der Welt? An Christus cum genitalibus in coelum ascenderit, et Sta. Virgo Maria emiserit semen in commercio cum Spiritu Sancto?"

Die Scholastiker waren fromme Mönche, Laszivität lag ihnen sicher völlig fern — wenn sie diese Probleme wälzten, so war es ihnen mit ihrer Lösung ernst, und wenn es, wie ich vermute, nur die Gelehrsamkeit und das profunde theologische Wissen war, was bei solcher Gelegenheit hervorgekramt und geübt werden konnte. Der Spötter Heinrich H e i n e meinte wohl zu Recht, diese Streitereien der Theologen seien im Grunde unwichtig gewesen und V o l t a i r e habe vergebens seinen Witz gegen solche

Manifestationen dogmatischen Gezänkes gerichtet. Die Weltansicht, die eigentliche Idee des theologischen Christentums formuliert er so: die Welt des Geistes wird durch Christus, die Welt der Materie durch Satan repräsentiert; jenem gehört unsere Seele, diesem unser Leib. Die Natur ist demnach ursprünglich böse und Satan will uns damit in Verderben locken. Es gilt daher, den sinnlichen Freuden des Lebens zu entsagen, unseren Leib, das Lehen Satans, zu peinigen, „damit die Seele sich desto herrlicher emporschwinge in den lichten Himmel, in das strahlende Reich Christi." (Auf das Problem der Dreieinigkeit will ich hier nicht eingehen).

Das ist vielleicht etwas zu gradlinig und vereinfachend ausgedrückt. Aber die Jenseitsbetonung ist schon ein sehr wichtiges Kriterium fast aller Religionen (und Philosophien). Religion und Philosophie bemühen sich beide um eine Sinngebung des Daseins. Ursprünglich waren Religion und Philosophie eins, erst später traten sie insofern auseinander, als Kirche und Theologie für die breiten Massen eine allgemeinverständliche Metaphysik geschaffen haben. In Deutschland, jenem Weltanschauungslande kat exochen, von dem aus die christliche Glaubensspaltung ihren Ausgang nahm, ist der äußerliche Zusammenhang der Bevölkerung und Kirche noch sehr hoch [nach F i c h t e r in der „Welt" 1954: 98 %!], während in Amerika nur etwa 58 % der Bevölkerung eine Verbindung zu kirchlichen Gemeinschaften haben. In England sollen es sogar nur 15 % sein. Sind die 58 % der Amerikaner oder die 15 % Engländer, die kirchlichen Gemeinschaften angehören, nun frömmer und innerlich religiöser als die 98 % deutschen Kirchenmitglieder?

So einfach liegen aber die Vergleichsvoraussetzungen nicht. In Deutschland gibt es praktisch nur die beiden Hauptbekenntnisse evangelisch und katholisch. In den Vereinigten Staaten bieten sich mindestens ein Dutzend Hauptkirchen an neben etwa 200 kleineren sektiererischen Gemeinschaften.

Der Kampf der Kirchen um die Schulen in Deutschland ist durchaus verständlich. In Amerika, wo es zwei Schulsysteme nebeneinander gibt — ein staatliches ohne Religionsunterricht und ein privates kirchliches — gibt es ja gerade deshalb viel mehr „Heiden" unter der Bevölkerung, weil die spätere Religionszugehörigkeit weitgehend vom Zufall der Geburt, des Elternhauses und der frühen Kindheitseindrücke in der Schule abhängt.

Das wußte auch der nationalsozialistische Staat, der mit allen erlaubten und unerlaubten Mitteln den Einfluß der Kirchen auf die Jugenderziehung zu brechen versuchte, so wie auch andere autoritäre Systeme das tun. Es ist viel zu wenig bekannt geworden, daß vor dem zweiten Weltkrieg die katholische Kirche die einzige Institution gewesen ist, die der nationalsozialistischen Staatsregierung im katholischen Münsterland sozusagen in offener Feldschlacht eine Schlappe beigebracht hat, als kurzsichtige ministerielle Schulpolitik die Lutherbilder aus den evangelischen und die Kruzifixe aus den katholischen Volksschulen zu entfernen befohlen hatte. (T e p i n g [122]).

Kirche, Theologie und Religion sind drei verschiedene Formen, die zum Mittelpunkt die Heilslehre des Christentums haben. Daß es innere Frömmigkeit, Religion im eigentlichen Sinne, ohne kirchliche Bindung gibt, ist eine abgedroschene Weisheit. Daß es sie auch innerhalb der Kirche geben kann und gibt, sollte man darüber nicht vergessen

Theologie, wörtlich die Lehre von Gott, ist im Grunde eine Blasphemie (Demokritos-Weber, vgl. Anm. S. 137), eine Gotteslästerung — denn klügelnder Verstand und Ergriffensein von Gott ist etwas recht Verschiedenes. Ich persönlich habe immer das Gefühl gehabt, das biblische Verbot, von Gott Bilder herzustellen, beziehe sich auch auf geistige Abbilder, Darstellungen und menschlich-unzulängliche Aussagen — etwa im Sinne des G o e t h e schen „wer darf ihn nennen?! . . ."

S p e n g l e r (117) hat im Grunde schlagend bemerkt, nur die Gottlosen seien es, die sich unterfangen, Gottesbeweise aufzustellen. Und H o c h e hat mit Recht darauf hingewiesen, daß niemand durch das Studium der Theologie eines Zuwachses an Frömmigkeit teilhaftig werden kann. Die Theologie ist eigentlich eine Wissenschaft von etwas nicht Wißbarem (das sind übrigens andere Wissenschaften auch). Was in ihrer Fakultät an Lehrbarem vermittelt wird — Kenntnis des Hebräischen und des Alten Testaments, philologische Textkritik, Religionsgeschichte, auch vergleichende —; Exegese, pastorale Technik, Liturgisches und anderes — all das gibt nur Handwerkliches zur Berufsausübung als als Pastor oder Priester. Das Wesentliche ist nicht lehrbar und nicht lernbar — nämlich die eigentlich religiöse Persönlichkeit.

Merkwürdigerweise hat sich über das ganze Mittelalter die Spottsucht über die „dummen Pfaffen" erhalten, obwohl die

Mönche und anderen Mitglieder des Klerus jahrhundertelang fast allein lesen und schreiben konnten und die klassische zusammen mit der christlichen Tradition für das Abendland gerettet haben.

Ich selbst kam als nichtkatholischer junger Student im ersten Semester ins katholische Freiburg und wurde dort gründlich von oberflächlichen Urteilen über Pfaffendummheit kuriert, als ich in zwanglosen Gesprächen bei erlesenem Essen Gast zweier offenbar der höheren Priesterkaste angehörigen deutschen Geistlichen aus Rom war, die nach Jahrzehnten an die Stätte ihrer Studentenzeit für einige Tage zurückgekommen waren und einen Kommilitonen und mich an ihren Tisch baten, weil sie mit studentischer Jugend diesen Abend begehen wollten. Über unsere schüchternen Einwendungen, wir seien evangelische Ketzer, lächelten sie. Und zu unserem maßlosen Staunen beherrschten sie nicht nur die komplizierteste Technik lukullischer Eßkunst, der sie sich mit genießerischer Freude hingaben, und kannten sie sich in den edelsten Tropfen des Kellers mit untrüglicher Sicherheit aus — sie legten auch eine derartig selbstverständliche überlegene Allgemeinbildung, eine Aufgeschlossenheit für dogmatischer Enge ganz fernliegende wissenschaftliche, soziale und kulturelle Verhältnisse an den Tag (ganz abgesehen von ihrer im tiefsten echt humanistischen Bildung) — daß ich, nachdem wir einen Abend und einen Tag lang ihre Gäste gewesen waren, meine Vorurteile ein für allemal verloren habe. Mich konnte es später nicht überraschen, daß auf allen, auch entlegenen wissenschaftlichen Spezialgebieten etwa jesuitische oder sonstige Ordensgeistliche erstklassige Fachgelehrte waren, deren gepflegter Stil sehr wesentlich von dem nichtgeistlicher Wissenschaftler abzustechen pflegte. Gewiß — es handelte sich dabei um Spitzenkönner; aber daß es Platz gab für sie innerhalb des Klerus, darauf kam es und kommt es an.

Die vorbildliche Tapferkeit und unverzagte Zeugnisleistung beider christlicher Kirchen kam erst unserer Generation zum Bewußtsein, als sie wirklich in harter politischer, der diokletanischen nicht nachstehender Verfolgung sich zu bewähren hatten und haben. Der Bismarckische Kulturkampf war eine gentlemanlike Angelegenheit gewesen gegenüber der lebensbedrohenden Brutalität, die gegen die Kirchen und Theologen und das Kirchenvolk aufgestanden war und ist. Die aufklärerische Frömmigkeit der evangelischen, der satte Pomp der römischen Kirchlichkeit wurden hinweggefegt. Es gab und gibt wieder christliche Märtyrer. Und überall da, wo Menschen für ihre Sache zu sterben bereit sind, gehen die von ihnen vertretenen Ideen nicht unter. Das Tragische ist nur, daß die jeweiligen Machthaber niemals einsehen, wie sehr sie mit Terror und Blutvergießen gerade das Geschäft der vermeintlich der Vernichtung preisgegebenen gegnerischen Weltanschauungen besorgen. Wenn mir persönlich auch ein weltfrohes evangelisches Pastorentum lieber ist als ein finster alttestamentarisch bekennendes Pathos, so imponiert mir doch im tiefsten die Haltung jener Geistlichen und Christen beider Bekenntnisse, die durch ihren Tod und KZ-Knechtschaft Zeugnis ablegten und ablegen.

Die echte Religiosität ist inneres Ergriffensein. Sie wächst immer dort, wo das Sich-Bekennen gefährliches Risiko wird. So kamen die großen Kirchenmänner im Dritten Reich zu weltweiter Resonanz — der Bischof von Galen als Löwe von Münster und der Dahlemer Pastor Niemöller. Nach der Katastrophe 1945 ist die Kirchenverfolgung jenseits des Eisernen Vorhangs noch am Werke. Auch dort blüht im Verborgenen eine trotzige, männliche Religiosität des Christentums aus dem Gefühl gefährdeter brüderlicher Gemeinschaft. In der Bundesrepublik dagegen ist es meinem Eindruck nach dem echten Christentum schlecht bekommen, daß große Parteien das Wort christlich als politisches Aushängeschild gebrauchen. Es gehört nun einmal jetzt und hier zum guten Ton, den Mantel der christlichen Nächstenliebe nicht etwa mit dem Armen zu teilen, sondern ihn malerisch drapiert zur Schau zu tragen. Und das ist für den wirklich christlich ergriffenen frommen Menschen ein Ärgernis, — ein größeres Ärgernis, als es das ist, welches der christliche Demokrat an der Kirchensteuer nimmt. Der „aufgeklärte" Bundesrepublikaner — sofern er nicht Marxist ist (davon gleich) — betrachtet das Christentum als schmückendes Beiwerk; damit die als erhebend betrachtete pastorale Umrahmung von Geburt, Hochzeit und Tod ein äußerliches Gepränge erhält; allenfalls auch noch als bequemes Mittel zur Kindererziehung. Im übrigen besteht Indifferentismus. „Das Volk" brauche die Religion, wird dann überlegentuend gemeint, wobei man sich selbst nicht unter die Plebs rechnet. Das Volk aber, beispielsweise die Arbeiterschaft, sicherlich, soweit sie sozialdemokratisch organisiert ist, steht betont außerhalb der kirchlichen Frömmigkeit. Was tritt denn hier stellvertretend ein, um das dem Menschengeschlecht nun einmal innewohnende metaphysische Bedürfnis zu erfüllen? Es ist eine andere und wiederum eine „Weltanschauung", nämlich die durch Karl M a r x (eigentlich Mordechai 1818—1883) begründete kommunistische Heilslehre, die übrigens, wie oft angemerkt wurde, mit urchristlicher Seinsweise manches gemeinsam hat. Die Abkehr vom eigenen Besitz, der missionarische Eifer, der Aufstand der besitzlosen armen Fischer und Handwerker gegen die Reichen und Mächtigen Roms, die nur zum Unüberwindlichwerden führenden anfänglichen Verfolgungen mit ihren Märtyrern — alles finden wir hier und dort. Aber schon unter den zwölf Jüngern Christi fand sich ein Judas[36]) — dokumentierend, daß so, wie der Mensch nun einmal ist, jedes ideale Menschheitsbeglückungsprogramm — und das war das urchristliche und ist das marxistische — an der harten Wirklichkeit, wenn nicht scheitert, so doch zu Kompromissen und Umwegen gezwungen wird. Das Kommunistische Manifest von M a r x und E n - g e l s aus dem Jahre 1848 ist eine weltbewegende Urkunde geworden. Die deutsche Sozialdemokratie und der russische Kommunismus haben die in ihrer Einfachheit weithin leuchtende marxistische Idee gegen allen Widerstand lange Zeit behauptet und modifiziert. Die Bibel des Marxismus ist das merkwürdige Buch von M a r x (das übrigens über große Strecken von E n g e l s stammt) „Das Kapital". Ich hatte es mir, um meinen allgemeinen Horizont zu erweitern, als junger Assistent 1932 zusammen mit H i t l e r s „Mein Kampf" gekauft. Beide Werke haben bis 1945 einträchtig nebeneinander auf meinem Bücherbrett gestanden, das „Kapital" als schöne Dünndruckausgabe in (natürlich rotes) Leder gebunden. Bei der Vorbereitung dieses Kapitels gedachte ich des Kapitals und vermutete, daß eine wohlfeile und vollständige Ausgabe dieses der großen bundesrepublikanischen Oppositionspartei als geistiges Fundament dienenden Buches gleich bei meinem Buchhändler zum Mitnehmen bereit stände. Zu meiner Verblüffung war dem keineswegs so. Es zeigte sich, daß es eine westdeutsche Ausgabe des Kapitals überhaupt nicht gibt — fast 10 Jahre nach dem Ende des Dritten Reiches! Ich mußte die drei

---

[36]) Ein mir leider unbekannter Autor hat sogar gemeint:
Zwölf Jünger, und nur ein Judas darunter! —
Käme der Göttliche heut, wären es mindestens elf. —

dicken Bände aus der Volksrepublik jenseits des Eisernen Vorhangs kommen lassen — eine sehr gut ausgestattete, mit wissen-
schaftlichem Apparat versehene Neuausgabe durch das Marx-
Engels-Lenin-Institut Moskau, diesmal in braune Lederimitation
gebunden (da fand ich das rote Leder meines ersten Exemplares
doch eigentlich passender) — es sind insgesamt 2671 Seiten! Die
erneute Lektüre des „Kapitals" zeigte mir wieder diese eigentüm-
liche Mischung von abstrakter mathematischer Berechnung und
langweilig trockener Zahlenakrobatik zur Lehre vom Mehrwert
und dem Sozialprodukt mit leidenschaftlichem und unmittelbar
zu Herzen sprechendem sozialem Pathos, genährt an den seinerzeit allerdings zum Himmel schreienden sozialen Mißständen
in der Industrie Englands, wohin M a r x emigriert war. Aber
inzwischen sind die marxistischen Prophezeiungen des automatischen Zusammenbruchs des Kapitalismus nicht eingetreten; die
Arbeiter sind eher Kapitalisten geworden, als daß die Kapitalisten Proletarier geworden wären, und es ist deshalb verständlich, daß man das „Kapital" hierzulande nicht gern im Original
vorzeigt, zumal das auch eine innere Verwandschaft zum Kommunismus vermuten lassen würde — was gleichfalls aus zu
respektierenden politischen Gründen unerwünscht zu sein scheint.

Der unbefangene Leser des Kapitals begreift allerdings nicht so
recht, wieso dieser über 2500 Seiten umfassende Wälzer eine
ganze Welt, die kommunistische nämlich (oder sagt man besser
die halbe Welt?) revolutionieren konnte. Hier liegt offenbar nicht
die Stärke des Kommunismus, sie muß andere Quellen haben. Ich
habe früher schon darauf hingewiesen, daß gerade die Elitege-
hirne der Experten modernster Atomphysik zum mindesten zeitweise auch mit dem politischen Kommunismus sympathisiert
haben. Das vor allem macht mich stutzig. Es ist wohl zu einfach,
mit dem oben (S. 226) erwähnten englischen Autor einfach zu
ihrer Brandmarkung als „Verräter" zu greifen. Es ist meines
Erachtens eine vielleicht lebensnotwendige Überlegung, die west-
liche demokratische Politiker anzustellen hätten: Was ist es
denn, das diese das Genie streifenden illustren Köpfe veranlaßt,
sich kommunistischen Ideologien hinzugeben? Irgend etwas muß
doch wohl dahinter stecken, wenn nicht Hinz und Kunz, sondern
die klügsten Köpfe unserer Epoche sich einem solchen Gedanken-
zuge wenigstens zeitweise hinzugeben sich nicht für zu gut gehalten haben? Will man zu einer nicht durch politische Leiden-

schaft verzerrten Beurteilung kommen, so muß man sich zunächst ernstlich klar machen, daß nicht nur die kurze urchristliche Episode kommunistisch anmutende Züge trug, sondern daß bereits vorher und immer wieder nachher der Staatskommunismus ein Anliegen der klügsten Köpfe der Erde gewesen ist. Die Grundprinzipien sind eben wegen ihrer Einfachheit so unvertilgbar: Die Wurzel aller Übel sieht der Kommunismus im Privateigentum, das die an sich berechtigten Triebe zur Selbsterhaltung in schädliche Selbstsucht ausarten lasse. Die bisherige Rechtsordnung sei die Folge des Privateigentums, das unter dem Prinzip der persönlichen Freiheit die Ausbeutung des einen durch den anderen und dadurch die wirtschaftliche, soziale und politische Ungleichheit unter den Menschen hervorrufe. Menschenglück und gerechte soziale Zustände werden gleichgesetzt, und als deren Voraussetzung die Gleichheit der einzelnen angesehen. Deshalb müsse vor allem das Eigentum fallen und Gleichheit der Arbeitslast, des Einkommens und des Genusses erstrebt werden. Die wirtschaftliche Tätigkeit der einzelnen wird von Gesellschafts wegen geregelt, was die allgemeine Gütergemeinschaft zur Voraussetzung hat. Alle Produktions- und Genußmittel sind Eigentum der Gesamtheit, Privateigentum und Erbrecht werden abgeschafft. Herstellung, Verteilung und Verbrauch aller materiellen Güter wird geplant und nach dem Prinzip allgemeiner Gleichheit verteilt. Alle Arbeitsfähigen m ü s s e n arbeiten, Erziehung der Jugend und Ernährung der Jugend geht auf gemeinsame Kosten.

Schon das ideale Staatsgebilde P l a t o n s (im „Staat" und in den „Gesetzen") fordert zwar nicht die volle, aber doch eine teilweise Gütergemeinschaft. Thomas M o r u s hat 1516 in seinem Jugendwerk „De optimo reipublicae statu deque nova insula Utopia libri duo" das erste Vollbild eines rein kommunistischen Staates entworfen: er nannte es selbst eine Utopie, also ein unerreichbares Ideal. Als späterer Staatsmann und Kanzler Heinrichs VIII. von England allerdings war er alles andere als ein Kommunist. Immerhin ist die Utopia ein direkter Vorläufer des „Kapitals" — das Buch erregte seinerzeit wegen seiner scharfen Kritik an den zeitbedingten Privilegien und der bestehenden Ausbeutung durch den Klassen- und Ständestaat ebensolches allgemeines Aufsehen wie später M a r x . Ferner hat der Dominikanermönch C a m p a n e l l a (Civitas Solis 1677) kommunistische Gedanken vertreten, die in der ersten Hälfte des 17. Jahrhunderts sogar in einem Jesuitenstaat an den Ufern des Paraguay teilweise verwirklicht worden sind. Aber erst der moderne Kommunismus ist konsequent bestrebt und mit erstaunlichem Erfolg am Werk, seine Heilslehre in die Wirklichkeit umzusetzen. Die erste revolutionäre kommunistische Agitation ging von B a b o e u f 1795 in Paris aus — seine Nachfolger, die Baboeuvisten, haben in Paris noch bis 1838 eine politische Rolle gespielt, und die letzten Wogen dieser Erregung sind noch in den Revolten von 1848 zu spüren. In England gab O w e n 1820 eine wissenschaftliche Begründung des Kommunismus. Die von B a k u n i n als einem der ersten eingeleitete russische ursprünglich nihilistische Form des Kommunismus hat dann zum Staatskommunismus nach sowjetischem Muster geführt. B a k u n i n , aus altadliger Familie entstammend, war ursprünglich Offizier. Er ging von der Philosophie H e g e l s aus, ganz ähnlich übrigens M a r x , der im Beginn seiner politischen Laufbahn eine „Einleitung zur Kritik der H e g e l schen Rechtsphilosophie" geschrieben hat[37]).

Obwohl gerade der bolschewistische Kommunismus, wenn auch mit von Zeit zu Zeit wechselnder Intensität, sich über Wunder- und Heiligenglauben und alle kirchliche Religion überhaupt lustig gemacht hat, und immer wieder in seinen Satellitenstaaten Kirchenverfolgungen anhängig sind, so weist doch der russische Kommunismus selbst dogmatisch-religiöse Züge auf — was bis in den Heiligen- und Reliquienkult geht, wie er im Lenin-Mausoleum zu Moskau zelebriert wird. Beim Urchristentum wie zu Zei-

---

[37]) H e g e l hat aber nicht nur Gedanken vertreten, die marxistischerseite Schule gemacht haben. So lese ich in den „Vorlesungen über Philosophie der Geschichte", Reclam, Leipzig, ohne Jahreszahlangabe des Erscheinens, S. 66 bis 67: „Denn die Weltgeschichte bewegt sich auf einem höheren Boden, als der ist, auf dem die Moralität ihre eigentliche Stätte hat, welche die Privatgesinnung der Individuen . . . ist . . . Aber von diesem aus müssen gegen welthistorische Taten und deren Vollbringen sich nicht moralische Ansprüche erheben, denen sie nicht angehören. Die Litanei von Privattugenden der Bescheidenheit, Demut, Menschenliebe und Mildtätigkeit muß nicht gegen sie erhoben werden . . . Aber solche große Gestalt muß manche unschuldige Blume zertreten, manches zertrümmern auf ihrem Wege." So ist H e g e l , dieser erstaunliche Mann, nicht nur ein Vater des theoretischen Marxismus, sondern auch gewissermaßen ein Großvater der faschistischen Praxis gewesen! Denn selbst beim italienischen Faschismus hat er Pate gestanden, und zwar auf dem Umweg über den Philosophen G e n t i l e (vgl. auch P l e n g e , Joh.: Marx und Hegel. Tübingen 1908).

ten des sich aufmachenden revolutionären Bolschewismus waren es vor allem Gefühlswerte in einer eschatologisch empfundenen chaotischen Zeit, die zum weltweiten Sieg der christlichen beziehungsweise der bolschewistischen Religion führten, wobei die Lehrsätze und Dogmen zunächst in zweiter Linie standen. Der Weltgeltung des Christentums macht es nichts aus — im Gegenteil, es ist eine seiner Voraussetzungen — daß in ihm die Lehre Christi, wie sie aus den Evangelien, am schönsten in der Bergpredigt, uns noch heute bestürzend rein entgegenleuchtet, ganz zurücktritt hinter die Lehre v o n Christus, die Christologie.

Wie es die abendländische Theologie verstanden hat, diese dunkle und blutige Hinrichtung eines zweifellos unschuldigen reinen „Menschensohnes" zum Symbol des „Kreuzes" zu machen, und wie damit die Kunst des Kirchenbaus, die Gotik, die Kunst Michelangelos und Leonardos, Dürers und Grünewalds, Rembrandts, und auch noch die moderne Kunst ein innerlich wahres Zeugnis des christlichen Ergriffenseins des Abendlandes ablegte — dem die „Göttliche Komödie" Dantes auf dem Gebiete der Dichtung an die Seite zu stellen wäre — das ist schon allein ein Gotteswunder, für das verstandesmäßige Kategorien nicht ausreichen. Es ist größer noch als die Entwicklung des Christentums selbst, das im römischen Pontifikat die Nachfolge des kaiserlichen Pontifex maximus der antiken Kulturwelt übernahm und damit auch die hierarchische Gliederung seiner Beamtenschaft. Bei aller exklusiven Vornehmheit alter italienischer und anderer europäischer Adelsgeschlechter, aus deren Reihen namhafte Kirchenfürsten hervorgingen, hat die römisch-katholische Kirche doch in der Heranbildung ihres Priesternachwuchses immer auch demokratische Tendenzen gepflegt in der Auswahl aus dem Volke selbst. Der junge Geistliche trägt nicht nur die Tonsur auf dem Haupte, sondern gewissermaßen auch die Tiara unter seiner Soutane.

Logische Widersprüche schaden einer Religion nichts; sie wendet sich ja nicht an den klügelnden Verstand. Es ist mehr ein Charakteristikum der kleineren Sekten, daß sie irgendeine verstandesmäßig weitergebildete und vereinseitigte Aussage des kirchlichen Christentums bis zum Exzeß durchexerzieren. Russische Frömmigkeit ist auf derartig krausen Gedankenwegen zu einer Verehrung und Anbetung des Judas Ischarioth gekommen, in der logisch richtigen Überlegung, daß ohne den verräterischen

Bruderkuß Jesus nicht den Kreuzestod gestorben wäre, der die Menschheit erlöste, und ihm daher der Dank wahrer Gläubigkeit gebühre. Die Überlegung ist folgerichtig, und Satan ist dann ebenfalls Diener der Gottesidee mit dem Bösen in seinem Gefolge, weil eine Erlösung von der Sünde nun einmal die Voraussetzung der Sündhaftigkeit im Zeichen des abgefallenen Engels hat. Und manche Theodizee bewegt sich denn auch in dieser exegetischen Richtung — ohne daß eine letzte Antwort und Rechtfertigung auf denkerischem Wege gelingen könnte. Denn theoretisch ist das Rätsel der Rätsel unlösbar, warum überhaupt eine Natur und ein Menschenwesen von der als liebenden Vater gedachten Allmacht so geschaffen werden mußten, wie sie sind, unvollkommen und sündhaft, und nicht strahlend wie im Paradiese. „Weil der Sündenfall uns daraus vertrieb!" sagt der Fromme. Schon gut, aber warum waren Adam und Eva so geschaffen, daß sie der Schlange folgten? Müßige Antworten auf müßige Fragen, müßige Fragen auf müßige Antworten. Allzu schnell erreicht menschlicher Geist die Grenzen seiner Einsichtsfähigkeit, das Übermaß seiner eingeborenen Torheit offenbarend.

Die großen Dogmen der Kirche symbolisieren im übrigen große Wahrheiten. Die Lehre von der Erbsünde ist der Niederschlag echter Erfahrung, des Wissens darum, wie außerhalb der Begriffe Schuld und menschlicher Sühne dunkles Geschick ganze Geschlechter überfallen und vernichten kann. Eine nach den üblichen psychiatrischen Kriterien als gemütskrank einzureihende fromme Pastorenfrau sagte mir einmal, sie leide an Anfechtungen des Teufels. Ganz recht, sagte ich ihr, auf die Definition kommt es nicht an, wir meinen dasselbe, auch wenn ich dafür akute depressive Phasen sage.

Und die Lehre vom Jüngsten Gericht anerkennt die Unwandelbarkeit des menschlichen Charakters in seiner Grundstruktur. Denn der Heiland kommt ja nicht nur, die Welt zu erlösen, sondern auch zu richten die Lebendigen und die Toten. Er wird die Böcke zur Linken und die Schafe zur Rechten stellen, die einen werden kraft göttlichen Urteils in die finstern Schluchten der Hölle stürzen, die Gerechten aber in die strahlenden Paradiese des Himmels eingehen. Und warum diese Trennung? Könnte nicht ein allmächtiger Gott durch einen einfachen Gnadenakt die Bösen in Gute verwandeln und in seiner vielgepriesenen All-Liebe selig werden lassen? Offenbar nicht: die Lehre läßt die Allmacht

Gottes vor der Integrität des menschlichen Charakters halt-
machen: dieser ist, wie er ist, und kann im Himmel wie auf
Erden im Grundsätzlichen nicht geändert werden.

Erbsünde und Jüngstes Gericht sind auch die beiden großen
Eckpfeiler der Prädestinationslehre, die noch Luther in seiner
Mönchzelle so sehr zugesetzt hat („wie kann ich einen gnädigen
Gott kriegen?"). Das Luthertum, eine im Grunde deutschere Form
der Christenheit, trägt naturgemäß viel Katholisches mit sich.
Neuerdings sind die Bestrebungen auf Betonung der Gemeinsamkeit zu bemerken. Trotzdem ist das deutsche Pfarrhaus eine
eigenständige Schöpfung geworden. Die sozialen Aufgaben, der
menschliche Kontakt, der vorbildlich saubere Lebenswandel vor
den Augen der Gemeinde und die überzeugend große Zahl be-
deutender Menschen aller Richtungen (Werke der Liebe wie das
Bethel der Epileptiker des Vaters Bodelschwingh), in wissenschaftlicher und menschlicher, kirchlicher und weltlicher Richtung
haben hier einen Ausgang genommen. Anders als der große
Philosoph, der im Grunde ein Einsamer ist und dessen auch
esoterischer Kreis meist nicht an ihn heranreicht, sind die Figuren des großen Schulmeisters (des Scholarchen), des großen
Arztes und des großen Geistlichen nur im lebendigen Kontakt
mit Menschlich-Allzumenschlichem denkbar. Und diese Größe
macht allein die Gesamtpersönlichkeit in Anlage und Durch-
gliederung aus — wobei der Anteil des Intellektes keineswegs
präponderant zu sein braucht.

Wer den Ausführungen über dummes Verhalten des Menschen
in allen oder doch vielen Spielarten bis hierher gefolgt ist, wird
inzwischen bereits soviel gesehen haben, daß alle immer wieder
unternommenen Versuche, Religion und Kirche aus rationalem
und naturwissenschaftlichem Denken aus den Angeln zu heben,
ein müßiges Unterfangen darstellen müssen. Und zwar deswegen,
weil die Wissenschaft einschließlich der Philosophie dem gleichen
metaphysischen Bedürfnis des Menschen entspringt wie die
Religion und ihre menschliche Form, die Kirchen, auch. Wir haben
zwar das „Cogito, ergo sum" des C a r t e s i u s bereits eingangs
dieses Buches dem „Credo, quia absurdum" des T e r t u l l i a n
entgegengestellt in der Absicht zu zeigen, daß philosophischer
und theologischer, wissenschaftlicher und kirchlicher Ansatz
grundverschiedener, prinzipiell miteinander nicht vergleichbarer
Geisteshaltung entspringt. Das hindert aber trotzdem nicht, daß

beide Formulierungen im tiefsten Grunde der menschlichen Sehnsucht nach Daseinsbewältigung entspringen, die philosophischem *und* theologischem Bemühen gemeinsame Quelle ist. Gleichsam auf höchster Ebene — bei K a n t — kommt es zu einer interessanten Annäherung philosophischen und theologischen Kalküls: K a n t hatte eine Preisfrage der Berliner Akademie für das Jahr 1791 mit einer erst später publizierten Schrift beantwortet: „Über die Fortschritte der Metaphysik". Hier rechtfertigt er den Glauben für praktische Zwecke: „Der Beweisgrund der Richtigkeit dieses Glaubens ist kein Beweisgrund von der Wahrheit dieser Sätze, als theoretischer betrachtet, mithin keine objektive Belehrung von der Wirklichkeit des Gegenstandes derselben, denn die ist in Ansehung des Übersinnlichen unmöglich, sondern nur eine subjektiv und zwar praktisch gültige, und in dieser Ansicht hinreichende Belehrung, so zu handeln, als ob wir wüßten, daß diese Gegenstände wirklich wären."

Es gilt, „dem, wozu wir schon von selbst verbunden sind, nämlich der Beförderung des höchsten Gutes in der Welt nachzustreben, noch ein Ergänzungsstück zur Theorie der Möglichkeit desselben, ebenfalls *durch bloße Vernunftideen*, hinzuzufügen, indem wir uns jene Objekte, Gott, Freiheit, nur der Forderung der moralischen Gesetze an uns zufolge, *selbst machen* und ihnen objektive Realität freiwillig geben." Und er wiederholt später ausdrücklich, daß der Philosoph aus einer bewußten Fiktion kein Dogma machen dürfe, denn er müsse wissen, daß Gott, Freiheit und Unsterblichkeit „in praktischer Absicht selbstgemachte Ideen" sind. Die „Macht eines Weltherrschers" dürfe nicht theoretisch vorausgesetzt werden, denn dazu, recht zu handeln, sei die Vernunft schon für sich objektiv hinreichend. Es komme lediglich darauf an, so zu handeln, als ob eine solche Weltregierung wirklich wäre: „Jener Imperativ gebietet nicht das Glauben, sondern das Handeln" — was denn praktisch auf dasselbe hinausläuft, was die Religion fordert. Nur mit dem Unterschied, daß dem Philosophen die *theoretische* Vernunft verbietet, eine in seinem Sinne als Begriff völlig leere moralische Weltordnung anzunehmen, daß er aber so handelt, als ob es Gott, Unsterblichkeit, Freiheit gäbe, weil ihm das seine *praktische* Vernunft gebietet. Indem K a n t diesem Gebot der praktischen Vernunft folgt, ist er sich bewußt, theoretisch unvernünftig zu handeln — und hier, so fügt V a i h i n g e r (125) hinzu, ist die philosophische Wurzel des berühmten theologischen Satzes „credo, quia absurdum". Und er sagt weiter: Du handelst gut und daher bist du auch in dieser Weise gläubig, denn du handelst so, als ob es einen Gott gäbe; kürzer: du handelst gut, also glaubst du. Dies Kantische „recte agis, credis" ist das Grundaxiom der praktischen Philosophie und, nach V a i h i n g e r, als solches das Gegenstück zu dem richtig verstandenen Grundaxiom der theoretischen Philosophie: „Cogito, ergo sum ". Der höhere, der esoterische philosophische Mensch, der Gutes tut, ohne eine Belohnung im Himmel zu erhoffen oder eine Bestrafung in der Hölle zu fürchten, handelt nach K a n t moralischer als der Kirchengläubige, der aus Furcht vor Strafe oder aus egoistischer Sucht nach Jenseitsbeglückung „gut" ist.

Was uns hier interessiert, ist die Kapitulation des Intellektes, sei es in der Religion, sei es in der Philosophie, angesichts dessen, was denn nun „wirklich" sei — das sacrificium intellectus hat der Philosoph wenig Grund dem Theologen vorzuwerfen; er flüchtet in die Resignation, das Nichtwissen — der Gottesmann in den Glauben — ebenfalls ein Nichtwissen.

Und die Naturwissenschaft? Ich will einen kennzeichnenden Versuch aus neuerer Zeit, die Religion „wissenschaftlich" matt zu setzen, anführen, der, obwohl wenig bekannt geworden, doch dazu dienen kann, die Situation zu durchleuchten. Einer der klügsten Denker unserer Jahrhundertwende, Siegmund F r e u d , ließ im Jahre 1927 ein schmales Büchlein erscheinen mit dem Titel: „Die Zukunft einer Illusion" (30). F r e u d war ein rationaler, bewußt in naturwissenschaftlichen Gedankengängen schlußfolgernder Denker, dessen Tragik es ist, daß er, der bahnbrechende Forscher im Unbewußten, selbst unbewußt im Grunde nicht naturwissenschaftliche Theorien (Dynamik des Seelenlebens mit vollständiger Determination) im Gewande der Naturwissenschaft sich selbst und seinen Jüngern vortrug. Er erinnert mich immer an S p i n o z a s „mathematische Art", Irrationales vorzutragen. F r e u d bezeichnet die Religionen alle als Illusionen, deren wahrer Charakter sich schon dadurch enthülle, daß ihre Inhalte so haargenau dem entsprechen, was ein Mensch sich nur wünschen kann und was er realiter nirgends findet: ewige Gerechtigkeit, Belohnung der Guten und Bestrafung der Bösen in einer jenseitigen Welt ewiger Seligkeit oder ewiger Verdammnis. Er bestreitet, „daß der Mensch überhaupt den Trost der religiösen Illusion nicht entbehren kann, daß er ohne sie die Schwere des Lebens, die grausame Wirklichkeit nicht ertragen würde. Ja, der Mensch nicht, dem sie das süße — oder bittersüße — Gift von Kindheit an eingeflößt haben. Aber der andere, der nüchtern aufgezogen wurde? Vielleicht braucht der, der an der Neurose leidet, auch keine Intoxikation, um sie zu betäuben. Gewiß wird der Mensch sich dann in einer schwierigen Situation befinden, er wird sich seine ganze Hilflosigkeit, seine Geringfügigkeit im Getriebe der Welt eingestehen müssen, nicht mehr Mittelpunkt der Schöpfung, nicht mehr das Objekt zärtlicher Fürsorge einer gütigen Vorsehung. Er wird in derselben Lage sein wie das Kind, welches das Vaterhaus verlassen hat, in dem es ihm so warm und behaglich war. Aber nicht wahr, der Infantilismus ist dazu bestimmt, überwunden zu werden? Der Mensch kann nicht ewig Kind bleiben, er muß endlich hinaus, 'ins feindliche Leben'. Man darf das die 'Erziehung zur Realität' heißen."

F r e u d schließt mit den Worten: dadurch, daß der Mensch „seine Erwartungen vom Jenseits abzieht und alle freigewordenen Kräfte auf das irdische Leben konzentriert, wird er wahrscheinlich erreichen können, daß das Leben für alle erträglich wird und die Kultur keinen mehr erdrückt. Dann wird er ohne Bedauern mit einem unserer Unglaubensgenossen sagen dürfen:

> Den Himmel überlassen wir
> den Engeln und den Spatzen."

H e i n e , der von F r e u d eben zitiert wurde, ohne daß er ihn nannte; S p i n o z a , F r e u d selbst, die namhaften Begründer des Kommunismus — nicht nur M a r x — und die bereits früher zitierten kommunistischen Atomgelehrten — sie alle gehören einer Menschengruppe besonders gearteter rationalistischer Dialektik in ihren Denkformen an, deren Charakteristikum ich unter anderem in der Überschätzung des Maßes der dem Durchschnitt der Menschheit verliehenen Intelligenz erblicken möchte. Sie schließen allzusehr von sich auf andere.

Gerade *wenn* die kirchliche Religion — wie auch die Philosophie — dem menschlichen Illusionsbedürfnis und nur diesem ihre alleinige Begründung verdanken sollte — gerade dann, so möchte ich im Gegensatz zu F r e u d annehmen, sind sie beide unsterblich — die Philosophie *und* die Religion, die beiden großen Trösterinnen der Menschheit. F r e u d selbst unterliegt einer Illusion, wenn er meint, die Menschheit werde und müsse der Stufe des Infantilismus entwachsen. Merkwürdigerweise unterschätzt gerade F r e u d , der Entdecker der unheimlich weiterwirkenden Kraft kindlicher seelischer Erlebnisse, den ewigen Jugendtraum des Menschen von Glück, Gerechtigkeit und Liebe, kurz, sein Glaubensbedürfnis. Die Kirche dürfte, wie die Dinge nun einmal liegen, recht behalten, wenn sie auch die erwachsenen Menschen K i n d e r Gottes heißt.

Religion und Wissenschaft sind jede für sich Gebiete, die sich ins Grenzenlose verlieren. Abgrenzbar sind sie nur gegeneinander, wenn man sich auf das besinnt, welche Aufgaben sie zu erfüllen haben und welche nicht. Fritz L e n z (81) hat das in seinen „Bemerkungen über das Verhältnis von Genetik und Glauben" nicht nur sehr klar ausgedrückt, sondern auch so hinreißend elegant formuliert, daß ich mit seinen Gedankengängen zu diesem Thema diesen Abschnitt und dieses Kapitel schließen will.

Kein Geringerer als Papst Pius XII. hat im September 1953 anläßlich eines in Bellagio am Comer See abgehaltenen Internationalen Kongresses für Genetik, als einige Vertreter dieses Faches zu einem Symposium Geneticae in das dem Vatikan nahestehende Istituto di Genetica Medica Gregorio Mendel eingeladen waren, zu diesen über das Thema „Genetik und katholischer Glaube" gesprochen. Es sind dabei aus päpstlichem Munde Worte gefallen wie: „Für den Menschen selbst sind die Gesetze der Vererbung von hoher Bedeutung... Die Beurteilung reiner Forschungsfragen bleibt der Zuständigkeit Ihres Fachwissens überlassen... weder von seiten der Vernunft noch von seiten des christlich orientierten Denkens wird der Wahrheit eine Grenze gezogen... Die Grundtendenz der Genetik und Eugenik, den Erbgang zu beeinflussen, um das Gute zu fördern und das Schädigende auszuschalten, — diese Grundtendenz ist vom sittlichen Standpunkt unwidersprochen." L e n z meint dazu, daß die Kirche sich den Ergebnissen der Genetik gegenüber in gewisser Weise in einer ähnlichen Situation befindet wie seinerzeit gegenüber der Erkenntnis des Kopernikus — die übrigens noch L u t h e r mit dem Argument zu erledigen glaubte, es stehe geschrieben, Josua habe die Sonne stillstehen lassen. Von der Entdeckung Amerikas nahm er keine Kenntnis. Um so anerkennenswerter ist die heute durch den Papst vertretene Ansicht, Forschungsfragen seien der Fachwissenschaft überlassen. Das Forschen ist die Aufgabe der Wissenschaft, moralische Wertungen hat sie nicht zu fällen. (Naturgesetze sind keine moralischen Gesetze, die man befolgen oder die man verstoßen kann.)

Das moralische Werten ist die Aufgabe des Glaubens, Forschungen stellt er nicht an.

L e n z sagt, in geistreicher Weise an N i e t z s c h e anknüpfend, der sein paradoxes Jenseits von Gut und Böse seiner Moral des Übermenschen zugrunde legen wollte, die Genetik „steht wie die Atomphysik diesseits von Gut und Böse". Werte stammen dagegen aus dem Glauben, und „die letzten Werte gelten jenseits von Wahr und Falsch". Wahr und Falsch als Anliegen der Wissenschaft — Gut und Böse als Anliegen des Glaubens, die einander nicht zu beeinträchtigen vermögen, hier liegt eine Unterscheidung von praktisch eminenter Bedeutung. Daß allerdings weder die Wissenschaft noch der Glauben auf Erden jemals zu wirklicher Erkenntnis gelangen können, das ist dem Weisen klar, der sich seiner Torheit bewußt wird, und dem Frommen, dem die Welt eitel ist.

Nicht umsonst heißt die Verheißung der Schlange, als sie den Menschen aus dem Paradiese lockte: „Eritis sicut deus — scientes bonum et malum". Denn nur Gott könnte wissen, was gut und böse ist. Der Mensch kann, wenn auch im Grunde vergeblich, zu ergründen streben, was wahr und falsch ist auf dieser Welt. Darüber hinaus und hinauf kann er nur glauben — oder mit G o e t h e resignieren in dem Bewußtsein, das Erforschbare erforscht zu haben und das Unerforschliche ruhig zu verehren.

S c h o p e n h a u e r meinte etwa Ähnliches, als er sagte: „Keiner der religiös ist, gelangt zur Philosophie, er braucht sie nicht. Keiner, der wirklich philosophiert, ist religiös: er geht ohne Gängelband, gefährlich, aber frei." (1811 in seinen Kollegnachschriften als Randbemerkung zu einer entgegengesetzten Windbeutelei Schleiermachers).

8

Dummheit und Charakter

Oftmals paaret im Gemüte
Dummheit sich mit Herzensgüte,
während höh're Geistesgaben
meistens böse Menschen haben.

Ist es so, wie dieser boshafte Vers sagt? Ein gewisser Zusammenhang besteht offenbar wirklich; zum Schlechtsein gehört Schlauheit; dumme Menschen sind in der Lage der Dinge nach gar nicht bosheitsfähig. Auch wenn sie einem anderen etwas Nachteiliges zufügen möchten, so wird es nicht Rechtes damit, weil sie es so töricht anfangen, daß es gleich durchschaut wird, und sie mit ihren Absichten nicht zum Ziele kommen. Die intrigante Schlauheit aber ist andererseits nur eine mindere Gattung der Intelligenz; von ihr leben die Hochstapler, die Heiratsschwindler und in einer etwas liebenswürdigeren Spielart die sogenannten Salonlöwen. Allen diesen Typen ist es gemeinsam, daß sie ihre Geschäfte mit der richtig erkannten Dummheit ihrer Mitmenschen machen. Auf die Dauer pflegen sie damit keinen Erfolg zu haben. Stellt sich aber einmal eine überragende Intelligenz in den Dienst rechtsbrecherischer Machenschaften, so kommt es vor, daß der Erfolg auf ihrer Seite ist.

Die Fähigkeit, viele und wohltönende Worte zu finden, hinter denen kein echtes Wissen steckt, charakterisiert vor allen Dingen den oberflächlichen, viel redenden, auf Gesellschaften brillierenden Schwachkopf, für dessen Struktur B l e u l e r (10) die Bezeichnung „Verhältnisblödsinn" in die Psychiatrie eingeführt hat. Diese Bezeichnung bedeutet, daß jemand zwar nicht klinisch schwachsinnig oder manifest dumm ist, gemessen am Durchschnitt der Bevölkerung, daß er aber im Verhältnis zu der Stellung, die er einzunehmen trachtet, nicht die nötigen intellektuellen Voraussetzungen mitbringt. Es kommt bei diesen Leuten, die über eine gewisse Wendigkeit und Fixigkeit im Phrasendreschen verfügen, zu einem Wortschwall, dessen Leere sich erst im Laufe eines längeren Gesprächs oder dann, wenn man ihnen dialektisch auf den Leib rückt, offenbart. Heinrich H e i n e hat einen solchen Menschen mit dem Ausspruch charakterisiert: „Er sprudelte vor Dummheit", — der gleiche H e i n e , der an anderer Stelle gesagt hat: „Kein Talent, doch ein Charakter". In diesem Wort kommt wieder der eingangs geäußerte Gedanke zum Ausdruck, daß moralischer Hochstand keineswegs auch immer gute Begabung bedeutet.

Die Bibel gibt die richtige Anweisung, wenn es heißt: „Seid klug wie die Schlangen und ohne Falsch wie die Tauben", eine Aufforderung, die zweifellos ein wünschenswertes Ideal vor Augen stellt. Wie weit es erreichbar ist, wird — wie stets — nicht generell gesagt werden können. Daß es aber unter den Menschen auch kluge, hochherzige *und* rechtlich denkende Vertreter unseres Geschlechtes gegeben hat und voraussichtlich auch weiterhin geben wird, ist nicht zu bezweifeln, und wenn es auch nur wenige sind, so bringen sie doch den Beweis, daß es nicht richtig ist zu behaupten, nur der Dumme könne moralisch tüchtig sein, und hohe Intelligenz müsse stets mit charakterlicher Minderwertigkeit verbunden sein.

Es gab zwischen den beiden Weltkriegen dieses Jahrhundert ein Witzwort, welches sich auf die Zusammensetzung des Reichstages bezog und also lautete: „Links sitzt die Intelligenz, und rechts sitzt — der Charakter". Dies ist eines der sehr seltenen wirklich witzigen politischen Mots — weil es das Kunststück fertigbringt, sowohl den Linksparteien als auch den Rechtsparteien dem Wortlaut nach nichts als eine Artigkeit zu sagen —. Aber die listige Trennung von Intelligenz und Charakter, die unausgesprochene boshafte Unterstellung, daß die feudalen Ostelbier eben *nur* Charakter hätten, im übrigen aber strohdumm seien, macht den sublimen Witz aus — und natürlich die ebenso komische wie gehässige gleichzeitige implicite Feststellung, daß die Herren Linkspolitiker zwar intelligenzmäßig vorzüglich, charakterlich dafür aber recht mäßig ausgestattet seien. Das Komische liegt außerdem noch in der Verallgemeinerung einer hie und da offenbar wirklich vorkommenden extremen Intelligenzbetonung mit bedenklichem Charakter in Gestalt der „Intelligenzbestie" und einer ebenso gelegentlich vorkommenden bornierten charakterfesten Treuherzigkeit, der es dafür an Klugheit in deutlichem Übermaße gebricht.

Wir sprechen in unserem Zusammenhang dauernd von Dummheit oder — was, wie wir sahen, teilweise dasselbe ist, von Intelligenz — wobei wir uns erinnern, daß eine umfassende Definition gerade dieses Begriffes kaum zu geben ist. Die „klassische" Definition der von den Psychologen geforderten Intelligenz ist die von F. L e n z (86): „Intelligenz ist die Fähigkeit, die zu ihrer Messung ersonnenen Tests zu bestehen." Auch mit dem Begriff Charakter geht es uns so, daß man von ihm am besten in Paradoxen spricht — man weiß, was für ein Charakter gemeint ist, wenn man sagt, jemand habe keinen, er sei charakterlos.

Er ist ein Charakter — das ist eine durchaus positive „Charakterisierung" — sie hat etwas von biederer Rechtschaffenheit, unerschütterlicher Treue und unwandelbarem Sinn — wobei für mein Sprachgefühl immer auch ein bewußtes Absehen von Intelligenzfaktoren, vielleicht aus Schonung (weil mit ihnen nicht so viel Staat zu machen ist wie mit dem „Charakter"), mitschwingt.

Kein Talent, doch ein Charakter — ein schwankender Charakter — alles paradoxe Zusammenstellungen, die doch etwas aussagen. K l a g e s hat sein Hauptwerk genannt „Der Geist als Widersacher der Seele" — ebenfalls eine kontradiktorische Formulierung, die zweifelsohne einen Sachverhalt trifft, der, einmal gesehen und gezeigt, sich dem Menschenbetrachter immer wieder aufdrängt.

Es gibt eine eigene C h a r a k t e r o l o g i e als Teilgebiet der Psychologie — auch die Typenlehre der Konstitutions- und Körperbau-Gelehrten gehört hierher. Es ist kein Zweifel, daß im Körperlichen seelische Charakterzüge transparent werden können (ich wähle eigens eine unverbindliche Ausdrucksweise, die sich bewußt ist, daß „seelisch" und „körperlich" wahrscheinlich fiktive Hilfsbegriffe unserer cerebralen Konstruktion sind — so wie das K a n t von „Raum" und „Zeit" annimmt und S c h o p e n - h a u e r vom „principium individuationis" überhaupt). Aus diesem Grunde hege ich auch den Verdacht, daß die weltweit bestätigten positiven Korrelationskoeffizienten zwischen bestimmten Charakterformen deshalb so gut stimmen, weil sie auf Tautologien beruhen. Es ist so, als ob man Farben sagt oder elektromagnetische Schwingungen des sichtbaren Spektrums — immer wird die Sinnesempfindung rot, wenn man die ihr zugrunde liegende Strahlung nachmißt, eine bestimmte Wellenlänge haben. Das sind eben „rote" Wellenlängen — ebenso wie es „pyknische" Zyklothyme gibt — es ist halt dasselbe: eine bestimmte Wellenlänge und „Rot", ein Pykniker und ein „Zyklothymer", nur jeweils anders aufgefaßt, gewissermaßen einmal mit dem körperlichen und einmal mit dem geistigen Auge erblickt.

Psychologie und Menschenkenntnis ist beileibe nicht dasselbe. Es ist eine modern gewordene Verwechslung beider Begriffe eingerissen. Die Menschenkenntnis sagt intuitiv über einen anderen Homo etwas aus, ohne irgendwelche Tests zu benötigen. Sie haut gewiß auch einmal gründlich daneben — aber das tut die hochwissenschaftlich testende und handschriftendeutende Psychologie auch. Die wissenschaftliche Psychologie aber sollte das nicht tun und brauchte es nicht. *Psychologen sind keine Propheten,* sie sind nicht dazu da, Prognosen abzugeben. Die wissenschaftliche Psychologie erhellt wie der Historiker, hinterher, ex post, die ihr Fachgebiet interessierenden Zusammenhänge. Sie durchschaut zeitlich abgelaufene seelische Verhaltensweisen, Gestalten und was weiß ich noch alles — vielleicht auch noch im Experiment ablaufende „Aktualgenesen" und leitet daraus allgemeine Prinzipien her. Diese allgemeinen Prinzipien aber sind keine astronomisch errechenbaren Voraussagen — wie die von Sonnen- und Mondfinsternissen etwa, sondern sie zeigen, wie etwas geworden ist und wie ähnliches vielleicht einmal wieder werden kann. Aber es steht zu vermuten, daß man aus psychologischen Erkenntnissen ebensowenig für die Zukunft lernt wie aus historischen Erkenntnissen, und wenn sie noch so gut sind. Leute wie S p e n g l e r sind sehr selten, und auf Genies kann man nicht die Voraussetzungen einer Wissenschaft aufbauen.

Es ist deswegen auch bedenklich, sogenannte Diplom-Psychologen auszubilden, die nach dem Examen einen Schein vorweisen, der ihnen Fähigkeiten bescheinigt, die sie bestenfalls von Haus aus, als „Menschenkenner" haben oder nicht haben — die sie aber nicht im psychologischen Seminar „erlernen" konnten. Es ist ein Zeichen der um sich greifenden Verantwortungsscheu, wenn Betriebsführer, Offiziere, leitende Angestellte in zunehmendem Maße sich ihrer vornehmsten und schönsten Pflicht begeben, der Pflicht selbstverantwortlicher Menschenführung. Leider wird ihnen hierbei von seiten der Schulen vorangegangen. Es ist mir gar kein Zweifel, daß der menschenkundige weltoffene

Lehrer, der seine Kinder drei Jahre (jetzt sind es überflüssigerweise vier Jahre) in seiner Klasse unterrichtet hat, sehr viel qualifizierter ist, ein treffendes Urteil darüber abzugeben, ob das einzelne Kind die Voraussetzungen für die höhere Schule mitbringt, als der Diplom-Psychologe. Dieser stützt sich, wenn er klug ist, ganz wesentlich auf die schulische Beurteilung und dokumentiert damit, daß seine Tätigkeit im Grunde überflüssig ist. Dem Lehrer ist es — leider — ganz angenehm, wenn ihm jemand anders die Verantwortung abnimmt, und ihn der Quengeleien ärgerlicher Eltern, die nicht einsehen wollen, daß ihre Sprößlinge etwas töricht geraten sind, enthebt. Unrecht tut man dabei den Kindern, denen man auf Grund zweifelhafter Testungen und Probe-Unterrichte in einem Alter, in der die weitere cerebrale und Persönlichkeitsentwicklung noch gar nicht absehbar ist, die Ausbildungsmöglichkeit vorweg abschneidet. Ich muß immer etwas ingrimmig lächeln, wenn die Psychologen voller Stolz darauf hinweisen, das sie hundertprozentig richtige Prognosen gestellt haben: niemand, der von ihnen nicht die Erlaubnis erhielt, die höhere Schule zu besuchen, hat das Abitur „geschafft". Natürlich, wenn man ihn nicht zuläßt! Der Ausgang ist die Folge der Prognose mit ihrer diktatorischen Zurückstellung, nicht ihre Bestätigung! Es fehlt überhaupt fast immer bei derartigen diplom-psychologischen Verboten die Gegenprobe, weil die Zuleicht-Befundenen sich gar nicht erst bewähren durften.

Psychologie und Menschenkenntnis.

Die Menschenbeurteilung für praktische Zwecke ist Sache des mit der Menschenführung berufenen Fachmannes — des Lehrers, des Offiziers und Unteroffiziers, des Ausbilders, des „Chefs" jeder Art — und nicht eines Dipl. psych.; die Ergebnisse der wissenschaftlichen Psychologie, Winke, wie man Menschen in gewissen Situationen beobachten kann und soll, mögen in den entsprechenden Zeitschriften von wissenschaftlichen Psychologen zu Nutz und Frommen der Leser veröffentlicht werden. Die Psychologie bleibe aber, was sie sein kann: eine Wissenschaft.

Die schönste Aufgabe aller Menschenführung, die auf der richtigen Beurteilung und auf der richtigen Leitung Werdender beruht, sollten sich die dazu berufenen Erzieher des Lehr- und

Wehrstandes, die „Chefs" aller irgendwie mit Mitarbeitern versehenen Institutionen nicht nehmen lassen. Darin liegt ja gerade das Von-der-Pike-auf-Dienen-Lassen des Offiziers oder des Chefarztes oder des Handelsherrn begründet, daß er sich auch einmal „unten", als einfacher Soldat, als Krankenpfleger, als „Stift" hat durchpauken müssen. E r weiß später, wo den Anfänger der Schuh drückt, n i c h t der Betriebspsychologe. Dieser bildet es sich nur ein — genau so, wie die schlimmsten Psychologen die sind, die ein halbes Jahr in den psychiatrischen Kollegs gesessen haben und nun aus Halbkenntnis heraus sich katastrophale Verschätzungen der eigenen Kompetenzen erlauben. Ich habe daher immer abgeraten, Nichtärzte in die psychiatrischen Kollegs zu stecken, weil ihnen hier die Denkvoraussetzungen der Anatomie und Physiologie des Gesamtorganismus fehlen. Viel sinnvoller ist es, wenn Nichtärzte Interesse zeigen, sie — dann aber mindestens ein halbes Jahr, als Pfleger auf dem Wachsaal einer Klinik oder eines psychiatrischen Krankenhauses verantwortlichen Pflegedienst machen zu lassen. Dabei lernen sie wirklich den fundamentalen Unterschied erfassen, der zwischen der Welt des Geistesgesunden und des Psychotischen besteht. Nicht das anfängliche Grauen vor dem Sensationellen ist es, was im täglichen Umgang mit Geisteskranken bestehen bleibt, sondern das Angerührtsein von einer fremden Welt; einer Welt, von der man verstehen lernt, daß andere Menschengeschlechter im Psychotischen eine höhere Menschenstufe, etwas Heiliges, gesehen haben. Hier aus der Perspektive des barmherzigen Dienstes am Ärmsten der Armen, und nur hier kann die echte Einschätzung der Verantwortlichkeit und des Idealismus des Irrenarztes einigermaßen gefaßt werden — in der schwierigen differentialdiagnostischen, in der kausal somatischen und in der Psychotherapie im Umgang auch mit schweren und gemeingefährlichen Geistesgestörten. Das Kolleghören des medizinischen Laien oder des nur psychologisch und damit halb medizinisch Vorgebildeten führt zum geistreichen Schwatzen anhand der oberflächlich überschätzten Symptomatik und zum Wichtigtun mit psychopathologischen Begriffen wie „schizophren", die ja so gut wie immer in der Tagespresse oder außerhalb der Psychiatrie grundfalsch verstanden und angewendet werden. Die Psychiatrie ist eine erfahrene und nicht eine angelesene Wissenschaft. Die Klinik und die tägliche nächste Berührung mit nerven- und geistesgestörten Menschen allein ist das Korrektiv theoretisierender psychologisierender Tendenzen, ohne das niemand auch in den Grenzgebieten praktisch tätig sein sollte.

Um noch einmal auf den „Probe-Unterricht" zurückzukommen, der nach erfolgreicher Absolvierung der Volksschule an den höheren Schülern exekutiert wird, so sind auch hier charakterkundlich schwere Bedenken anzumelden. Wer nicht mitkommt, bleibt sitzen, wer zweimal in derselben Klasse hängenbleibt, muß die Anstalt verlassen. So war es früher; das sieht jeder ein und schiebt dem versagenden Kind selbst die „Verantwortung" zu. Wenn das nicht geht, weil zu viele auf die höhere Schule wollen und nicht genügend Platz da ist, dann soll man es sagen und die Anforderungen bewußt höher schrauben, als sie der Durchschnitt der Kinder aufweist; wer *dann* „durchfällt", gilt immer noch als normal begabtes Kind und wird nicht diffamiert, wie es heute natürlich nicht theoretisch, aber praktisch der Fall ist (um Mißverständnisse zu vermeiden: mein Sohn hat die Aufnahmeprüfung auf Anhieb bestanden, zwar nicht mit Glanz, aber immerhin).

Erfahrene Pädagogen mögen in längerem Probe-Unterricht nicht auf lebhafte Kinder, „Blender", hereinfallen und nicht langsamer, aber tiefer denkende Kinder für töricht halten — zugegeben. Nicht voraussehen kann man aber die geistige Entwicklungskurve eines Zehnjährigen. Wer das zu können behauptet, mag ein Diplom-Psychologe sein; ein Menschenkenner ist er nicht. Auch läßt sich gar nicht vermeiden, daß ungewollte Bevorzugungen eintreten: daß der ostvertriebene Lehrer einen selbstverständlichen Kontakt zu den ostvertriebenen Kindern, der autochthone Lehrer mehr zu den stammesverwandten findet und es zu unbewußten Bevorzugungen kommt. Oder daß in großen Städten, in denen viele Kinder zusammenströmen und aus Platzgründen nur sehr wenige genommen werden können, die Anforderungen viel höher sind als anderswo in der Provinz, wo gleichbegabte Kinder ohne weiteres eingeschult werden usw. Viel ändern werden meine Bedenken und die anderer Fachleute natürlich nicht, denn was einmal eingefahren ist, hat eine Beharrungstendenz. Auch ist die Dokumentation der Macht des Schullehrers über die Eltern durch die Beurteilung der Sprößlinge zuweilen ein Faktum, das nicht gern aus der Hand gegeben wird.

Wenn wir im Exkurs des vierten Kapitels gezeigt haben, daß die vitale Person in ihren Qualitäten der Grundstimmung, der Reizempfindlichkeit und Antriebsstärke bei jedem Menschen weitgehend erblich bestimmt ist und damit praktisch unveränderlich ein Leben lang besteht, so besagt das keineswegs, daß man nun aus der Kenntnis und der einfachen Analyse der vitalen Grundfunktion einer Psyche heraus ihren „Charakter" prospektiv entwickeln oder gar das charakterliche Verhalten im Daseinskampf prophezeien könnte. Zwar bildet die vitale Persönlichkeitsschicht einen integrierenden Bestandteil auch des Charakters — doch andererseits bleibt stets zu vergegenwärtigen, daß Seele — was auch immer unter diesem Begriff verstanden wird — und Leben — was auch immer unter diesem Begriff verstanden wird — von einander untrennbar, weil wahrscheinlich wesenseins, sind.

Die Auseinandersetzung der Persönlichkeit mit ihrer inneren und äußeren Umwelt läßt „Charakterzüge" überhaupt erst in Erscheinung treten — der Mensch stellt sich an seiner inneren und äußeren Umwelt dar, er entfaltet seine Persönlichkeit in und an ihr. Zweifellos geht viel vital Instinktives in menschliche Entäußerungen ein und färbt diese, oft für den Handelnden und den Betrachter kaum erkennbar. Je höher aber die corticalen Funktionen, um einen anatomisch-physiologischen Terminus zu gebrauchen, sind, je geringer, mit anderen Worten, die Dummheit eines Menschen ist, desto mehr kontrolliert, formt, ändert diese Zensur-Instanz der bewußten Persönlichkeit das Triebverhalten.

Die Motive sind unendlich verschieden: innere Selbstzucht oder mehr äußerer Zwang, kluges Sich-Fügen in gesellschaftliche Tabus, raffinierte Scheinheiligkeit, um sein Schäfchen heimlich ins Trockene zu bringen, Tartüffiaden und Männerstolz vor Königsthronen, religiöses Ergriffensein, kalter rationaler Kalkül — soviel Aufzählungen, soviel Variationsmöglichkeiten. Da wir wissen — wie K r e t s c h m e r (76) das so schön gezeigt hat, daß es nicht einfache Motive, sondern meist ganze Motivbündel sind, die schließlich in ein Verhalten einmünden, von denen dann wieder einige bewußtseinsdominant sind (die edlen altruistischen Oberflächenmotive), während dahinter sich realdominante (die weniger edlen egoistischen Tiefenmotive) verbergen, so läßt sich aus derartigen Erkenntnissen und Überlegungen ohne weiteres ableiten, wie wenig Chancen bestehen, im Einzelfall beim Einzelmenschen Verbindliches über seinen noch zu bewährenden „Charakter" vorauszusagen. Anders liegt es bei der nachträglichen, biographischen oder pathographischen Betrachtung eines abgeschlossenen curriculum vitae humanum. Hier zeigt meist schon die einfache Nachzeichnung eines Menschenlebens die posthum immer wieder als solche erkennbaren oder doch wenigstens wahrscheinlich zu machenden für diesen Charakter charakteristischen Leitmotive dieses Lebens.

Intelligentes Verhalten definiert man ganz zweckmäßig als ein schnelles und sicheres Sich-Zurechtfinden unter neuen Lebensvoraussetzungen. Offenbar ist der Mensch durch den ihn in seiner gesamten Entwicklung formenden Lebenskampf geradezu auf Anpassungsfähigkeit und damit auf Variabilität seiner Verhaltensweisen gezüchtet worden; eben das macht die psychologische Prognose hoffnungslos.

In extremen Situationen wie im Krieg war gewiß immer wieder zu konstatieren, wie der bramarbasierende „eiserne" Feldwebel im feindlichen Feuer völlig vesagt, während der von ihm gezwiebelte, schmächtige, unsoldatische und dauernd zum Appell bestellte Schütze A. wahre Heldentaten verrichtete. Aber ebensooft sah man den eisernen, athletischen, bramarbasierenden Kasernenhof-Feldwebel auch im Feuer des Feindes eisern und unerschütterlich mehr als seine Pflicht tun (wenn das auch nicht so dankbar für literarische Darstellungen à la Feldwebel Himmelstoß ist). Und ebensooft versagte auch der im Kasernenhofdrill versagende Schwächling. Die „Tapferkeit vor dem Feinde" hat, hält man sich einige Beispiele vor Augen, überhaupt belustigend viele und diametrale entgegengesetzte unvermutete Hintergründe im Charakter: Eins der ersten Ritterkreuze im Mannschaftsstand bekam ein baumlanger oldenburgischer Knecht, der, um es höflich auszudrücken, intellektuell recht gering ausgestattet war, während er über eine herkulische Gestalt verfügte. Seine Gruppe geriet in Frankreich vor ein so gut angelegtes Maschinengewehr an einem taktisch wichtigen Geländestreifen, daß sein niederhaltendes Feuer mit den üblichen infanteristischen Methoden nicht auszuschalten war. Ein direkter Angriff im Schußfeld erschien als reiner noch dazu zweckloser Selbstmord. Da dämmerte irgendetwas Urtümlich-Wildes in dem Schützen Herkules auf. Urplötzlich erhob er sich aus der Deckung zu voller Größe, brüllte wütend „Dat will'k ju wiesen!" (Das will ich euch zeigen!) und stürmte in die Mündung des Maschinengewehrs hinein. Ein solches Verhalten hatte der feindliche Schütze nicht voraussehen können. Verblüfft ließ er den Finger vom Dauerfeuerknopf, und in diesem kurzen Moment kam die Handgranate des Herkules geflogen, die ihn außer Gefecht setzte; die Gruppe stürmte, öffnete die taktisch wichtige feindliche Linie, ganze Truppenkontingente ergossen sich schlachtentscheidend durch die so aufgebrochene Lücke, und ein schwachsinniger Held bekam das Ritterkreuz. Ich gönne es ihm von Herzen — hege aber den sokratischen Vorbehalt in der gleichen Stelle meines Leibes, daß tapfer im Grund der nur genannt werden kann, der seine innere Angst überwindet. Um innere Angst zu haben, muß man aber vollsinnig sein, d. h. genügend Voraussicht haben können, die brenzlige Situation zu durchschauen einerseits — und andererseits von seiten des Gemütes anrührbar sein. Bei dem mitgeteilten Beispiel mangelt es an ersterem, B u m k e berichtet einmal vom Mangel am letzten. Einer seiner Patienten schickte ihm aus dem ersten Weltkrieg eine offene Postkarte, auf der zu lesen stand, daß die „schizophrene Wurstigkeit im Felde sehr geschätzt" werde und er deshalb mit dem Eisernen Kreuz ausgezeichnet worden sei. Der schizophrene Defekt zeichnet sich unter anderem durch die Affektlahmheit und das paradoxe affektive Ansprechen aus — wobei Intelligenzinseln durchaus erhalten sein können.

Schließlich und endlich können auch Sinnesdefekte den Anschein männlicher Tapferkeit erwecken — ich erlebte das in Rußland bei meinem Sanitätsfeldwebel, der fast ganz taub war, der es aber irgendwie fertigbekommen hatte, mit an die Front zu kommen. Schon G o e t h e hat in der Schilderung seines Erlebens der Schlacht von Valmy (die eigentlich mehr eine „Kanonade" war) bemerkt, daß der entsetzenerregende Eindruck auf das Gemüt weniger durch das Auge als vielmehr durch das Ohr erfolgte, durch den Kanonendonner. (Was man bei ängstlichen Personen während jeden Gewitters bestätigt finden kann, wenn der Blitz kaum, das tosende Donnerkrachen aber mit allen Zeichen ängstlichen Affektes erlebt wird). So kam es denn, daß mein Feldwebel durch den Kugelregen (wenn man diesen pathetischen Ausdruck auf infanterieartige Partisanengefechte anwenden darf) ging, während wir anderen schleunigst platt am Boden lagen, weil wir das feine Zirpen und Fiepen der rings durch die Blätter raschelnden Geschosse nur allzu deutlich hörten. Es war in der Tat ein imposantes Bild, wie der Sanitätsfeldwebel heiter lächelnd erhobenen Hauptes zu den Verwundeten schritt. Und ich vermute, daß auch hier gezieltes Feuer auf ihn ausblieb, weil selbst Partisanen auf eine offensichtlich so fest ihrer Rotkreuzbinde am Arm vertrauende heldenhafte Persönlichkeit kaltblütig zu feuern nicht fertig brachten. Auch hier blieb die frühzeitige Dekorierung nicht aus.

Schon diese Beispiele zeigen, wie eine so simple primitive Mannestugend, wie die Tapferkeit vorm Feinde — die im preußisch ausgerichteten Deutschland nicht nur, sondern jahrhundertelang vorher schon idealbildend und damit züchtend gewirkt hatte im Sinne des Spruches: „Das letzte Heil, das höchste, liegt im Schwerte!" — wie also die simple „Charakteranlage Tapferkeit", blickt man hinter die Kulissen, ganz verschiedener Genese sein kann. Und so sind fast alle Charakterzüge mehrdeutig. Meist ist es so, daß die Resultante im Charakter verschiedener Menschen, die von außen nicht zu unterscheiden ist, wie gezeigt, verschiedenster Herkunft sein kann. Es kommt auch das Umgekehrte vor, daß nämlich zunächst grundverschieden wirkende Charakterzüge im Grunde Ausdruck der gleichen Persönlichkeitsanteile sind. Das hat R e i ß einmal in einer aufschlußreichen Studie über den Wanderprediger Häußer gezeigt, der nach dem ersten Weltkrieg in härenem Gewand, mit struppigem Vollbart, auf die Schultern wallendem Lockenhaar, mit Sandalen an den Füßen, von Jüngerinnen gefolgt, durch die deutschen Lande predigte. Er wetterte insbesondere gegen Nikotin, Alkohol und „giftiges" Fleisch und sah das Heil des Leibes und der Seele in vegetarischer Abstinenz. Ich habe ihn in meiner Gymnasiastenzeit selbst gehört, wie er so lange unflätige Reden hielt, bis die Polizei ihn einsperrte. Gelegentlich einer psychatrischen Begutachtung kam dann seine Vorgeschichte ans Licht, und die war allerdings zunächst verblüffend. Dieser lausige Kuttenträger, in zotteligem Haupt- und Barthaar, in Sack und Asche gehüllt, war nämlich vor dem Krieg in Paris ein bekannter Sektfabrikant und Lebemann gewesen, der, angegossen geschneiderten Fracks in dekorativer Begleitung durch die teuersten Vertreterinnen der Halbwelt weder sein eigenes moussierendes Fabrikat noch das seiner berühmten Kollegen wie Moet und Chandon, der Witwe Clicquot, der Herren (deutscher Abkunft) Heidsieck, Schneider, Röderer, Mumm und anderer Champagner-Fabrikanten verachtete, noch die schweren Importen von Henry Clay (dessen Nachfahr, der amerikanische General Clay in Deutschland zu meinem historischen Bedauern Zigaretten rauchte), noch die Erzeugnisse der französischen Grill-Küche verschmähte. R e i ß zeigt nun überzeugend, daß nur die Fassade, nicht der Charakter dieses geltungssüchtigen Psychopathen sich geändert hatte. Aufsehen erregen kann man sowohl im outrierten Frack mit weißer Binde wie im härenen Kuttensack, das Gefolge von Demimondänen oder „Jüngerinnen" dient im Grunde der gleichen überaus durchsichtigen Triebbefriedigung — und ebenso wie mit Champagner und Henry Clay kann man dummen Mitmenschen durch Abstinenz und Rohkost imponieren zur Selbstwerterhöhung der eigenen Person.

Ich bringe dies Beispiel nur kurz, weil es auch in der Abbreviatur sehr schön die Doppeldeutigkeit menschlicher Wesenszüge enthüllt. Es wäre auch dem gewiegtesten Charakterkenner *vorher* nicht möglich gewesen vorauszusagen, nach welcher Richtung hin sich sein Proband oder seine Versuchsperson „entfalten" wird.

Derselbe Mechanismus bedeutet auch das Todesurteil für die hellsehende Form der Graphologie. Die Handschriftendeutung ist wissenschaftlich relevant nur als Hilfswissenschaft, wenn sie sich selbst kontrolliert am genauen bisherigen Lebenslauf des zu Analysierenden, an dem sonstigen charakterologischen Befund, wie er aus dem Gespräch, aus der Vorgeschichte, aus Zeugnissen und Bewährungsproben seines bisherigen Daseins zu gewinnen ist. *Nur* aus Schriftproben etwas hinreichend Begründetes über einen menschilchen Charakter feststellen zu wollen, ist Hasardspiel und ein prinzipiell zum Scheitern verurteiltes Unterfangen. Die es betreiben, können lediglich für sich in Anspruch nehmen, daß Unkenntnis das Urteil nicht nur erleichtert, sondern sogar erst ermöglicht; Unkenntnis nämlich der Fehlerquellen und affektiv verdrängtes Besserwissen. Die „Erfolge" sind natürlich nicht zu leugnen, sie sind aber keine nachprüfbaren, echt reproduzierbaren Charakteranalysen, sondern teils Zufallstreffer, teils aus der Mehrdeutigkeit der Charakteranalysen erklärbar, aus der ein Gläubiger der Schreiblesekunst das für ihn Passende heraussucht — oder es handelt sich wie bei der Astrologie oder bei der Handlesekunst um die sogenannten Immertreffer, die in Wahrheit verblümte Schmeicheleien sind, wie sie jeder Mensch gern hört und in seiner Charakteranalyse um so freudiger wiedererkennt und bestätigt, desto weniger er in Wirklichkeit davon besitzt. Herzensgüte, zarter Kern in rauher Schale, Tapferkeit in allen Dienstobliegenheiten, tiefes Gemüt, Aufgeschlossenheit für das Edle und Gute, Liebeskraft, Zärtlichkeit oder Zärtlichkeitsbedürfnis, Takt, rücksichtsvolle innere Vornehmheit, Rechtschaffenheit, Ehrlichkeit, unbedingte Zuverlässigkeit, eiserne Energie, Treue und auch Klugheit nicht zu vergessen — sei ehrlich, lieber Leser, eignen nicht auch Dir die meisten dieser erfreulichen Charakterzüge, wenn Du Dir's recht überlegst?

Es geht hier ähnlich zu wie bei den Wünschelrutengängern[38]); sie haben gewiß Erfolge bei der Suche nach „Wasseradern" (deren Vorhandensein den Fachleuten, den Geologen nämlich, unbekannt ist), weil man schließlich bohren kann, wo man will: bohrt man nur tief genug, so kommt man überall auf Grundwasser. Und bohrt man tief genug in die menschliche Seele, so findet man auch dort ganz zuunterst ein Seelenwasser, das sich nicht viel komplizierter zusammensetzt als das der Wünschelrutengänger aus Wasserstoff und Sauerstoff. Hier und dort machen die Beimengungen die Sache interessant. Die aber kann man nicht voraussagen.

Es ist bekannt genug geworden, wie notdürftig die oberflächliche Schicht der Kinderstube, der Erziehung und der gesellschaftlichen Politur nur die erstaunlich gleichgeartete primitiv-egoistische Triebbefriedigungstendenz des Menschen verdeckt: in den beschämenden Erlebnissen, die wir alle in extremen Situationen durchgemacht haben oder von denen wir gehört haben, und die ich nicht näher beschreiben will (ich habe sie als Internierter in drei amerikanischen Lagern staunend beobachtet) — und wie gleichförmig in den tiefsten Seelentiefen die das Leben sichernden Tendenzen schlummern — und wie verzweifelt sie sich gleichen, wenn es ums nackte Leben geht, das von der Ergatterung von etwas Brot um jeden Preis, auch den der moralischen Selbstaufgabe, abhängt. Für solche extremen Situationen können Voraussagen gewagt werden; nur ist das dann keine psychologische Kunst mehr, sondern einfaches Wissen um die primitive Triebstruktur des Menschenkerns.

Politische Wirren haben zwar manche Nachteile — ich brauche das unserer Generation wohl nicht näher auszuführen. Sie haben aber den einen Vorteil, daß sie im Sturme ungewöhnlich entfes-

---

[38]) Über den Unfug pseudowissenschaftlicher Geldschneiderei vergleiche das ausgezeichnete Werk „Wünschelrute, Erdstrahlen und Wissenschaft", hrsg. v. Otto P r o k o p, Ferd. Enke, Stuttgart 1955.

selter Leidenschaften psychologische Einblicke tun lassen, wie sie den Coätanen saturierter Zeiten nicht in dieser Unmittelbarkeit vor Augen geführt werden. Ich erinnere noch einmal — und ich verspreche, zum zweitletzten Male — an die famose Entnazifizierungswelle, die so erschütternde charakterliche Enthüllungen brachte — weniger auf Kosten der Entnazifizierten — vielmehr auf Kosten der Entnazifikateure und ihrer Helfershelfer. Welch herrliche Gelegenheit bot allein schon die in jeder zivilisierten Gerichtsbarkeit sonst verpönte Heimlichkeit des Verfahrens! Für uns Opfer dieses tragikomischen jüngsten Gerichtes bestand ja eine durchaus beachtliche Gefahr darin, daß man sich gegen Vorwürfe verteidigte, die den öffentlichen Anklägern noch gar nicht bekannt waren und die damals als fluchwürdige Verbrechen galten — so etwa, daß man Ritterkreuzträger gewesen war (dazu gehörte ich allerdings nicht) oder ähnlich Furchtbares. Da die Denunzianten in leidenschaftsverblendender Rachgier oder im eilfertigen Erstreben der durch die politische Kaltstellung freiwerdenden Posten irrtümlich meinten, ihre so strenge vertraulichen Elaborate würden dem „Angeklagten" nicht bekannt, nahmen sie kein Blatt vor den Mund — und so kamen jene verblüffenden unfreiwilligen Selbstcharakterisierungen zustande, die als Zermalmung des langjährigen Gegners gedacht waren.

Und nun noch einige Worte zum allgemeinen Aufgabenbereich der Psychologie, Charakterologie und Graphologie hinsichtlich deren Möglichkeiten und Grenzen:

Interessant wird beispielsweise die Graphologie, wenn sie nicht zu Berufszwecken, sondern wissenschaftlich betrieben wird; vom Schriftbild, vom Duktus, vom Schreibdruck, von der Zitterigkeit der Linienführung beim Greisentremor, vom ausfahrend-paralytischen Schreibzerflattern bis zum klecksenden Kleinkind, dem ABC-Schützen — alles zeigt interessante Zusammenhänge auf. Als letzter krönender Schlußstein für ein von Psychologenhand errichtetes Charaktergebäude mag sich die Schriftanalyse einfügen. So gesehen kann die Graphologie ihre Jünger nicht enttäuschen, zumal dann, wenn man nicht nur das Schriftbild beurteilt, sondern — ich sage das trotz den gegenteiligen Ansichten der „reinen" Graphologen — sondern auch den Stil, die Art also, sich auszudrücken, mit einbezieht und keine Deutung der körperlichen Schreibweise allein, sondern eine der geistigen Schreibweise dazu vornimmt.

Noch einmal: Die Psychologie und Charakterologie und Graphologie sind keine prophetischen Wissenschaften. Ihre Aufgabe liegt der Natur der Sache nach nicht in prospektiver, sondern in retrospektiver Richtung. Nicht Prognosen zu stellen ist ihre Aufgabe oder Zeitgenossen zu enträtseln, sondern das Handwerkzeug zu liefern für eine ehrliche Wissenschaft von der Lehre seelischer Voraussetzungen, Zusammenhänge und Formen. Sie sollten und brauchen sich nicht zu Aufgaben drängen zu lassen, die sie ihrem eigentlichen Wesen, Naturwissenschaft zu sein, entziehen; und sich Leistungen aufdrängen lassen, die nicht mit gutem intellektuellem Gewissen durchgeführt werden können. Man sollte darüber hinaus die zunehmende Verantwortungsscheu der zur Menschenführung nun einmal mehr oder weniger Berufenen nicht dadurch ermutigen, daß man ihnen die Verantwortung der Menschenbeurteilung, für die geradezustehen und deren Früchte zu ernten ja das eigentlich Schöne an ihrer Aufgabe ist, abnimmt und sie anonymen Instituten, die graphologische „Gutachten" am laufenden Band liefern, zuschanzen — oder gar einem „Betriebspsychologen", den jeder Werksführer, wenn er einer ist, auf Grund seiner lebensbewährten Berufserfahrung, glatt in die Tasche steckt.

Nach soviel theoretischen Überlegungen gedenke ich, dieses Kapitel abschließen, einen besonders „charakteristischen" Lebenslauf mit ganz wenigen Strichen wieder in die Erinnerung zurückzurufen — vielleicht zeigt uns das exemplarisch noch einiges der Zusammenhänge zwischen guter und schlechter Intelligenz mit gutem oder schlechtem Charakter.

Charles Maurice Prinz von T a l l e y r a n d - P é r i g o r d, Fürst von Benevent, wurde am 13. Februar 1754 — also vor 200 Jahren — in Paris geboren. Er litt seit seiner Kindheit an einer Schwäche des Fußes und wurde — vielleicht deshalb — für den geistlichen Stand bestimmt. Mit 34 Jahren war er Bischof von Autun; 1789 war er Mitglied der Nationalversammlung und tat hier die ersten Schritte auf dem politischen Parkett, welches aus den Brettern bestand, welche sein Leben bedeuten sollten. Er beantragte feste Besoldung der Geistlichkeit, Abschaffung des Zehnten, Verkauf der geistlichen Güter und die Einführung gleichen Gewichtes und Maßes für ganz Frankreich. Gleichzeitig entwarf er einen freisinnigen Unterrichtsplan.

Am 14. Juli 1790 hielt er auf dem Marsfeld anläßlich des Bundesfestes das Hochamt am Altare des Vaterlandes ab und leistete als einer der ersten Bischöfe den Eid auf die Konstitution. Als ihn der Papst, Pius VI., im Jahre darauf prompt deswegen mit dem Bann belegte, verzichtete er auf sein Bistum und nahm einen Gesandtenposten in England an, wo er sich bemühte, die englische Regierung von einer Allianz mit Österreich und Preußen zurückzuhalten. 1792 verdächtigte man ihn in seinem Heimatland des Royalismus, so daß er es für zweckmäßig hielt, eine Zeitlang unterzutauchen. Er emigrierte nach Amerika, wo er sich kaufmännisch betätigte. Als 1795 die Schreckensherrschaft in Paris gestürzt war, kehrte er zurück, um sich nunmehr dem aufgehenden Stern Napoleons zu verschreiben. Er schloß sich diesem nach dessen erstem Staatsstreich (18. Fructidor 1797) an, half ihm aktiv bei seinem zweiten Staatsstreich (18. Brumaire 1788) und übernahm anschließend das Portefeuille eines Ministers der Auswärtigen Angelegenheiten. Damit hatte er mit 43 Jahren das ihm offenbar gemäßeste Berufsziel eines gewiegten, staats- und lebensklugen Diplomaten erreicht. Die Kriege Napoleons brachten viele Friedensschlüsse mit sich. Die von Luneville, Amiens, Preßburg, Posen und Tilsit waren im wesentlichen sein Werk, indem er die Präliminarien und Friedensunterhandlungen souverän eingeleitet und durchgeführt hatte.

Er war auch der Urheber des Konkordates von 1802, durch welches der Katholizismus wieder in Frankreich eingeführt wurde — er, der mit dem Bannstrahl belegte Bischof a. D.; der Papst ließ sich dieses Konkordat etwas kosten: er entband Talleyrand auf dessen Bitte von seinen geistlichen Weihen und erkannte seine Zivilehe mit Madame Grant nachträglich auch kirchlich an. Napoleon seinerseits ernannte seinen Minister in regelmäßigen Abständen zu immer höheren Rängen: 1804 wurde er Großkämmerer von Frankreich, 1806 souveräner Fürst von Benevent und 1807 Vice-grand-electeur (Vizegroßwahlherr). Sein politischer Blick aber ließ ihn den Zusammenbruch Napoleons infolge der immer ausgedehnteren Eroberungskriege voraussehen; er warnte, fiel in Ungnade und zog sich 1808 auf sein Landgut in Valency zurück.

Gleich nach der russischen Katastrophe der Großen Armee knüpfte Talleyrand jedoch geheime Unterhandlungen mit dem entthronten Könighaus Frankreichs, den Bourbonen, an — und betrieb nach dem Einzug der siegreichen Verbündeten in Frankreich die Restauration im Zeichen der bourbonischen Lilien.

Ludwig XVIII. von Frankreich ließ sich nicht lumpen und wetteiferte in Gunstbezeigungen mit dem napoleonischen Usurpator, der sich seine Kaiserkrone aus eigener Machtvollkommenheit aufgesetzt hatte, die er dem ihn zu Notre Dame krönen wollenden Papst einfach aus der Hand genommen hatte: die weiteren Ernennungen Talleyrands setzten sich mit der gleichen Regelmäßigkeit fort wie zu Napoleons Zeiten; er wurde Fürst (bourbonischer), Pair, Oberkammerherr und vor allen Dingen natürlich wieder Außenminister. In dieser Eigenschaft ging er, von den Siegermächten zunächst nur mißtrauisch geduldet, auf den Wiener Kongreß, den er jedoch bald triumphal beherrschte, auch und gerade neben dem österreichischen Fürsten Metternich, den preußischen Abgesandten Fürst Hardenberg und Wilhelm von Humboldt und dem englischen Lord Castelreagh (später Wellington) — alles gewiegten Diplomaten. Ausgerechnet er — der Großkämmerer des selbsternannten Kaisers Napoleon — erfand das Prinzip der Legitimität und machte sich damit zum Mittelpunkt aller Verhandlungen. Er brachte es fertig, insgeheim die Verbündeten, die Frankreich geschlagen hatten, aufzuspalten, und hatte am 5. Januar 1815 ein geheimes Bündnis Österreichs und Rußlands mit Frankreich gegen England und Preußen in der Tasche — da kehrte Napoleon aus der Verbannung zurück. Nach den hundert Tagen seiner Herrschaft übernahm Talleyrand — zum dritten Mal — nach der zweiten Restauration das Auswärtige Amt — das er aber schließlich verließ, nachdem die reaktionäre Hofpartei ihm Schwierigkeiten wegen seiner revolutionären Vergangenheit machet. Erst nachdem Karl X. 1824 den Thron bestiegen hatte, trat Talleyrand wieder ins Licht der Politik zurück, und zwar diesmal als Angehöriger der Opposition in der Pairskammer. Unter dem Julikönigtum erzielte er in England eine Verständigung in der damals aktuellen griechischen und belgischen Frage. Sein letztes diplomatisches Werk war die Unterzeichnung der sogenannten Quadrupelallianz von 1834, die das konstitutionelle Prinzip im westlichen Europa festigen sollte.

Als er starb, hinterließ er seiner Nichte, der Herzogin von Dino, ein Vermögen von 18 Millionen Frank.

Er galt — und sein Leben erweist das — als einer der klügsten Köpfe seiner Zeit, der, — bis auf die auri sacra fames —, sich nie von Leidenschaften überwältigen ließ — der aber seine diplomatischen Erfolge der souveränen Meisterschaft verdankt, mit der er die Leidenschaften seiner Gegenspieler richtig in sein eigenes Spiel einzusetzen verstand.

Betrachtet man nun das, was man seinen Charakter nennt, so spielt überlegene Intelligenz, sein Mangel an Dummheit also, zweifellos eine überragende Rolle in der Entfaltung seiner Persönlichkeit. Seine diplomatische Kunst ist über jeden Zweifel erhaben; seine souveräne Meisterschaft im politischen Intrigenspiel spiegelt sich auch in seiner witzigen Formulierungskunst. Der von ihm zitierte, nicht erfundene Satz von den Worten, die dazu da seien, die Gedanken zu verbergen, ist ein amüsantes Kompendium der ewigen internationalen nicht nur, sondern der menschlichen Gepflogenheiten überhaupt. Ich selbst bin allerdings eher der Meinung, daß Worte meist dazu dienen, das F e h l e n von Gedanken zu verbergen. —

Sieht man sich nun diesen weltlichen und Kirchenfürsten aus den Blickpunkten der verschiedenen „Weltanschauungsgemeinschaften", denen er angehört hat, an — so gerät er unweigerlich von allen Seiten in das Licht eines schurkischen Verräters. Die katholische Kirche belegt ihn mit dem Bann. Trotzdem brachte er es als Geächteter fertig, dieser Kirche treue Dienste zu leisten — wirksamere, als sie je der charakterfesteste seiner Mitbischöfe geleistet hat — so daß über diesen Sünder, wenn auch vielleicht nicht im Himmel, so doch im Vatikan, größere Freude herrschte als über so manchen Gerechten.

Nur mit Abscheu konnten die Bourbonen auf diesen Royalisten blicken, obwohl er wegen seiner notorischen Anhängerschaft zu ihnen ins amerikanische Exil gegangen war, wenn sie sehen mußten, wie dieser Königsdiener die rechte Hand des frechen Emporkömmlings Napoleons wurde (die linke Hand war Fouché) — aber auch Napoleon wird nicht entzückt gewesen sein, als er nach seinem Sturz an den Mann dachte, den er mit kaiserlichen Ehren überhäuft hatte — als dieser die Restauration der Bourbonen erfolgreich betrieb.

Zähneknirschend duldete der Wiener Kongreß mit seinen von Gottes Gnaden eingesetzten Potentaten, die Napoleon mit seiner Hilfe allerorten militärisch und politisch ausmanövriert hatten, diesen Napoleonischen Granden als Vertreter des französischen Königtums — und doch vermochte es seine überlegene Klugheit, alle diese gekrönten Häupter einzufangen, indem er ihnen den Köder des Legitimitätsprinzips vorhielt, das allein sie in einer chaotisch drohenden Fürstendämmerung wieder auf festen Boden stellte. Wieviel schweigende Menschenverachtung dieser weltgewandte Souverän des Geistes, der im Grunde wohl wußte, wieviel mehr er als die Durchschnittsfürsten von Gottes Gnaden war, hinter seinem amüsanten Charme verbarg, mit dem er Könige und Königinnen als Figuren auf dem weltpolitischen Schachbrett agieren ließ, das können wir nur ahnen. Trotz alledem ist er im Grunde einer der treuesten Söhne seines geliebten französischen Vaterlandes gewesen — so wird es ihm selbst bewußtseinsdominant vorgekommen sein. Inwieweit die 18 Millionen Franken, die ihm diese aufopferungsvolle Tätigkeit schließlich auch noch einbrachte, und der glänzende äußere Erfolg seines Erdenwandels realdominante Triebfedern des Motivbündels seines Lebens waren, darüber habe ich zwar meine Vermutungen — erhalte mich aber dessentwegen durchaus jeder moralischen Stellungnahme.

Erinnern wir uns ausgangs unseres Kapitels an das ihm vorgesetzte Motto jenes Spruches, der in den guten Geistesgaben und im guten Charakter streng reziprokes gegenseitiges Verhalten behauptete! Inwiefern ist etwas Richtiges daran?

Nun, die Dummheit ist, wie wir zunächst sahen, eigentlich gar nicht boshaft — oder, wie E r a s m u s in seinem Lob der Dummheit das formuliert hat, die Dummen sind zur Sünde selbst unfähig. Mit Vorsicht wird man auch die Erkenntnis formulieren dürfen, daß intellektuelles Genie in den herkömmlichen Grenzen des sogenannten guten Charakters sich nicht wird einschränken lassen können. Der beschränkte Geist ist zu dumm für die Sünde und der überlegene Kopf zu klug für die Tugend — Tugend und Sünde im Sinne des Durchschnittsmenschen genommen.

Ich weiß, daß solche Maximen gefährlich sind, gerade wenn etwa ein N i e t z s c h e im Grunde dasselbe wollte mit seiner Bekämpfung der Spießbürgermoral; weil wir alle erlebt haben, zu welch furchtbaren Ergebnissen höhnische Verachtung alles Humanen, alles Ethischen, alles Religiösen führen kann. Aber es ist doch auch wieder ein Aber dabei: die politische Brutalität eines entfesselten Willens war eben *nicht* mit eminenter Klugheit gepaart, sondern intellektuell herzlich unbedeutend. Ein T a l l e y - r a n d hätte errungene Macht nicht töricht dadurch verspielt, daß er plump die Herausforderung der Götter gewagt hätte in einer Hybris, die zwar heroisch gedacht, aber nur herostratisch war.

Ich möchte nicht mißverstanden werden: nicht der brutale Willensmensch in dumpfer intellektueller Unzulänglichkeit darf ungestraft sich jenseits zwar nicht von gut und böse, aber doch von gut und schlecht wähnen.

Auch der Hochintelligente, der eminent kluge Kopf, das Genie mit anderen Worten, wird sich nicht bewußt schlechter oder unmoralischer Mittel bedienen. Es wird vielmehr mit diesen uns Durchschnittsmenschen bindenden Tabu-Begriffen nichts anfangen können und sie gar nicht bemerken. Wir, die wir keine Genies sind, werden unseren Intelligenzmangel durch tugendhaften Lebenwandel vorteilhaft zu ergänzen haben — und das nennt man dann mit Recht, seine verdammte Pflicht und Schuldigkeit tun.

Tun wir sie!

VIERTER TEIL

Kluges Verhalten bei geringer Intelligenz

*Die Dummen sind so sicher, und
die Klugen sind so voller Zweifel . . .*
BERTRAND RUSSELL

9

Der Stein der Narren

> *Geboren ward er ohne Wehen*
> *bei Leuten, die mit Geld versehen.*
> *Er schwänzt die Schule, lernt nicht viel,*
> *hat Glück bei Weibern und im Spiel,*
> *nimmt eine Frau sich, eine schöne,*
> *erzeugt mit ihr zwei kluge Söhne,*
> *hat Appetit, kriegt einen Bauch,*
> *und einen Orden kriegt er auch,*
> *und stirbt, nachdem er aufgespeichert*
> *ein paar Milliönchen, hochbetagt;*
> *obgleich ein jeder weiß und sagt:*
> *er war mit Dummerjan geräuchert!*
> Wilhelm Busch

Da sind die sicheren Starter, die Leute mit den kleinen Anfängen, die es zu etwas bringen in der Welt. Die Amerikaner erzählen das von Multimillionären, bei denen es zum guten Ton gehörte, als Tellerwäscher oder Zeitungsboy angefangen zu haben. Aber auch bei uns zeigt das tägliche Leben brave Zeitgenossen, die irgendwo an der Ecke einen kleinen Gemüsehandel beginnen, den sie, unbeeinflußt von ängstlichen Erwägungen der Intelligenz und unbeirrt von düsteren Prognosen klügerer Leute, die mit ähnlichen Unternehmen längst in Konkurs gegangen sind, allmählich immer mehr ausbauen. Und siehe da, der Handkarren verwandelt sich in einen dreirädrigen Lieferwagen, dieser ist nach einiger Zeit durch einen schnittigen Kombiwagen ersetzt, und wenn wir noch zehn Jahre warten, so steht der törichte Gründer „dieses bedeutenden Unternehmens unserer Stadt" neben seinem Mercedes 300, während sein intelligenter Fahrer mit gezogener Mütze ihm den Schlag aufreißt.

Da sind die Frauen, deren charmanter Liebreiz keine rechte Entsprechung auf der Intelligenzseite hat, die aber über einen zielsicheren Instinkt verfügt und sich unter rechtzeitigem geplantem Einsatz ihrer attraktiven Mittel genau den Mann herausfischen, der sie ein ganzes Leben lang verwöhnt. Wofür eigentlich?

Warum ausgerechnet dieses törichte Mädchen? so fragen sich mit Recht die sitzengebliebenen weit klügeren Geschlechtsgenossinnen. Aber laßt nur gut sein: solche Ehe wird häufig glücklich, Instinktsicherheit ist ein besserer Lotse als rationelles Kalkül, zumal dort, wo Eros sich einmischt. Andererseits: wenn Eros sich n i c h t einmischt, gibt es, wie die Erfahrung lehrt, a u c h glückliche Ehen. Die Liebe findet sich, wenn die übrigen Voraussetzungen (beispielsweise, aber keineswegs ausschließlich finanzieller Art) zusammenpassen.

Ob das kluge Verhalten bei geringer Intelligenz ein solches trotz oder infolge der Torheit sei, diese Frage muß je nach den vorliegenden Umständen verschieden beantwortet werden; es gibt beides und es kommt auch vor, daß beides miteinander in innige Beziehungen tritt. Bei den reizenden, aber ungescheiten Frauen mit dem sicheren Instinkt handelt es sich mehr um ein „trotz" — denn ihr Instinkt tritt an die Stelle nicht vorhandener Intelligenz. Die sicheren Starter hingegen erreichen ein gut Teil ihrer Erfolge „infolge" ihrer Beschränktheit — weil sie nicht in ängstliche Überlegungen geraten, keine zögernden Vergleiche anstellen, kurz, nicht von „des Gedankens Blässe angekränkelt" waren.

Wir haben schon in früheren Kapiteln der Narrenweisheit gedacht, wie sie im Volksmund und in der Dichtung der Torheit dieser Welt einen schalkhaften Spiegel entgegen hält.

In unserem Vaterlande haben fast alle Stämme ihre Spezial-Trottel — oft paarweise: so leben der Antek und der Franzek, allen Eisernen Vorhängen zum Trotz, immer noch in Oberschlesien. Der Tünnes und der Schäl setzen das Narrentum des Karneval im Rheinland auch in den nicht dem Faschingstreiben gewidmeten Monaten des Jahres fort. Und in Wien blödeln der Graf Bobby und der Baron Mucki mit österreichischem Charme zu Füßen des Stephansdoms (versehentlich rechnete ich im Eifer des Schreibens soeben die österreichischen zu den deutschen Stämmen — ich bitte schon im voraus die gestrengen Herren Politiker um Nachsicht. Staatsangehörigkeiten sind schließlich und endlich und erfahrungsmäßig im Grunde Sache des — Datums).

Aber auch Einzelgänger gibt es: den Baron Korff aus Riga oder den Herrn von Mikosch aus Budapest, um benachbarte Nationen zu nennen, und schließlich Klein-Erna in Hamburg, um ins Vaterland zurückzukehren (und in einigem Abstand erlaube ich mir, auch des auf deutschen Universitäten einst heimischen Bonifazius Kiesewetter zu gedenken).

In der neueren Literatur ist eine unsterbliche Gestalt der brave Soldat Schweijk des Tschechen Hasek — es ist erstaunlich, mit welcher Treffsicherheit der Dichter das militärische System aus den Angeln hebt, indem sein baurenschlauer Held, der Hundefänger und „Hundefabrikant" Schweijk aus dem goldenen, aber auch schmutzigen Prag sich über seine ihm zugemessene Portion an handfester Beschränktheit hinaus gerissenermaßen „dumm stellt": „Melde gehorsamst, ich bin blöd" ist seine stehende Redensart; er weist mit Stolz darauf hin, daß er „psychiatriert" und „superarbitriert" sei und alle Fachleute ihn für völlig blöd erachtet hätten. Dieses sich Dummstellen ist der eigentliche Trick der wahren Volkshelden vom Schlage Till Eulenspiegels oder anderer Schälke, von denen einige nicht hierher gehören, weil sie trotz ihrem Narrentum nicht dumm sind, sondern als kluge Menschen das Narrengewand der Torheit wissentlich um die Schultern genommen haben, und von deren Narrenkappe die Schellen klingeln, um von verborgener Weisheit zu künden. Weisheit und Torheit sind sehr viel verwandter, als man denkt, und Alfred P o l g a r hatte schon recht, als er einmal (von Ringelnatz) bemerkte, der habe den Stein der Narren gefunden — und bei näherer Betrachtung sei dieses Mineral vom Stein der Weisen nicht unterscheidbar gewesen.

Damit haben wir den Kreis unserer Betrachtungen abgeschritten — der die Dummheit und die Dummheiten zeigen wollte in ihren Eigenschaften als Weltmacht und allgemein menschliches Phänomen:

Das dumme Verhalten infolge zu *niedriger* Intelligenz erhielt sein Gegenstück im dummen Verhalten infolge zu *hoher* Intelligenz; — und das *dumme* Verhalten trotz normaler hatte seine Entsprechung im *klugen* Verhalten bei geringer Intelligenz aufzuweisen.

Kurzum, das scheinbar so langweilige und eindeutige Thema der Minus-Varianten menschlichen Geistes verwandelt sich schnell in nach allen Seiten hin offene und deshalb brennend interessante Problematik.

Derlei hoffe ich erreicht zu haben:

Zum ersten wollte ich sachlich belehren (denn in jedem Menschen steckt ein Stück Schulmeister): das sollte angedeutet werden, was heute etwa in den vordersten Stellungen des wissenschaftlichen Kampfes gegen die schweren klinischen Schwachsinnsformen erreicht werden konnte und wie die Denkvoraussetzungen aussehen für den weiteren Feldzug gegen intellektuelles Elend. Es sollte gewissermaßen eine der Generalstabskarten der Wissenschaft entrollt werden als Panier in einem guten, meist nicht genügend beachteten Streite.

Zum zweiten lag mir daran, die Vieldeutigkeit auch der einfachen, *scheinbar* einfachen Grundlagen zu zeigen; das Schwanken der Wertmaßstäbe, die Unsicherheit menschlichen Erkenntnisvermögens im Grundsätzlichen; — wieweit es also im Grunde töricht ist, sich seines Wissens allzu gewiß zu sein. Die Simplizität ist meist nicht eine Eigenschaft der betrachteten Objekte, sondern mehr eine solche des betrachtenden Subjekts, mit Verlaub sei es gesagt. Es ist der Kampf gegen das Klischeedenken, um es mit einem Schlagwort zu sagen, der mir am Herzen liegt — der tragische, weil letzten Endes vergebliche Kampf gegen die unausrottbaren Vorurteile der Dummheit, der trotzdem gekämpft werden muß; um der wenigen willen nämlich, die befähigt sind, (erkenntnis-) kritisch zu denken und in philosophischer Entsagung sich zu bescheiden.

Drittens und nicht letztens wollte ich Anwalt sein den Armen im Geiste und denen, die ihnen zu helfen entschlossen sind; zu helfen, sei es aus einfachem Herzensantrieb oder sei es von Berufs wegen. Der Unterschied ist nicht wesentlich: auch der professionelle (und konfessionelle) Dienst am Ärmsten der Armen ist schließlich und endlich nicht wohl anders möglich als mit einem Zuschuß von seiten des Herzens.

10

Vorteile der Dummheit

Allgemeines

Wer lange mit Schwachsinnigen von Berufs wegen umgegangen ist und unter ihnen gelebt hat, weiß, daß bei diesen ausgeprägten Vertretern intellektueller Mangelausstattung beim Menschen ihre mangelnde Bosheitsfähigkeit, ihre Treue und Anhänglichkeit gegenüber denen, zu denen sie einmal Vertrauen gefaßt haben, ein Vertrauen, das aus Erfahrung *nicht* klug wird, zu den positiven Wesenszügen nicht nur der Schwachsinnigen, sondern auch der Dummen gehört. Richtig ist auch, daß die geringen Intelligenzen, wenn sie einmal in dem ihnen entsprechenden Niveau Arbeit gefunden haben, recht Tüchtiges zu leisten vermögen. Gewiß wird ihnen viel nachgesehen, weil man ihre Artung kennt; sie bieten aber auch weniger Angriffsflächen; weil sie nicht aus der Menge herausragen, sind sie geringeren Anfeindungen durch Neid und Mißgunst die im Leben zu kurz gekommen sind, ausgesetzt. „Wärst du nicht so hoch gestiegen, wärst du nicht so tief gefallen", heißt es im Sprichwort, welches damit einen Sachverhalt umschreibt, wie ihn der Lateiner in seiner Sentenz ausdrückt: „Bene vixit, qui bene latuit".

Die Risikolosigkeit des einfachen Lebens schließt keineswegs, wie manchmal gemeint wird, die Daseinsfreuden aus. Zwar sind die höchsten Lebensgenüsse, wie sie durch Wissenschaft und Kunst vermittelt werden, nur wenigen vorbehalten, denen nämlich, die entsprechende Aufnahmefähigkeit und Erlebnismöglichkeiten mitbekommen haben. Die Kunst in ihren höchsten Werken wird ebenso wie die Wissenschaft in ihren Spitzenleistungen stets eine Sache nur weniger Menschen sein können. Dabei kommt es nicht auf die soziale Herkunft an; quer durch alle Volksschichten finden sich Sonderbegabungen und gewisse höhere Anforderungen erfüllende Leistungsfähigkeiten. Dem überwiegenden Bevölkerungsdurchschnitt aber bleiben die Tore zu Kunst und Wissenschaft verschlossen, und es ist ein tröstlicher Gedanke, daß niemand das entbehren kann, was er nicht kennt.

Das umgekehrte Experiment, das wir infolge des Nachkriegs-Chaos erlebt haben, als nämlich unzählige hochdifferenzierte Menschen aus Heimat und Beruf gerissen wurden, hat gezeigt, daß sehr viele Menschen, der Not gehorchend, sich in Stellungen, die bei weitem nicht ihrem Intelligenzgrad entsprechen, durchschlagen können; was zwar theoretisch selbstverständlich ist, aber bei der immer wieder behaupteten Weltfremdheit des Gelehrten, die es natürlich auch gibt, manchmal Erstaunen hervorgerufen hat. Ich glaube aber sagen zu können, daß, wer einmal die hochgesteigerte Verantwortung eines alle Kräfte qualifizierter Intelligenz beanspruchenden Daseins kennengelernt hat, sich niemals in der größeren Sicherheit und Risikolosigkeit eines Lebens ohne Ansprüche an intelligentes Verhalten wohlfühlen wird, — und daß ein differenzierter Mensch alle Risiken eines aus der Masse herausgehobenen Lebensplanes auf sich nehmen wird.

Wenn also auch die sogenannten positiven Seiten der Dummheit für den Intelligenten nur eine mäßige Verlockung darstellen, so ist doch noch von einer anderen positiven Auswirkung der schweren Intelligenzmängel zu sprechen. Das ist die Unsumme von Liebe und Geduld, von Nachsicht und echter Menschlichkeit, die durch die Pflege und Betreuung dummer, schwachsinniger und idiotischer Kinder und Erwachsener entbunden werden kann. Wer es erlebt hat, wie das Unglück, das ein minderbegabtes Kind in einer Familie bedeutet, oft von den Eltern und Geschwistern oder der Großmutter getragen und gemeistert wird, ohne daß viel Wesens davon gemacht werden kann, der wird seine Hochachtung den Angehörigen, aber auch dem Pflegepersonal nicht versagen können. Der Idealismus der Hilfsschullehrer, der Pfleger und Pflegerinnen in den Heimen für unterbegabte Kinder, die unendliche Geduld und vor allem das Ausmaß an Liebe und Zuwendung zu den Ärmsten der Armen ist eine imponierende Leistung echter Humanitas.

Aber nicht nur, wie wir gesehen haben, die Mediziner und die Juristen, die Pädagogen und die Philosophen haben zu dem unerschöpfbaren Problem menschlicher Torheit etwas zu sagen gehabt; auch die Theologen, die sich mit menschlicher Unzulänglichkeit überhaupt von Amts und Berufung wegen zu beschäftigen haben, sind, soweit sie Kenner des menschlichen Herzens sind, immer auf seiten der Schwachen nicht nur des Körpers, sondern auch des Geistes zu finden gewesen.

Das aber ist nicht oder sollte jedenfalls nicht sein, ein Freibrief für die Dummheit. Mit menschlichen Mitteln vorzubeugen, daß eine uferlose Vermehrung der Dummheit auch uferloses Unglück über die Menschheit bringt, ist jeder an seiner Stelle berufen, der als Arzt oder Seelsorger, als Erzieher oder Politiker seine Aufgabe in dieser unvollkommenen Welt als einen Auftrag empfindet.

Intelligenz als Nachteil

> *Ihr seid das Salz der Erde. Wo nun das*
> *Salz dumm wird, womit soll man's salzen?*
> Matthäus 5,13

Der Psychologe H e c t o r hat im Jahre 1951 gelegentlich des 10. Internationalen Kongresses für Psychotechnik in Göteborg eine „sozialpsychologische Anmerkung" unter der Überschrift „Intelligenz als Nachteil" gemacht (56); er bezeichnet seinen Beitrag als die Absicht, „den Finger auf ein sozialpsychologisches Faktum" zu legen, „welches . . . noch zu behandeln bleibt", und bringt eine Reihe von gescheiten Bemerkungen zu diesem Thema. H e c t o r räumt ein, daß die Intelligenz im allgemeinen als Lebensvorteil angesehen werde und zu den begehrten und bewährten Gütern des Lebens gehöre. Es folgt aber der ganz richtige Einwand, daß intelligent zu sein ein Vorteil uneingeschränkt nur sein könnte in einer Gesellschaft, in der die Leistung des Geistes obenan steht. So, wie die Dinge nun einmal lägen, sei diese Voraussetzung nicht erfüllt. Und daher könne es kommen, daß ein junger Mensch, auch wenn er sich dem testenden Psychologen als gescheit, strebsam und charakterlich qualifiziert erwiesen hat, dennoch nicht voran kommt, was ein „eigenartiges Schlaglicht" auf die Systeme menschlicher Organisation werfe. Die Ansicht, daß nur Dummheit, Glück und Gemeinheit das Weiterkommen unter den Menschen heutzutage garantieren, wird andererseits als überspitzt angesehen.

Immerhin weigert sich Hector, die Intelligenz glattweg als Vorteil anzusehen; er bezeichnet sie als „umstrittenen Vorteil". Aber es gibt eben auch „Intelligenz als Nachteil — ein etwas tragischer Vermerk, eine schon leicht beschämende Bilanz — und doch, wie wahr."

Intelligenz als Nachteil könne es nur geben, solange Vorgesetzte existieren, die sie ihren Untergebenen zum Nachteil gereichen lassen — und das ist gerade dann häufig der Fall, wenn die „Vorgesetzten" merken, daß die von ihnen Abhängigen ihnen intelligenzmäßig überlegen sind. Die Kunst wahrer Intelligenz kann hier allerdings ausgleichen: sie läßt es eben den „Chef" nicht merken, daß er dümmer ist, sondern bestärkt ihn in seiner Illusion des Besserwissens, das dann wirklich nur jenes „Besserwissen" ist, das weit von qualifizierter Leistung entfernt ist.

H e c t o r gedenkt jener unglücklichen Intelligenten, die so lange nicht vorwärtskommen, bis sie endlich einen Schafskopf von Chef finden, für den sie denken dürfen, während er repräsentiert. Im Grunde laufen derartige Überlegungen darauf hinaus, daß eine Unsumme von Intelligenz nicht zum Zuge kommt, weil „man", der Unverstand nämlich, sie nicht zum Zuge kommen läßt. Ich persönlich bin der ketzerischen Meinung, wo wenig Wolle ist, kann nicht viel gesponnen werden. Die durchschnittliche Struktur der sozialen Ordnung stützt sich zu Recht auf den Durchschnitt menschlichen Verhaltens, also auf die Dummheit, und sie handelte selbst töricht, täte sie das nicht.

Reine Intelligenz ohne Einfühlungsvermögen, Fingerspitzengefühl, Takt und (meinetwegen berechnende) temporäre Zurückhaltung ist antisozial. Das liegt in der Natur der Sache. Denn sozial sein heißt sich einordnen und anpassen können, und das ist wiederum nicht möglich ohne Verzicht — sowohl auf triebhaftesemotionales, als auch auf intellektuell egoistisches Wollen. Aggressive Intelligenz ist nur möglich, wenn sie sich vorher ein Glacis geschaffen hat, das von der Dummheit selbst mit vereinten Kräften einschließlich der Niedertracht nicht mehr gestürmt werden kann.

Es wurde einmal in einer Diskussionsbemerkung gesagt, die Dummheit hindere den Menschen daran, Universitätsprofessor zu werden, unterbezahlt zu sein und zusätzlich entnazifiziert, amtsverdrängt und unter allgemeinem Kopfschütteln belächelt zu werden — die Dummheit habe also insoweit Vorteile. Nun, ich entgegnete, daß auch die Dummheit kein absoluter Schutz davor sei, Universitätsprofessor zu werden, und wartete mit einigen Beispielen auf. Aber das sind Ausnahmen, sie bestätigen die Regel. Und diese Regel sieht so aus, daß allein schon die verschwindend geringe Zahl der Hochschullehrer einen deutlichen Beweiswert gegen deren allgemeine geistige Impotenz hat.

Der 1954 erschienene Gelehrtenkalender von K ü r s c h n e r zählt unter allen Deutschsprachigen der Welt ganze 14 000 lebende akademisch qualifizierte Dozenten auf — notabene a l l e r Fachgebiete, außer den vier klassischen Fakultäten auch noch die Angehörigen der technischen und tierärztlichen Hochschulen, pädagogischen, Forst- und sonstigen Akademien und Institute.

Wer gut rechnen kann, beziehe diese verschwindend geringe Zahl auf die Abermillionen deutschsprechender Menschen und errechne den winzigen pro-Mille-Satz der Universitätslehrer — und vergleiche ihn mit den 1 0 P r o z e n t ausgesprochen törichter Menschen innerhalb derselben Bezugspopulation[39]). Das soll natürlich nicht heißen, daß Intelligenz akademisch qualifiziert sein müsse, oder daß nur unter Hochschullehrern höhere Gescheitheit zu finden sei. Wieviel kluge Männer in der Wirtschaft, in der Beamten- und Angestelltenschaft, in den Gewerkschaften und unter den Politikern sich finden, weiß ich wohl. Daß aber die akademischen Forscher- und Lehrstühle nicht nur abstrakte Denker brauchen, zeigt ja gerade die moderne wissenschaftliche Entwicklung, die zugleich automatisch Anregerin der Praxis, der Wirtschaft und der Kriegstechnik und damit der entscheidenden Grundlagen für die Existenz gerade auch der törichten Menschenmengen geworden ist.

Hohe Intelligenzen sind meist indifferent gegenüber politischen Ansichten, sie machen sie oft gedankenlos mit, weil sie darin nur nebensächliche zeitgebundene Narreteien sehen — ganz ähnlich übrigens wie die Künstler, die immer und zu allen Zeiten „bei Hofe" ihre Künste haben würdigen lassen — einerlei, ob es sich um einen Potentaten von Gottes Gnaden, um einen Präsidenten von Volkes Gnaden oder um einen Diktator von eigenen Gnaden handelt. Mit Recht standen gerade manche Künstler völlig verständnislos jenen Banausen gegenüber, die sie einer Gesinnung wegen entnazifizieren wollten, die sich darin geäußert haben

---

[39]) Das Mißverhältnis bleibt auch dann noch enorm, wenn man statistisch richtig nicht die Dummenzahl auf die Gesamtpopulation, sondern nur auf die mit den Gelehrten gleichaltrige Generation der Gesamtbevölkerung bezieht.

sollte, daß sie ihre Bilder oder was es war einem bestimmten Regime gut verkaufen konnten.

Nach 1933 hatte die politische Säuberung durch die nationalsozialistische Regierung 1628 Dozenten von ihren Lehrstühlen und Forschungsstellen entfernt. Das waren damals 9,5 % aller beamteten Hochschullehrer — es mußte also jeder zehnte Gelehrte gehen. Durch die politische Säuberung nach 1945 infolge der demokratischen Einrichtungen der Entnazifizierung verloren 4289 Dozenten oder 32,1 % ihre wissenschaftliche Existenz — oder, besser ausgedrückt, verlor das vom Krieg noch übriggebliebene Deutschland jeden dritten seiner qualifizierten Köpfe, deren es gerade zu jenem Zeitpunkt dringendst bedurft hätte. Außer den genannten Hochschullehrern aus dem Gebiet der späteren Bundesrepublik kamen noch 1028 Dozenten freiwillig als mittellose Flüchtlinge von den Ost-Universitäten und denen des sowjetisch besetzten Mitteldeutschlands herüber. Dies waren 7,7 % des dortigen Hochschullehrerbestandes. Der Stifterverband der deutschen Wissenschaft hat die Summe gezogen: insgesamt 49,3 % aller deutschen Hochschullehrer haben seit 1933 aus politischen Gründen ihren Beruf aufgeben müssen — das ist gut und gern die Hälfte! Und ihr zweifelt noch, daß die Intelligenz als Nachteil wirken kann? „Unsinn, du siegst — und ich muß untergehn!" so mag mancher Gelehrte mit S c h i l l e r (Jungfrau, III, 6) gerufen haben haben — 1933 wie 1945.

Aber damit nicht genug! Ost und West wetteiferten in der Verbringung deutscher Wissenschaftler in ihre Staaten — sachverständige Schätzungen rechnen mit 2000 verschleppten Gelehrten! Amerika gab beispielsweise im Dezember 1947 bekannt, daß 523 deutsche Wissenschaftler in Amerika beschäftigt würden und daß eine weitere Erhöhung ihrer Anzahl auf rund 1000 geplant sei. Die Russen zeigten ganz besonderes Interesse für höchstqualifizierte Spitzenkönner — wer Näheres wissen will, der kann ihre Namen nachlesen auf Seite 261 der „Bilanz des zweiten Weltkriegs" (Verlag G. Stallinger, Oldenburg 1953).

Dieser Aderlaß an der höchsten deutschen Intelligenz beschwört so hochgradige Gefahren herauf, wie sie sich die durchschnittliche Borniertheit der nichtwissenschaftlichen Kreise auch nicht im entferntesten vorstellen kann. Die meisten Leute halten die Forschungsstätten der Nation für überflüssigen Krimskrams und ahnen nicht, daß die Grundlagenforschung und nur diese ihre Weiterexistenz allerdings nicht nur ermöglicht, sondern auch wieder in Frage stellt.

Nicht die schwieligen Hände, sondern die feinen Gehirne werden uns mangeln, wenn die Dummheit Schule macht, nach jeder politischen Umwälzung die Vertreter der Intelligenz nicht nach ihrer Leistung, sondern nach ihrer Gesinnung zu fragen. S h a - k e s p e a r e hat recht: „Ist dies schon Tollheit, hat es doch Methode!" (Hamlet II, 2).

Es gibt allerdings ein stillschweigendes Korrektiv für die Schäden, die eine Verpflanzung von Wissenschaftlern aus „besiegten" in „Sieger"-Länder unschädlich macht: das ist die wortlose, weil selbstverständliche, gelassen lächelnde Übernationalität aller wirklichen Geistigkeit. Unwiederbringlich aber ist der Schaden, den die politische Diffamierung der gelehrten Herrn durch naseweise politische Gesinnungsschnüffelei der großen Sache menschlichen Strebens nach Wahrheit und Verbesserung des Daseins geschlagen hat und — wer weiß — noch schlagen wird.

Intelligent sein bedeutet heute mehr denn je Gefahr — nicht nur für die Allgemeinheit, auch für den einzelnen. Es dürfte sich daher empfehlen, etwaige Klugheit zu tarnen. Und hier liegt die große, die einmalige Chance für alle Dummen in unserer Zeit: sie können so tun, als seien sie getarnte Genies.

Das Gorgonenhaupt der Wahrheit

Wissen ist Leiden, wer am meisten weiß,
beklagt am meisten die unselige Wahrheit.
Der Baum des Wissens ist kein Baum des Lebens.
B y r o n

Anatole F r a n c e erklärt im „Garten Epikurs": „Unwissenheit ist die notwendige Bedingung — ich sage nicht des Glücks — sondern des Daseins überhaupt. Die Empfindungen, die es uns angenehm oder doch erträglich machen, entstammen der Lüge und nähren sich von Illusionen."

Bereits unsere bisherigen Überlegungen und Betrachtungen lassen uns diesen Standpunkt als einen offenbar mit guten Gründen vertretbaren erscheinen. Er drückt aber im Grunde die Weisheit aller Weisheit aus, wie sie dem tiefer schürfenden Denken zu allen Zeiten gewiß gewesen ist.

Ob wir an L e s s i n g uns erinnern wollen, der die Wahrheit als Gott allein zustehend bezeichnete und des Menschen Teil auf das Streben nach ihr begrenzte, — oder an G o e t h e mit dem mephistophelischen Wort „Dir wird gewiß einmal bei deiner Gottähnlichkeit bange!" oder an den resignierenden Ausspruch B y r o n s , den wir diesem letzten Abschnitt unseres letzten Kapitels vorangesetzt haben — überall erklingt das gleiche Motiv der Trostlosigkeit, der Hoffnungslosigkeit, der Angst der menschlichen Kreatur, die durch die Geburt zum Tode verurteilt wurde mit unbestimmtem Hinrichtungstermin (das ist genau unser aller Situation). Überall schafft diese Hintergrundsbereitschaft des Wissens um das Ende aller irdischen Besitze das Illusionsbedürfnis der Einfältigen, die sich geborgen wissen in irgend einem Traum — in einem der großen oder auch der kleinen Menschheitsträume vom Glück — diesseits oder jenseits dieser Welt — die Grenzen verschwimmen, wenn sie einer Betrachtung von innen unterzogen werden.

Nur unbekümmerte Jugend, die das Sterben nach B u m k e für eine schlechte Angewohnheit der alten Leute hält, oder herzerquickende Dummheit schreiten tierhaft und nur der Gegenwart Rechenschaft ablegend durch dies Jammertal der Armut, der Not, des Wahnsinns, der Atomkriege, der Folter, der Gesinnungsschnüffelei.

Erstaunlich ist es im Grunde nur, wenn nicht die liebevolle Ausmalung irdischer Unzulänglichkeiten, wie sie die Kirchenväter mit dem erzieherischen Hinweis auf die Freuden des Himmels zu liefern nicht müde werden (oder auch die heutigen Priester und Pastoren) — wenn nicht die Entsetzensrufe der pessimistischen Philosophen oder die schneidende Ironie der superklugen, im Tiefsten ihres Seins verwundeten Genies den Alpdruck der Wirklichkeit so erbarmungslos enthüllen wie etwa die einfache, naturwissenschaftliche beschreibende Darstellung exakter Forscher, denen die furchterregenden und wahrhaft schaurigen Aspekte, die sie uns leidenschaftslos von dieser Welt in aller Harmlosigkeit geben, sicherlich völlig entgehen im Eifer des Dienstes an ihrer Sache.

Wenn der Zoologe feststellt, daß alles Tierleben auf organische Nahrungsstoffe angewiesen ist; wie im Meere einzellige Tiere und ganz kleine Krebschen neben mancherlei Larven größerer Tiere die ersten Nutznießer der kleinsten einzelligen Algen sind —

wie diese kleinen Tiere nun wieder von größeren Tierchen gefressen werden, und wenn es dann heißt — ich zitiere —: „In der Stufenleiter geht es nun weiter bis zum Fisch und zum Säugetier, das sich von Fischen ernährt"; — so füge ich hinzu: bis zum Menschen, der sich von Säugetieren ernährt.

Mich faßt zuweilen am hellichten Tage ein Schaudern, wenn ich muntere Frauen im Schlachterladen stehen sehe und unbefangen zum eigenen Verzehr und dem der geschätzten Familie sachkundig jene blutigen Organe heraussuchen und kaufen sehe, die sie selbst als Voraussetzung oder Ausdruck ihres eigenen Lebens in sich tragen. Und trotzdem sorgt der Wille zum Leben, der nach S c h o p e n h a u e r das Leben selbst ist, doch dafür, daß mir des Mittags die sauren Nierchen gut schmecken. Wilhelm B u s c h , der große Skeptiker, hat das gewußt, als er vom Schlachtefest schrieb:

> Und jeder schmunzelt, jeder nagt
> nach Art der Kannibalen;
> bis man dereinst Pfui Teufel! sagt
> zum Schinken aus Westfalen.

Man kann nicht annehmen, daß eine zoologische Darstellung etwas anderes will, als einen kleinen Zipfel des Schleiers zu lüften, der über der Natur liegt, um uns zu zeigen, wie die wahre Welt aussieht. Und das sieht dann so aus, wie mitgeteilt. Aber auch auf sehr viel allgemeinerer Ebene ist die nüchterne, Wirkliches wenigstens teilweise einfangen wollende Beschreibung nicht trostreicher. So stellt sich S c h m i t z (110) das „Leben" überhaupt folgendermaßen dar: „Zum Wesen des materiell-energetischen Seins gehört die phasengebundene Entstehung von organisierten Systemen, die im ganzen Kosmos das labile Gleichgewicht zwischen Wärmetod und ewigem Leben aufrechterhalten." „Was sich da selbst erhält, sich behauptet, sein Sein sichert, das ist Leben an sich als die allen Lebewesen übergeordnete Seinsmacht, die überall im Kosmos phasengerecht auftaucht und verschwindet. Ihre Beständigkeit in allem wechselvollen Geschehen beruht auf der Befähigung zur Selbstsicherung mittels vergänglicher Einzelwesen, die sich teilen, fortpflanzen und vervollkommnen."

Oder als drittes, beliebig herausgegriffenes Beispiel: Der Neurologe M e y n e r t (92) faßt die Hirnrinde als ein zusammengesetztes protoplasmatisches Wesen auf, das er mit dem einfachen Amöbenplasma verglich, welches einen Körper überzieht, dessen Bestandteile es sich assimilieren will. Ähnlich wie z. B. die Weichtiere Fühlfäden gegen die Außenwelt ausstrecken und sich ihrer Beute durch Fangarme bemächtigen, so ist auch das protoplasmatische Wesen, die Rinde des Vorderhirns nämlich, durch ihre Fortsätze (Empfindungsnerven) mit Fühlfäden und in den Bewegungsnerven mit Fangarmen versehen. „Der gesamte übrige Leib mit seinen Empfindungsoberflächen, seinen Muskeln, dem Skelett, an welchem die Muskulatur sich fixiert, ist nur eine Armierung der Fühlfäden und Fangarme, welche dem Leben des Vorderhirns die Bedingungen gewährt, das Bild der Welt in sich aufzunehmen und auf dasselbe einzuwirken."

Das Zentralnervensystem hat sich quasi wie ein Parasit in den Körper gesenkt und mißbraucht diesen zur Fristung seines Daseins, zur Mehrung seiner Lust- und Minderung seiner Unlusterlebnisse.

Grinst uns nicht ein schauriges Bild vom Menschen, vom Leben, von der Wahrheit an — um so schauriger, als es ganz nüchterne Spiegelungen sind, welche von sachlichen Naturbeobachtern uns vorgehalten werden?

Die Ägis, der von Hephaistos geschmiedete Schild des Zeus, trug in seiner Mitte eingefügt das Haupt der Gorgo, dessen Anblick, der Anblick eines mystischen Urwesens der Unterwelt, jeden Sterblichen versteinern ließ.

Um was handelt es sich bei diesem Gorgonenhaupt, dessen Anblick zu ertragen kein Menschenwesen stark genug erscheint? Wir wissen es schon. Es ist das Bild der Wahrheit, das als Lebenden zu erkennen uns Menschen verwehrt ist — da wir es einfach nicht ertragen könnten in seiner Furchtbarkeit.

Und da die Wahrheitserkenntnis, oder jedenfalls die Erkenntnis der vollen Wahrheit, mit dem Leben nicht vereinbar ist, deshalb existieren wir alle aus der Illusion, aus dem Irrtum, aus der Beschönigung, aus dem Nichtwahrhabenwollen.

Was aber schützt am sichersten vor der Anfechtung durch kluges Erfassen des Wirklichen, vor der Erkenntnis überhaupt —, vor dem Anblick des Gorgonenhauptes der Wahrheit?

Die Dummheit.

Gewiß, Freunde, so ist es.

Denn die Dummheit, aus deren fruchtbarem Schoße die uralten Menschheitsträume sich stets erneuern, die das Leben erst lebenswert machen — sie und nur sie allein ist die Hüterin dieses Lebens, weil sie allein es erträglich macht im Schleier der Illusionen, im Zeichen des durch den Intellekt nur ja nicht allzu energisch überprüften Irrtums vom Glück.

Erasmus hat es gewußt. Denn es ist nicht das Licht des klaren Verstandes, das blendende, welches Ruhe und Frieden in wache Menschenherzen gießen könnte. Es ist die Macht der Finsternis, der Dunkelheit, auch der intellektuellen; — es ist die beseligende Nacht der Dummheit also, die uns den Schlaf schenkt, der allein das Träumen gestattet.

So schenkt uns symbolhaft das Leben mit jedem sinkenden Tag den Schlaf, in dem alle Klugheit sich auflöst, und in dem die Träume zu herrschen beginnen. Schreckliche Träume gewiß, aber tröstende auch — von denen einer (nicht gar lange mehr brauchen wir zu warten) der letzte, der erlösende sein wird für jeden einzelnen von uns, für den Gescheiten genau so wie für den Dümmsten.

Im ersten Stasimon der Antigone des Sophokles steht es geschrieben:

πολλὶ τὰ δεινά' κοὐδὲν ἀνθρώπον δεινότερον πέλει·

Ich übersetze so wörtlich wie möglich, und so frei wie nötig[40]), und ich versichere, daß es nicht ironisch gemeint ist, wenn ich den Ausspruch des griechischen Tragikers nur in dieser Fassung als ganz echt und zu staunender Dankbarkeit verpflichtend zu empfinden vermag:

Vieles Gewaltige lebt —
aber nichts ist
gewaltiger als
die Torheit des Menschengeschlechtes.

[40]) H e i d e g g e r übersetzt δεινος mit „unheimlich", H ö l d e r - l i n mit „ungeheuer". Das Wort hat mit dämonischen Gewalten zu tun. Ich lese aus ihm auch die „Torheit" heraus. Denn gerade bei ihr handelt es sich im Grunde um etwas Furchtbares.

Aphorismen zur Lebenstorheit

> *Wenn keine Thorheit mehr wird seyn,*
> *so wird die Menschheit gehen ein.*
>
> LOGAU

Wir werden gut daran tun, nicht einen Volksteil für dümmer als den anderen zu halten, oder eine Nation für klüger als ihre Nachbarn; sondern uns damit begnügen zu wissen, daß überall in der Welt sich bei darauf gerichteter Aufmerksamkeit eine quantitative und qualitative Überfülle der Dummheit offenbart, die es ratsam erscheinen läßt, aus dem eigenen intellektuellen Glashaus nicht mit Steinen zu werfen.

Die allgemeine Verbreitung der Dummheit beweist, daß sie bei den Menschen nicht so erhaltungswidrig sein kann wie bei den Tieren, deren dumme Exemplare im Kampf ums Dasein sofort ausgerottet werden.

Die Menschheit ist, seit uns von ihr Kunde ward, nicht klüger geworden, was ihre durchschnittlichen Vertreter anlangt, eher dümmer; sicherlich hat die Gegenwart keine intelligenteren Genialen aufzuweisen als beispielsweise das Altertum. Auch die Grundstruktur primitiver Bedürfnisse und Ängste der Menschheit ist durch die Wandlung etwa des mittelalterlich christlichen Himmel- und Höllenbildes zur modernen atomaren Höllen- und Himmelangst im wesentlichen nicht verändert worden.

Das Damoklesschwert, das relativ gemütlich war, ist (nach L e n z) zum Schwerte des Leukippos geworden, der das Atom „erfunden" hat. Unter einem drohenden Schwerte zu leben entspricht der globalen Dummheit der Menschheit von jeher und ist ihr seit grauer Urzeit zur lieben Gewohnheit geworden.

Die Vernichtung der Menschheit im eigentlichen Wortsinn droht von den Klugen. Die Dummen hätten die Atombomben ebenso wenig erfunden wie das Schießpulver.

Die unterschiedlichen Geschmacksrichtungen der verschiedenen Begabungsstufen hat der Volksmund prägnant folgendermaßen ausgedrückt: „Dummheit frißt, Intelligenz säuft." Das Pikante daran ist, daß auch das Gegenteil richtig sein kann.

Widerspruch hält nur auf. Zumal dann, wenn eine einfache Überlegung klarstellt, daß Dummheit und Gefühl, nicht Logik und Verstand bei den Ansichten der Gegenseite Taufpate gestanden haben.

Fleiß kann Dummheit nicht ausgleichen; er macht sie eher für die Umwelt erst völlig unerträglich.

Die dümmsten Bauern mit den dicksten Kartoffeln sind mir immer als Ausdruck der ausgleichenden Gerechtigkeit menschlichen Denkens vorgekommen.

Die Astrologie ist ein ehrwürdiger Zeuge für die jahrtausendelange Lebenskraft groben Unsinns, wenn er, der Dummheit des Menschengeschlechtes in Urzeiten entsprungen, der Dummheit aller Zeiten so haargenau angepaßt ist wie dieser.

Dummheit und Klugheit sind Grenzbegriffe des übergeordneten Zustandes, der als Intelligenz bezeichnet wird.

Es gibt weder absolute Gesundheit noch absolute Krankheit, weder absolute Dummheit noch absolute Klugheit — es gibt nur biologische Phänomene; Schwachsinn und Genie, Dummheit und Klugheit, Gesundheit und Krankheit (nicht nur in körperlicher, sondern auch in geistiger Hinsicht) sind Hilfsbegriffe oder Fiktionen, die aus praktischen Gründen zu ungefährer Verständigung dienen.

Wer auf dem Wege der Reflektion sich selbst zum Problem werden kann, kann nicht dumm im eigentlichen Sinne sein. Wer Humor zeigt, wer insbesondere der Ironie oder gar der Selbstironie fähig ist, der ist zum wenigsten kein Dummkopf.

Das „Credo, quia absurdum" hat den Ton auf dem Credo, nicht auf dem quia; ich g l a u b e , weil es undenkbar ist — nicht: ich glaube, w e i l es undenkbar ist. Die stillschweigende Ergänzung lautet: S c i o , quia demonstratum — ich w e i ß , weil es bewiesen ist.

Schlagwortartige Behauptungen sind mit Vorsicht aufzunehmen; Wissen ist Macht! Welches Wissen könnte allenfalls Macht sein? Und ist nicht die Dummheit im allgemeinen eine weit größere Macht als das Wissen?

Angesichts der Vielfalt der Einfalt laßt uns nicht vergessen, daß es nicht nur Dummheit gibt auf dieser Welt.

Dumm geboren sind wir alle; es kommt darauf an, wieviel wir dazulernen konnten — und wieviel wir wieder vergessen haben.

Den modernen Rechenmaschinen eine außermenschliche Intelligenz zuzuschreiben besteht kein Anlaß. Es handelt sich bei den Elektronengehirnen sozusagen um komplette Idioten mit Spezialbegabung; wie das auch beim Menschen vorkommt.

Man soll auch das schwachsinnige Kind nicht mit dem Bade ausschütten: wir alle haben im Laufe unserer intellektuellen Entwicklung die Stufen vom Idioten über den schwer und leicht Schwachsinnigen bis zu unserer so respektablen Intelligenzhöhe erklommen. Wir steigen sie auch in umgekehrter Reihenfolge wieder hinab — wenn wir nur alt genug dazu werden, den Greisenschwachsinn noch zu erleben.

Disziplin ist die Fähigkeit, dümmer zu erscheinen, als der Chef ist (mitgeteilt von H. Lenz-München[41]).

Eine staatliche Gemeinschaft läßt sich ohne die fiktive Annahme, ein schlechter Charakter könne sich entgegen seiner Veranlagung entwickeln und gegen sie handeln, gar nicht aufrechterhalten; während sich eine Gemeinschaft von Dummen ganz gut in dieser Welt zurechtfinden kann. Deshalb wird ein schlechter Charakter als strafverschärfend, eine beträchtliche Dummheit dagegen als Strafausschließungs- oder Milderungsgrund betrachtet. Obwohl im Grunde weder der Dumme noch der Schlechte etwas dafür können, daß sie dumm oder schlecht sind.

[41]   S c h l i c h t i n g , W.: Goldener Humor, S. 140, Verlag Huck u. Schlichting, Münster (ohne Jahr, etwa 1920—1925): „Subordination ist das aufrichtige Bestreben des Untergebenen, dümmer zu erscheinen als sein Vorgesetzter."

Die Verwandlung eines ruhigen in einen unruhigen Schwachsinnigen durch entsprechende Medikamente wird von den Eltern meist zu Unrecht als Ausdruck größerer geistiger Regsamkeit begrüßt. Solange, bis die soziale Einordnung des Kindes schwierig wird.

Der Fortschritt im Unterricht der Normalschule entspricht dem Geleitzug-Prinzip: der ganze Geleitzug fährt so schnell wie das langsamste Schiff, wenn dies nicht rettungslos zurückbleiben soll. Gerade die dümmsten Schüler bedürfen aber der größten pädagogischen Anstrengung. Sie gehören in eine Sonderschule, nicht nur, damit sie selbst nach Möglichkeit gefördert werden, sondern auch, damit die begabteren Kinder ihnen zuliebe nicht immer den längst verdauten Kohl wiederkäuen müssen.

Gut erzogene sind im Grunde gut geartete Kinder.

Manches gemeinhin pädagogischer Einwirkung zugeschriebene menschliche Fortschreiten vollzieht sich nicht wegen, sondern neben und hie und da auch trotz erzieherischen Bemühungen.

Die leidenschaftlich im pädagogischen Schrifttum und auf pädagogischen Kongressen umstrittenen und von den Kultusministerien mehr oder weniger aufoktroyierten „modernen" Unterrichtsmethoden sind mehr uneingestandener Vorwand für die Umtriebigkeit und Selbstwerterhöhung ihrer Fanatiker, als daß es viel auf sie ankäme. Die Strapazierfähigkeit des kindlichen Gehirns erträgt sie alle spielend und ermöglicht das Erreichen des Klassenziels nach so gut wie jedem System.

Aktiven Einwirkungsmöglichkeiten auf heranwachsende Menschenwesen kann weder im Charakterlichen noch im Intellektuellen allzu große Bedeutung beigemessen werden. Das Vorbild des Elternhauses, der Pädagogen selbst und im übrigen Reifenlassen und erst im Abstand erzieherische Führung mit liebevoller Strenge sind zu fordern. Diejenige Erziehung ist die beste, die vom Kind unbewußt erlebt und als solche hie und da geahnt, ihm aber nicht jeden Tag aufs neue vorgepredigt wird.

Zur Verhütung der Dummheit hat die Euthanasie überhaupt keine Beziehungen.

Eugenische Maßnahmen bei Schwachsinnigen — etwa ihre Sterilisierung — dürfen niemals g e g e n den Betroffenen, sondern nur f ü r ihn, in seinem eigensten wohlverstandenen Interesse, erwogen werden.

Die Quellen der Dummheit sind unerschöpflich — es sind die gleichen Quellen, die das Leben überhaupt speisen.

Manche Leute, die sich durchaus des Besitzes recht ansehnlicher, ja sogar deutlich abstehender Ohren erfreuen können, verschliessen diese natürlichen Trichter zuweilen hartnäckig jedem vernünftigen Argumente. Man tut gut, solche zweckentfremdeten Löffel lediglich als geeignete Lokalität zu betrachten, um ihren Trägern überraschend, kräftig und notfalls wiederholt hinter diesselben zu schlagen — auch und vor allem in übertragenem Sinne. Es können auf diesem erprobten, mehr indirekten Wege verblüffend prompte und nachhaltige pädagogische Wirkung erzielt werden (gerade dann, wenn selbst stundenlanges Zureden mit Himmels- und Engelszungen sich als vergebliche Liebesmühe erwiesen haben sollte).

Zwischen naiven kindlichen Antworten und törichten Erwachsenenäußerungen besteht ein Qualitätsunterschied, den man nicht eigentlich beschreiben, sondern nur erfühlen kann.

Das ärztlich-psychologische Gespräch dringt wahrscheinlich schneller und tiefer in das Seelenleben eines aufgeschlossenen Partners ein, als es die Belagerung seiner „Seele" mit Test-Batterien vermöchte. Übrigens verführt es nicht durch pseudoexakte Ergebnisse zu der irrigen Ansicht, mehr von einem Mitmenschen erfahren zu haben, als im Grunde erfahrbar ist.

Ein russisches Sprichwort sagt: Auch die tauben Nüsse sind Früchte Gottes — und es meint damit die geistig Armen.

Insanire juvat! (Horaz).

Ein Standpunkt ist — ein Gesichtskreis vom Radius Null (Ausspruch des großen Mathematikers Hilpert).

Die Unfruchtbarmachung kann viel Leid und Unglück verhüten, wenn sie im Interesse der Erkrankten selbst angewandt wird. Sie wirkt sich weniger auf eine Verbesserung der Menschheit hin aus als in Richtung auf weniger persönliches Unglück.

Kluge Köpfe sind etwas Erfreuliches; weniger erfreulich allerdings sind kluge Querköpfe.

Eugen F i s c h e r wies in seinem anthropologischen Kolleg immer darauf hin, daß in der Hominidenreihe (Menschen und Menschenaffen) nur der Mensch eine so besonders auffällige Ausbildung seines Gehirns und seines Gesäßes aufzuweisen habe: Kein Affe hat ein Hinterteil von irgendwie beträchtlichen Ausmaßen. Hirn- und Gesäßentwicklung haben beide offenbar etwas mit dem aufrechten Gang des Menschen zu tun.

Diese anatomischen Erkenntnisse möchte ich wie folgt ergänzen: Die statistische Auswertung vieler Tausender von Hirnwägungen hat einwandfrei gezeigt, daß die Hemisphären des Gehirns voluminöser zu entwickeln das männliche Geschlecht sich offenbar besonders hat angelegen sein lassen (wobei ich wohl weiß, daß eine rein quantitative Vermehrung nicht ohne weiteres eine qualitative Höherleistung dieses Organes involviert). Man wird also nicht umhin können, hinsichtlich der Entwicklung der Hirnhemisphären dem männlichen Geschlechte einen deutlichen Vorsprung einzuräumen. Dieser Vorsprung wird vom weiblichen Geschlecht allerdings durch eine noch bedeutendere Entwicklung jener entgegengesetzten Hemisphären wettgemacht, von denen Eugen F i s c h e r ebenfalls sprach, und die näher zu charakterisieren ich mir daher ersparen kann; in dieser Hinsicht besteht offenbar eine unbestreitbare Überlegenheit des weiblichen Anteils der Menschheit über den männlichen, und zwar ebenfalls in einem spezifisch menschlichen Merkmal.

Die progrediente Volksverdummung unserer Tage ist die Folge des Zusammenwirkens des Aufstiegs der Massen mit dem Abstieg der Eliten. Der Abstieg ist ein bildungsmäßiger. Es fehlt die Zeit zur Autodidaktik.

Betrachtet man hinterher das, was nicht in den Nachrufen steht, die von einem überragenden Manne der Wirtschaft sprechen — so war sein Dasein ein törichter Lebenslauf, eine Erfolgshatz, das die eigentlichen Werte des Menschlichen nicht gekannt hat.

Das Wort Bildung ist im Deutschen doppelsinnig: es bezeichnet sowohl das Gebildete als geistige Persönlichkeit von innen her, den Voraussetzungen nach; als auch die Ergebnisse des Gebildetwerdens durch die Einflüsse der kulturellen Umwelt.

Der Gebildete ist grundsätzlich sein eigener Lehrer und Erzieher; er ist ein echter Autodidakt.

Das nicht auf technischen Spezialgleisen laufende humanistische Gymnasium ist d a s Studium generale, das nicht in Schnellkursen nachgeholt werden kann.

Die Psychiatrie repräsentiert diejenige Wissenschaft, die (wie alle anderen auch) im Grunde und der Natur der Dinge nach nichts versteht, — die aber alles verzeiht (wie nicht alle anderen Wissenschaften das tun).

Dummheiten sind mehr oder weniger zugleich als Dummheit.

Leidenschaft, Passion, Trieb — allen diesen Bezeichnungen liegt das Gefühl dafür zugrunde, daß es sich dabei um etwas Passives handelt, um etwas, was dem Menschen widerfährt.

Die in den Dienst der Affekte gestellte Intelligenz: das ist die Formel für leidenschaftliche Torheit.

Wenn es heroische Leidenschaften gibt, so muß es auch heroische Dummheiten geben.

Das Führungsmittel der führerlos gewordenen Massen ist das Gerücht als Ausdruck autosuggestiver Mechanismen im Sinne primitiver Wunscherfüllung.

Es gibt keine „Arbeiter der Faust"; auch das Latrinenreinigen will mit Sinn und Verstand gemacht sein.

Die Voraussetzung für eine glückliche Ehe ist beiderseitige Resignationsfähigkeit. Es gibt so wenig glückliche Ehen, weil es so wenig kluge Menschen gibt; oder, um es noch einmal zu sagen, es gibt so viele unglückliche Ehen, weil es von männlichen und weiblichen Dummköpfen wimmelt.

Genitale und geniale Potenz marschieren meist getrennt. Wenn es aber einem Feldherrn gelingt, auf dem Schlachtfeld des Lebens beide Kräfte in sich zu vereinen, so ist er unbesiegbar, weil er zugleich unwiderstehlich ist.

„Die Liebe" ist — objektiv gesehen — ein zwischenmenschliches Mißverständnis; subjektiv gesehen, schenkt sie für einige kurz aufleuchtende Herzschläge des Glücks eine der höchsten erreichbaren irdischen Illusionen; aber der Wahn ist kurz, die Reu — meist lang.

Das Genie der Liebe entspringt nicht dem Intellekt, sondern einem anderen Seelenvermögen: der Phantasie.

Das männliche Geschlecht ist ebenso wenig das klügere wie das weiblichere Geschlecht das schönere.

Bei Christian Dietrich G r a b b e könnten wir lesen, wenn wir uns heutzutage das intellektuelle Vergnügen machen würden, unter anderem auch einmal in seine (unheimliche) Groteske „Scherz, Satire, Ironie und tiefere Bedeutung" (II, 1) hineinzusehen, wie der Teufel einen seltsamen Handel mit dem glücklichen Bräutigam Herrn v. Wernthal abschließt, der ihm seine Braut — verkauft:

W e r n t h a l. Nicht knickerig sein! Was bieten Sie mir für Liddy? Sie ist ausgezeichnet schön.

T e u f e l. Für ihre Schönheit gebe ich 2000 Reichstaler in Conventialmünze.

W e r n t h a l. Sie hat Verstand!

T e u f e l. Dafür ziehe ich 5 Groschen 2 Pfennige ab, denn der ist bei einem Mädchen ein Fehler . . .

W e r n t h a l. Sie ist noch unschuldig!

T e u f e l. (zieht ein saures Gesicht).
Ach, Unschuld hin Unschuld her; dafür gebe ich Ihnen nicht mehr als 3 Groschen 1 Pfennig in Kupfer. usw.

Die unwiderstehliche Schönheit der Frau hat das Hormonsystem des Mannes, der sich hinreißen läßt, zur Voraussetzung (und umgekehrt natürlich).

Gleichberechtigung der Frau ist nicht ein Emporheben der unterberechtigten Frau an die Seite des Mannes, sondern ein Herunterholen der bevorrechtigten Frau auf die Ebene des Mannes.

Im ersten Verblühen, im frühesten Verwelken kündigt sich dem Wissenden die individuelle Vernichtung an.

Was man nicht hat, wird überschätzt; was man nicht mehr haben kann, erst recht — so ist es auch mit den Freuden der Liebe, und mit diesen ganz besonders.

Das Erwachen des Eros und sein Abschiednehmen finden sich beim Manne konfrontiert mit dem gleich jungen unter allen Attributen des frischesten Lebens prangenden jungfräulichen Mädchen. Beide Pole des männlichen Liebeslebens führen daher in den Verzicht: in der frühen Jugend zum innerlichen Heranreifen, im späten Alter zur Resignation in der Nähe des Todes. Beide Male zu Gunsten eines wirklichen *Mannes*.

Der Weise nicht nur, auch der wirklich kluge Mensch befindet sich in dieser Welt der Unvollkommenheit immer in einer wahrhaft tragischen Situation der Isolierung, in einer Atmospäre des Mißverständnisses, des ressentimentgeladenen Hasses aus den Minderwärtigkeitsgefühlen der Schlechtweggekommenen heraus. Und wenn der weise gewordene Mensch auch im resignierenden Lächeln über die Eitelkeit und Torheit dieser Welt sich zu trösten vermag, so kann er es doch nicht gegenüber dem eigenen Anspruch auf Sinnerfüllung seines Daseins, wenn ihm die Tröstungen der Religion nichts sagen und er die Relevanz philosophischer Erkenntnis aus kritischem Wissen heraus vor sich selbst verwerfen muß.

Schon Erasmus zitiert den Vers des Sophokles: „die Torheit ist des Lebens bester Teil."

Das Gehirn des Menschen, das seiner mit Klauen, Raubtierzähnen, weit überlegenen Körperkräften und Sinneswerkzeugen ausgestatteten tierischen Umwelt durch sein bißchen Voraussicht so turmhoch überlegen war, hat sich als die entscheidende Waffe im Kampf ums Dasein erwiesen.

Naturwissenschaft und Philosophie versuchen mit nicht genügend qualifiziertem Werkzeug die Weltbewältigung — daher der Zwang zum widerspruchsvollen Denksatz, zum Paradox.

Gegensätze sind durch das Denken geschaffene Begriffe; ob ihnen etwas Wirkliches entspricht, können wir nicht wissen. Vielleicht läuft es im Grunde überall auf eine Identität der Alternativen, auf ein Sowohl-als-Auch des Entweder-Oder hinaus.

Der physiologische Schwachsinn des Menschen ist die Folge seiner cerebralen Organisation. Als eminente Klugheit vermag er sich nur zu tarnen in seinen relativ am wenigsten dummen Exemplaren, in den Genies nämlich.

Gesetzessprache und Sprachgesetze sind im Deutschen unvereinbare Gegensätze: sie brauchten es aber nicht zu sein und sollten es nicht sein.

Aggressive Intelligenz ist nur möglich, wenn sie sich vorher ein Glacis geschaffen hat, das von der Dummheit einschließlich der Niedertracht nicht mehr gestürmt werden kann.

Es ist dafür gesorgt, daß auch die Bäume der Erkenntnis nicht in den Himmel wachsen.

Pausbäckig fröhliche Dummheit und hohlwangig grämliche Weisheit — wie gut, daß wir zwischen beiden nicht zu wählen haben!

Es ist tragisch, daß der Radius des geistigen Horizontes stets so kurz bemessen sein muß, daß er innerhalb der Schädelkapsel des Menschen einbeschrieben werden kann.

Heraklit sagt: Eseln ist Spreu lieber als Gold. Und *Grillparzer*: In gewissen Ländern scheint man der Meinung: drei Esel machten zusammen einen gescheiten Menschen aus. Das ist aber grundfalsch. Mehrere Esel in concreto geben den Esel in abstracto, und das ist ein furchtbares Tier.

Das innere Abhängigkeitsverhältnis zwischen verlorengegangenem Glauben in unserer Zeit und contemporärem astrologischem Aberglauben hat G e i b e l prophetisch vorausgesehen:

> Glaube, dem die Tür versagt,
> steigt als Aberglaub durchs Fenster.
> Wenn die Götter ihr verjagt,
> kommen die Gespenster.

Die Psychologie samt Charakterologie und Graphologie sind keine prophetischen Wissenschaften. Die Aufgaben des Psychologen sind nicht prospektiv, sondern retrospektiv zu lösen, wie die des Historikers auch. Handschriftendeutung als Blindtest ohne Kenntnis der Gesamtpersönlichkeit des Untersuchten ist Hasardspiel.

Die Dummheit ist eigentlich gar nicht bosheitsfähig. Der beschränkte Geist ist zu dumm für die Sünde und der überlegene Kopf zu klug für die Tugend — Tugend und Sünde im Sinne des Durchschnittsmenschen genommen.

Pausbäckig fröhliche Dummheit und hohlwangig grämliche Weisheit — wie gut, daß wir zwischen beiden nicht zu wählen haben!

Nicht die schwieligen Hände, sondern die feinen Gehirne werden uns mangeln, wenn die Dummheit Schule macht, nach jeder politischen Umwälzung die Vertreter der Intelligenz nicht nach ihrer Leistung, sondern nach ihrer Gesinnung zu fragen.

Man spricht von Strohköpfen, um anzudeuten, daß man strohdumme Menschen meint, die, statt klug zu konversieren, nur leeres Stroh dreschen. Schon in der Bibel ist von der Worfschaufel die Rede, mit deren Hilfe die Spreu vom Weizen gesondert wird. Mit der Spreu blieb offenbar auch das Stroh zurück.

Warum assoziieren wir so gern Dummheit und Getreidehalme? Warum sprechen wir geradezu von Leuten, die Stroh im Kopfe haben? Ich glaube, das gemeinsame Dritte ist die Strohtrockenheit, das Stroherne, welches die Dummheit insofern charakterisiert, als sie des Humors (auf deutsch: der „Feuchte") ermangelt. Wer das nicht glaubt, ist, fürchte ich, so dumm wie Bohnenstroh.

Charme ist die einzige — dann aber auch hinreichende — Entschuldigung für gesellige Dummheit.

Buch der Dummheiten

Als der König von Neapel sich nach den berühmtesten Männern der Stadt erkundigte, wurde ihm Josepho Guilletto genannt. Dieser habe ein dickes Buch, worin er die Torheiten aller großen Männer seiner Zeit aufzeichne.

Der König ließ ihn vor sich bringen und fragte: „Stehe ich etwa auch in deinem Buch?"

Josepho schlug eine Seite auf und begann vorzulesen: „Der König von Neapel hat einen Mohren mit 12 000 Dukaten nach Afrika geschickt, um Pferde zu kaufen."

„Warum hältst du das für eine Torheit?" fragte der König erstaunt.

„Weil der Mohr mit dem Geld in seinem Lande bleiben wird".

„Wenn er nun aber doch zurückkommt?"

„Dann trage ich den Mohren in mein Buch ein!"

(Westphalenpost 8. 10. 55)

Intelligent sein ist heute gefährlich — es empfiehlt sich, etwaige Klugheit zu tarnen. Die Dummen unserer Zeit haben die einmalige Chance, sich für getarnte Genies ausgeben zu können.

Die Geistesgeschichte der Menschheit ist wie ihre Geschichte überhaupt eine, wenn auch unvollständige, so doch erschütternde Dokumentation ihrer unverbesserlichen Dummheit.

Wenn die Herrschenden klug wären, könnte das Volk dumm sein; wäre das Volk klug, könnten die Herrscher getrost töricht sein. Leider aber ist es meist so, wie es G o e t h e (Egmont. IV, 2) lapidar dialogisch formuliert hat:

A l b a.   Glaube nur, ein Volk wird nicht alt, nicht klug, ein Volk, bleibt immer kindisch.

E g m o n t.   Wie selten kommt ein König zu Verstand!

Dummheit und Stolz wachsen auf demselben Holz, aus dem bemerkenswerterweise auch die Klugheit geschnitzt wird.

Möge dereinst in einem gesunden Leibe auch eine gesunde Vernunft beheimatet sein. (Orandum est, ut sit mens sana in corpore sano!) Es braucht ja nicht gerade und ausschließlich eine r e i n e Vernunft zu sein. Denn eine sterile, rationale, von aller Dummheit befreite Welt wäre schließlich auch wieder ein Alpdruck. Sie wäre weder lebensfähig noch lebenswert.

Doch brauchen uns Befürchtungen der Art, es möchte plötzlich eine allseitige Weisheit unter den Menschen ausbrechen, nicht ernstlich zu beunruhigen: denn die Quellen der Dummheit sind unerschöpflich, und wir alle haben an ihr teil.

Und das ist, faßt man die Extreme ins Auge, vielleicht sogar ein Trost.

So schalte ich denn beruhigt das Diktaphon aus, nachdem ich nur zögernd zu sprechen begonnen hatte — ergreife abschließend die Füllfeder und schreibe auf das mir inzwischen vorgelegte Titelblatt mit Zuversicht die Widmung:

> D e n e n   d i e   n i c h t   a l l e   w e r d e n —
> *(vorsichtshalber lateinisch).*

FINIS   DECLAMATIONIS

Zur Ursachenlehre der Schwachsinnszustände

Somatopsychische Probleme

Zur Ursachenlehre der Schwachsinnszustände.

Gegenstand unserer zunächst hier gebrachten Betrachtungen sind diejenigen Intelligenzmängel, die mit hinreichender Wahrscheinlichkeit auf äußere Schädigungen des normal angelegten Organismus zurückgeführt werden können. Fachlich nennt man diese Schädigungsfolgen *Defektzustände* und meint damit intellektuelle Minderleistung bei gar nicht erst zu voller Entwicklung gekommener Hirnfunktion — im Gegensatz zu den Demenzen (Verblödungen), bei denen ein u. U. schon bis zu normaler Intelligenzfunktion entwickeltes Gehirn durch eine zerstörende Krankheit seine Leistungsfähigkeit (teilweise oder vollständig) wieder verliert — also verblödet. Es gibt eine ganze Reihe voneinander verschiedener Demenzen — eine paralytische, epileptische, eine schizophrene (aber k e i n e manisch-depressive!) Demenz beispielsweise.

Was nun im einzelnen zunächst die durch regelwidrige und schwere, auch durch verfrühte Geburt entstandenen Schwachsinnszustände anbelangt, so wird diese Ursachengruppe meines Erachtens von den Kinderärzten und Geburtshelfern im allgemeinen bei weitem überschätzt. Wenn man sich vor Augen hält, wie häufig selbst grobe Hirnschädigung o h n e Schwachsinn lediglich zu organnervösen Störungen und Ausfallerscheinungen führt, so kann es bei einem vorhandenen Schwachsinn nicht allzuviel bedeuten, wenn einige dieser Funktionsstörungen nachgewiesen werden können. Ich habe das früher einmal am Beispiel der L i t t l e schen Krankheit („exogen provozierter endogener Schwachsinn") zu zeigen versucht (37). L i t t l e hatte als erster anatomische Befunde von Hirnblutungen nach schweren Geburten bei verstorbenen Kindern, die zu Lebzeiten spastische Lähmungen beider Beine aufwiesen, beschrieben. Wie wir sehen werden, kann aber das Bild dieser Erkrankung sowohl durch erbliche Leiden (P e l i z a e u s , M e r z b a c h e r u. a., s. S. 349) als auch durch den sogenannten Kernikterus (s. weiter unten in diesem Kapitel) verursacht werden. Mir ist nicht zweifelhaft, daß weitere Untersuchungsergebnisse zeigen werden, wie selten die ursprünglich von L i t t l e gezeigte, auf Geburtsschäden (Hirnblutungen) zurückzuführende Schwachsinnsform ist.

Für die Entstehung sonstiger exogener Schwachsinnszustände hat man früher hauptsächlich die Syphilis und den Alkoholismus der Eltern verantwortlich gemacht. Die Serologie zeigt heute, daß nur verschwindend wenig angeboren Schwachsinnige wirklich syphilitisch sind. Und der elterliche Alkoholismus wird im allgemeinen wohl mit Recht als Ausdruck erblicher mangelhafter Intelligenzentwicklung bei den trinkenden Erzeugern aufgefaßt, und zwar vor allem dann, wenn es sich um leichtere Formen handelt; Idioten trinken nicht, weil sie anstaltsverwahrt werden. Ob allerdings exzessive Trunksucht der Mütter, wenn auch nicht die Erbsubstanz, so doch das Eiplasma schädigen kann, und ob damit sogenannte dysplasmatische Eizellen entstehen können (s. unten) — das scheint mir immerhin eine durchaus zu überlegende Frage zu sein. Ich vermute überhaupt, daß die Mehrzahl aller schwereren und schwersten Intelligenzstörungen dysplasmatisch (s. unten) entstehen; es würde sich dann beispielsweise im Deutschland der Grenzen von 1938 um 10—20 000 Schwerschwachsinnige handeln.

Neue, beim Bekanntwerden sensationelle Ergebnisse (52) wurden aus Australien durch G r e g g mitgeteilt und bald aus aller Welt bestätigt: Wenn werdende Mütter in den ersten Monaten der Schwangerschaft an den (bis dahin als harmlose Kinderkrankheit aufgefaßten) Röteln erkrankt sind, so weisen die Kinder dieser Mütter Störungen auf. Die Neugeborenen zeigen neben Taubstummheit, Augenhintergrundsveränderungen, Zahnentwicklungshemmungen und Herzmißbildungen ein Zurückbleiben nicht nur der körperlichen, sondern vor allem auch in der geistigen Entwicklung. Die mikroskopische Untersuchung des Hirngewebes spricht gegen entzündliche Vorgänge am Zentralnervensystem. Im Anschluß an diese Mitteilungen sind auch Masern, Windpocken und Kinderlähmung verdächtigt worden, die Früchte der im Beginn ihrer Tragzeit infizierten Mütter mißbildet entstehen zu lassen. Interessanterweise handelt es sich bei allen diesen Krankheiten um solche, die im Verdacht stehen, nicht durch Bakterien, sondern durch Viren bedingt zu sein.

Außer den Röteln ist hinsichtlich der intellektuellen Unterentwicklung ihrer Kinder eine weitere Erkrankung der Mütter, die Toxoplasmose, in den Vordergrund des ärztlichen Interesses getreten. Hier handelt es sich nicht um ein Virus, also um ein amorph-molekular gedachtes Agens, sondern um einen mikroskopisch sichtbar zu machenden Erreger (das Toxoplasma Gondii aus der Gruppe der Coccidien), der ausschließlich innerhalb von Körperzellen der befallenen Wirte lebt. Nach fast stets unbemerkter mütterlicher Infektion, meist durch Tierkontakt, erfolgt wahrscheinlich über den Mutterkuchen die Infektion des Embryo in der ersten Schwangerschaftshälfte. Aber auch ältere Kinder können, vermutlich durch selbständige Ansteckung, erkranken. Die angeborene, im Mutterleib übertragene Toxoplasmose der Kinder befällt in erster Linie das Zentralnervensystem und führt in charakteristischer Weise zu Sehnervenverödung und Höhlenbildung im Gehirn und zu typischen Veränderungen des Nervenwassers. Beweisend für die Diagnose sind typische röntgenologisch nachweisbare Kalkherde im Gehirn. Ältere Kinder, die sich toxoplasmotisch infiziert haben, zeigen das Krankheitsbild der Hirnentzündung. In beiden Fällen kommt es häufig zu intellektueller Unterentwicklung.

Schließlich ist hier noch ein drittes Bild anzureihen, welches die entscheidende Rolle der mütterlichen Körperverfassung für die geistige und körperliche Gesundheit ihrer Kinder in ein neues Licht rückt: es handelt sich um die seit 30 Jahren bekannte Gelbsucht der Neugeborenen als Folge von Störungen der Blutzusammensetzung (Morbus haemolyticus neonatorum.) Erst die Blutgruppenforschung hat nach Entdeckung des sogenannten Rhesus- (Rh-) Faktors ursächlich Klarheit gebracht. Bei einer bestimmten Rh- Faktorenverteilung bei den Eltern, die in komplizierter gegenseitiger Abhängigkeit krankmachende Wirkung auf das Kind haben können (die angloamerikanische Fachliteratur spricht von Rhincompatibility), tritt die meist äußerlich durch die Gelbsucht der Neugeborenen kenntliche Erkrankung auf. Bei längerem Fortbestehen dieser Gelbsucht kommt es zu einer Gelbfärbung der Stammhirnkerne, zum sogenannten Kern-Ikterus (Kern-Gelbsucht). Wenn die Kinder die schwere Erkrankung überleben, stellen sich dem Befallensein der Hirnkerne entsprechende Ausfallerscheinungen ein, die wie die von L i t t l e als Blutungsfolgen durch Geburtsschwierigkeiten beschriebenen aussehen. In Amerika sind bereits die ersten Veröffentlichungen erschienen, die bei Kindern mit Littlescher Krankheit eine entsprechende Rh- Verteilung bei den Eltern in einem größeren Hundertsatz finden, so daß bei manchen dieser Littlekinder an eine Rh-incompatibility gedacht werden kann.

Die bisher angestellten Betrachtungen scheinen uns unausweichlich darzutun, daß eine Erweiterung des Gesichtskreises hinsichtlich der Entstehungsmöglichkeit schwererer und leichterer Intelligenzmängel dringlich geworden ist. Während bisher der Geburts v e r l a u f für die Verursachung angeborener Schwachsinnszustände im Vordergrund des ursächlichen Denkens stand, so hat offenbar nach den neueren Ergebnissen der Forschung nunmehr die Beachtung des gesamten S c h w a n g e r s c h a f t s - verlaufs als mindestens gleichberechtigt hinzuzutreten.

Und hier berührt sich das bisher Vorgetragene mit eigenen Forschungsergebnissen (41, 42). Im Jahre 1939 habe ich monographisch eine Arbeitshypothese über die Entstehung einer weiteren meist schweren Form der intellektuellen Unterentwicklung, nämlich des sogenannten Mongolismus, vorgetragen. Diese mongoloiden Kinder tragen ihren Namen von ihrer äußerlichen Ähnlichkeit mit mongoliden Rassen her: eine (anatomisch übrigens von der Mongolenfalte der Chinesen und Japaner verschiedene) Art Schlitzäugigkeit infolge Schiefstellung der Lidspalte (Epikanthus) bei Knopfnasigkeit und überwiegend hochgradiger Kurzschädligkeit macht die Diagnose bei den ausgeprägten Formen unverkennbar. Ich fasse das mongoloide Krankheitsbild als eine Entwicklungshemmung des erblich normal veranlagten Kindes auf. Von einem relativ frühen Embryonalzeitpunkt an (zu dem wir alle im Mutterleib schlitzäugig, kurzschädlig und knopfnasig waren — von der noch fehlenden späteren Klugheit einmal ganz zu schweigen) wachsen die Kinder gewissermaßen nur noch quantitativ weiter, ohne sich qualitativ durchzudifferenzieren. Die Engländer sprechen recht anschaulich von „unausgebackenen Kindern"; in der angloamerikanischen Fachliteratur ist auch vorgeschlagen worden, die Störung wegen ihrer Ähnlichkeit mit embryonalen Durchgangsstufen als „Embryoidie" zu bezeichnen.

Die seinerzeit im Auftrage meines Lehrers Prof. L e n z von mir innerhalb des Kaiser-Wilhelm-Institutes in Dahlem unter Prof. Eugen F i s c h e r durchgeführten Untersuchungen machten es wahrscheinlich, daß der Mongolismus die Folge einer Schädigung des Plasmas der Eizelle ist noch während ihres Aufenthaltes im Eierstock, also schon vor der Befruchtung. Ich nannte daher solcherart nicht in ihrer Erbmasse, sondern in ihrem Plasma geschädigte, zu Fehlentwicklung der Frucht führende Eizellen *dysplasmatisch*. Folgende Befunde und Überlegungen ließen mir im einzelnen die Annahme einer dysplasmatischen Entstehung des Mongolismus in den meisten Fällen als unausweichlich erscheinen:

1. Die Sippenforschung aller bisher damit sich befassenden Autoren zeigt übereinstimmend das so gut wie völlige Fehlen irgendeiner nennenswerten Belastung mit Mongolismus oder Schwachsinn überhaupt; ferner kann wegen des Fehlens der Häufung von Verwandtenehen bei den Eltern Mongoloider auch rezessive Erbbedingtheit ausgeschlossen werden. *Die krankmachende Ursache kann daher nicht wesentlich in der Erbmasse verankert sein.*

2. Alter der Mütter — meist ältere, den Wechseljahren nahe Frauen, dann jugendliche, spät herangereifte Frauen und die Stellung der Mongoloiden in der Geschwisterreihe — meist das letzte, zuweilen auch das erste Kind bei im übrigen gesunden Geschwistern — weisen unmißverständlich auf *Störungen im weiblichen Hormonverhalten* hin, in dem die Eierstockfunktion eine entscheidende Rolle spielt.

3. Die Zwillingsbefunde beim Mongolismus widersprechen der durch die übrigen Methoden der Erbforschung erhärteten Wahrscheinlichkeit seiner Nichterblichkeit nicht nur nicht, sondern sie zwingen darüber hinaus zu der Annahme, *daß die krankmachende Schädigung im Eiplasma angreift.*

In Übereinstimmung mit diesen auf eine geschädigte Eizelle der Mongoloidenmütter hinweisenden Tatsachen allgemeiner Art fand ich ferner gelegentlich einer erstmalig von mir systematisch durchgeführten Untersuchung bei 30 von 33 Mongoloidenmüttern die Zeichen einer Fehlfunktion des Hormonsystems, das durch die Eierstockfunktion wesentlich bestimmt wird, in klinisch mehr oder minder deutlichem Zusammenhang mit der Mongoloidenschwangerschaft. Ich kam auf Grund dieser genauen Durchuntersuchungen zu folgenden Schlüssen:

Die große Mehrzahl der untersuchten Mongoloiden bildet eine Gruppe, deren Mütter zur Zeit der Empfängnis und meist auch später noch die Zeichen einer Fehlsteuerung des Hormonsystems, das durch die Eierstockfunktion wesentlich bestimmt wird, aufweisen. Diese Tatsache unterstützt die bereits aus den oben angeführten allgemeineren Überlegungen gewonnene Ansicht, daß die *wesentliche* Ursache der Krankheitsentstehung beim Mongolismus in einem nicht vollwertigen Produkt des kranken Eierstocks, also in einer dysplasmatischen Eizelle gesehen werden kann. Gewissermaßen auf normalem Wege entstehen solche dysplasmatischen Eizellen dann, wenn die Eierstocksfunktion, sichtbar in der beginnenden oder erlöschenden Menstruiertheit, einsetzt oder versiegt. Weil nun viel mehr ältere als ganz junge Frauen konzipieren, haben die Mongoloiden meist alte Mütter und sind die letzten Kinder einer sonst gesunden Geschwisterreihe. Aber auch erste Kinder verspätet mit ihrer Sexualentwicklung beginnender junger Mütter sind aus diesem Grunde gelegentlich mongoloid. Nach erlangter Vollreife der Mütter sind dann die weiteren Kinder gesund. Auch bei den Krankheiten der Mütter, die die Hormonfunktion der Eierstöcke lahmlegen oder schädigen, kommt es dann, wenn gerade um diese Zeit unglücklicherweise eine Befruchtung statthat, zu isolierten mongoloiden Kindern. Ich verfüge über genauere Kenntnis zweier Mütter, bei denen nach der Geburt der mongoloiden Kinder ein krankhaft veränderter (cystischer) Eierstock entfernt werden konnte. Im ersten Fall waren, was eine große Ausnahme ist, die b e i d e n ersten Kinder Mongoloide. Als ich Mutter und Kinder untersuchte, bestand wieder eine Schwangerschaft, während welcher die Eierstocksgeschwulst samt dem Eierstock entfernt worden war. Es zeigte sich dabei am Sitz des gelben Körpers am gesunden Eierstock, daß die bestehende Schwangerschaft dem ungeschädigten Organ entstammte. Ich sagte daher ein gesundes Kind voraus, was sich auch bestätigte. Die Einzelheiten dieses wissenschaftlich relevanten Falles sind in meiner Monographie zu finden. Die zweite Mutter, deren einziges mongoloides Kind ich ansah und der ebenfalls ein Ovarialzystom nachträglich entfernt wurde, befindet sich zur Zeit der Niederschrift dieses Berichtes noch in der Untersuchung.

Meine Befunde sind inzwischen durch R e i c h w a g e und Nachuntersuchungen S c h r ö d e r s weitgehend bestätigt worden, wie ich das in zwei weiteren Arbeiten des näheren auseinandersetzen konnte (106, 112, 113). Es liegt nunmehr ein ausreichend großes Untersuchungsgut von insgesamt 137 Mongoloidenmüttern vor (G e y e r 1939 33, S c h r ö d e r 1940 60 und R e i c h w a g e 1939 44 Mütter); fast 4/5 der auf ihre Funktionstüchtigkeit der Eierstöcke hin untersuchten 137 Mongoloidenmütter zeigten entsprechende, klinisch nachweisbare Ausfallerscheinungen (78,1%). Deshalb habe ich in meinen letzten Veröffentlichungen zu diesem Thema nicht mehr, wie noch 1939, von einer Arbeitshypothese, sondern von einer nunmehr genügend begründeten Theorie der dysplasmatischen Entstehung des Mongoloismus gesprochen. Auch die sorgfältige große Monographie von B e n d a (7,8), die nach dem zweiten Weltkrieg in Amerika erschienen ist, kommt trotz genauesten Untersuchungen in dieser Hinsicht zu einer Ablehnung erblicher Faktoren für die Verursachung des Mongolismus.

Nachdem damit ein gewisser vorläufiger Abschluß der sehr lebhaften Diskussion über die Entstehung der mongoloiden Idiotie erreicht sein dürfte, ist es an der Zeit, eine weitere von mir im Zusammenhang mit diesem Fragenkomplex seinerzeit aufgeworfene Arbeitshypothese zu überprüfen.

Wie oben bereits erwähnt, haben die Mongoloiden (außer gelegentlich besonders jungen, verspätet mit der Menstruation beginnenden oder innersekretorisch kranken Müttern) meist klimakterische, also im biologischen Sinne alte Mütter; diese Tatsache ist schon seit Jahrzehnten fast allen Beobachtern aufgefallen.

Nun hatte L e n z bereits früher darauf hingewiesen, daß in einem großen Untersuchungsgut von v. P f a u n d l e r die gewöhnliche (nichtmongoloide) Idiotie eine fast ebenso hohe Korrelation zum hohen Alter der Mütter aufweist wie diese. B e n n h o l d t - T h o m s e n hat später darüber berichtet. Er kommt zu den Schlußsätzen:

„1. Eine systematische, den mittleren Fehler der kleinen Zahl und andere Täuschungsquellen berücksichtigende rechnerische Behandlung eines Materials von 13 516 Fällen läßt eine Syntropie (Korrelation) zwischen hohem Alter der Mutter (40 oder mehr Jahren zur Zeit der Geburt) und krankhaften Zuständen der

Kinder einwandfrei nur erkennen beim Mongolismus und — in wesentlich geringerem Grade — bei einer Gruppe von weniger scharf charakterisierten, mit organisch cerebralen (oder cerebellaren) Zeichen verknüpften Schwachsinnsformen.

2. Beziehungen von kindlichen Krankheitszuständen dieser oder anderer Art zu hohem Alter der Väter, zu hohem Summenalter der beiden Erzeuger (als solchem), auch zu hoher Altersdifferenz zwischen den Eltern konnten bei dem verfügbaren Material und dem gewählten Verfahren überhaupt nicht angetroffen werden."

In seiner zweiten Arbeit legt sich B e n n h o l d t - T h o m s e n (9) leider auf die Theorie v a n d e r S c h e e r s (109) von der ursächlichen Bedeutung von Einnistungsschäden der Eizelle fest. Auch B r u g g e r fand bei der Verteilung von Schwachsinnigen auf die einzelnen Geburtennummern: „Nur die allerletzten Geburtennummern sind möglicherweise durch Zufall in ganz geringem Maße zu stark mit Oligophrenen besetzt."

B r u g g e r hat allerdings auf Grund seiner Berechnungen an mehreren Hundert Schwachsinnigen eine etwa der Erwartung entsprechende Verteilung seiner Probanden auf die Geburtennummern gefunden und sich daher gegen meine Hypothese einer dysplasmatischen Schwachsinnsentstehung ausgesprochen. Dem ist entgegenzuhalten, daß die Idioten nur einen ganz geringen Bruchteil der „Schwachsinnigen" ausmachen. Würde man eine entsprechende Berechnung nur bei idiotischen Kindern aufmachen, so dürfte allein schon durch die Mongoloidenmütter eine deutliche Belastung der hohen (und vielleicht auch der niedrigen?) Gebäralter herauskommen.

Auf Grund der oben von mir mitgeteilten Überlegungen hat L e n z vermutet, daß auch unter den nichtmongoloiden Idiotieformen sich (klinisch nicht als solche diagnostizierbare) Fälle von Idiotie der gleichen Herkunft finden. Es ist ja überhaupt bekannt, daß die schweren Schwachsinnsformen im allgemeinen nicht erblich sind; entsprechend haben unsere Untersuchungen in Übereinstimmung mit den tatsächlich gefundenen Verhältnissen aller anderen Autoren keine Anhaltspunkte für Erblichkeit des Mongolismus ergeben. Man kann daher, und weil die nichtmongoloiden Idioten auch häufiger, als der Erwartung entspricht, alte Mütter zu haben scheinen, annehmen, daß es unter den Idioten eine Gruppe von Erkrankten gibt, die gewissermaßen als Abortivformen des Mongolismus aufgefaßt werden können.

Für diese ganze Gruppe von schweren Schwachsinnszuständen habe ich als Arbeitshypothese die Vermutung ausgesprochen, daß es sich um Entwicklungshemmungen infolge dysplasmatischer mütterlicher Eizellen handelt.

Der Mongolismus wäre dann als mongoloide Unterform der dysplasmatischen Idiotie anzusehen, weil sich bei ihm gewissermaßen zufällig Epikanthusbildung, Kurzköpfigkeit, Überstreckbarkeit der Gelenke u. a. m. als Entwicklungshemmung neben der des Gehirns erhalten haben und bemerkbar machen. Diese mongoloiden Symptome signalisieren in den ausgeprägten Fällen gewissermaßen das Stehengebliebensein des Idioten auf embryonaler Entwicklungsstufe.

In der Diskussion zu einem Vortrag, der als Grundlage für dieses Kapitel dient, fragte G ö c k e (Münster), ob die gynäkologische Unfruchtbarkeitsbehandlung der Frauen nicht unter Umständen die Gefahr mit sich bringen könnte, daß mongoloide Kinder ausgetragen würden, welche sonst auf mehr oder weniger früher embryonaler Entwicklungsstufe fehlgeboren würden. Da ich dieser Frage bisher keine Aufmerksamkeit geschenkt hatte, konnte ich damals nur antworten, daß eine mit frauenärztlicher Erfahrung durchgeführte Behandlung, die zu einem Gesundwerden der Mütter führte, theoretisch wohl keinen Bedenken begegnen könne. Inzwischen sind zwei Mütter mongoloider Kinder in meiner Sprechstunde gewesen, deren Befragung zu diesem Problem folgendes ergab: Frau X. hatte nach zwei lebendgeborenen normalen Kindern viermal Fehlgeburten und ließ sich deswegen mit Hormonen und Vitamin E behandeln. Die nächste Schwangerschaft führte zu einem mongoloiden Kinde. Im Anschluß daran trat vorzeitig das Klimakterium bei der 39jährigen Frau ein. — Frau Y. hat ein normales Kind, das zweite ist ein mongoloides. Während der Schwangerschaft mit dem idiotischen Kind kam es im 3. Monat zu einer drohenden Fehlgeburt, die durch Bettruhe und 3 Hormoninjektionen aufgehalten werden konnte (Behandlung durch den praktischen Arzt). Die Äußerungen scheinen mir wichtig zu sein, weil sie vielleicht die Gefahren einer nichtfachärztlichen Anbehandlung der Unfruchtbarkeit oder der Neigung zu Fehlgeburten durch den praktischen Arzt aufzeigen.

Ich möchte in diesem Zusammenhang nicht versäumen, auf die sehr interessante Arbeit von S t i e v e über „Die Oocytenschwäche der alternden Frau" hinzuweisen, die eine anatomische Bestätigung der klinischen Erfahrung bringt. Es heißt in seiner Zusammenfassung:

„In den Eierstöcken vieler Frauen reifen während des Klimakteriums, bei Frauen, deren Eierstocktätigkeit durch ungünstige Umwelteinflüsse gestört wurde, auch schon im 4. Lebensjahrzehnt, einige Follikel heran, in denen die Eizelle schließlich zugrunde geht. Vielleicht können geschädigte Eizellen alter Frauen auch ausgestoßen und befruchtet werden; aus ihnen können sich vielleicht mißbildete Früchte entwickeln."

Im Jahre 1939 habe ich mit A s b e c k und G r o h m a n n begonnen, die oben aufgeführten Zusammenhänge weiter zu verfolgen. Wir gingen dabei so vor, daß wir innerhalb einer großen Zahl (mehrere hundert) von Anstaltsidioten drei Gruppen bildeten:

1. Gruppe: Wahrscheinlich endogene Idiotie mit nachgewiesener erblicher Belastung durch Schwachsinn.

2. Gruppe: Wahrscheinlich exogene Idiotie mit nachgewiesenen groben neurologischen Ausfallerscheinungen.

3. Gruppe: Idiotien ohne nachweisbare erbliche Belastung und ohne nachweisbare exogene Schädigung.

Denn wenn wir eine der mongoloiden Idiotie parallele dysplasmatische Entstehungsweise nachweisen wollten, so mußte diese am ehesten bei solchen Idioten vermutet werden, die genau wie die Mongoloiden weder erblich belastet waren noch grobe exogene Störungszeichen aufweisen.

Eine systematische Untersuchung der Mütter von allen drei Gruppen wurde in Angriff genommen; es wird sich zeigen, ob die dritte Gruppe in Analogie zu den mongoloiden Idioten hormonal geschädigte Mütter in höherem Prozentsatz aufzuweisen hat als die endogen bzw. exogen geschädigten Gruppen.

Ferner wurde von G r o h m a n n eine Kontrolluntersuchung an der Durchschnittsbevölkerung begonnen. — Aus äußeren Gründen ruhen im Augenblick diese Untersuchungen; über ihre Ergebnisse wird später im einzelnen neu zu berichten sein.

Wir konnten über einen unerwarteten, aber nicht überraschenden Befund berichten, den uns die auch bei den anderen Gruppen durchgeführte körperliche Untersuchung der dritten Idiotiegruppe erheben ließ.

Bei den 92 von uns in der Heil- und Pflegeanstalt Görden untersuchten Vertretern dieser dritten Gruppe fanden wir in großer Regelmäßigkeit körperliche Zeichen, die wir früher als charakteristisch bei Mongoloiden antrafen: Mikrocephalie, Brachycephalie, Knopf- und Sattelnase, steiler, enger Gaumen, Tatzenhand, Vierfingerfurche, Überstreckbarkeit der Gelenke, Landkartenzunge u. a. m.

Diese Häufung embryonaler Entwicklungshemmungen betraf lediglich die dritte, nach theoretischen Überlegungen aufgestellte Gruppe; sowohl die erste, endogene, als auch die zweite, exogene Gruppe zeigten diese Häufung nicht. Es läßt sich also diese ursprünglich per exclusionem herausgehobene Idiotiegruppe auch klinisch abgrenzen.

Während nun der Nachweis der hormonalen Insuffizienz der Mütter und die dysplasmatische Entstehung auch dieser Idiotiegruppe einem späteren Zeitpunkt vorbehalten bleiben mußte, haben wir die klinischen Bilder dieser vorläufig als dysplasmatisch bezeichneten Idioten herausgearbeitet.

Ich weiß sehr wohl, daß in der Literatur das Vorkommen aller dieser auch von uns gefundenen Symptome bei „den" Idioten bereits ganz allgemein beschrieben worden ist. Neu ist aber meines Erachtens ihre Würdigung in einem verständlichen Zusammenhang als Signale einer ganz bestimmt bedingten Entwicklungshemmung dysplasmatischer Natur.

Wie oben bereits angedeutet, handelt es sich ausschließlich um solche Stigmata, die wir auch bei den typischen Mongoloiden sehen. Auch aus diesem Grunde möchte ich den Mongolismus als die ausgeprägteste Form der dysplasmatischen Idiotie auffassen, hervorgerufen durch Zurückbleiben auf tiefer embryonaler Entwicklungsstufe. Die anderen Formen, denen zur Diagnose „Mongolismus" eigentlich nur die mongoloide Lidanomalie (anatomisch: der Epikanthus) fehlen, sind offenbar auf gleiche, wenn auch meist quantitativ weniger hochgradige Entwicklungshemmungen zurückzuführen — es handelt sich also praktisch bei ihnen um einen „Mongolismus ohne Mongolismus".

Zur Verdeutlichung dessen bringe ich vergleichend zwei Tabellen, deren erste die Kurzköpfigkeit bei 27 von mir untersuchten Mongoloiden und deren zweite die entsprechenden Werte von 92 dysplasmatischen Idioten enthält.

Die Tabelle 1 zeigt deutlich das Überwiegen der überkurzschädligen mongoloiden Idioten; die Gesamtkurzschädligkeit einschließlich der einfach kurzschädligen Probanden macht 25 von insgesamt 27 Untersuchten aus.

Tabelle 1 *Schädelindices von 28 Mongoloiden*

Hochgradiger Kurzschädel	Kurzschädel	Langschädel
97,1	84,6	72,7
96,7	84,4	67,1
96,1	83,7	
93,5	82,6	
92,0	81,8	
91,9	81,8	
91,5	81,7	
91,4	81,3	
89,9	80,8	
88,8	80,7	
88,3		
86,8		
86,8		
86,3		
85,7		
85,3		

Ein Vergleich der beiden ersten Tabellen lehrt, daß sich bei den dysplasmatischen Idioten genau wie bei den Mongoloiden die Überzahl der Schädelindices in der Rubrik der Kurzschädel findet. Bei den Mongoloiden fehlen die Mittelwerte (wohl wegen der kleinen Zahl) überhaupt, und bei den Dysplasmatischen machen sie nur einen geringen Bruchteil aus. Die Langschädligkeit findet sich beide Male als Ausnahme.

Eine tabellarische Übersicht über die Kleinköpfigkeit der Dysplasmatiker bringe ich ihres unterschiedlichen Alters und der dadurch bedingten nicht ganz einfachen Vergleichbarkeit wegen nicht; doch bewegt sich etwa 3/4 der Probanden innerhalb der 50 cm-Schädelumfanggrenze. Es kann gar keinem Zweifel unterliegen, daß auch die Gruppe der dysplasmatischen Idiotien durch-

Tabelle 2 *Schädelindices von 92 dysplasmatischen Idioten*

Überkurzschädel	Kurzschädel	Mittelwerte	Langschädel
98,0	84,9	79,9	74,7
96,9	84,7	79,4	
94,6	84,7	79,4	
92,8	84,7	79,3	
92,5	84,7	78,8	
92,5	84,5	77,7	
91,9	84,4	76,5	
91,1	84,4		
90,9	84,2		
90,2	84,1		
90,2	84,0		
89,7	83,9		
87,7	83,4		
89,6	83,4		
89,5	83,3		
89,4	83,2		
89,3	82,9		
89,3	82,8		
89,3	82,7		
88,9	82,6		
88,9	82,3		
88,7	82,3		
88,6	82,0		
88,6	81,9		
88,4	81,9		
88,3	81,4		
88,2	81,3		
88,1	80,7		
87,9	80,7		
87,8	80,5		
87,5	80,3		
87,4	80,2		
86,9	80,0		
86,9	80,0		
86,7			
86,4			
86,4			
86,3			
86,1			
86,1			
85,9			
85,9			
85,6			
85,5			
85,3			

weg kleinköpfig ist — wieder in völliger Analogie zu den Mongoloiden.

Die Tabelle 3 zeigt eine erste orientierende Darstellung sonstiger meist als typisch mongoloid angesehener körperlicher Befunde bei Dysplasmatikern.

Tabelle 3 *„Mongoloide Zeichen" bei dysplasmatischen Idioten*

	Probanden
Verbreiterte Nasenwurzel	71
Schläfengegend über den Jochbeinen eingesunken	64
Überstreckbarkeit der Gelenke	63
Knopfförmige Nase	53
Klinodaktylie	47
Steiler und enger Gaumen	41
„Clownartig aufgeschminkte" Wangen	39
Eingesunkene Nasenwurzel	39
Ohrmißbildungen	38
Kleine Nase	38
Schlitzförmige Augenspalten (ohne Epikanthus) . .	36
Lanugo-Haar	35
Tics	32
Scrotalzunge	25

Es dürfte keinem Zweifel unterliegen, daß diese Idioten die auch sonst in der Literatur erwähnten „mongoloiden Abortivformen" sind.

Die weitere klinische Untersuchung der Probanden zeigt eine Reihe von Stigmen, die sich zur tabellarischen Darstellung nicht eignen und die aus der Symptomatologie des Mongolismus bereits bekannt sind. Es fehlte bei diesen Kindern eigentlich nur der Epikanthus, damit die Diagnose gestellt werden konnte. Es fanden sich knopfförmige Nase und schlitzförmige Lidspalten ohne echten Epikanthus, ferner zurücktretendes Kinn, fliehende Stirn und Kleinköpfigkeit der mongoloiden Idioten.

Sehr charakteristisch waren außerdem die häufig nicht vollentwickelten Ohren, die sich beim Mongolismus eigentümlich verkrüppelt darstellen, so daß der Eindruck entsteht, daß sich die Ohrmuschel nicht richtig entfaltet hat. Überhaupt finden sich verschieden große und in verschieden großem Anstellwinkel abstehende Ohren; auch kommt es nicht selten vor, daß nur das eine Ohr mikrotisch oder verkrüppelt erscheint. Dies scheint mir ebenfalls dafür zu sprechen, daß es sich um eine nicht eigentlich erbliche Ursache der Entstehung handelt. Ein Fehlen des Reliefs der Ohrmuschel, die dann wie eine flache Muschelschale aussieht, habe ich als Muschelohrigkeit oder Conchotie bezeichnet.

Die dysplasmatischen Idioten zeigen häufig die charakteristische Landkartenzunge, die verbreiterte Nasenwurzel; die Entwicklung des „Freßschädels" auf Kosten des Hirnschädels ist ebenfalls nicht zu verkennen. Persistierende Embryonalbehaarung bei älteren idiotischen Kindern findet sich auf dem Nacken, dem Rücken und an den Armen und Beinen. Auch Überstreckbarkeit der Gelenke wird bei nichtmongoloiden dysplasmatischen Idioten gefunden. Schließlich sei darauf hingewiesen, daß in der von uns dysplasmatisch genannten, unbelasteten und klinisch gesunden Idiotengruppe auch Gesichtsbildungen unauffälliger Art vorkommen. Wenn sich weiterhin bestätigen sollte, daß solche äußerlich unauffälligen Idioten ebenfalls dysplasmatischer Herkunft sein können, dann würde sich herausstellen, daß die Gruppe der dysplasmatischen Idiotie von den schwersten, mongoloiden Fetalismen bis zur körperlich ausgereiften, aber in der Hirnentwicklung zurückgebliebenen Menschen reicht.

Ich vermute schließlich, daß es auch auf Grund irgendwelcher anderer intrauteriner Faktoren gelegentlich zu einem Zurückbleiben gewisser körperlicher Entwicklungen ohne geistige Störung kommen kann. Bei einem größeren Rekrutenmaterial sah ich nicht wenig conchotische, mikrotische, knopfnasige Männer, die intellektuell unauffällig waren. Daß es sich hier nicht um erbliche Dinge handelt, legt das häufige einseitige Vorkommen derartiger Differenzierungshemmungen nahe.

Aber auch das Umgekehrte ist denkbar, daß nämlich dysplasmatische Störungen sich nur in der mangelhaften Intelligenzleistung bemerkbar machen können, ohne daß körperliche Zeichen diese Herkunft signalisieren.

Zusammenfassend läßt sich sagen: An den Beispielen der Störungen infolge Röteln einerseits und Toxoplasmose der Mütter andererseits sowie der Rh-Unverträglichkeit wurde gezeigt, daß für die Entstehung exogener Schwachsinnsformen in neuerer Zeit neue ursächliche Differenzierungsmöglichkeiten sich ergeben haben.

Der Geburtsverlauf wird in Zukunft nicht mehr so im Vordergrund der Beurteilung stehen wie bisher. Auch der Schwangerschaftsverlauf (Viruserkrankungen, Toxoplasmose) der Mütter wird einer eingehenden Analyse bedürfen. Darüber hinaus wird auch die Blutgruppenforschung (Rh-Faktor) bei den Little-ähnlichen Kernikterusschwachsinnigen Berücksichtigung finden müssen. Es geht also praktisch um die körperliche Gesundheit der Mütter in ihrer Auswirkung für die physische Gesundheit der Kinder. Die Mongolismusforschung hat die Notwendigkeit innersekretorischer Gesundheit der Frauen voll herausgestellt. Die Mongoloiden sind aber offenbar der Extremfall einer ganzen Gruppe sogenannter dysplasmatischer Idioten, die sich ihrer Herkunft nach dadurch zusammenfassen lassen, daß sie aus einer noch nicht oder nicht mehr oder durch Krankheit nicht genügend entwickelten mütterlichen Eizelle entstammen. Klinisch läßt sich diese Gruppe durch eine Reihe von Stigmata abgrenzen, die bisher einfach einer embryonalen Entwicklungshemmung auf dysplasmatischer Grundlage erweisen. Diese klinischen Zeichen reichen von der schwersten, noch mongolismusartigen Form bis zu ihrem Aufgehen in fast normale Körperbildung — und dementsprechend vielleicht auch von der Idiotie bis zur landläufigen Dummheit.

Die schädigenden Einflüsse der modernen Zivilisation auf den labilen innersekretorischen Apparat der Frau haben meines Erachtens zu einer Zunahme der mongoloiden und der dysplasmatischen Idioten geführt. Für das Deutschland von 1939 wurden 10 000 Mongoloide geschätzt, die mehrfache Zahl dysplasmatischer Idioten muß selbst für das Deutschland in den heutigen Grenzen angenommen werden. In der Ursachenforschung der exogenen Oligophrenien liegen deshalb nicht nur theoretische wissenschaftliche Probleme, sondern auch praktische Aufgaben für die Ärzteschaft verborgen.

Ein epochales Ereignis, das als solches meines Erachtens noch nicht genügend gewürdigt wurde, ist die im 5. Kapitel näher dargestellte Behandlungsmöglichkeit der Erythroblastose infolge von Rh-Unverträglichkeit der elterlichen Blute; hier zeigt sich im Prinzip: die redliche wissenschaftliche zweckfreie Forschung findet auf ihrem Wege unerwartet Zusammenhänge, die zum ärztlichen Erfolg führen können dort, wo ihn niemand erwartet hat.

Es bleibt uns noch übrig, nachdem wir eine Darstellung der inneren Zusammenhänge des Formkreises der dysplasmatischen Intelligenzmängel gegeben haben, eine ungefähre orientierende Übersicht über das Gesamtgebiet der sogenannten angeborenen und früh erworbenen Schwachsinnszustände zu geben, soweit wir sie bisher nur gestreift oder noch gar nicht erwähnt haben.

Der wissenschaftliche zusammenfassende Begriff für Schwachsinnsgrade aller Ausprägungen lautet: Oligophrenien — das Wort ist griechisch und bedeutet die Geistesverfassung von Leuten, mit deren Seelenleben wenig los ist.

Diejenige Störung, die von P e l i z a e u s und M e r z b a c h e r zuerst beschrieben wurde, ähnelt hinsichtlich des geistigen Zurückbleibens und der spastischen Lähmung der Beine, wie bereits ausgeführt, den von L i t t l e beschriebenen Bildern; es kommen aber noch andere Störungen des Bewegungsapparates hinzu, auf die wir hier nicht näher einzugehen brauchen. Interessanterweise handelt es sich um ein ausgesprochenes Erbleiden, das über die gesund bleibenden Mütter nur auf männliche Kinder vererbt wird und damit eindeutig dem rezessiv geschlechtsgebundenen Erbgang folgt. Dies Beispiel zeigt sehr schön, wie klinisch sehr ähnliche Krankheitsbilder durch die fortschreitende Forschung sich als ganz heterogenen Charakters erweisen: *Little-Symptomatik:* (Cerebrale spastische Diplegien):

1. P e l i z a e u s - M e r z b a c h e r : praktisch rein erbbedingt, ähnlich die hereditären diffusen Sklerosen, u. a.

2. Kernikterusfolge: indirekt erbbedingt infolge Zusammentreffens unverträglicher Blutgruppen der Eltern.

3. Hirnblutungs- und Verletzungsfolgen unter der Geburt: praktisch nur umweltbedingt.

Es gibt dann eine weitere Gruppe von Intelligenzmängeln, die mit Warzen- und Muttermalbildung einhergehen, die deshalb so genannten Phakomatosen:

4. Tuberöse Sklerose: dominant erbliche (G e y e r) Erkrankungen mit schmetterlingsförmigem Muttermal im Gesicht.

Die Recklinghausensche besteht meist ohne Intelligenzmängel und wird daher hier nicht weiter betrachtet.

5. L i n d a u sche Krankheit, wobei gemeinsam geschwulstige Veränderungen am Augenhintergrund und am Kleinhirn bestehen — eine Erbkrankheit, wahrscheinlich dominant.

6. **S t u r g e - W e b e r s** Krankheit mit Gefäßgeschwülsten im Gesicht und im Gehirn, hier häufig mit Kalkeinlagerungen, ist eine in früher Embryonalzeit angelegte Störung, wahrscheinlich unregelmäßig dominant.

Ferner kann man Oligophrenien in Begleitung von Störungen des Stoffwechsels finden; vor allem bei den sogenannten Speicherungskrankheiten, infolge derer in bevorzugten, jeweils verschiedenen Geweben verschiedene körpereigene Stoffe angehäuft werden. Sie folgen praktisch alle dem rezessiven Erbgang: Bei den Eiweiß- und Kohlehydratspeicherungsvorgängen bleibt die geistige Entwicklung der Betroffenen unangetastet. Unter den Fettspeicherungskrankheiten aber gibt es gleich eine ganze Reihe, die dem Namen ihrer Autoren nach zitiert werden sollen:
die Cholesterinlipoidose:

7. **H a n d - S c h ü l l e r - C h r i s t i a n ,**
die Cerebrosidlipoidose:

8. **G a u c h e r ,**
die Phosphatidlipoidose

9. **F a b r y** (Angiokeratoma)

10. **R e f s u m** (Heredopathia atactica polyneuritisformis),

11. **H u r l e r** (Gargoylismus — die grotesken Schädel- und Körperveränderungen ähneln denen der mittelalterlichen, an gotischen Domen angebrachten Wasserspeierfiguren, welche im Englischen Gargoyles heißen),

12. **N i e m a n n - P i c k** — Schwerpunkt der Fett-Thesaurierung in den inneren Organen; eng verwandt ist die Gruppe der zur Erblindung führenden Intelligenzmängel, der amaurotischen Idiotien; diese Formen sind bisher nur in jüdischen Sippen gefunden worden; bei ihnen liegt der Schwerpunkt der Fett-Thesaurierung im Gehirn; sie sind rezessiv erblich:

13. **T a y - S a c h s** (frühkindliche Form)

14. **B i e l s c h o f s k y** (spätkindliche Form)

15. **K u f s** (erwachsene Form) der amaurotischen Idiotien.

Außer den Speicherungskrankheiten mit Intelligenzmängeln gibt es offenbar noch eine Unsumme noch nicht bekannter Stoffwechselstörungen bei Schwachsinnigen. So erregte es einiges Aufsehen, als

16. **F ö l l i n g** bei sonst unauffälligen Schwachsinnigen als Stoffwechselanomalie die Ausscheidung von Brenztraubensäure

im Urin feststellen konnte; es ist auch für diese Erkrankung Rezessivität wahrscheinlich.

Eine allgemein als Ausdruck hormonaler Störungen auftretende Fettsucht gehört zu einer gleich nach vier Autoren benannten Krankheit:

17. Laurence-Moon-Bardet-Biedel: Kombination von Augenhintergrundsveränderungen, Fettsucht mit genitaler Unterentwicklung, Polydaktylie, Schwachsinn und (nach Becker) extrapyramidalen Bewegungsstörungen; wahrscheinlich handelt es sich um ein Erbleiden.

Eine weitere Gruppe bilden die diffusen Sklerosen. Sie lassen drei Unterformen unterscheiden:

18. die geschwulstige Form von Ceni,

19. die entzündliche Form (Schilder und Spielmeyer), sowie die erblichen, degenerativen Formen, und zwar

20. die infantile Form (Krabbe),

21. die spätinfantile Form (v. Bogaert und Scholz),

22. die juvenile Form (Scholz, Bielschowsky und Henneberg, v. Bogaert und Bertrand, de Lange), und

23. die erwachsene Form (Ferraro).

Die unter 20—23 angeführten Störungen sind erblicher Herkunft, folgen aber vermutlich uneinheitlichen Erbgängen; man kann dieser Gruppe auch die eingangs erwähnte Pelizaeus-Merzbacher-sche Erkrankung angliedern.

Zur Vervollständigung unseres zusammenstellenden Überblicks fügen wir noch die dysplasmatischen Idiotien mit ihrem Leitsyndrom

24. Mongolismus (Geyer, Benda) an, sowie die einfach als Spielarten der Entwicklungsbreite menschlicher Intelligenzanlagen aufzufassenden Begabungsmängel:

25. endogener Schwachsinn.

Damit entfaltet sich vor unserem tiefer dringenden Blick eine unvermutete Aufgliederung der auf den ersten Blick so eintönig wirkenden Schwachsinnsformen in interessante Sonderformen, davon jede vermutlich Ausläufer bis in vorläufig nicht erkennbare „normale" Dummheitsgrade entsendet. Überdies wird die weitere Forschung noch neue Einsichten herausarbeiten, die insbesondere die Gruppe 25 immer weiter verkleinern dürften.

Recht selten werden Schwachsinnige beobachtet, die später, in oder nach der Pubertätszeit, schizophren erkranken. Man sah solche Zustände als zufälliges Zusammentreffen eines schwachsinnigen Defektes mit einer schizophrenen Demenz an und bezeichnete solche Krankheitsbilder daher als Pfropfschizophrenien, als ob diese sich, ein schizophrenes Reis, einem schwachsinnigen Stamm aufokuliert hätten. Nun ist man aber eher gewohnt, einen biologischen Zusammenhang zwischen Hochbegabung und schizophrener Gefährdung zu konstatieren, und die pfropfschizophrenen Schwachsinnigen sind daher eine ziemlich rätselhafte Angelegenheit. L e n z hat mir gegenüber gesprächsweise den Gedanken geäußert und diskutiert, daß es sich bei diesen Kranken um echte Schizophrene handeln könne, die ihren ersten Schub abnorm früh, u. U. schon im Mutterleib, oder kurz nach der Geburt, durchgemacht haben, und deren als Schwachsinn imponierender Geisteszustand in Wirklichkeit bereits ein schizophrener Defekt sei. Es könnte dann an dem frühen Zustandekommen bei noch nicht differenziertem Hirn liegen, daß ein solcher Defekt nicht qualitativ vom einfachen Schwachsinn geschieden werden könne und daß die Diagnose erst durch weitere Schübe geklärt werde. Zweifellos eine geistreiche Theorie, die hier wenigstens gestreift werden sollte.

Somatopsychische Probleme

Vor allem wissenschaftlichen Psychologisieren erhebt sich als entscheidendes Kriterium die Frage nach der B e w e i s b a r k e i t des von psychologischer Seite Behaupteten; ein näheres Hinsehen zeigt gelegentlich, daß sich hinter imponierenden Fachausdrücken unbewiesene Möglichkeiten verbergen. Immer wieder ist daher die prinzipielle Möglichkeit einer wissenschaftlichen Psychologie bezweifelt worden — man denke an die programmatische Schrift von M ö b i u s über die Hoffnungslosigkeit aller Psychologie. Auch B u m k e fragt eingangs seiner „Gedanken über die Seele": „Kann es eine Psychologie als Wissenschaft geben?" Die B u m k e sche Beweisführung (19; 1-48) wird hier vorausgesetzt. Das Resultat wird in einer schließlichen Bejahung der Möglichkeit wissenschaftlich beweisbaren Psychologisierens gesehen und darüber hinaus in einer grundsätzlichen Annäherung der beiden Zweige am Baume der (psychologischen) Erkenntnis, der geisteswissenschaftlichen und der naturwissenschaftlichen Seelenlehre.

Die psychiatrische, das heißt die ärztliche Haltung dem gesamten, kranken und gesunden Seelenleben gegenüber steht häufig im Verdacht, alles durch die irrenärztliche Brille als krankhaft zu betrachten. Dabei wird vergessen, daß die Psychopathologie die Kenntnis der sogenannten normalen Psychologie genau so zur selbstverständlichen Voraussetzung hat wie die Chirurgie oder etwa die Lehre von den Nervenkrankheiten die Kenntnis der normalen Anatomie. Gewiß läuft in der psychiatrischen Ausbildung die Vertiefung der Menschenkenntnis überhaupt vom Pathologischen hin zum Normalen. Selbst Psychiater haben gemeint, das sei bedenklich. So schreibt B u m k e (a. a. O. S. 299): „Schließlich muß ich noch einen Vorbehalt machen, der für mich ebenso gilt wie für K r e t s c h m e r und alle anderen psychologisch denkenden Ärzte: Alle diese Darstellungen sind ursprünglich an oder doch an abnormen Menschen orientiert. Das ist natürlich ein Nachteil, den man nicht deshalb gering einschätzen darf, weil ihm der Psychiater nun einmal nicht ausweichen kann." Allerdings fährt er fort: „Aber es ist doch auch ein Vorteil dabei. Vielleicht ist es gar nicht so schlecht, zunächst einmal die auffälligsten Vertreter eines Konstitutionskreises gesehen, durch lange Zeit beobachtet und dann nicht nur mit ihren Familienangehörigen, sondern auch mit anderen körperlich und seelisch ähnlich gestalteten Menschen verglichen zu haben; vielleicht werden gerade dabei, beim allmählichen Übergang vom Groben und Sinnfälligen zu den letzten und feinsten Ausläufern einer Erscheinungsreihe unsere Augen ein wenig geschärft." Das ist wohl richtig; für nicht unbedingt richtig halte ich dagegen die Meinung, daß ein Ausgehen von seelisch kranken Menschen einen Nachteil bedeutet. Ich glaube vielmehr, daß der psychopathologische Ansatz nicht nur einen Vorteil, sondern geradezu fast den einzigen naturwissenschaftlich einwandfreien Weg bedeutet, um beweisbar Wesentliches auszusagen auf dem Gebiet der Psychologie des Normalen, also auch auf dem Gebiet der Menschenkenntnis schlechthin.

Es ist ein Irrtum zu glauben, daß unsere sonstigen naturwissenschaftlichen Kenntnisse des Normalen auf anderem Wege, nämlich durch Untersuchung des Gesunden, zustande gekommen seien. Dieser Irrtum kommt zum Teil wohl von der normalen Anatomie und Histologie her, deren eindrucksvollen Bildern jeder Naturwissenschaftler zuerst begegnet, sei es auf humanem, zoologischem oder botanischem Gebiet. Dieser Sonderfall allerdings gewinnt seine exakten Kenntnisse aus der Zergliederung des mehr oder weniger normalen Materials; die Voraussetzung aber ist immer, daß es sich um tote Objekte handelt. Die Seele jedoch ist das Leben selbst (B u m k e , a. a. O.). Das Leben auch des Normalen in seinen Voraussetzungen und Bedingungen kennenzulernen, gibt es schon auf physiologischem Gebiet nur zwei Wege: den des Experiments und den der Analyse des krankhaft gestörten Wirkungsablaufes.

So schreibt A b d e r h a l d e n in seinem „Lehrbuch der physiologischen Chemie" auf Seite 5: „Erwähnt sei noch, daß für die Ausdeutung bestimmter Stoffwechselvorgänge von der Natur angestellte Experimente maßgebende Bedeutung erhalten haben. Wir werden wiederholt auf Abweichungen im Stoffwechselgeschehen stoßen und erfahren, daß sie unser Wissen über normales Geschehen wesentlich gefördert haben." Im Bild werden gezeigt: Abb. 1-4 Hypophysengestörte Patienten mit Fett- und Magersucht; seniles Rattenmännchen und Kapaunenkamm vor und nach Sexualhormonzufuhr (Abb. 5-9); ein vierundzwanzigjähriger Kastrat (Abb. 10); eine klimakterisch vermännlichende und nach Operation einer Eierstocksgeschwulst wieder weiblich gewordene Frau (Abb. 12-14); Abb. 15-17 stellt die körperlichen Veränderungen eines neunjährigen Mädchens mit Nebennierengeschwulst dar; Abb. 18 und 19 zeigt die Röntgenbilder eines rachitischen Kindes. Seite 91 f. finden wir eine genaue Analyse der Zuckerkrankheit, Seite 141 f. eine solche Anaphylaxie nach parenteraler Eiweißzufuhr. Auf Seite 161 heißt es: „Bei der Erforschung des Kohlehydratstoffwechsels haben Störungen — teils handelt es sich um solche, die ohne unser Zutun auftreten (Diabetes melitus), teils um solche experimenteller Natur — wesentlich dazu beigetragen, einerseits diesen selbst in manchen Einzelheiten zu erfassen, und andererseits ließen sie in eindeutigster Weise erkennen, daß er nicht für sich allein abläuft, sondern stark mit demjenigen der Fette und der Eiweißstoffe bzw. ihrer Bausteine verflochten ist. Angesichts dieser Erfolge ist es verständlich, daß man Ausschau nach Veränderungen im Eiweiß- bzw. Aminosäurestoffwechsel gehalten hat, denen Hinweise auf dessen Verlauf entnommen werden können. In der Tat kennen wir solche." Es folgt dann die Darstellung der Cystinurie, der Alkaptonurie sowie der Phenylbrenztraubensäure-Ausscheidung bei gewissen Schwachsinnsgruppen. Weiter folgt das Adrenalin mit seinen Stoffwechselbeziehungen, dann das Thyroxin (Abb. 21: drei Kretins; Abb. 22: vollentwickelter Basedow, dazugehörige histologische Schnitte Abb. 23 und 24.) Der Purinstoffwechsel gibt Anlaß, sich ausgiebig mit der Gicht zu befassen (Seite 193), derjenige der Gallenfarbstoffe bedarf der Beleuchtung durch Gelbsuchtformen (Seite 201). Die perniziöse Anämie gibt auf Seite 204 Einblicke in die Verhältnisse bei der Neubildung der Erythrozyten. Die folgenden Kapitel über die Vitamine zeigen in Abb. 25 eine Keratomalazie, als Abb. 26 und 27 Gingivitis und Hautblutungen bei Skorbut. Beri-Beri- und Neuritisfolgen demonstriert Abb. 28; die nächsten drei Bilder stellen gelähmte bzw. krampfende „Reistauben" dar. Zwei weitere Abb. sind Pellagrakranken gewidmet. Bild 34 zeigt einen Akromegalen. Hypophysäre Fettsucht und Magersucht werden auf Seite 234, auf Seite 235 wird der Diabetes insipidus besprochen; die Bluterkrankheit auf Seite 256; die parathyreoiden Kalkstoffwechselstörungen auf Seite 297 usw.

In diesem Zusammenhang sei noch eine andere Wissenschaft kurz erwähnt: die experimentelle Drosophilagenetik, das heißt die Erblehre am Beispiel bestimmter Insekten. Das in wenigen Jahren bis in erstaunliche Einzelheiten ausgebaute Fach eines M o r g a n und M u l l e r basiert fast ausschließlich auf herausgezüchteten krankhaften Erbänderungen, die weitgehende Rückschlüsse auf normales Vererbungsgeschehen der nichtmutierten, sogenannten allelen Erbfaktoren erlauben. Niemand hält es für verwerflich, wenn der Physiologe und der Genetiker vom Krankhaften aus ihre Fachgebiete aufschließen. Niemand betrachtet ihre exakten Ergebnisse deshalb als vorbelastet oder mangelhaft. Ich meine, was dem Physiologen und Genetiker, dem Zoologen und Botaniker recht ist, muß dem wissenschaftlichen Psychologen billig sein; noch mehr: Gerade das vieldeutige, unter grobem Zugriff zerfließende, wechselvolle psychische Geschehen könnte nur willkürlich und unphysiologisch betrachtet und erforscht werden, wenn nicht die Experimente der Natur, in diesem Falle die Geisteskrankheiten und Anomalien, im Seelischen überhaupt erst beweisbare Fakten geben würden. Im sauberen Nachgehen dieser vom sogenannten Pathologischen her gezogenen Trennungslinien allein kann es der Natur der Sache nach beschieden sein, zu echten psychologischen Erkenntnissen zu gelangen, echt in dem Sinne, daß sie beweisbar sind. Deshalb baut sich auch unser Essay über die Dummheit auf der Basis der Schwachsinnsforschung auf.

Die entscheidenden Fortschritte der modernen Psychologie, sofern sie Weltgeltung gewonnen haben, gehen — fast möchte man sagen, selbstverständlich — auf psychiatrisch-neurologisch ausgebildete Ärzte zurück. F r e u d , J a s p e r s , K r e t s c h - m e r , v. W e i z s ä c k e r — um nur vier Namen zu nennen — waren oder sind Nervenärzte. Die bleibenden Erkenntnisse psychoanalytischer Provenienz nahmen ihren Ausgangspunkt von der Hysterieforschung, ja, sie gehen bis in die rein neurologischen Arbeiten F r e u d s zurück, wie S p e h l m a n n (116) gezeigt hat. K r e t s c h m e r s Lehre von Körperbau und Charakter begann mit anthropologischer Analyse extremer schizophrener und zyklophrener Kranker, der die psychopathologische Analyse dem Fuße folgte. J a s p e r s hat zwar einmal gemeint, es sei eine erstaunliche Selbsttäuschung des Psychiaters, wenn er mit K r e t s c h m e r glaube, als Kenner der Neurosen ein Kenner zu sein des menschlichen Herzens überhaupt; aber viel Wahres ist doch daran; und J a s p e r s selbst, der ja von (man muß schon sagen „seiner") Psychopathologie herkommt, hat zum mindesten für seine Person gezeigt, daß ihn profundes psychopathologisches Wissen wenigstens nicht gehindert hat, sich, etwa hinsichtlich van Goghs, als Kenner des menschlichen Herzens zu erweisen.

Ein genialer Ansatz ist meist einfach; so war K r e t s c h m e r s vergleichende Anthropo-Psychologie von einer nicht voraussehbaren Fruchtbarkeit. In der 19. Auflage von „Körperbau und Charakter" berichtet K r e t s c h m e r , daß im Weltschrifttum inzwischen über 50 000—60 000 exakte Einzeluntersuchungen nach seiner Methodik Zeugnis abgelegt wurde; eine überwältigende Bestätigung der ersten Konzeptionen der Tübinger Klinik. Trotzdem scheint es nun allmählich an der Zeit, die quantitative Häufung von Bestätigungen durch neue Gesichtspunkte zu ersetzen. Es ist erwiesen, daß etwa der Pykniker sich vom Leptosomen überall in der Welt und in allen physiologischen und psychologischen Details unterscheidet. Es ist heuristisch wertvoll, aber nicht mehr interessant, wenn in immer neuen Arbeiten nichts weiter gezeigt wird als ein Unterschied hinsichtlich irgendeiner raffiniert ausgeklügelten Stoffwechsel- oder Seelentestung. Die großen Probleme liegen jetzt anderswo; sie sind sicher vorhanden. Ich glaube, daß aus einer Umkehrung der Fragestellung wesentliche Erkenntnisse zu gewinnen wären. Nicht, ob und warum 67,2% der Schizophrenen leptosom und athletisch, ob und warum 64,6% der Zyklophrenen pyknisch sind, sollte immer aufs neue erprobt und erforscht werden: sondern warum 32,8% der Schizophrenen n i c h t leptosom-athletisch und warum 35,4% der Zyklophrenen n i c h t pyknisch sind, das zu klären, wäre des wissenschaftlichen Schweißes der „Edlen" wert. Es ist zu vermuten, daß sich neue Aufschlüsse in konstitutionsbiologischer, typologischer, psychopathologischer, genetischer und — last not least — psychologischer Hinsicht ernten lassen würden; denn es ist anzunehmen, daß ein pyknischer Schizophrener und ein leptosomer Zyklophrener, wenn es sich um reine psychotische Bilder und nicht um Legierungen handelt, der psychopathologischen Analyse nicht nur, sondern auch der erbpathologischen und der pathopsychologischen Forschung wissenswert Neues vermitteln könnten.

Unser eigener hier kurz dargestellter Beitrag, der sich in die körperlichen und seelischen Grenzgebiete sogenannter normaler Zwillinge begibt, gewinnt seinen Ansatz aus den Ergebnissen der Psychopathologie, wie sie über das Zwischenhirnsyndrom bis zur vitalen Person an der S t e r t z schen Klinik in Kiel erarbeitet wurde. Gerade das aber scheint mir nach dem Gesagten eine gewisse Garantie dafür zu sein, daß er die Grenzen des Beweisbaren und damit des wissenschaftlich Relevanten nicht verläßt.

Mir scheint hier ferner ein weiteres, nicht genügend beobachtetes Forschungsfeld zu liegen, welches notwendige Ergänzungen der Konstitutionstypologie erschließen könnte: Wie sehen die typischen Pykniker, die typischen Athletiker, die typischen Leptosomen, vielleicht auch die typischen Dysplastiker als Kinder und in der Pubertät aus — physisch und psychisch? Unsere Arbeit hat gezeigt, daß es bereits in der Kindheit und Vorpubertät individuelle Prägungen gibt, die im wesentlichen nicht umweltabhängig und damit nicht eigentlich erziehbar (wohl aber führbar) sind. Nach Ausarbeitung einer einfachen, neurologisch-psychiatrisch ausgerichteten Methodik wurden 26 Zwillingspaare in einem Lager mehrere Wochen lang untersucht und beobachtet mit dem Ziel, nach den Kriterien der Zwillingsforschung einiges über die Genetik (Erblehre) der vitalen Person in Erfahrung zu bringen. Es wurde deshalb das Verhalten der Zwillinge im Schlaf, beim Erwachen und im Wachzustand verglichen. Anschließend wurden an 508 schulpflichtigen Zwillingen Kontrollen hinsichtlich primitiver psychischer Qualitäten, wie sie im Wachverhalten der Lager-Zwillinge sich als vorwiegend (fast ausschließlich) erbbedingt gezeigt hatten, vorgenommen.

Vorteilhaft war, daß sich die zu beobachtenden Vorgänge bei schlafenden Kindern, also bei mehr oder weniger ausgeschalteter Hirnrinde (oder, was dasselbe ist: bei ausgeschaltetem Bewußtsein), abspielten. Die Kinder wußten also nichts von irgendeiner Beobachtung, so daß Störungsfaktoren wie etwa Befangenheit, Schauspielerei oder anderes von vornherein entfielen. Es konnte damit in glücklicher Weise die Prüfsituation der Testung vermieden werden. Zum Gegenstand der Untersuchung wurden insonderheit solche Vorgänge gemacht, die nach den anatomischen, klinischen und experimentell-physiologischen Erfahrungen der letzten Jahrzehnte, auf den Pionierleistungen von C. und O. V o g t aufbauend, als vegetativ und subcortical gesteuert aufgefaßt werden können. Vernachlässigt wurden also die sich in der Helle des Bewußtseins abspielenden, vorwiegend hirnrindengesteuerten mehr psychologischen Abläufe; in den Mittelpunkt der Betrachtungen rückten zunächst vielmehr die hauptsächlich hirnstammgesteuerten mehr physiologischen Abläufe während des weitgehend verdunkelten Bewußtseins des Schlafes.

Die Aussicht, mit Hilfe der Zwillingsuntersuchungen etwas über das Maß der Erbbedingtheit physiologischer Abläufe feststellen zu können, steht und fällt (unter anderem) mit der Frage, ob überhaupt in der Durchschnittsbevölkerung individuelle Unterschiede bestehen. Unsere Kenntnisse über die Unterschiede des normalen Schlafes sind jedoch im allgemeinen recht dürftig. Fast stets wird die Auffassung vertreten, daß gesetzmäßig im Schlaf des Gesunden sich grundsätzlich die gleichen physiologischen Abläufe finden. Wenn dem wirklich so wäre, dann könnten sich zwischen eineiigen Zwillingen (EZ) und zweieiigen Zwillingen (ZZ) keine nennenswerten Unterschiede finden, und die Zwillingsmethode würde uns keine tieferen Einblicke in die Erblichkeitsverhältnisse verschaffen können. Es zeigt sich aber sehr bald, daß selbst so körpernahe physiologische Dinge wie die beobachteten

Schlafregulationen weitgehende individuelle Verschiedenheiten aufweisen, die eine erfolgreiche Anwendung der Zwillingsmethode erlaubten.

Zunächst wurde das Verhalten der *Muskelspannung* bei den schlafenden Zwillingen durch einfachen Vergleich, wie er zur groben Feststellung des Tonus in der Neurologie üblich ist, festgestellt. Hierbei zeigte sich, daß es keineswegs so ist, wie es in der Literatur häufig zu lesen steht, daß nämlich im Schlaf sich „die Glieder lösen" und nach mehr oder weniger kurzer Zeit ein fast völliger Tonusverlust beim Schläfer festzustellen wäre. Gerade im Verhalten des Tonus (das übrigens extrapyramidal über den roten Kern reguliert zu werden scheint) erwies es sich, daß hier die mannigfachsten und aus der neurologischen Pathologie bekannten Qualitäten auftraten. Es fanden sich rascher Tonusverlust, langes Verharren in deutlicher Tonuserhöhung, kataleptoides Verhalten im Sinne der wächsernen Biegsamkeit.

Bei dem Vergleich von mehreren hundert Einzelversuchen ließ sich zeigen, daß man *tonuslabile* von *tonusstabilen* Schläfern trennen kann. Die erbgleichen Zwillinge verhielten sich in statistisch gesicherter Breite ganz überwiegend konkordant im Gegensatz zu den zweieiigen Zwillingen. Die nähere Auswertung der Einzelbefunde zeigte sodann, daß die erblich bedingte Tonussteuerung, wenn auch nicht sehr hochgradig, so doch in geringen Grenzen sich als durch Umwelteinflüsse modifizierbar erwies.

Weiter wurden die *Schlafstellungen* beobachtet, von denen ja bekannt ist, daß jeder Mensch in einer bestimmten Haltung mindestens nicht schlafen kann. Auch hier fand sich, daß diese wohl wieder mit der Tonusregelung zusammenhängenden Stellungen, die in sehr ähnliche, verschiedene und sehr verschiedene unterteilt wurden, trotz oder besser gerade wegen einer ungeheuren Mannigfaltigkeit noch als erbbedingt nachgewiesen werden konnten. Der Nachweis der Erbbedingtheit nach der Schlafstellung erfolgte durch die statistische Auswertung von über 2000 Strichskizzen von Schlafstellungen.

Auch die *Wangenröte* erwies sich keineswegs als abhängig von der mehr oder weniger zufälligen Lagerung des Kopfes, sondern eine ausreichend große Beobachtungsreihe läßt es sehr wahrscheinlich werden, daß nicht nur die Tatsache der „Schlafwangen" überhaupt, sondern auch die Qualität der Wangenrötung (etwa

Farbe, Formbegrenzung) individuell verschieden, und zwar erb-
verschieden ist.

Weitere Beobachtungen erstrecken sich auf das ruhige oder
unruhige Schlafen der Kinder, insbesondere auf das Einsetzen
von rhythmischen Schaukelbewegungen des Rumpfes und der
Extremitäten.

Hinsichtlich des sensorisch-motorischen Verhaltens hat sich gezeigt: Bei schlafender Rinde und relativ wachem Hirnstamm treten bei offenbar ausgeschaltetem Bewußtsein und demgemäß auch
fehlenden Träumen eben diese automatischen Bewegungen auf;
der umgekehrte Schlaftyp, der Stammschlaf, hindert die körperliche Weiterarbeit des Schläfers, während die relativ wache Rinde
sich in Träumen, Sprechen im Schlaf o. a. bemerkbar macht. Auch
hier ließ sich mit Hilfe des Konkordanz-Diskordanz-Verhaltens
der Zwillinge eine allerdings von vornherein zu erwartende Wahrscheinlichkeit für Erbbedingtheit zeigen. Ganz ähnlich verhielten
sich das Sprechen im Schlaf (Noctiloquie), Schlafwandeln (Noc-
tambulismus) sowie Bettnässen (Enuresis nocturna) und Zähne-
knirschen.

Schließlich wurde noch das Erwachen aus dem Schlaf beobachtet: Das jähe Emporschrecken und sofortige Erwachen oder
das verschlafene Weiterduseln am frühen Morgen beispielsweise
zeigten eine bis in Einzelheiten verblüffende Konkordanz der
EZ bei deutlicher Diskordanz der ZZ[42]).

Nachdem sich vorwiegend körperliche Verhaltensweisen wie
Tonus, Schlafstellung, Wangenröte und sensorisch-motorische
Funktionen als weitgehend erbbedingt erwiesen haben, ist darauf
hinzuweisen, daß schon in diesen primitiven, auf den ersten
Blick rein körperlichen Funktionen Psychisches enthalten ist. Insbesondere ist im ruhigen bzw. unruhigen Schlafen eine deutliche
psychische Beteiligung ohne weiteres zu erkennen. Die Grenze
des bewußten Erlebens überschreitet schließlich das Erwachen, das
in seiner Färbung aber ebenfalls Hirnstammregulierungen wirksam zeigt. Auch im Wachverhalten der Zwillinge ließen sich (nach
einer eigens ausgearbeiteten, bewußt ohne laufende Protokollie-
rung des kindlichen Verhaltens vorgehenden Methode) offenbar
als Hirnstammsyndrome anzusprechende, nicht weiter zurück-

---

[42]) EZ : eineiige (erbgleiche) Zwillinge, immer gleichgeschlechtig.
ZZ : zweieiige (erbungleiche) gleichgeschlechtliche Zwillinge.
PZ : Pärchenzwillinge, immer erbungleich (zweieiig).

führbare primitive seelische Qualitäten als erblich feststellen. Diese primitiven seelischen Qualitäten sind die in Anlehnung an B r a u n herangezogenen, nicht weiter zurückführbaren „vitalen" Eigenschaften: Antrieb, Grundstimmung und Reizempfindlichkeit. Eine Nachprüfung dieser Ergebnisse wurde an 508 schulpflichtigen Zwillingen der Stadt Berlin, die durch ihre langjährigen Lehrer hinsichtlich ihres Verhaltens beurteilt wurden, vorgenommen. Auf diese Weise wurden fehlerkritisch gesicherte psychologische Ergebnisse gewonnen, welche beweisen, daß die „untersten" seelischen Qualitäten in der Tat weitgehend anlagemäßig bedingt sind.

Die durch die Beobachtung der schlafenden Zwillinge gewonnenen Ergebnisse zeigt die Tabelle 4.

Tabelle 4

	beobachtete Eigenschaften	EZ		ZZ		Zahl der vergl. Paare
		konk.	disk.	konk.	disk.	
vorwieg. somatisch	1. Muskeltonus im Schlaf	10	1	1	11	23
	2. Körperhaltung im Schlaf	9	2	2	10	23
	3. Schlafröte der Wangen	11	0	4	8	23
somato-psychisch	4. Sensorisch-motorisches Verhalten im Schlaf	11	0	4	9	24
	5. Erwachen	8	1	1	8	18
vorwieg. psychisch	6. Antrieb	13	0	1	12	26
	7. Reizempfindlichkeit	13	0	6	7	26
	8. Stimmung	13	0	3	10	26

Die Tabelle 4 zeigt untereinander in den Spalten 1—3 vorwiegend somatisch, in den Spalten 4 und 5 zu etwa gleichen Teilen somatisch und psychisch und in den Spalten 6—8 vorwiegend psychisch anmutende Verhaltensweisen der Zwillinge. Es wird damit ein Weg verfolgt von den unbewußten psycho-motorischen Verhaltensweisen über halbbewußte bis zum Auftreten bewußtwerdender und schließlich bewußter Eigenschaften. In allen zur Beobachtung gekommenen Eigenschaften erwiesen sich die erbgleichen Zwillinge erheblich ähnlicher als die erbungleichen, was in diesem Ausmaß bei der Art des primitiven seelischen Beobachtungsgutes nicht von vornherein zu erwarten war. Das in allen verschiedenen körperlichen, körperseelischen und seelischen Beobachtungsreihen sich abzeichnende Überwiegen gleichartiger Steuerungsmechanismen bei den EZ läßt vermuten, daß diese vitalen Äußerungsformen der Persönlichkeit konstitutionell bestimmt werden. Ein schlüssiger zahlenmäßiger Beweis läßt sich aber, trotz der großen Zahl von Einzelbeobachtungen, deswegen nicht erbringen, weil die Zahl der beobachteten Zwillinge zu klein ist, um statistisch gesicherte Zahlenverhältnisse zu ermöglichen. Das kann auch eine noch so große Zahl von Einzelbeobachtungen nicht erreichen. Wir haben deshalb eine Ergänzung unserer Befunde durch eine Kontrolle an hinreichend großen Zwillingszahlen angestrebt. Die Vorteile, die eine individuelle, möglichst genaue Beobachtung einzelner Zwillingspaare durch gleiche Beobachter mit sich bringt, hatten, wie im vorstehenden gezeigt, zu einer Reihe klar umrissener Vermutungen hinsichtlich des überwiegenden Erbeinflusses geführt. Anschließend haben wir eine statistische Massenerhebung mit Hilfe der Fragebogen-Methode durchgeführt, die der ihr anhaftenden Mängel durch ihre Zielgerichtetheit weitgehend entkleidet werden konnte. Es wurden nur adäquate Fragen an adäquate Beobachter gestellt; es wurde nämlich Auskunft erbeten über die drei leicht zu erkennenden, primitiven psychischen Qualitäten, wie wir sie im Zwillingslager beobachtet hatten. Befragt wurden Pädagogen der Berliner Schulen, die ihre Zwillingsschüler im Durchschnitt $1^1/_2$ Jahre unterrichtet hatten und daher zu einem klaren und sicheren Urteil befähigt waren. Ende 1937 wurden an 257 Schulleiter Großberlins 300 Fragebogen versandt. Im Laufe des Jahres 1938 kamen 254 Fragebogen brauchbar ausgefüllt zurück. Davon betrafen 97 Beobachtungsergebnisse an EZ-Paaren, 80 Beobachtungsergebnisse an ZZ-Paaren und 77 Beobachtungsergebnisse an PZ-Paaren. Es wird also über 508 Kinder berichtet. Die durchschnittliche Beobachtungszeit je Zwillingspaar durch den Lehrer dauerte 19 Monate; diese Zeit ist eine Minimalzeit, denn es wurde, wenn die beiden Zwillinge von verschiedenen Lehrern verschieden lange unterrichtet wurden, die kürzere Unterrichtszeit der Berechnung zugrunde gelegt. Von 14 Paaren konnte die Beobachtungsdauer aus äußeren Gründen nicht ermittelt werden. Von den EZ-Paaren wurden 84 von einem, 13 von zwei Lehrern; bei den ZZ lagen 60 Beurteilungen durch einen, 20 Beurteilungen durch zwei Lehrkräfte vor, und bei den PZ kamen 27 durch einen Lehrer beurteilte Paare auf 50 durch zwei Lehrer beurteilte. Die Ergebnisse zeigen die folgenden Tabellen:

Tabelle 5 *Antrieb*

EZ: insgesamt 97 Paare;
  davon konk. 89 = 91,8 %   ± 2,78
  davon disk. 8 = 8,2 %

ZZ: insgesamt 79 Paare;
  davon konk. 43 = 54,4 %   ± 5,60
  davon disk. 36 = 45,6 %

PZ: insgesamt 75 Paare;
  davon konk. 43 = 57,4 %   ± 5,70
  davon disk. 32 = 42,6 %

ZZ + PZ: insgesamt 154 Paare;
  davon konk. 86 = 55,8 %   ± 4,00
  davon disk. 68 = 44,2 %

Tabelle 6 *Empfindlichkeit*

EZ: insgesamt 96 Paare;
  davon konk. 87 = 90,6 %   ± 2,96
  davon disk. 9 = 9,4 %

ZZ: insgesamt 80 Paare;
  davon konk. 36 = 45 %   ± 5,56
  davon disk. 44 = 55 %

PZ: insgesamt 76 Paare:
  davon konk. 37 = 48,7 %   ± 5,73
  davon disk. 39 = 51,3 %

ZZ + PZ: insgesamt 156 Paare;
  davon konk. 73 = 46,8 %   ± 3,99
  davon disk. 83 = 53,2 %

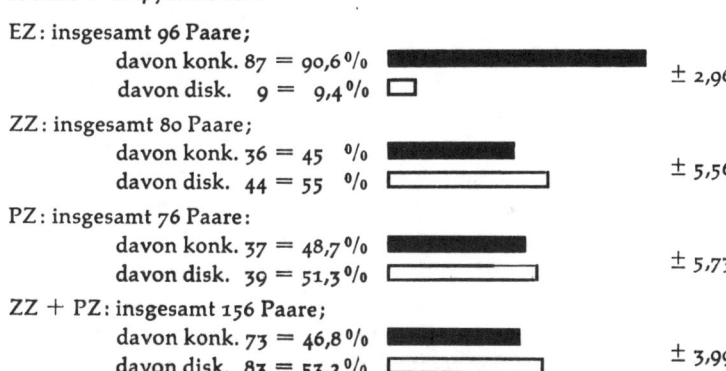

Tabelle 7 *Grundstimmung*

EZ: insgesamt 95 Paare;
      davon konk. 87 = 91,6 % $\pm$ 2,84
      davon disk. 8 = 8,4 %

ZZ: insgesamt 81 Paare;
      davon konk. 39 = 48,1 % $\pm$ 5,55
      davon disk. 42 = 51,9 %

PZ: insgesamt 77 Paare;
      davon konk. 41 = 53,2 % $\pm$ 5,68
      davon disk. 36 = 46,8 %

ZZ + PZ: insgesamt 158 Paare;
      davon konk. 80 = 50,6 % $\pm$ 3,98
      davon disk. 78 = 49,4 %

Die Tabellen über Antrieb, Empfindlichkeit und Grundstimmung der Zwillinge zeigen eindrucksvoll die überwiegende Konkordanz der EZ gegenüber den ZZ und PZ. Die Berechnung des mittleren Fehlers der Prozentzahl ergibt für alle mitgeteilten Ergebnisse, daß sie sämtlich außerhalb des dreifachen mittleren Fehlers liegen. Es sind dies daher, soweit ich übersehe, die ersten fehlerkritisch gesicherten psychologischen Unterschiede zwischen erbgleichen und erbungleichen Zwillingen, die in der erbpsychologischen Forschung bisher mitgeteilt wurden.

Diese Ergebnisse beleuchten, gewissermaßen rückwirkend, unsere anfangs mitgeteilten Befunde aus dem Zwillingslager. Sie sprechen eindeutig dafür, daß auch die sonstigen dort erhobenen Konkordanz-Diskordanzverhältnisse bei entsprechend größeren Ausgangszahlen sich als fehlerkritisch einwandfrei erweisen würden.

Es sei hier betont, daß auch mit unserer Methodik eine Erklärung des Unerklärlichen nicht erreicht werden konnte. Trotz allem Belauschen von diencephal gesteuerten Lebensäußerungen an den Übergangstellen vom Unbewußten über das Halbbewußte ins Bewußte (Schlaf — Erwachen — Wachverhalten) ist ein echtes Verständnis des Wechselspieles oder eines gegenseitigen Bedingtseins von Psychischem und Somatischem nicht zu erreichen. Und zwar grundsätzlich nicht. Vielleicht deswegen nicht, weil wir mit den Begriffen psychisch und somatisch arbeiten, a l s o b sie etwas Verschiedenes aussagten. Sie sind wahrscheinlich nur als Ausgangspunkte zweier Wege anzusehen, die aus verschiedener Richtung näher an die Erkenntnis des Seins, und zwar des menschlichen Seins, heranführen, ohne jemals ganz ans Ziel zu führen.

Immerhin zeigt die Beschäftigung mit den diencephal gesteuerten Lebensäußerungen des Menschen mit fast experimenteller Deutlichkeit die alte Wahrheit, daß es trotz aller grundsätzlichen Geschiedenheit und aller logischen Unüberbrückbarkeit Wechselwirkungen zwischen psychischem und somatischem Geschehen gibt. Weder psychologisch verstehbar noch kausal ableitbar ist das W i e psychosomatischer Gemeinsamkeiten; schlechthin existent aber ist ihr D a s , ihr Vorhandensein. In diesem Sinne sollte prinzipiell unterschieden werden. Wenn man erlebt, wie ein menschliches Wesen in seiner vital gefärbten Wachpersönlichkeit Züge des Temperaments, des persönlichen Tempos, der gesamten reaktiven und aktiven Verhaltensweise auch im Augenblick des Erwachens halbbewußt erkennen läßt, wie es selbst im Schlaf noch Entsprechungen darbietet, die schließlich und endlich körperbaulich prädestiniert erscheinen, dann hört zwar das Verstehen und das kausale Ableiten auf; bestehen aber bleibt die Tatsache, daß im sogenannten Seelischen das sogenannte Körperliche durchschimmert und umgekehrt. Das ist gewiß nicht neu; aber mir scheint es ein Gewinn zu sein, wenn besonders angesichts der üppig wuchernden Terminologie im Grenzgebiet kritisch Stellung genommen wird und die Grenzen nicht verwischt, sondern betont werden. Ich glaube, man sollte die einfache Tatsache, daß Seelisches im Körperlichen und Körperliches im Seelischen durchschimmert, transparent wird, auch terminologisch möglichst einfach und ohne Präjudizieren mitzuteilen sich bemühen. Ich bezeichne daher diesen Sachverhalt mit allen gemachten Vorbehalten als s o m a t o p s y c h i s c h e T r a n s p a r e n z . In diesem Ausdruck liegt ein bewußtes Sichbescheiden; er will nicht mehr aussagen als das, was beobachtet, erlebt, nachgefühlt, kurz: wahrgenommen wird; ein „Das", nicht ein „Wie" — mehr kann man nicht sagen und sollte man daher auch nicht sagen.

Rein naturwissenschaftliche Anschauungen und Lösungen werden heute als unzulänglich empfunden. Das Somatische wird als vordergründig, als zu simpel angesehen; hintergründige Aspekte, mit dem Ausdruck „Psychisches" bezeichnet, werden als notwendige Ergänzungen ebenfalls künstlich-fiktive Schema Krankheit — Gesundheit hineingedeutet. Man fragt nach dem S i n n auch der k ö r p e r l i c h e n Krankheit; die Schule v. W e i z s ä c k e r s ist hier am weitesten vorgestoßen und führte zu einer fruchtbaren Beunruhigung vielleicht allzu stagnierender Resignation. Ein Vertreter dieser „medizinischen Anthropologie", K ü t e m e y e r (78), schreibt: „So ist der Leib ein Kerker, ein Grab, und noch jeder Idealismus hat ihn bisher so empfunden; am deutlichsten jener am Anfang bei Plato, wo in dem berühmten Höhlengleichnis der Mensch, wegen Verflechtung in den materiellen Zusammenhang, der Wahrheit den Rücken kehren muß. Hier in der medizinischen Anthropologie nach ihrer Wandlung ist es umgekehrt: der Leib wird zum Kerker des Kerkers, zum Grab des Grabes. Hier wird die bewegungslose Wahrheit in einer wahren Circumincessio zu einer das Ganze umfassenden, zugleich in das Ganze eindringenden, indem ihr im Leibe der Rücken gekehrt wird. Plato wußte nicht, was er sagte. Und konnte es nicht. Nachdem aber das Wort Fleisch geworden und die Tiefe des Leibes erhellt, wird der Leib zum Angelpunkt der Wahrheit, wo alles sich umkehrt. Wo das Tote lebendig wird und das Lebendige tot . . . Daß der Leib weiser ist als der der Dunkelheit ferne klare Verstand und auch alle Vernunft, ist die Verheißung der medizinischen Lehre vom Menschen. Es ist ein Eindringen des Leibhaftigen in den Feiertag des Idealismus."

Versucht man, diese Terminologie in das Deutsche zu übersetzen, so bleibt etwa folgender Gedankengang übrig: „In der Medizin ist seelischen Vorgängen künftig mehr Bedeutung zuzumessen, als es bisher geschah". Vielleicht auch: „In den Geisteswissenschaften ist den somatischen Gegebenheiten mehr als bisher Rechnung zu tragen." Es erscheint mir fraglich, ob es notwendig und erkenntnisfördernd ist, zweifellos richtige Gedanken in solch prätentiöses Gewand zu hüllen, in dem der Wahrheit „im Leib der Rücken gekehrt" und Platos Unwissenheit zitiert wird, von dessen Höhlengleichnis gleichwohl der ganze zitierte Passus zehrt. Mir will scheinen, daß sehr viel mehr auf komplizierte terminologische Scholastik als auf klares Durchdenken hinausläuft, was zur Frage der Psychosomatik in immer umfangreicheren Stilübungen veröffentlicht wird. Man sollte nicht vergessen, daß schon die Voraussetzungen, das naive Gegenüberstellen von Psychisch und Somatisch bereits problematisch ist. B u m k e dürfte etwas Richtiges treffen, wenn er meint: „Ein Phantom hat den Psychologen (richtiger den Philosophen) genarrt." (19, S. 162). Es läßt sich gar nicht widerlegen, daß die Antinomie psychisch-somatisch grundsätzlich nichts Reales zu erfassen braucht. Gerade die unendliche Diskussion macht es mir wenigstens wahrscheinlich, daß es die Organisation des menschlichen Denkens ist, die eine letzte Erkenntnis auch dieses Problems nicht zuläßt, eben weil es sich um menschliches und nicht um göttliches Denken handelt. Offenbar nähert sich der humane Verstand mit seinen Gefühlskomponenten von zwei logisch unvereinbaren Extremen her dem Rätsel des Lebens; der eine Pol wird als körperlich, der andere als seelisch empfunden und bezeichnet. „Psychosomatik" bedeutet nichts anderes als einen Kompromiß, der Unvereinbares vereint; es handelt sich in ihm um ein echtes Paradox, das wie alle großen Wahrheiten letztlich logisch nicht erhellt werden kann, sondern als etwas schlechthin Gegebenes, nicht restlos Verstehbares hingenommen werden muß. Damit steht die medizinische Anthropologie" keineswegs allein da. Die moderne Physik ist in einer genau parallelen Situation angelangt; als Parallele, nicht als umstürzende grundsätzliche „Erklärung" philosophischer Art, sollte man sich ihrer gleichzeitigen Erkenntnisse erinnern. Sie zeigen nur, daß auch die exakteste der Wissenschaften nicht ohne Fiktionen und unvereinbare Paradoxien auskommt, die zu Kompromißlösungen, zur Vereinigung des Unvereinbaren in einer unverbindlichen Terminologie kommt: „Wir wollen sagen, das Licht ist etwas, das sich wellenartig ausbreitet und infolgedessen imstande ist, das größte Objektiv auszufüllen, und das ferner auch die bekannten Welleneigenschaften der Beugung und Interferenz aufweist. Gleichzeitig aber ist es etwas, das mit der für Korpuskeln oder Geschosse charakteristischen Eigenschaft begabt ist, seine gesamte Energie auf ein äußerst kleines Ziel konzentrieren zu können. Ein solches 'Etwas' kann man wohl ebensowenig als Welle wie als Partikel ansehen. Vielleicht sollten wir einen Kompromiß eingehen und es 'Wellikel' nennen." (E d d i n g t o n, [26]). Und: „Zuerst handelt es sich um den jetzt so widerspruchsvoll gewordenen Begriff des 'materiellen Punktes'. Es ist klar: 'Die bisherige zentrale Bedeutung dieses Begriffes muß grundsätzlich geopfert werden' (Planck). Die Eigenschaften, die wir ihm in der makroskopischen, unseren Sinnen direkt zugänglichen Welt zuschrieben, hat er gar nicht. Er hat nicht an einen bestimmten Ort eine bestimmte Geschwindigkeit, nicht zu einer bestimmten Zeit eine bestimmte Energie. Das sind vielmehr Idealisationen, die wegen der winzigen Kleinheit der Planckschen Konstanten h nach den Unschärfebeziehungen nur in der Makrowelt zulässig sind. Aber von unseren für die große Welt brauchbaren Begriffen dürfen wir nicht glauben, daß sie absolut gültig sind. Weil Korpuskeln mit genau bestimmbaren Werten für Ort, Geschwindigkeit und Bahn und ebenso andererseits Wellen in der Makrophysik brauchbare Begriffe waren, meinten wir, so etwas müsse es schlechthin auch in der Mikrowelt geben. Kant hat die Kategorie der 'im Wechsel der Erscheinungen beharrenden Substanz'. Die ganze klassische Physik, wohl auch Kant selbst, hielt die materiellen Punkte der Mechanik für solche Substanzen. Das sind sie nicht. Vielmehr sind sie Partikel und Welle zugleich, Eddington nennt sie 'Wellikel'. Sie sind zugleich das Prinzip des ewig Seienden der eleatischen Philosophie und auch das des ewig Werdenden des Heraklit. Sind die Wellikel noch Substanzen im Sinne Kants? Oder ist der erkenntnistheoretische Rahmen zu erweitern? Sind die Denkformen, die Kant für notwendig hält, vielleicht doch noch zu sehr inhaltlich bestimmt? Denn das physikalisch Existierende, wir wissen es schon . . . ,sind die Wirkungsquanten. Diese gehören aber der nicht direkt wahrnehmbaren, vierdimensionalen Raum-Zeitwelt an. Dieser Welt stehen wir ohne Sinnesorgan gegenüber wie der Blinde den Farben." (Z i m m e r, [133]).

Eugen F i s c h e r , der die Humangenetik in Pionierarbeit auf der exakten genetischen Analyse aufbaute, indem er als erster die menschliche Bastardforschung mit seinen Rehobother Untersuchungen auf den Platz rief, und der Jahrzehnte später in seinem Versuch einer Gen-Analyse des Menschen das inzwischen Erreichte zusammenfaßte, schreibt mir zu diesen Gedankengängen unter anderem: „Die eine psychosomatische Transparenz zeigenden Vorgänge v e r e r b e n sich (bzw. ihre somatischen Grundlagen). Tut es nun wirklich nur diese Unterlage? Letzten Endes ist das Psychosomatische bei der 'Transparenz' nur eins, nur zwei Seiten einer Wesenheit — und das vererbt sich! Gibt es im transzendental Psychischen auch so etwas wie eine Übertragung von einer Generation auf die nächste?"

Das ist zweifellos richtig und formuliert expressis verbis den Gedanken, der unausgesprochen als roter Faden meine Darstellung durchzieht. Die psychischen Erscheinungen, soweit sie der Naturwissenschaftler zu erforschen strebt, sind ohnedies nicht ohne körperliches Substrat denkbar. Und das körperliche Substrat zum mindesten hat sich, wie gerade E. F i s c h e r zeigen konnte, als der genetischen Analyse zugänglich gezeigt. In dieser seit langem bekannten Voraussetzung liegt die Folgerung beschlossen, daß auch „Psychisches" von Generation zu Generation übertragen werden kann. Meine Ausführungen zeigen in diesem Sinne und, wie ich glaube, an besonders eindrucksvollen Beispielen, daß die Durchdringung oder, besser gesagt, das Einssein (das Wort 'Ganzheit' ist mir terminologisch zu vorbelastet) von psychischem und somatischem Geschehen sehr viel bindender beweisbar ist, als man sich das im allgemeinen wissenschaftlichen Sprach- (und Denk-)Gebrauch klarzumachen pflegt.

Zum Abschluß dieser Exkursion über die vitale Person, die ein tieferes Verständnis für die psychosomatische Transparenz und damit die Macht der Affekte herbeiführen sollte, mit denen wir es im vorigen sowie im folgenden Kapitel vorwiegend zu tun haben, möchte ich noch einige prinzipielle Bemerkungen zur Problematik der Zwillingsforschung sagen, für diejenigen Leser, die es ganz genau wissen wollen. Die Zwillingsmethode, bereits im vorigen Jahrhundert von G a l t o n (32) wissenschaftlich aus der Taufe gehoben, wurde durch S i e m e n s (114) und von V e r - s c h u e r (117) zu einer exakten, anthropologisch fundierten naturwissenschaftlichen Methode ausgebaut. In einer Zeit, als diese Zwillingsmethode eine Antwort auf die schwierige Frage nach dem Anteil von Erbe und Umwelt beim Zustandekommen fast aller körperlichen und seelischen Merkmale des Menschen zu verheißen schien, hat Le n z (83) als erster in einer kleinen, aber in ihrer Problemstellung und ihren Antworten richtungsweisenden und schlechthin entscheidenden Arbeit gefragt: „Inwieweit kann man aus Zwillingsbefunden auf Erbbedingtheit oder Umwelteinfluß schließen?" Man sollte, so schließt L e n z , von der Zwillingsmethode nichts verlangen, was sie nicht leisten könne. Innerhalb der ihr von der Natur gesteckten Grenzen sei sie mit die wertvollste Methode der Erbforschung. Weitere Arbeiten bemühten sich um ein tieferes Eindringen in das Grundsätzliche dieses Forschungszweiges. So äußerte sich B e c k e r 1938 (Zur Erblichkeit der Motorik, [3]) und B e c k e r mit L e n z (5) im gleichen Jahre in einer methodologisch weiterführenden Schrift über die Arbeitskurve K r a e p e l i n s und einen psychomotorischen Versuch in der Zwillingsforschung; schließlich sei in diesem Zusammenhang die groß angelegte Untersuchung B e c k e r s (4) zur Erbbiologie der Speiseabneigungen erwähnt. Alle diese in gewissem Sinne zweifellos als Vorarbeiten anzusehenden Veröffentlichungen gipfeln in den beiden während des Krieges 1941 und 1944 erschienenen Abhandlungen von L e n z (84; 85) zur Problematik der psychologischen Erbforschung und der Lehre vom Schichtenbau der Seele. Leider sind beide Arbeiten wegen der kriegsbedingten Kontinuitätstrennung wissenschaftlicher Fortarbeit nicht so bekannt geworden, wie sie verdienten. Ihre Lektüre ist für jeden notwendig, der auf dem Gebiet der modernen Psychologie unter Einbeziehung genetischer Fragen arbeiten will. L e n z (83) zeigt, daß aus der bloßen durchschnittlichen Konkordanz bzw. Diskordanz (Übereinstimmung bzw. Nicht-Übereinstimmung) bei eineiigen und zweieiigen Zwillingen (EZ und ZZ) der Grad der Umweltsstabilität nicht genau bestimmt werden kann, da es sich dabei gewissermaßen um eine Gleichung mit mehreren Unbekannten handelt. Er zeigt ferner, daß je nach dem Ausmaß einer dieser unbekannten Größen die Zwillingsmethode verschiedene (Schein-) Ergebnisse haben muß. Es handelt sich um Unterschiede der erblichen Zusammenstellung und des Sich-Findens der Geschlechtspartner (Homogenie und Homogamie) der Bevölkerung, aus der die Zwillinge stammen, ferner um die Wahl des Maßstabes, die erstaunlich unterschiedliche Ergebnisse zeitigen kann. Schließlich und endlich zeigt L e n z unwiderlegbar, daß die *Schichtentheorie* des Psychischen lediglich ein Bild benutzt und ein künstliches Schema darstellt, das weit davon entfernt ist, allgemeinverbindlich Wesentliches über seelische Struktur auszusagen. Die Schichtentheorie entspricht als poetisches Symbol etwa den Vergleichen Platons, der die Seele unter dem Bild eines Rosselenkers mit Gespann verdeutlichen wollte. Eine beweisbare und damit tragfähige Grundlage wissenschaftlicher Psychologie jedoch ist die Schichtentheorie nicht, weil sie mit allzu vielen (bei L e n z nachzulesenden) biologischen Tatsachen in unlösbarem Widerspruch steht. Nach dem Kriege hat L e n z (86) seine inzwischen erarbeiteten und vervollständigten Ansichten über die Relativität des Begriffes „erblich" in der Humangenetik noch einmal zusammengefaßt.

Eine weitere, von L e n z mehrfach erwähnte Schwierigkeit für die Zwillingsforschung liegt schließlich auch darin, daß es Schädlichkeiten gibt, die bereits lange vor der Geburt, ja schon vor ihrer Vereinigung die Keimzellen treffen können, aus denen sich die Zwillings-Paarlinge entwickeln. Ich habe seinerzeit auf die ovarielle Insuffizienz der Mütter hingewiesen, deren dysplasmatische Keimzellen nach meiner Theorie die überwiegende Mehrzahl der mongoloiden Sonderform des Schwachsinns entstehen läßt. Hier scheint die Zwillingsmethode, da alle EZ konkordant, alle ZZ diskordant sind, eine Erbbedingtheit anzuzeigen; das Gegenteil ist richtig. So interessant diese theoretische Möglichkeit ist, so selten dürfte sie bei größeren, nicht nach dysplasmatischer Idiotie ausgelesenen Zwillingspopulationen sein.

Natürlich kommen auch grobe exogene Schädigungen vor, meist während oder kurz nach der Geburt; in einer früheren Arbeit habe ich Zwillingsgehirne mit unter der Geburt entstandenen Blutungen abgebildet (43). Sorgfältige neurologische Untersuchung ist daher neben der anthropologischen Zwillingsmethode unerläßlich. Sehr interessant sind schließlich seelische Verschiedenheiten bei erbgleichen Zwillingen, wie ich sie seinerzeit als Verschiebungen innerhalb der psychästhetischen bzw. diathetischen Proportion bei je einem pyknischen und einem leptosomen Zwillingsbruderpaar beschrieben habe (46).

Bereits im Jahre 1942 habe ich gelegentlich der Mitteilung seelisch diskordanter EZ darauf hingewiesen, daß allmählich nicht mehr wichtig ist, fernerhin die Kasuistik für konkordante EZ und diskordante ZZ zu berechnen, wenn nicht eine besondere Fragestellung die Anwendung der Zwillingsmethode legitimiert. Dementsprechend liegt das Wesentliche des von mir vorgelegten Beitrages zur Zwillingsforschung weniger in der Methode als vielmehr im Objekt des schlafenden, erwachenden und wachen Menschen, soweit sich hier Zusammenhänge, Übergänge oder auch Unterschiedlichkeiten aufweisen lassen. Nachdem bisher von der Form der Ohrmuscheln bis zu den Papillarleisten, vom pränatalen Gehirn des ungeborenen bis zum Sektionsprotokoll des im Alter verstorbenen Zwillingspaares so ziemlich alles in gesunden und kranken Tagen bei menschlich einwandfreien und bei kriminellen Probanden zwillingsmethodisch erforscht war, seitdem fehlte eigentlich nur noch die Beobachtung schlafender und erwachender Zwillinge. Diese Aufgabe stellte mir Eugen F i s c h e r im Jahre 1936. Ich habe versucht, aus dieser Aufgabe zu prinzipiellen Erkenntnissen hinsichtlich der vitalen Person vorzustoßen und an den Forschungsergebnissen den Stand objektiv beweisbarer sogenannter diencephaler Psychosomatik aufzuzeigen.

Der hier skizzierte Versuch einer Genetik der vitalen Person ging in seiner Themastellung von den Ergebnissen aus, die letztlich auf die wissenschaftliche Entdeckung der Funktionen gewisser Hirnkerne zurückgehen. Er wertet Befunde aus über vegetative und unbewußte gesteuerte primitive psychische Funktionen. Diese Funktionen werden an das Substrat der sogenannten subcorticalen Zentren in einer klinisch zu postulierenden, wenn auch im einzelnen (noch) nicht übersehbaren Art und Weise gebunden gedacht.

Der Beginn unserer modernen Kenntnisse über die anatomischen und physiologischen Daten der basalen grauen Massen des Gehirns knüpft sich an die Pionier-Untersuchungen von C. V o g t , O. V o g t und K. W i l s o n (129; 139) im Jahre 1911. Aufbauend auf diesen Forschungsergebnissen hat S p a t z als Stammganglien morphologisch-histologisch-anatomisch folgende Strukturen zusammengestellt: Streifenhügel (Nucleus caudatus und Putamen), Nucleus amygdalae und Claustrum (?). Es folgen als zum Zwischenhirn gehörig: Thalamus, Pallidum, Corpus Luys und die ventralen Zentren des Hypothalamus. Daran schließt er, als zum basalen Mittelhirn gehörig, noch die Substantia nigra und den Nucleus ruber an. Dieser ganze Ganglienkomplex weist nun charakteristische Leistungen auf, die im einzelnen zu besprechen sein werden. Herauszuheben ist aber noch ein enger Komplex unter diesen Zentren, der unabhängig von den Pyramidenbahnen ebenfalls motorischen Funktionen dient: das sogenannte extrapyramidale System. S p a t z rechnet dazu das Striatum, das Pallidum, das Corpus Luys, die Substantia nigra und den Nucleus ruber, der wieder mit dem Nucleus dentatus des Kleinhirns in enger Verknüpfung steht. Die Regulierung des Muskeltonus und weiterer, automatischer, nicht von corticalen („Willens"-) Impulsen gespeister Bewegungen gehören hierher. Eine enge Zusammenarbeit der Hirnanatomen, der experimentellen Physiologen und der Kliniker hat auf dem Boden der von O. und C. V o g t erstmalig gesehenen anatomisch-funktionellen Zusammenhänge ein imponierendes Gebäude lokalisatorischer Art errichtet, das, ohne in allen seinen Einzelheiten unangreifbar zu sein, doch grundlegende Einsichten gerade in die uns interessierenden Probleme erst ermöglicht hat.

Als Beispiel dafür, wie die Anschauungen von hirnanatomisch-klinischer Sicht her heute fruchtbar ausgewertet werden, seien hier die Ausführungen von H a s s l e r (55) über die afferente Leitung und Steuerung des striären Systems auszugsweise wiedergegeben:

„Auch die Steuerung des Schlaf-Wachrhythmus, der bei großhirnlosen Tieren erhalten ist, geht, wie man aus den Reizexperimenten von W. R. H e s s folgern kann, vom Kern der Lamella medialis aus (Hassler). Die receptorische Seite dieser einfachsten triebhaften Reaktionen hat demnach ihre somatischen Parallelerscheinungen in Erregungsprozessen im Bereich der Stammhirnanteile des Thalamus. Sie fehlen, sobald den Tieren auch noch diese Teile des Thalamus und des Hypothalamus entfernt werden. Die zu diesen affektiven und triebhaften Reaktionen erforderlichen Erregungszuleitungen zu den Stammhirnanteilen sind in den erwähnten Nebenleitungen der Sinnessysteme gegeben.

Allein diese Stammhirnanteile des Thalamus mit Ausnahme des Centralkerns werden von mir als „Schicht" der primitiven affektiven Stellungnahme und der Triebregungen gedeutet. Ihre Erregungen werden durch die oben beschriebenen Bahnen dem Pallidum übertragen, welches außerdem noch direkt sensible Impulse erhält. Die efferente Leitung dieser Reaktion geht vom Pallidum (besonders von seinem äußeren Glied) aus. Das Pallidum ist demnach ein Zentrum, in welchem die Triebregungen und primitiven affektiven Reaktionen ins Motorische übersetzt werden, ein Zentrum der Triebbewegungen, Reaktivbewegungen, des unmittelbaren motorischen Ausdrucks und der einfachsten Reaktionen der vitalen Schicht der Lebewesen. Es ist oft darauf hingewiesen worden, daß während des intrauterinen Lebens und bei Neugeborenen das Pallidum das höchste funktionstüchtige motorische Zentrum ist; die motorischen Reaktionen des triebhaften Verhaltens und der Befindlichkeiten, welche in diesem Lebensalter schon vorkommen, können daher mit Erregungsprozessen im Pallidum in Zusammenhang gebracht werden (s. auch F o e r s t e r).

Das Striatum dagegen erhält seine Zuleitungen vom Zentralkern; dieser vom Emboliformis des Kleinhirns und dieser wiederum von älteren Teilen der Kleinhirnrinde, nämlich von den Seitenteilen des Lobus anterior und von Teilen des Lobus paramedianus, welchem beim Menschen nach L a r s e l l und B r o d a l die Kleinhirntonsille entspricht. Die Erregungen, die dem Striatum zufließen, sind also hochintegrierte propriozeptive; die Funktion des Striatum liegt daher in der Koordinierung verschiedener Bewegungsbestandteile. Das Striatum entsendet seine efferenten Bahnen nachgewiesenermaßen (unter anderem) 1. zum Niger, 2. zum äußeren Glied des Pallidums. Eine der Aufgaben des Striatum scheint in der Anpassung der pallidären Reaktivbewegungen an die gerade gegebene motorische Gesamtsituation zu bestehen. Daß das Striatum corticale Bewegungen hemmend beeinflussen kann, ist experimentell, insbesondere durch M e t t l e r c. s., erwiesen. Damit ist lediglich ein kleiner Teil der Funktionen des Striatum, wie ich glaube, gekennzeichnet. Es kommt mir darauf an, daß diese Funktionen koordinatischer Natur sind im Gegensatz zu den affektivreaktiven des Pallidum" ... „Die Aufdeckung zahlreicher zuführender Bahnen zum striären System aus jeweils besonderen Kernbezirken des Thalamus ermöglicht es, das Striatum als ein koordinatorisches Zentrum mit dem (indirekten) Zustrom von Kleinhirnerregungen, dem Pallidum als einem affektiv-reaktiven Zentrum mit direkten sensiblen Zuleitungen und weiteren aus Stammhirnanteilen des Thalamus (den Kernen der Lamella medialis und dem Limitans) gegenüberzustellen."

Wie in der Anatomie des Subcortex, so finden wir auch in seiner Physiologie gleich am Anfang den Namen O. V o g t . Er hat bereits im Jahre 1895 das Wesentliche aller Schlafzentrums-Theorien vorweggenommen, indem er schreibt, ein subcorticales Schlafzentrum stelle den Steuerungspunkt des Schlafes dar. Eine ganze Reihe späterer Forscher — P ö t z l , P e t t e , G a m p e r , K l e i s t und M a r b u r g — nimmt aus klinischen und anatomischen Gesichtspunkten heraus einen mesencephal-diencephalen Regulationsapparat des Schlafes an; T r ö m m e r denkt dabei auch an eine Mitbeteiligung des Thalamus. v. E c o n o m o spricht von komplexen Schlafbedingungen: vegetative Komponenten, Endokrinium und Schlafsteuerungszentrum am Übergang vom Mittel- zum Zwischenhirn unter Einbeziehung der Seitenwände des Bodens des dritten Ventrikels. F r a n k schreibt in seinem Handbuchartikel über die Pathologie des vegetativen Nervensystems: „H e s s geht noch weiter und faßt sogar den Schlaf selbst, das heißt das Sistieren der Großhirntätigkeit, als Leistung des parasympathischen Zentralapparates auf. Ebenso wie die Erfolgsorgane im üblichen Sinne müssen auch die zentralen Abschnitte des cerebrospinalen Nervensystems als Erfolgsorgane des vegetativen Nervensystems betrachtet werden. Die Erregbarkeit des Cortex wird von einem subcorticalen Schlafzentrum beherrscht, das identisch ist mit der zentralen Sphäre des Parasympathicus". Neuerdings hat H e s s selbst seine Einstellung wie folgt formuliert: „Der durch eine Hemmung bewirkte Zustand ist wohl bekannt, wenn auch meist nicht in folgerichtigem Zusammenhang begriffen. Er ist nichts anderes als der physiologische Schlaf mit seinen für ihn typischen Hemmungserscheinungen. Durch diese beeindruckt, sieht man allzu leicht an seinem positiven Aspekt vorbei, welcher in der restitutiven Leistung besteht. Diese ist aber, wie gesagt, das Entscheidende; alles andere bedeutet nur Mittel zum Zweck. Wenn gelegentlich Mißverständnisse betreffend die Zuordnung des Schlafes in das vegetative Funktionssystem entstanden sind, so sei hier auf den grundsätzlichen Unterschied zu anderen, d. h. auf Insuffizienzerscheinungen und Depressionen beruhenden Zuständen des Zentralnervensystems hingewiesen, die auch mit Bewußtlosigkeit einhergehen."

Früher machte bereits B o s t r o e m (15) darauf aufmerksam, daß der Schlaf eine Bewußtseinsäußerung und keine Bewußtseinsstörung sei und daß es verschiedene Schläfertypen gebe (Abendschläfer und Morgenschläfer).

F r a n k (28) äußerte sich weiterhin zum Tonusverhalten des Schläfers wie folgt: „Die Enthemmung der vegetativen Zentren im Schlaf scheint eine den Parasympathicus begünstigende Tonusverteilung herbeizuführen. Die Nacht dürfte nicht nur, wie R. S c h m i d t wollte, die Zeit der glatten Muskulatur schlechthin, sondern vorzugsweise die Zeit der dem Parasympathicus unterstellten Muskeln sein, wie ich mit J. B a u e r , D r e s e l und W. R. H e s s annehme."

K a r p l u s (67; 68) schrieb dazu 1929: „Bei einem näheren Studium des Einflusses des Nervensystems auf den funktionellen Stoffwechsel wird der tonisierende Einfluß des Nervensystems besonders ins Auge zu fassen sein. Der Einfluß des Zentralnervensystems auf den Tonus der Gewebe ist seit langer Zeit sichergestellt"; und 1937: „K. K u r é und seine Mitarbeiter (77) hatten angegeben, daß der Tonus des willkürlichen Muskels hauptsächlich durch doppelte (sympathische und motorische) Innervation erhalten werde und daß einerseits die Ausschaltung des sympathischen Tonus durch Steigerung des motorischen Tonus, andererseits der Ausfall des motorischen Tonus durch einen gesteigerten sympathischen Tonus ersetzt würde". K u r é nimmt ein parasympathisches Tonuszentrum im Zwischenhirn und ein sympathisches Tonuszentrum im Kleinhirn an.

Alle diese und ähnliche in mühevoller Kleinarbeit erarbeiteten Ergebnisse hat dann 1933 B r a u n (16) in seiner Monographie über „Die vitale Person" zusammengefaßt und aus klinischer Erfahrung heraus so eindrucksvoll dargestellt, daß sie uns Ausgangspunkt eigener genetischer Untersuchungen geworden sind. 1935 hat B r a u n (17) seine Ergebnisse mit diesen Worten, indem er sich auf sein früher erschienenes Buch bezieht, zusammengefaßt:

„Unter vitalen Eigenschaften verstanden wir dort dynamisch gedachte, körpernahe Funktionen der tiefsten seelischen Schicht, die untereinander in engen gegenseitigen Beziehungen stehen und als relativ abgeschlossenes Ganzes innerhalb der Person — eben als 'vitale Person' — einen relativ selbständigen Funktionsbetrieb aufrecht erhalten. Als klinisch wichtigste Funktionen in diesem Sinn betrachten wir des genaueren den vitalen Antrieb, die vitale Stimmung, die vitale Reizempfindlichkeit und den Schlaf. Diese vitalen Eigenschaften, die an der Grenze zwischen Körper und Seele eingefügt sind, empfangen Impulse von beiden Seiten und greifen sowohl in die psychischen als auch in die somatischen Funktionen ein. Ihre Aufgabe ist dabei im Funktionsplan des Lebens angepaßtes Funktionsgleichgewicht — Schlaf — Wachen —, die Bereitstellung von Funktionskräften — Antrieb —, die Registrierung von exogenen und endogenen Reizen — Reizempfänglichkeit und Stimmung. Sie unterlegen alle psychischen Funktionen, die ohne sie gar nicht zum Ablauf kommen könnten; ihre — angeborene oder erworbene — Beschaffenheit bestimmt maßgeblich Art und Leistungsfähigkeit der Persönlichkeit ... Das, was in diesem Zusammenhang noch wichtig ist, sind nun die Beziehungen des vegetativen Systems und namentlich seiner obersten Instanz im Zwischen-Mittelhirn zur sogenannten ‚vitalen Person'. Hier begegnen wir Gedankengängen von R e i c h a r d t, K l e i s t, K ü p p e r s, E w a l d u. a., die von sehr verschiedenen Standpunkten aus dem Hirnstamm sowohl als der inneren Sekretion nahe Beziehungen zum Antrieb und zur Stimmung beilegen. Man wird ferner nach den Erfahrungen, die namentlich mit der Encephalitis epidemica in den letzten $1^{1/2}$ Jahrzehnten vielfach gemacht worden sind, wohl mit Sicherheit annehmen dürfen, daß ein höchstes regulierendes

Schlaf-Wach-Zentrum in den grauen Massen am Übergang vom Zwischen- zum Mittelhirn zu suchen ist (E c o n o m o, P e t t e u. a.). Diese Tatsache zusammen mit anderen Überlegungen anatomischer, physiologischer und phylogenetischer Art — für deren Einzelheiten wir wiederum auf unsere ausführliche Arbeit verweisen müssen —, bestimmen uns, dem Zwischen-Mittelhirn im Rahmen der ‚vitalen Person' eine besonders wichtige Stellung einzuräumen. Wir stellen uns vor, daß zwar die Zellen des Körpers, die Organe mit ihrer endokrin-vegetativen Regulierung die breite, kraftspendende Grundlage der ‚vitalen Person' sind, daß aber im Zwischen-Mittelhirn die ordnende Zusammenfassung geschieht, vielleicht auch die Umwandlung der rein körperlichen Funktionskräfte in halbwegs psychische, wie ein Antrieb, Stimmung, Reizempfänglichkeit und Schlaf-Wachen sind, stattfindet. Andererseits halten wir es mit S t e r t z für möglich, daß hier die Umschaltstelle zu suchen ist, in der rein psychische Impulse, z. B. Affekte, in körperliches Geschehen, z. B. Änderungen der Herzaktion, übergeführt werden. Das Zwischen-Mittelhirn ist also unserer Anschauung nach der Mittler zwischen körperlichem und psychischem Geschehen. Es hat neben der Möglichkeit direkter Einwirkung auf die einzelnen durch das Vegetativum gesteuerten Organfunktionen als weitere allgemein auf den gesamten Organismus wirkende Regulationsmöglichkeit den Einfluß auf die vitalen Qualitäten zur Verfügung. Senkung des Antriebs und der Stimmung bewirken Ruhe des Organismus, Erhöhung der Reizempfänglichkeit und Verstimmung, Ablassen von schädlichem Tun, und der Schlaf ist schließlich der unentbehrliche, umfassende Ausgleicher, der vermittels einer Umstellung des gesamten Stoffwechselgetriebes die angegebenen vitalen Kräfte wieder ersetzt und damit ein neues aktionsfähiges Gleichgewicht schafft. Die ‚vitale Person' ist also als weitere, schon halbwegs psychische Regulationsinstanz dem vegetativen System, der K r a u s schen ‚Tiefenperson', unmittelbar angeschlossen."

Diese Konzeption B r a u n s stand uns vor Augen, als wir die Aufgabe hatten, in einem Zwillingslager an der. Ostsee die „Nachtseite" des Zwillingsleben, nämlich ihren Schlaf, zu beobachten. Wir hofften, dadurch zu Untersuchungsergebnissen zu gelangen, die sich auf die Zeit des ausgeschalteten wachen Bewußtseins bezogen und doch noch Psychisches beinhalteten.

Wenn also demnach die somatopsychische Transparenz nichts

anderes aussagt, als daß jeder Mensch seine Reaktionsweise hat und aus Eigenem in jede Reizbeantwortung hinzutut, so zeigt das andererseits an, wie wenig der Intelligenz an Spielraum bleibt. Die oberste rationale Steuerung aller jener Elemente, die sie als Persönlichkeitsgefüge jeweils vorfindet, ist ihr zwar vorbehalten — aber nicht einmal die Auswahl der Klaviatur und des Instrumentes, auf dem sie zu spielen hat.

Wie sehr übrigens alle hier vorgetragenen Gedanken hypothetisch sind in dem Sinne, daß eine psychopathologisch-naturwissenschaftliche Deutung der Persönlichkeit eben nur *eine* mögliche Deutung unter vielen anderen ist, die alle irgend etwas Wahres aussagen werden über den im Grunde unbekannten Faktor Menschenseele, geht auch aus folgender Überlegung hervor:

Die psychosomatische Medizin läßt es sich angelegen sein, die Entstehung von sogenannten Krankheiten, von pathologischen Leibeszuständen also, aufzuweisen als Ausdruck im Grunde seelischer Gegebenheiten. Sie bedient sich der Annahme der Psychogenese des Somatischen (der seelischen Entstehung des Körperlichen). Dieser Ansatzpunkt nun hat sich als brauchbar und fruchtbar erwiesen, man kann damit manches verständlich machen und erreichen (man kann auch durch Übertreiben der Ausgangshypothese wie alles so auch die Psychosomatik ad absurdum führen!). Andererseits beweisen unsere Ausführungen, daß man ebenso gut den entgegengesetzten Standpunkt einnehmen kann und alles psychische Geschehen als vom Leiblichen her bedingt sehen kann. De Crinis (20) hat das einmal aus anderer Sicht getan und gezeigt, daß auch die Somatogenese des Psychischen (die körperliche Entstehung des Seelischen) als theoretischer Ansatz keineswegs in Unzumutbarkeiten oder logische Schwierigkeiten führen muß. Nun schließen sich logischerweise diese beiden Ausgangsbehauptungen aus. Diese einander ausschließenden Grundannahmen aber lassen sich mit Vorteil und offenbar jeweils einen Teil der Wahrheit erfassend als Forschungswege gebrauchen. Wir werden demnach vermuten können, daß beide Annahmen Hilfskonstruktionen sind, Fiktionen, wie wir das oben an einzelnen Beispielen demonstrieren konnten. Der Wert solcher Annahmen liegt nicht in ihrer Richtigkeit, sondern in ihrer Zweckmäßigkeit, um zu Einsichten zu gelangen, die auf anderen Wegen nicht zu haben sind.

Solche Überlegungen verstärken den bereits oben ausgesprochenen Verdacht, daß Seele und Körper nichts der Wirklichkeit Entsprechendes sind, sondern Anschauungsformen, unter denen wir Menschen die rätselhaften Gegebenheiten unseres Seins zu begreifen imstande und gezwungen sind. Körper „an sich" und Seele „an sich" sind unserer Erkenntnisweise prinzipiell nicht zugänglich. Wir können uns gar keine Vorstellung machen von dem, was „eigentlich" ist, was „wir" eigentlich „sind". D a s ist, wenn man so will, der physiologischerweise mit der Menschwerdung verbundene Schwachsinn, die Beschränktheit auf unsere nicht gerade sehr umfassenden cerebralen Funktionen. Immerhin scheint mir ein Gedankenzug, wie wir ihn, durch Forschungsergebnisse unterbaut, vorgeführt haben, und der zur psychosomatischen Transparenz führt, zu zeigen, daß unter einfachen und übersichtlichen körperlich-seelischen Verhältnissen eins im andern sichtbar wird. Das scheint dafür zu sprechen, daß Körper und Seele nicht parallele oder aufeinander wirkende verschiedene Prinzipien darzustellen brauchen, sondern daß sich das Phänomen Leben unserem Hirn als eine rätselhafte Angelegenheit zeigt, die je nach dem Aspekt bald als leiblich und bald als seelisch „erscheint", und deren theoretische Trennung in Psychisches und Somatisches überdies eben auch nur in den Extremen einigermaßen reinlich durchzuführen ist.

Als Epilog:

Weil die Dummheit in der Regel mehr Glück hat als Weisheit, so ist es eigentlich schon eine halbete Dummheit, wenn man nach Weisheit trachtet. Wie oft hat der Gscheite einen Moment, wo er sich wünscht, recht dumm zu sein! Der Dumme hingegen wünscht sich nie, gscheit zu sein; er glaubte ohnedem, daß ers ist; und in dieser Meinung liegt schon eine Art von Glückseligkeit — während das Vielwissen und die ganze Gscheitheit zu gar nix gut is, als daß es einem Kopfschmerzen macht.

Johann N e s t r o y

Und als Paralipomenon:

Im Bewußtsein ihrer moralischen Fleckenlosigkeit geht die Dummheit mit heiteren Gebärden durchs Leben und tritt unbeschwert vor Gottes Thron: hier bin ich, Herr, wie du mich gemacht hast.

Die Klugheit beginnt und endet mit Zweifeln. Sie ist sehr im Nachteil, weil auf einen Klugen ungezählte Dumme kommen, die ihn umschwärmen und peinigen, wie Insekten ein starkes Tier quälen.

Matthias C l a u d i u s

Statt eines Nachwortes

Um mich vor dem Vorwurf zu sichern, den man wegen der Bissigkeit meiner Satire erheben könnte, so bemerke ich, daß es von jeher ein Recht des Spottes war, sich über die Menschen im allgemeinen straflos lustig zu machen, vorausgesetzt, daß diese Freiheit nicht ausartet. Ich wundere mich wirklich, wie feinfühlig unsere Zeit geworden ist; man will nur noch schmeichelhafte und schönklingende Titel hören, ja, man sieht sogar Leute, die so verkehrte Anschauungen über Religion haben, daß sie eher die schrecklichsten Lästerungen gegen Christus als den geringfügigsten Scherz gegen den Papst oder ihren Fürsten ertragen würden, besonders wenn ihr materielles Interesse dabei im Spiele ist. Scheint jedoch der, welcher das ganze Menschengeschlecht tadelt, ohne jemand persönlich anzugreifen, wirklich bissig zu sein oder nicht vielmehr zu lehren und zu mahnen? Wie sehr hätte ich dann mich wahrhaftig wohl selbst verspottet! Ferner beweist der, welcher insgesamt gegen alle Stände ohne Unterschied loszieht, deutlich genug, daß er keineswegs den Menschen, sondern einzig und allein ihren Fehlern zürne. Wenn sich also jemand in dieser Schrift beleidigt fühlt und sich beklagt, so wird er dadurch nur bekennen, daß er schuldig ist oder fürchtet, dafür zu gelten. Der heilige Hieronymus ist in dieser Art noch viel freier und satirischer verfahren, hat er sich doch kein Gewissen daraus gemacht, sogar Namen zu nennen. Was m i c h betrifft, so habe ich, abgesehen davon, daß ich stets beim allgemeinen geblieben bin, meine Ausdrücke so gemäßigt gehalten, daß jeder verständige Leser leicht meine Absicht erkennen wird, mehr zu ergötzen als zu verletzen. Ich habe ja nicht wie Juvenal den Schlamm der Ruhelosigkeit und Gemeinheit aufgerührt, ich habe mehr die lächerlichen als die schädlichen Sitten geschildert ...

Wie aber nichts so dumm ist, als mit ernsten und wichtigen Dingen Spott zu treiben, so ist andererseits nichts so ergötzlich, als dem Scherz eine ernste Seite abzugewinnen. Dem Publikum steht es ja zu, über meine Spottschrift zu urteilen; wenn mich indes die Eigenliebe nicht verblendet, so glaube ich, nicht als Tor das Lob der Torheit verkündet zu haben.

Auf dem Lande, am 9. Juni 1508

Erasmus von Rotterdam.

Zur Bibliographie

Als José Ortega y Gasset im Jahre 1930 die diesem Buch als Motto vorausgeschickte Frage stellte, war sie, bibliographisch gesehen, nicht mehr unbeantwortet.

Ein Vortrag und ein Buch waren zum Thema erschienen:

Johann Otto E r d m a n n (weiland Professor der Philosophie in Halle; gilt als letzter Hegelianer): Über Dummheit. Dritter Abdruck. Nach einem „Vortrag im wissenschaftlichen Verein zu Berlin gehalten am 24. März 1866."
Auf diesen Vortrag bezieht sich auch M u s i l (s. unten).

Leopold L o e w e n f e l d (ehemals Nervenarzt in München): Über die Dummheit. Eine Umschau im Gebiet menschlicher Unzulänglichkeit. Wiesbaden Verlag J. F. Bergmann. 1. Aufl. 1909, 2. Aufl. 1921.

Nach dem Erscheinen des Buches „Der Aufstand der Massen" — dem das Zitat des Mottos entstammt — sind aus der Zeit vor dem ersten Erscheinen meines Buches wieder ein Vortrag und ein Buch zu erwähnen:

Robert M u s i l : Über die Dummheit. Bermann-Fischer Verlag Wien 1936. — Wieder abgedruckt in: Robert Musil, Tagebücher, Aphorismen und Reden; Rowohlt Verlag Hamburg 1955, S. 918—938: „Über die Dummheit. Vortrag auf Einladung des Österreichischen Werkbundes gehalten in Wien am 11. und wiederholt am 17. März 1937."
S. Fußnote 16; S. 207.

Annie K r a u s : Über die Dummheit. Knecht Verlag Frankfurt am Main 1948.
S. Fußnote 9; S. 72.

Schließlich gehören zum Themenkreis vielleicht noch:

Max K e m m e r i c h : Aus der Geschichte der menschlichen Dummheit. 7. und 8. Tsd. A. Langen Verlag, München 1923.

Gustav W u s t m a n n : Sprachdummheiten. 13. Aufl. de Gruyter Verlag, Berlin 1955.

Literatur

(vgl. auch Namenverzeichnis, S. 391)

1) B a u r , E., F i s c h e r , E. und L e n z , F.: Menschliche Erblehre. 4. Aufl. Lehmann, München 1936.

2) B e c k , A.: Psychogenes Versagen bei geistig überanspruchten Soldaten. — Inauguraldiss. Halle (Saale) 1945.

3) B e c k e r , P. E.: Zur Erblichkeit der Motorik. Z. Neur. Bd. 161, 1937.

4) B e c k e r , P. E.: Zur Erblichkeit der Speise-Abneigungen. Arch. f. Rasse- u. Ges.biol. Bd. 32, 1938.

5) B e c k e r , P. E., und L e n z , F.: Die Arbeitskurve Kraepelins und ein psychomotorischer Versuch in der Zwillingsforschung. Z. Neur. Bd. 164, 1938.

6) B e c k e r , P. E.: Gefühl und Äußerung im Aufbau der Neurosen. Nervenarzt Jg. 20.

7) B e n d a , C. E.: Mongolism and cretinism. Grune and Stratton New York 1946.

8) B e n d a , C. E.: Prenatal maternal factors in Mongolism. The J. of the Americ. Medic. Assoc. Bd. 139, 1949.

9) B e n n h o l d t - T h o m s e n , C.: Über den Mongolismus und andere angeborene Abartungen in ihrer Beziehung zum hohen Alter der Mütter. Z. f. Kinderh., Bd. 53, 1932.

10) B l e u l e r , E.: Verhältnisblödsinn. Allg. Z. Psychiatr. 71. Bd., 1914.

11) B l u h m , A.: Zum Problem „Alkohol und Nachkommenschaft". Arch. f. Rasse- u. Gesellsch. biol. Bd. 24, 1930. Erweitert auch als Sonderdruck bei J. F. Lehmann, München.

12) B ö c k l i , H. R.: Sterilisation von Geisteskranken. P. G. Keller, Winterthur, 1954.

13) l e B o n , G.: Psychologie der Massen, Verlag Kröner, Stuttgart 1951.

14) B o n h o e f f e r , K .: Ein Beitrag zur Kenntnis des großstädtischen Bettel- und Vagabundentums. Berlin 1900.

15) B o s t r o e m , A.: Allgemeine und psychische Symptome bei Erkrankungen des Großhirns. Hbd. d. Neurol. 1935, Bd. VI.

16) B r a u n , E.: Die vitale Person. G. Thieme, Leipzig 1933.

17) B r a u n , E.: Die neurasthenische Reaktion. Hdb. d. Neurol. 1935, Bd. XVII.

18) B r u g g e r , C.: Genealogische Untersuchungen an Schwachsinnigen. Z. Neur., Bd. 130, 1930.

19) B u m k e , O.: Gedanken über die Seele. Springer Verlag, Berlin, 2. Aufl. 1941.

20) d e C r i n i s , M.: Der Affekt und seine körperlichen Grundlagen. G. Thieme, Stuttgart 1944.

21) D o m i z l a f f , H.: Analogik. Verlag W. Krüger, Hamburg 1946.

22) D u b i t s c h e r , F.: Der Schwachsinn. Bd. 1. d. Handb. d. Erbkrankh. 1937.

23) E c c l e s , J. C.: Hypotheses relating to the brain-mind problem. Nature (London) Bd. 168. 1951.

24) E c o n o m o , C. v.: Die Pathologie des Schlafes. Hdb. d. norm. u. path. Physiologie, Bd. 17, correl. III, 1926.

25) E c o n o m o , C. v.: Schlaftheorie. Erg. Physiol. Bd. 28 I, 1929.

26) E d d i n g t o n , A. S.: Das Weltbild der Physik und ein Versuch seiner philosophischen Deutung. Vieweg, Braunschweig, 1931.

27) F i s c h e r , E.: s. Baur, Fischer, Lenz.

28) F r a n k , E.: Pathologie des vegetativen Systems. Hdb. Neur. 1936 Bd. VI.

29) F r e u d , S.: Zur Psychopathologie des Alltagslebens. Wien, Intern. ps. a. Verlag, 1924, 10. Aufl.

30) F r e u d , S.: Die Zukunft einer Illusion. Internat. psychoanal. Verlag, Leipzig, Wien, Zürich 1927.
psychoanal. Verlag, Leipzig, Wien, Zürich 1927.

31) F r e u d , S.: Massenpsychologie und Ich-Analyse. Internat.

32) G a l t o n , Fr.: Hereditary genius, its laws and consequenses. 1869.

33) G a l t o n , Fr.: Natural Inheritance. 1889.

34) G a m p e r , E.: Schlaf, Delirium tremens, Korsakowsches Syndrom. Zbl. Neur. Bd. 51, 1928.

35) G e y e r , H.: Das psychische Trauma in der Pathogenese der Basedowschen Krankheit. Z. f. Klin. Med. 124. Bd., 1. u. 2. H., 1933.

36) G e y e r , H.: Die Beurteilung des angeborenen Schwachsinns. Münch. Med. Wschr. 1934. Nr. 34.

37) G e y e r , H.: Littlesche Krankheit. Deutsches Ärzteblatt 1935.

38) G e y e r , H.: Subcorticale Mechanismen bei schlafenden Zwillingen. Z. Neur. Bd. 161, 1937.

39) G e y e r , H.: Die angeborenen und früh erworbenen Schwachsinnszustände. Fortschritte d. Psychiatr. u. Neurologie. IX. Jg. 1937.

40) G e y e r , H.: Die angeborenen und früh erworbenen Schwachsinnszustände. Fortschritte d. Psychiatr. u. Neurol. X. Jg. 1938.

41) G e y e r , H.: Zur Ätiologie der mongoloiden Idiotie. G. Thieme, Leipzig 1939.

42) G e y e r , H.: Die mongoloide Idiotie. Die Naturwissenschaften, 27. Jg., 1939.

43) G e y e r , H.: Über Hirnwindungen bei Zwillingen. Z. f. Morph.. u. Anthr. Bd. 38, 1939.

44) G e y e r , H.: Über den Schlaf von Zwillingen. Z. f. ind. Abst. u. Vererbgslehre Bd. 73.

45) G e y e r , H.: Die angeborenen und früh erworbenen Schwachsinnszustände. — Fortschritte d. Psychiatr. u. Neurol. XII. Jg. 1940.

46) G e y e r , H.: Gegensätzliche Äußerungen seelischer Anlagen bei erbgleichen Zwillingen. Z. f. menschl. Vererb.- u. Konstitut.lehre, 24. Bd., 1940.

47) G e y e r , H.: Die Insuffizienz der Ovarien bei Müttern von Mongoloiden. Z. Neur. 1942.

48) G e y e r , H.: Genetische Auswirkungen der Atombombenwürfe auf Hiroshima und Nagasaki. Grenzgeb. d. Med. Bd. 1, 1948.

49) G e y e r , H.: Dysplasmatisch-idiotische Kinder ovariell insuffizienter Mütter. Arch. f. Gynäk., Bd. 181, 1952.

50) G o t t s c h a l d t , K.: Zur Problematik der psychologischen Erbforschung. Arch. f. Rass.- u. Gesellsch.biol. Bd. 36, 1942.

51) G o t t s c h a l d t , K.: Bemerkungen zu dem Aufsatz von Fritz Lenz etc. Arch. f. Rass.- u. Gesellsch.biol. Bd. 36, 1942.

52) G r e g g , M. N. A.: Trans. ophthalm. Soc. Austral. Jg. 3. 1941.

53) H a l l e r v o r d e n , J.: Entwicklungsstörungen und frühkindliche Erkrankungen des Zentralnervensystems. Hdb. d. Inn. Med. Bd. V, Neurologie, 3. Teil.

54) H a r t m a n n , A.: Erasmus von Rotterdam, Lob der Torheit. Birkhäuser Verlag, Basel 1947.

55) H a s s l e r , R.: Über die afferente Leitung und Steuerung des striären Systems. Nervenarzt, 20. Jg., 1949.

56) H e c t o r , H.: Intelligenz als Nachteil. Applied psychology. Göteborg 1952.

57) H e s s , W. R.: Das Zwischenhirn. Syndrome, Funktionen und Lokalisationen.

58) H e s s , W. R.: Lokalisatorische Ergebnisse der Hirnreizversuche mit Schlafeffekt. Zbl. Neur. Bd. 54, 1929.

59) H e s s , W. R.: Die funktionelle Organisation des vegetativen Nervensystems. Basel 1948.

60) H e s s , W. R.: Das Zwischenhirn als Organisator vegetativer Funktionen. Nervenarzt, Jg. 20, 1949.

61) H o c h e , A.: Jahresringe. Verlag J. F. Lehmann, München 1935.

62) J a n z , H.-W.: Traumatische Hirnschädigung mit psychisch-reaktiven Manifestationen. — Ein Querschnitt durch die Arbeit der Tübinger Nervenklinik. Springer Verlag, Berlin und Heidelberg 1949.

63) J a s p e r s , K.: Allgemeine Psychopathologie. Springer, Berlin und Heidelberg 1948 (5. Aufl.).

64) J o n s o n , H. M., S w a n , T. H., and W e i g a n d , A. B.: In what positions do healthy people sleep? — J. of the Americ. Medic. Assoc. Vol. 94, 1930.

65) J o r e s , A.: Hamburger Rektoratsrede 1950.

66) J u n g , R.: Die Tätigkeit des Nervensystems. Handb. d. Inn. Med. Bd. V, 1. Teil, 1953.

67) K a r p l u s , J. P.: Die Physiologie der vegetativen Zentren. Ref. Verh. Ges. dtsch. Nervenärzte 18, 1929.

68) K a r p l u s , J. P.: Die Physiologie der vegetativen Zentren. Hdb. Neur. 1937 II. Bd.

69) K i k u t h , W., and B o c k , M.: Rh-Faktor. In: Ponsold, A.: Lehrbuch der gerichtlichen Medizin. G. Thieme, Stuttgart 1950.

70) K l e i s t , K.: Schlafstörungen bei Herderkrankungen des Gehirns. Zbl. Neur. Bd. 51. 1928.

71) K l o o s , G.: Anleitung zur Intelligenzprüfung in der psychiatrischen Diagnostik. — Piscator Verlag, Stuttgart 1952.

72) K o l l e , K.: Unterschiede zwischen Stadt und Land vom Gesichtspunkt des Psychiaters. Biologie der Großstadt, Verlag Th. Steinkopff, Dresden und Leipzig 1940.

73) K o r t l a n d t , A.: Über die Wechselwirkung von Instinkten. Arch. neerland. Zool. Bd. 4. 1940.

74) K r a n z , H.: Die Kriminalität bei Zwillingen. Z. f. indukt. Abst.lehre, Bd. 67, 1934.

75) K r a u s , A.: Über die Dummheit. Knecht-Verlag, Frankfurt/M. 1948.

76) K r e t s c h m e r , E.: Medizinische Psychologie. Leipzig 1922. 5. Aufl. 1939.

77) K u r é , K., T. S. S h i n o s a k i , M. K i s h i m o t o , M. S a t o , N. H o s h i n o and Y. T s u k y i : Die doppelte tonische und trophische Innervation der willkürlichen Muskeln. Z. exper. Med. Bd. 28, 1922.

78) K ü t e m e y e r , W.: Wandlungen medizinischer Anthropologie. Beitr. a. d. allg. Medizin, H. 1, 1947, F. Enke, Stuttgart.

79) L a n g e , J.: Verbrechen als Schicksal. Studien an kriminellen Zwillingen. G. Thieme, Leipzig 1929.

80) L a n g e - E i c h b a u m , W.: Genie — Irrsinn und Ruhm. München 1928.

81) L e n z , F.: Diesseits von Gut und Böse. Deutsche Univ.Zeitung, Jg. 8, 1953.

82) L e n z , F.: s. Baur, Fischer, Lenz.

83) L e n z , F.: Inwieweit kann man aus Zwillingsbefunden auf Erbbedingtheit oder Umwelteinfluß schließen? D. Med. W. 1935.

84) L e n z , F.: Zur Problematik der psychologischen Erbforschung. Arch. f. Rass. u. Gesellsch. Biol. Bd. 35, 1941.

85) L e n z , F.: Zur Problematik der psychologischen Erbforschung und der Lehre vom Schichtenbau der Seele. — Arch. f. Rass. u. Gesellsch. Biol., Bd. 37, 1944.

86) L e n z , F.: Über die Relativität des Begriffes „erblich" in der menschlichen Erbforschung. — Grenzgeb. d. Med. 1. Jg. 1948.

87) L o r e n z , K.: Über die Bildung des Instinktbegriffes. Natur-
wiss. Bd. 35, 1937.

88) M c D o u g a l l ,: The Group Mind. Cambridge, 1920.

89) M a r b u r g , O.: Schlaftheorien und Hirnrindenfunktion.
Wien. klin. Wschr. 1926, II. Bd.

90) M a u t h n e r , L.: Zur Pathologie und Psychologie des Schlafes.
Wien. med. Wschr. 1890, Bd. II.

91) M e i s s i n g e r , K. A.: Erasmus von Rotterdam. Gallus-Verlag,
Wien 1942.

92) M e y n e r t , Th. H.: Klinik der Erkrankungen des Vorderhirns.
Verlag Braumüller, Wien 1884.

93) M i e l k e , M.: Verhalten des Arztes bei Verwahrung geisteskranker Personen. Ärztl. Mitteilungen 38. Jg., 1953.

94) M ö b i u s , P. J.: Der physiologische Schwachsinn des Weibes.
7. Aufl. Verlag C. Marhold, Halle 1905.

95) M ü n c h , W.: Über Menschenart und Jugendbildung.

96) N a c h t s h e i m , H.: Für und wider die Sterilisierung aus eugenischer Indikation. G. Thieme Verlag, Stuttgart 1952.

97) N e w m a n , H. H.: Mental and physical traits of identical
twins reares apart. Journal of Heredity. Bd. 25, 1934.

98) O r t e g a y G a s s e t , J.: Der Aufstand der Massen. Deutsche
Verlags-Anstalt Stuttgart, 1952.

99) P a r e t , O.: Die Bibel. — Privil. Württ. Bibel-Anstalt, Stuttgart
1950.

100) P e t t e , H.: Zur Anatomie und Pathologie der Schlafregulations-
zentren. Z. Neur. Bd. 51, 1928.

101) P e t t e , H.: Zur Klinik und Anatomie der Schlafregulations-
zentren. D. Z. f. Nervenheilk. Bd. 105, 1928.

102) P ö t z l , O.: Schlafzentrum und Träume. Med. Klin. 1926, II. Bd.

103) P r o b s t , E.: Der Binet-Simon-Test. S. Karger Verlag, Basel
1952.

104) R a d e m a k e r , G. G. J.: Experimentelle Physiologie des Hirn-
stammes. Hdb. d. Neur. 1937, Bd. II.

105) R e c k - M a l l e c z e w e n , F.: Das Ende der Termiten. Ein Versuch über die Biologie des Massenmenschen. Bürger Verlag,
Stuttgart 1946.

106) R e i c h w a g e , Annemarie: Zur Ätiologie des Mongolismus.
Z. menschl. Vererbgs. u. Konst.lehre, Bd. 23, 1939.

107) R e i n e r s , L.: Steht es in den Sternen? Paul List, München
1951.

108) R o d e n w a l d t , E.: Aufnahmen des geistigen Inventars Gesunder als Maßstab für Defektprüfungen bei Kranken. Wsch.
Psychiatr. Jg. 17, 1905.

109) v. d. S c h e e r , W.: Beiträge zur Kenntnis der mongoloiden
Mißbildungen. In Abhandlungen aus d. Neurol., Psychiatr. etc.
Bd. 41, 1927.

110) S c h m i t z , K. L.: Leben als somatopsychisches Grundproblem.
Rheinisches Ärzteblatt. 1953.

111) S c h n e i d e r , K.: Pathopsychologie der Gefühle und Triebe. G. Thieme, Leipzig 1935.

112) S c h r ö d e r , H.: Die Sippschaft der mongoloiden Idiotie. Z. Neur. Bd. 160, 1938.

113) S c h r ö d e r , H.: Haben gynäkologische Erkrankungen eine Bedeutung für die Genese des Mongoloismus? Z. Neur. Bd. 163, 1938.

114) S i e m e n s , H. W.: Die Zwillingspathologie. J. Springer Verlag, Berlin 1924.

115) S p a t z , H.: Pathologisch-anatomische Befunde bei den Psychosen des Rückbildungs- und Greisenalters. Lehrb. d. Geistes krankh. v. O. B u m k e , 7. Aufl., 1948.

116) S p e h l m a n n , R.: Sigmund Freuds neurologische Schriften. Springer Verlag, Berlin, Göttingen, Heidelberg 1953.

117) S p e n g l e r , O.: Der Untergang des Abendlandes. Beck, München 1924.

118) S p e n g l e r , O.: Der Mensch und die Technik. Beck, München 1931.

119) S t e r t z , G.: Das Zwischenhirnsyndrom.

120) S t ö r r i n g , G. E.: Besinnung und Bewußtsein. Verlag G. Thieme, Stuttgart 1953.

121) S t u m p f l , F.: Erbanlage und Verbrechen. Z. Neur. Bd. 145, 1933.

122) T e p i n g , F.: Der Kampf um die Konfessionsschule in Oldenburg während der Herrschaft der NS-Regierung. Aschendorff, Münster i. W. 1949.

123) T i n b e r g e n , N.: Die Übersprungbewegung. Z. Tierpsychol. Bd. 4, 1940.

124) T r ö m n e r , E.: Das Problem des Schlafes. Wiesbaden 1912.

125) V a i h i n g e r , H.: Die Philosophie des Als Ob. Verl. Felix Meiner, Leipzig 1923.

126) v. d. V e l d e , Th.: Die vollkommene Ehe. Verlag A. Müller, Rüschlikon, Zürich 1949.

127) v. V e r s c h u e r , O., in D i e h l , K. und v. V e r s c h u e r , O., Zwillingstuberkulose. Verlag Fischer, Jena 1933.

128) V o g t , C. und O.: Erster Versuch einer pathologisch-anatomischen Einteilung striärer Motilitätsstörungen. J. Psychol. u. Neur. Bd. 25, 1918.

129) V o g t , C. und O.: Allgemeine Ergebnisse unserer Hirnforschung. H. Psychol. u. Neur. Bd. 25, 1919.

130) V o g t , C. und O.: Zur Lehre von den Erkrankungen des striären Systems. J. Psychol. u. Neur. Bd. 25, Erg. H., 1920.

131) V o g t , O.: Zur Kenntnis des Wesens und der psychologischen Bedeutung des Hypnotismus. Z. Hypnotism. Bd. 3, 1895.

132) W e l l e k , A.: Über die Dummheit — von Horst Geyer. Psychol. Rundschau Band VI/2 1955.

133) Z i m m e r , E.: Umsturz im Weltbild der Physik. 10. Auflage. C. Hansen Verlag, München 1954.

Namensverzeichnis

(Die mit Hinweisziffern versehenen Autoren siehe Literatur Seite 385).

Sachverzeichnis

Fachausdrücke und Fremdwörter

Abbreviatur (lat.)
Abkürzung

accusativus cum infinitivo
lateinische Satzkonstruktionsform

ad absurdum (lat.) führen
die Unmöglichkeit beweisen

ad hominem-Invektive (lat.)
gegen die Person gerichteter Angriff

afferent (lat.)
hinführend zu

Agens (lat.)
Wirkstoff

Akromegalie (griech.)
krankhaftes Größenwachstum der gipfelnden Teile (Kinn, Hände, Füße)

Aktualgenese (lat.-griech.)
etwa: Entstehungslehre

a limine (lat.)
etwa: von Grund auf

Alkaptonurie (griech.-lat.)
Stoffwechselstörung, gekennzeichnet durch Ausscheidung bestimmter Chemikalien im Urin

amorph (griech.)
ungeformt

Anaphylaxie (griech.)
Schockzustand. z. B. infolge Serumeinspritzung, nachdem jahrelang vorher eine gleiche Injektion stattfand

Anthropologie (griech.)
Wissenschaft vom Menschen

Anthropo-Psychologie (griech.)
Lehre von der Menschenseele

Anthroposophie (griech.)
wörtlich: auf den Menschen bezogene Philosophie; begründet von Rudolf Steiner

Antibiotica (lat.-griech.)
Heilstoffe des Penicillin-Prinzips

Antinomie (griech.)
Gegensätzlichkeit

apodiktisch (griech.)
unzweifelhaft feststellend

a posteriori (lat.)
„im nachhinein" — Erfahrungswissen

a priori (lat.)
von vornherein — vor jeder Erfahrung

ars amandi (lat.)
Liebeskunst

Asepsis (griech.)
Keimfreiheit

assimilieren (lat.)
sich aneignen (eigentlich: sich anähneln)

auri sacra fames (lat.)	der verfluchte Hunger nach Gold
außertellurisch (lat.)	außerhalb der Erde
autochton (griech.)	wörtlich: auf eigenem Boden stehend (in geistigem Sinne gemeint)
Autosuggestion (griech.-lat.)	(unbewußte) Selbstüberredung
Beri-Beri	Stoffwechselstörung infolge von Vitaminmangel
Brachycephalie (griech.)	Kurzköpfigkeit
Cerberus (lat.)	der Höllenhund (antik)
cerebellar (lat.)	kleinhirnbedingt
cerebral (lat.)	vom Gehirn ausgehend
cerebro-spinal (lat.)	hirn-rückenmark-bedingt
Chorea (griech.)	Veitstanz
Chromosom (griech.)	Körper innerhalb der Zelle, der die Erbeinheiten trägt
Circumincessio (lat.)	wörtlich: Herum- und Hineingehen
Coätanen (lat.)	Zeitgenossen
Code pénal (franz.)	Strafgesetzbuch
conditio sine qua non (lat.)	unabdingbar notwendige Vorbedingung
contemporär (lat.)	zeitgenössisch
corpus delicti (lat.)	Beweisstück
Corpus juris (lat.)	Lehrbuch des Rechts
corticale Funktion (lat.)	Hirnrindentätigkeit
Création (franz.)	(Mode-) Schöpfung
cum grano salis (lat.)	wörtlich: mit einem Gran Salz; gemeint ist: nicht wörtlich zu nehmen
curriculum vitae humanum (lat.)	menschlicher Lebenslauf
Cystinurie (griech.)	siehe Alkaptonurie
Demagogie (griech.)	Volksverführung
demonstratum (lat.)	bewiesen
De optimo reipublicae statu deque nova insula Utopia libri duo (lat.)	Über die beste Staatsverfassung oder die neue Insel Nirgendwo. Zwei Bände.
depressive Phase (lat.-griech.)	krankhafte traurige Verstimmung
Determination (lat.)	völliges Vorausbestimmtsein
Diabetes insipidus (griech.-lat.)	Stoffwechselstörung, die zu enormer Wasserausscheidung mit großem Durst führt

Diabetes melitus (griech.-lat.)	Zuckerkrankheit
diathetisch (griech.)	entgegengesetzt. „polar"
diencephal (griech.)	vom Zwischenhirn ausgehend
Differentialdiagnose (lat.-griech.)	abwägende Beurteilung, welche von mehreren einander ähnlichen Krankheiten vorliegt
Diplegien (griech.)	doppelseitige Beinlähmungen
Dysarthrie (griech.)	Stottern
Dysgraphiker (griech.)	Schlechtschreiber
Dyslexie (griech.)	erschwerte Lesefähigkeit
Dysphasie (griech.)	erschwertes Sprechen
Dysplastiker (griech.)	bestimmte Form unharmonischen Körperbaus
efferent (lat.)	wegführend von
Ekphorese-Theorie (griech.)	Lehrannahme über die Art und Weise, geistige Inhalte zum Vorschein kommen zu lassen
Elektrocardiograph (griech.)	Herzstromschreiber (elektrisch)
Eloquenz (lat.)	Beredsamkeit
Empirismus (griech.)	Erfahrungswissenschaft
Encephalitis epidemica (griech.)	ansteckende Hirnentzündung
Encephalograph (griech.)	Hirnstromschreiber (elektrisch)
Endokrinium (griech.)	Blutdrüsengesamtheit
endopsychisch (griech.)	innerhalb der Seele
Epitheton (griech.)	Beiname
Eroici furori (ital.)	heroische Leidenschaften
Erythrocyten (griech.)	rote Blutkörperchen
eschatologisch (griech.)	in der Hoffnung auf das unmittelbar bevorstehende Weltende (den Anbruch des Gottesreiches) lebend
esoterisch (griech.)	für den engeren Kreis bestimmt
Essay (engl.)	Versuch
Ethnologie (griech.)	Völkerkunde
Eugenik (griech.)	Erbpflege
ex cathedra (lat.)	„von der Kanzel aus" — theologische Formel für nach katholischer Lehre als unfehlbar geltende Aussprüche des Papstes
Exegese (griech.)	Auslegung
Exodus (griech.-lat.)	Auszug
Expektoration (lat.)	Verlautbarung
expressis verbis (lat.)	ausdrücklich versichert
extramatrimoniell (lat.)	außerehelich
extramundan (lat.)	außerhalb der Erde
extrapyramidal (lat.-griech.)	nicht von der Hirnrinde (dem sog. Pyramidensystem) ausgehend

fact (engl.)	Tatsache
femme de quarante ans (franz.)	Frau von vierzig Jahren
femme de trente ans (franz.)	Frau von dreißig Jahren
Fetalismen (lat.)	Überbleibsel aus der Zeit im Mutterleib
Fett-Thesaurierung (griech.)	Fett-Speicherung
Feuilleton (franz.)	Unterhaltungsteil der Zeitung
Fokus (lat.)	Herd
Follikel (lat.)	Bläschen
forensisch (lat.)	gerichtlich
Gen (griech.)	Erbeinheit
Genealogie (griech.)	Herkunftslehre
Genetik (griech.)	Erblehre
gentlemanlike (engl.)	edelmännisch
Gingivitis (lat.)	Zahnfleischentzündung
Glacis (franz.)	Festungsvorfeld
Goffo (ital.)	eigentlich Tolpatsch — eine Figur der italienischen Komödie
Grand Français (franz.)	großer Franzose
gyrus angularis (griech.-lat.)	eine bestimmte Hirnwindung
Haute couture (franz.)	Schneiderkunst
herostratisch (griech.)	wie Herostrat handelnd, der im Altertum einen Tempel anzündete, um berühmt zu werden
Herzinfarkt (lat.)	Durchblutungsstörungen des Herzmuskels
heterogen (griech.)	andersartig
heuristisch (griech.)	auf voläufiger Annahme beruhend
Hidalgo (span.)	Ritter
hirnatrophischer Prozeß (griech.-lat.)	Hirnschrumpfungsvorgang
Histologie (griech.)	Gewebelehre (anatomisch)
homo insipiens (lat.)	der unweise Mensch
homo sapiens (lat.)	zoolog. Gattungsname des Menschen: der wissende Mensch
hormonale (griech.) oder funktionelle (lat.) Störung	1) Störung der Blutdrüsenabsonderung, 2) anatomisch nicht faßbare Störung
Humangenetik (lat.-griech.)	menschliche Erblehre
Humanitas (lat.)	Menschlichkeit
Hybris (griech.)	Übermut, Vermessenheit
Hydrocephalie (griech.)	Wasserköpfigkeit
Hylozoisten (griech.)	vorsokratische Philosophen Griechenlands

hypochondrisch (griech.-lat.)	ängstlich um die eigene Gesundheit besorgt
Hypophyse (griech.)	Hirnanhangsdrüse
hysteriform (griech.-lat.)	hysterie-ähnlich
ignorabimus (lat.)	wir werden es niemals wissen
implicite (lat.)	einschließlich
Imponderabilien (lat.)	Unwägbarkeiten
inadäquat (lat.)	unangepaßt
inaugurieren (lat.)	einführen
in corpore (lat.)	hier etwa: alle zusammen
Indices. Einzahl: Index (lat.)	Verzeichnis
Indices librorum prohibitorum (lat.)	Listen verbotener Bücher
infantil (lat.)	kindlich
Inferno (ital.)	Hölle
in litteris (lat.)	im Schrifttum
in nomine patriae, filii et spiritum sanctos (falsches Latein), richtig: in nomine patris, filii et spiritus sancti	im Namen des Vaters, des Sohnes und des Heiligen Geistes
Interferenz (lat.)	Erscheinung aus der physikalischen Schwingungslehre
interstellar (lat.)	zwischen den Sternen
Intoxikation (griech.)	Vergiftung
intracortical (lat.)	innerhalb der grauen Hirnrinde
intrauterin (lat.)	innerhalb der Gebärmutter
juvenil (lat.)	jugendlich
kataleptoid (griech.)	starre-ähnlich
kat'exochen (griech.)	von besonders kennzeichnender Art
Keratomalazie (griech.)	Hornhauterweichung (des Auges)
Klimakterium (griech.)	Wechseljahre der Frau
Kongruenz (lat.)	genaue Übereinstimmung
Konstellation (lat.)	Zusammentreffen der erforderlichen Umstände
konstitutionell (lat.)	durch die körperlich-seelische Gesamtpersönlichkeit bestimmt
Konstitutionstypologie (lat.-griech.)	Lehre von den kennzeichnenden Merkmalen bestimmter Zusammenhänge von Körperbau und Charakter
Korpuskeln (lat.)	Körperchen

Korrelationskoeffizient (lat.)	zeigt statistisch das Zusammentreffen zweier Ergebnisse an.
	KK = 1 : stets zusammen
	KK = 0 : regellos
	KK = —1 : nie zusammen
Kybernetik (griech.)	Zügelungskunde
lapsus linguae (lat.)	„Versehen der Zunge"
Legislative	Gesetzgebung
leptosom (griech.)	schlankwüchsig
Lokomotion (lat.)	Fortbewegung
Maieutik (griech.)	wörtlich: Hebammenkunst; Sokrates nannte seine Methode so, mit der er seinen Zuhörern gewisse Weisheiten herauszog wie die Hebamme das Kind
mare nostrum (lat.)	„Unser Meer" nannten die Römer das Mittelmeer
Masochismus	sexuelle Lust am Mißhandeltwerden (nach dem Schriftsteller Sacher-Masoch)
matrimoniell (lat.)	ehelich
Meningitis (griech.)	Hirnhautentzündung
merry old England (engl.)	glückliches Alt-England
mesencephal (griech.)	im Mittelhirn
Metapher (griech.)	sinnbildliche Bezeichnung
Mikrocephalie (griech.)	Kleinköpfigkeit
mikrotisch (griech.)	kleinohrig
Morphologie (griech.)	Lehre von der (anatomischen Form
Mot (franz.)	Wort, Witzwort
mutatis mutandis (lat.)	hier etwa: unter entgegengesetzten Voraussetzungen
mutuell (lat.)	gegenseitig
Neuritis (griech.)	Nervenentzündung
Neuropathologie (griech.)	Lehre von den Nervenkrankheiten
Neurophysiologie (griech.)	Lehre von der Nervenfunktion
Neurose (griech.)	seelische Störung infolge von Nichtbewältigung einer Lebenslage
notabene (lat.)	merke wohl!
Observanz (lat.)	Brauch, Regel
okkasionalistisch (lat.)	einander bedingend

Oocyten (griech.)	Zellen, aus denen die Eizellen hervorgehen
outriert (franz.)	gewaltsam, übertrieben
Ovarialcystom (franz.)	Eierstockgeschwulst
panem et circensis (lat.)	Brot und Zirkusspiele
Papillarleisten (lat.)	Fingerbeerenmuster
Paralipomena (griech.)	übriggebliebene Werke
Paralytiker (griech.)	an Hirnerweichung Erkrankter (Syphilitiker)
parathyreoide (griech.) Kalk-stoffwechselstörung	Störung infolge einer Erkrankung der Nebenschilddrüse
parenteral (griech.)	unter Umgehung des Verdauungskanals (z. B. Einspritzung)
Parerga (griech.)	Nebenwerke
pathographisch (griech.)	eine Lebensbeschreibung betreffend, die aus der Krankheit des Helden seine Schicksale ableitet
pathologische Anatomie (griech.)	Lehre von den krankhaften Organveränderungen
pathologische Physiologie (griech.)	Lehre vom krankhaften Verhalten der Lebensvorgänge
Pellagra (ital.)	Stoffwechselstörung infolge von Vitaminmangel
per exclusionem (lat.)	auf dem Wege des Ausschließens
peripatetisch (griech.)	jener philosophischen Schule angehörig, die ihren Namen vom Philosophieren im „Umherwandeln" hatte
perniciöse Anämie (lat.-griech.)	eine schwere Blutkrankheit (heute heilbar)
Philisterium (griech.)	der Lebensabschnitt der „Alten Herren" in akademischer Sicht
Pneumonie (griech.)	Lungenentzündung
Polydaktylie (griech.)	Vielfingrigkeit (mehr als fünf Finger an der Hand)
polydynam (griech.)	aus vielen Kräften gespeist
Pontifex maximus (lat.)	„Oberster Brückenbauer" — Titel des römischen Kaisers
Portefeuille (franz.)	Ministerstellung
posthum (lat.)	nach dem Tode
präjudizieren (lat.)	vorurteilen
prämonitorisch (lat.)	mahnend
principium individuationis (lat.)	philosophisch: das Rätsel des Werdens, Einzelpersönlichkeit
Prognose (griech.)	Voraussage des Krankheitsverlaufs
pro oder contra (lat.)	für oder gegen

propriozeptiv (lat.)	selbstempfangend (von Sinneseindrücken)
protoplasmatisch (griech.)	aus dem lebendigen Urschleim bestehend
protrahiert (lat.)	lang hingezogen
Pseudologia phantastica (griech.-lat.)	krankhafte Neigung zu lügnerischem Aufschneiden
psychästhetisch (griech.)	sich auf seelische Empfindlichkeit beziehend
Psychogenese (griech.) des Körperlichen	Seelenbedingtheit des Körperlichen
psychophysischer Parallelismus (griech.-lat.)	philosophische Theorie, die zwei nebeneinander herlaufende Arten des Geschehens — körperlicher und seelischer Art — annimmt
Psychose (griech.)	Geisteskrankheit
Psychosomatik (griech.)	Lehre von der Seelenbedingtheit von Krankheiten
psychotische Krise (griech.)	vorübergehende Geistesstörung
Pykniker (griech.)	ein Mensch von gedrungenem Körperbau und „zyklothymem Charakter" (s. d.)
qualitatis occulta (lat.)	rätselhaftes Etwas
quod erat demonstrandum (lat.)	was zu beweisen war
ratio (lat.)	Vernunft
realiter (lat.)	in Wirklichkeit
receptorisch (lat.)	empfangend (von Sinneseindrücken)
Rekonvaleszent (lat.)	Gesundender
release (engl.)	Entlassung
Remonte (franz.)	ein sozusagen als Rekrut zum Dienst bei der Wehrmacht eingezogenes Pferd
res cogitans (lat.)	denkende Wirklichkeit (Geist)
res extensa (lat.)	ausgedehnte Wirklichkeit (Materie)
re vera (lat.)	in der Tat
rezessiv (lat.)	überdeckt
Rodomontade (ital.)	angeberische Redensart (von Rodamonte: Bergzertrümmerer)
rudimentär (lat.)	restlich
sacrificum intellectus (lat.)	Aufopferung des geistigen Anspruchs

Säkulum (lat.)	Jahrhundert
saturiert (lat.)	gesättigt
Schizophrenie (griech.)	primäre Seelenstörung, die zu schwerstem Persönlichkeitszerfall führen kann
Scylla und Charybdis (griech.)	zwei Gefahrenpunkte (aus der griechischen Mythologie)
senil (lat.)	greisenhaft
sensomotorischer (lat.) Bereich	Gefühls-Bewegungs-Bereich
sensorisch (lat.)	gefühlvermittelt
Skorbut	Stoffwechselstörung infolge Vitaminmangel
Somatogenese (griech.) des Seelischen	körperlich bedingte Entstehung des Seelischen
somato-psychische Transparenz (griech.-lat.)	körperlich-seelisches Durchscheinen
spastisch (griech.)	krampfartig
species humana (lat.)	Menschengeschlecht
Stammganglien (griech.)	Hirnkerne
Stasimon (griech.)	„Standlied" — im griechischen Drama vom Chor auf seinem Standplatz in der Orchestra zwischen den Handlungsabschnitten gesungenes Lied
Stigma (griech.)	Kennzeichen
Studium generale (lat.)	Allgemeinstudium
Stultitiae laus (lat.)	Lob der Dummheit
sub auspiciis (lat.)	unter gütiger Schirmherrschaft
subcortical (lat.)	unterhalb der grauen Hirnrinde gelegen
sub specie aeternitatis (lat.)	unter dem Gesichtspunkt der Ewigkeit
Suffragetten (engl.)	Frauenrechtlerinnen
Sûfitum	religiöse Weltanschauung
Suggestibilität (lat.)	etwa: verminderte Widerstandskraft gegen fremden Willen
Suggestion (lat.)	(unbewußtes) Überzeugen eines anderen
sweet seventeen (engl.)	süße Siebzehn (vom Lebensalter junger Mädchen gesagt)
Sykophanten (griech.)	Rechtsanwälte des Altertums
Symposium Geneticae (griech.)	wissenschaftliche erbkundliche Besprechung
Symptomatologie (griech.)	Lehre von den kennzeichnenden Erscheinungen (z. B. einer Krankheit, aber auch einer Epoche etc.)
syntaktisch (griech.)	satzbautechnisch

Taxis (griech.)	Fähigkeit, gezielte Bewegungen richtig auszuführen
Tempi passati (ital.)	vergangene Zeiten
Tempora (lat.)	Zeiten
tertium comparationis (lat.)	das Dritte, was durch den Vergleich zweier Dinge anschaulich gemacht werden soll
Theodizee (griech.)	Gotteserklärung
Thesaurierung (griech.)	s. Fett-Thesaurierung
Thorax (griech.)	Brustkorb
Tirade (franz.)	vorgetragene wichtigtuerische Albernheit, Wortschwall
Tonus (lat.)	Spannungszustand
Topographie (griech.)	Lehre von der räumlichen Anordnung
toxikologisch (griech.)	entsprechend den Lehren der Giftkunde
Transposition (lat.)	Übertragung (von einem Sinnesgebiet ins andere)
Tropismus (griech.)	in eine bestimmte Richtung treibende Lebenskraft
ubiquitär (lat.)	allüberall
upper ten (engl.)	die oberen Zehntausend
Usurpator (lat.)	Herrscher aus angemaßter Macht
Vabanquespiel (franz.)	Glücksspiel
vegetativ (lat.)	unbewußt lebensgesteuert
Virginität (lat.)	Jungfräulichkeit
Votum (lat.)	Stimmabgabe
zerebral (lat.)	vom Gehirn ausgehend
Zwischenhirnsydrom (griech.)	Gesamtheit von Zeichen gestörter Zwischenhirntätigkeit
zyklophren (griech.)	an einer Gemütsstörung erkrankt (traurige oder aufgeregt heitere Verstimmung oder Mischzustände davon)
zyklothym (griech.)	Gesamtpersönlichkeit des Pyknikers (s. d.)

Fremdsprachliche Sinnsprüche

Bene vixit, qui bene latuit. (lat.)
Wer gut verborgen lebte, lebte gut.

Cherchez la femme! (franz.)
Sucht die Frau!

Cherchez les affections! (franz.)
Sucht die Leidenschaften!

Cogito, ergo sum. (lat.)
Ich denke, also bin ich.

Credo, quia absurdum. (lat.)
Ich glaube es, weil es unsinnig ist.

Eritis sicut deus — scientes bonum et malum. (lat.)
Ihr werdet Gott gleich sein — und wissen, was gut und böse ist.

Habent sua fata libelli. (lat.)
Auch Bücher haben ihre Schicksale.

Homo homini lupus. (lat.)
Der Mensch ist der Wolf des Menschen, d. h. er frißt ihn.

Jurisprudentia est scientia omnium rerum, humanarum atque divinarum. (lat.)
Die Jurisprudenz ist die Kenntnis aller Dinge im Himmel und auf Erden.

Last not least. (Shakespeare)
Das letzte — nicht das schlechteste.

La Théologie m'amuse, la folie de l'ésprit humain y est dans toute sa plénitude. (franz.)
Die Theologie amüsiert mich — in ihr zeigt sich die Dummheit des Menschengeistes in ihrer Vollständigkeit.

Medicus curat, natura sanat. (lat.)
Der Arzt kuriert, die Natur heilt.

Mene tekel upharsin. (hebr.)
Gewogen und zu leicht befunden.

Non vitae, sed scholae discimus. (lat.)
Wir lernen für die Schule, nicht fürs Leben.

Nos folies ne me font pas rire, ce sont nos sapiences! (franz.)
Nicht unsere Torheiten — unsere Weisheiten machen mich lachen!

Nulla poena sine lege. (lat.)
Keine Strafe ohne Gesetz.

Oh, si Paris était dans la campagne, ce serait un beau village! (franz.)
Ach, was wäre Paris für ein schönes Dorf, wenn es auf dem Lande läge!

Quid potest esse tam ridiculum quam Sannio? (lat.)
Was kann es lachhafteres geben als Sannio?

Recte agis, credis. (lat.)	Wenn du recht handelst, glaubst du.
Si non e vero, e bene trovato (ital.)	Ist's nicht wahr, so ist's doch gut erfunden!
Si tacuisses, philosophus mansisses. (lat.)	Hättest du geschwiegen, wärst du ein Philosoph geblieben.
Sit pro ratione voluntas! (lat.)	Der Wille gelte an Stelle der Vernunft!
Ultra posse nemo obligatur. (lat.)	Niemand ist verpflichtet, mehr zu leisten als er kann.
Volenti non fit injuria. (lat.)	Dem, der einwilligt, geschieht kein Unrecht.